高功敬

著

国家福利功能的
正当性

THE LEGITIMACY OF STATE WELFARE FUNCTION

社会科学文献出版社
SOCIAL SCIENCES ACADEMIC PRESS (CHINA)

前　言

　　本书试图为国家福利功能寻求或阐明一个坚实的规范性基础，以有效回应自由至上主义者以及新古典自由主义者们对国家福利功能的核心指控。这一研究目标蕴含着如下三个基本要素，这三个基本要素构成了本书的知识义务。其一，需要有效反驳各种道德权利指控，从其立论内部出发，证明国家福利功能的必然性或存在的必要性。其二，需要阐明国家福利功能的有效性。任何为国家福利功能提供辩护的理由，都必须严肃对待有效性问题：它不仅对所有人都是有效可及的，而且与激励机制相容，以确保有效可及的国家福利功能的可持续性或可行性。其三，需要从正面为有效可及的国家福利功能寻求或阐明一个自足的规范性基础。它必须通过关于国家福利功能的必然性与有效性检验。只有满足上述基本要求，我们才能充满信心地说：国家福利功能的正当性拥有了一个坚实的规范性基础，它是无人能有理由加以拒绝的。在仔细审查各种相互竞争的理由对国家福利功能所具有的规范效力的基础上——在上述基本条件的严格限制下——本书阐明，只有民主平等的观念才能为国家福利功能的正当性提供一个坚实的规范性基础。它只是由如下两个基本理念所构成：把社会设想为一个自由而平等的公民终生参与的公平合作体系；并且，把自由而平等的要义集中阐释为（或限定在）公民终生参与公平合作体系所必需的基本能力范畴内。基于此，国家福利功能的正当性目标被定位成，确保所有公民终生有效可及的实质性自由（可行能力）所必需的基本物质条件。这样，国家福利功能不仅是必然的，也是有效可及的，且与激励机制相容（符合效率原则），因而，也是自足的或自我强化的。

本书首先审查了不同形式的功利主义对国家福利功能所具有的规范力。功利主义由于难以克服某种深刻的不确定性与狭隘性，无法为国家福利功能提供一个坚实的规范性基础，任何基于效应最大化原则为国家福利功能进行辩护或否证的理由，都不可避免地具有高度争议性。另外，功利主义往往把初始资源禀赋的自然分配状态视为一种规范性前提接受下来，致使其作为一种规范性理论丧失了公允位置。若为国家福利功能正当性进行辩护，就需要回到外部世界资源的初始占有的逻辑起点上。

接着，本书从否证国家福利功能的两种主要道德权利理由的内部出发，有效回应了自由至上主义者及新古典自由主义者们从财产权和自我所有权角度，对国家福利功能所提出的道德核心指控。本书详细探讨了财产权、自我所有权与国家福利功能之间的关系，论证了国家福利功能并没有违反私人财产权和自我所有权，恰恰相反，某种程度的国家福利功能是私人财产权得以证成的基本前提，是自我所有权的内在要求。具体而言，本书在第二章中，通过对诺奇克式私人财产权观念的内部批判，阐明了私人财产权与国家福利功能之间的关系。完整的、不受限制的、永续的私人财产权观念是武断专横的，能够证成的私人财产权观念是有条件的，它要求以满足利益相关者基本需要为前提。尽管现代产权理论证明，清晰界定产权是自由市场及其发挥资源配置效率的基本条件，然而，清晰界定产权并非只有诺奇克式私人财产权的一种类型。诺奇克式私人财产权要求独占外部世界资源的全部收益，这只是清晰界定产权的一种狭隘僵化的极端方式。本书在第三章中，通过探讨自我所有权与国家福利功能之间的内在关联，阐明了国家福利功能并不必然侵犯任何个体的自我所有权，相反，基于自我所有权及其对外部世界资源的内在要求，某种水平的国家福利功能必须得到优先保障。这部分论证进路基本上属于容许性证成。然而，仅仅从财产权、自我所有权及其对外部世界资源道德权利要求的角度为国家福利功能提供规范力是不足的。它们能够保证国家福利功能的必然性，却无法确保国家福利功能的有效性——对所有人有效可及且可持续，比如，无法据此理由保证才能较低者或残障者的基本生存需要能够得到满足。为此，它还需要如下两个条件：对自然天赋分配及其收益的道德应得地位提出再分配要求，且必须保障有足够种类和数量的自然天赋才能及其能自由发挥的机制，以创造出国家福利功能所必需的基本物质条件。这把我们导入到对运气平等观念以及民主平等观念所提供的规范性理由及其效力的探讨中来。接下来的论证主要采取的是比较性的最优证成进路。

尽管约翰·罗尔斯不是运气平等主义者，但其同时激发了当代政治哲学领域中运气平等观念与民主平等观念的深入探讨。本书在第五章系统考察了罗尔斯公平正义理论与自然天赋分配的道德应得观念各自对国家福利功能所具有的规范力。一方面，罗尔斯公平正义理论的确可以为国家福利功能的必然性与有效性提供一个相对自洽的规范性基础。它本质上要求超越以满足体面的基本需要为特征的资本主义福利国家。罗尔斯国家福利思想，要求保障自由而平等的公民终生参与公平社会合作所必需的两种基本道德能力——"善观念的能力"与"正义感的能力"；要求资产或财富在公平正义原则的规导下尽可能地分散，并强调与效率机制相容，在福利传递机制上积极利用市场和社会机制等。不幸的是，罗尔斯公平正义理论对国家福利功能的必然性与有效性的规范力，依赖于公平正义理论本身及其基础论证的正确性，并对国家福利功能的目标提出了过高的要求。一种规范性理论的效力与其所依赖的预设条件的数量与强度成反比，因此，国家福利功能的必然性与有效性所依赖的基本预设或前提条件越少越好。实际上，它并不必然依赖于罗尔斯公平正义理论所具有的全部复杂性预设条件及其基础论证的有效性，只需要罗尔斯的公平正义理论所预设的众多理念中的两个——作为公平合作体系的社会理念与自由而平等的人的理念。这就避开了把其奠基在罗尔斯公平正义理论基础上所可能具有的高度争议性，进而被导入到民主平等观念中来。另外，本书对罗尔斯所提出的自然天赋分配的道德应得观念的探讨，初步揭示了运气平等观念为有效可及的国家福利功能所提供的辩护是不充分的。基于此，本书在第六章通过系统考察以德沃金为代表的运气平等观念的内在缺陷，进一步揭示了其所提供的规范性理由及其效力的不足。由于运气平等理由摆脱不了知识可及性难题、交叉补贴难题、社会排斥难题以及污名化难题，因此，就其理论的效力极限而言，它支持的是一种具有高度争议性的资本主义福利国家，且不能基于运气平等理由自身的规范力而免于自由至上主义者以及新古典自由主义者的批判。欲为国家福利功能寻求或阐明一个坚实的规范性基础，客观上要求超越运气平等观念自身固有的诸多难题，这就再一次被导入到与之相对的民主平等观念中来。

总之，只有从自由而平等的公民终生参与公平合作体系的规范性理念出发，同时把自由而平等的要义限定在公民终生参与公平合作体系所必需的基本能力的范畴内，国家福利功能的必然性与有效性才能够得到充分辩护。这两个基本理念蕴含在罗尔斯公平正义理论中，被伊丽莎白·安德森所阐发，并为阿玛蒂亚·森所支持。最后，本书对方兴未艾的社会投资型国家进行了简要剖析。它是民主平等观念的现实典范，也体现着国家福利功能的未来取向。

目　录

第一章　导论 ……………………………………………………… 1
　第一节　国家福利功能的正当性内涵 ………………………… 1
　第二节　支持与反驳：国家福利功能的正当性纷争 ………… 27
　第三节　路径与结构：国家福利功能的正当性论证 ………… 52

第二章　功利主义与国家福利功能 …………………………… 61
　第一节　古典功利主义与国家福利功能 ……………………… 61
　第二节　早期福利经济学与国家福利功能 …………………… 68
　第三节　政治哲学中现代功利主义的理由 …………………… 81
　第四节　现代福利经济学中的理由 …………………………… 87
　第五节　小结与讨论 ………………………………………… 102

第三章　财产权与国家福利功能 ……………………………… 111
　第一节　诺奇克资格理论及其论证思路 …………………… 112
　第二节　私人财产权与国家福利功能的正当性 …………… 122
　第三节　小结与讨论 ………………………………………… 147

第四章　自我所有权与国家福利功能 ………………………… 149
　第一节　基于自我所有权对国家福利功能的否证 ………… 150
　第二节　国家福利功能：自我所有权与外部世界资源的
　　　　　道德地位 …………………………………………… 154

第三节　小结与讨论 ··· 173

第五章　罗尔斯国家福利思想：自然天赋分配与公平正义理论 ········· 177
　第一节　自然天赋分配：平等原则与差别原则 ·············· 178
　第二节　罗尔斯公平正义理论与国家福利功能 ·············· 190
　第三节　小结与讨论 ·· 213

第六章　原生运气、选项运气与国家福利功能 ················ 217
　第一节　德沃金的资源平等理论与社会保险 ················ 218
　第二节　社会保险与市场保险 ································· 224
　第三节　小结与讨论 ·· 241

第七章　民主平等、可行能力与国家福利的未来 ············· 244
　第一节　运气平等观念：资本主义福利国家 ················ 245
　第二节　民主平等的观念、可行能力与国家福利目标 ······· 250
　第三节　国家福利的未来：社会投资型国家 ················ 257

第八章　结论与讨论 ··· 273
　第一节　脉络与结论 ·· 273
　第二节　发现与局限 ·· 278

参考文献 ·· 284

第一章　导论

本书在导论部分主要完成如下任务：提出研究问题，厘清核心概念，澄清研究视角，开展文献综述，最后详细阐明论证路径与基本结构。在阐明论证路径与基本结构的过程中，简要地介绍本书的主要观点与各章的主要任务。

第一节　国家福利功能的正当性内涵

现代社会有一种内在的"律令"，要求国家承担某种程度的福利功能。本书的核心关切是围绕着国家福利功能（state welfare function）的正当性（legitimacy）议题展开的，试图为国家福利功能寻求或阐明一种坚实的规范性基础，以有效回应自由至上主义者以及新古典自由主义者们①对国家

---

① 在政治哲学领域中，通常把 libertarianism 与 neo-liberalism 翻译为自由至上主义；而在经济学传统中，往往均把其翻译为新古典自由主义——沿袭亚当·斯密等所开创的经济学古典自由主义传统。其不同于罗尔斯、德沃金等主张的新自由主义（new liberalism）或自由主义的平等主义。政治哲学传统中的自由至上主义以及经济学传统中的新古典自由主义，在坚持个体道德权利至上以及自由市场优先性、反对或限制国家福利功能上并没有实质性区别（参见 Will Kymlicka. *Contemporary Political Philosophy*. Oxford：Clarendon Press，1990：102-104）。由于学科视野的差异，二者在反对国家福利功能的侧重上有所不同：前者集中在道德权利资格视角，比如以诺奇克为代表的自由至上主义者们强调，国家福利功能因其必然侵犯个体的自由权利，在道德上必定是错误的（参见 Robert Nozick. *Anarchy，State and Utopia*. Oxford：Blackwell，1974）；后者主要侧重于从有效性角度攻击国家福利功能必将适得其反、难以自足，比如弗里德曼、布坎南、熊彼特、哈耶克等人所通常持有的反驳路径（参见 Milton Friedman. *Capitalism and Freedom*. Chicago and London：The University of Chicago Press，1982；Milton Friedman and Rose Friedman. *Free* （转下页注）

福利功能的核心指控。所谓坚实的，即自洽而简洁的，无人能有理由加以拒绝的。这一研究目标所带来的知识义务有如下三点。（1）需要论证国家福利功能并不违背各种道德权利指控，即它在道德权利上并不是错误的。换言之，各种从道德权利角度否证国家福利功能的理由是误导性的。显然，我们需要从内部瓦解或消除各种道德权利指控，并阐明国家福利功能的必然性（或存在的必要性）是"无人能有理由拒绝"的。（2）需要为（有效可及的）国家福利功能寻求一个规范性基础，它是"每一个人都有合理理由普遍接受"的。（3）需要阐明国家福利功能的有效性问题。任何为国家福利功能提供辩护的理由，都必须严肃对待有效性问题：它不仅对所有人都是有效可及的，并且要与激励机制相容，以确保有效可及的国家福利功能的可持续性或审慎可行性。只有这样，它才有可能不是自我驳斥的或适得其反的。国家福利功能的必要性与有效性问题是国家福利功能正当性问题所蕴含的两个基本元素。任何试图为国家福利功能的正当性提供规范性基础的观念，都必须在理论上自洽地处理好这两个子问题，通过其检验。[①] 只有同时通过（道德权利范畴内）必然性与（审慎理性范畴内）有

（接上页注①）*to Choose：a Personal Statement*. New York and London：Harcourt Brace Jovanovich，1980；James M. Buchanan. *The Limits of Liberty：Between Anarchy and Leviathan*. Indi-anapolis：Liberty Fund，1975；James M. Buchanan. *Liberty，Market and State：Political Economiy in the 1980s*. Sussex：The Harvester Press，1986）。当然，熊彼特和哈耶克比较独特，熊彼特主要从创新理论或创造性毁灭理论角度对福利国家功能进行无情的批判（Joseph Schumpeter. *Capitalism，Socialism and Democracy*. London：Unwin University Books，1966）；哈耶克主要基于认识论角度（理性所不及或知识可及性）揭示国家干预经济或不断扩展的国家功能的内在不一致及其对个体自由权利的威胁［参见冯·哈耶克《自由秩序原理》（上下册），邓正来译，北京：三联书店 1997 年版；冯·哈耶克《致命的自负》，冯克利、胡晋华等译，北京：中国社会科学出版社 2000 年版］。不过，需要强调的是：这种区分不是基于这些思想家们的实质性立场——如上文，在实质性立场上他们并没有实质性区别，当然，他们往往是多个领域中伟大的思想家——而是基于不同的学科传统或捍卫自由权利以及自由市场的不同基础论证视角。本书尊重这两个领域中的不同传统用法及其在基础论证和关注焦点上的一些差异，分别把 libertarianism 与 neo-liberalism 翻译为自由至上主义和新古典自由主义。关于翻译的一些争论可参见李小科《澄清被混用的"新自由主义"——兼谈对 New Liberalism 和 Neo-Liberalism 的翻译》，《复旦学报》（社会科学版）2006 年第 1 期。

① 关于"国家福利功能的必然性与有效性"概念的具体内涵及其缘由，具体参见下文第二、第三、第四部分的论述。这里对所使用的"国家福利功能的必然性与有效性"内涵先做一简要说明：所谓国家福利功能的必然性或必要性是指，国家福利功能在核心（转下页注）

效性的双重检验，所阐明的国家福利功能的正当性基础才可能是坚实的。概而言之，本书明确区分了国家福利功能正当性议题的三个必要条件：有效回应道德权利指控；正面寻求规范性理由；要求与激励机制相容，以确保国家福利功能的有效可及性与可持续性。在上述三个必要条件限制下，国家福利功能的自洽目标只能是，国家确保所有公民终生都能有效可及的实质性自由（可行能力）所必需的基本物质条件。这样一种国家福利功能何以可能？它是否能够在政治哲学领域中得到合理的阐明？如果能，适切于这种国家福利功能的规范性理论应是什么？这便构成了本书的基本问题与分析路径的简要说明。

本章接下来的主要任务是，详细解释上述这段简短文字所表达的问题和思路。为此，首先，需要对基本问题所涉及的核心概念进行辨析，厘清概念的使用。其次，对论证进路以及本书评价理由的参考框架进行介绍。最后，进一步阐明本书的具体研究问题与基本思路。

一 福利、国家福利与福利国家

本书所使用的福利概念在涉及福利资源时，具有如下两个特征。第一，经济收入（物品）和福利服务的来源不与自己的劳动直接相关，这区别于人们基于直接劳动所获得的工资、物品或服务以及通过自由市场交易而获得的收入和服务。这一特征与人们在日常生活中对于福利的直观理解相一致——免费或低偿获得的经济收入（物品）或服务。第二，其占有或消费具有一定程度的竞争性与排他性，这区别于非竞争性、非排他性的公共物品，比如公共道路等。第二个特征并不是严格意义上的，义务教育是典型的公共物品，但也通常被视为福利服务，而高等教育则具有较强的私

（接上页注①）道德权利上不是错误的，即不违背任何合理的道德权利理由（在斯坎伦契约主义原则意义上），而不是指因其具有促进其他各种价值所具有的后果论意义。所谓国家福利功能的有效性具有两层含义：一方面，对于个体是有效可及的，即对个体自由具有实质性意义；另一方面，其是可持续的，即与激励机制相容，或符合效率原则。只有这两者同时被得到合理阐明，国家福利功能的正当性基础才有可能在理论上得到解决。所以，国家福利功能的正当性问题，既包括核心道德原则上的正确与错误问题，也包括国家福利功能的目标水平及其与效率或激励机制的兼容性问题。

人品性质。从这个角度界定的国家福利就是，通过国家强制性力量而获得的免费或低偿的经济收入（物品）保障和福利服务。这个概念与社会政策学中的国家福利概念大体一致。当然，国家福利概念不仅仅指涉福利资源意涵，这需要对福利概念做一全面的梳理。不过，众所周知，福利可能是天下含义最为丰富（或混乱）的词语之一。福利（welfare）一词在不同语境下、不同学科中所指涉的含义具有较大的差别，极易造成混乱。首先，福利（welfare）与福祉或福宁（wellbeing）最容易混淆，有时经常混用。它也经常与幸福（happiness）、快乐（pleasure）、效用或功利（utility）等关键概念相混淆。其次，国家福利（state welfare）与福利国家（welfare state）这一组概念的关系也需要澄清。

（一）福利、福祉与社会福利

福利（welfare）与福祉（wellbeing）是一组极易混淆的概念。一方面，这是由于词源学以及翻译方面导致的。welfare 和 wellbeing 在词源学上都具有"良好生活"的含义，前者往往更侧重良好生活的内容或条件，而后者往往侧重于主观方面的感受。在许多翻译中，wellbeing 往往被直接翻译成福利，因而导致在中文语境下很难分清两者的差别。wellbeing 更多的是被翻译成"福祉"或"福宁"（本书涉及 wellbeing 时主要用"福祉"这个译法）。当然，另一方面，也是更重要的，这种混乱主要来自不同学科或理论流派对福利概念的含义赋予或使用习惯。一般而言，福利概念具有四种不同的使用方式：快乐主义的观念（hedonistic conceptions），它根据快乐或幸福来解释福利；以偏好为基础的观念（preference-based conceptions），它根据选择行为或欲望满足来解释福利；以资源为基础的观念（resources-based conceptions），它根据一份有价值资源的目标列表来解释福利；以能力为基础的观念（capacities-based conceptions），它根据有价值目的的能力本身或实质性生活自由来解释福利。[①]

第一种对福利概念的使用，典型地体现在古典功利主义或早期福利经

[①] J. Riley. "Welfare: Philosophical Aspects," *International Encyclopedia of the Social and Behavioral Sciences*, 2001: 16420 - 16426.

济学①传统中。福利被解释为主观的幸福感、快乐，与幸福、享受、快乐等概念含义类同。近代以来，这种传统主要由杰里米·边沁首次明确阐发，并经由约翰·斯图亚特·密尔、弗朗西斯·埃奇沃思、亨利·西季维克、艾尔弗雷德·马歇尔以及庇古等人发展至顶峰。"这种方法认为幸福是评价人类福利和优势的唯一重要的因素，因此也是社会政策和制定公共政策的基础……在相当长的时期内，功利主义都像是经济学的'官方理论'。"② 在这种意义上所使用的社会福利概念，也就被理解为社会总体或平均幸福或快乐的总量（最大化）。

第二种是以偏好（preferences）或效用（utility）③ 为基础的解释，典型地体现在现代功利主义、现代福利经济学传统或社会选择理论传统中。福利的含义被界定为偏好或效用。现代功利主义，相比于古典功利主义传统有诸多区别，其中两个显著的差别就是体现在对功利或福利概念内涵的辨别与拓展上。一种是区分功利的不同性质。比如，罗尔斯在《正义论》中批判了冒犯性嗜好（offensive taste）和昂贵性嗜好（expensive taste），这种向"非冒犯性偏好"的转向无疑构成了一个相当根本的转变。④ 另一种是由幸福概念——边沁的简单的幸福概念和密尔不同质的复杂幸福概念——转向了高度形式化的效用概念，并区分了不同质的效用，禁止或限制了基数意义上的效用人际比较或加总。这种转变更多地集中在福利经济

---

① 早期福利经济学，基于古典功利主义传统，把福利理解为幸福，用基数方法对人们的幸福进行简单加总处理。根据阿玛蒂亚·森的看法，"现代福利经济学，尽管其中一大部分依然是以功利主义为基础的，但这主要是在形式上，而且，在当代主流经济学的讨论中，幸福对于人类生活的重要性往往被忽略了"（参见阿玛蒂亚·森《正义的理念》，王磊、李航译，北京：中国人民大学出版社 2012 年版，第 255 页）。对于福利的内涵理解，从实质性的幸福感受的计量到纯粹形式化的偏好或效用的序数集合，是早期福利经济学与现代福利经济学主要的分野（可参见 Kenneth J. Arrow. "A Difficulty in the Concept of Social Welfare," *Journal of Political Economy*, 1950（58）：328 – 346；Kenneth J. Arrow. *Social Choice and Individual Values*. New York：Wiley, 1951；Amartya Sen. *Collective Choice and Social Welfare*. San Fransisco：Holden-Da, 1970）。
② 阿玛蒂亚·森：《正义的理念》，王磊、李航译，北京：中国人民大学出版社 2012 年版，第 255 页。
③ utility，除了功利这个译法之外，也常被译成效用、功效，每个人使用的偏好不一样，在本书中不作区分，根据具体语境或语义表达习惯，分别使用功利或效用。
④ G. A. 柯亨：《论平等主义正义的通货》，载吕增奎编《马克思与诺奇克之间：G. A. 柯亨文选》，南京：江苏人民出版社 2007 年版，第 124 页和第 125 页注释⑪。

学以及社会选择理论传统中。阿罗对社会选择理论做出了重要的贡献，其所关心的核心问题是：如何使个体偏好序汇总成一个社会偏好序，即社会福利函数（social welfare function）。[1] 需要强调的是，在这种传统中，福利作为一种高度形式化的概念，welfare 与 wellbeing 往往不作区分，与偏好、功利相互替代使用。下面的文字最能表达功利的这种高度形式化特征。"我要以数字来排列你的选择，但数字本身没有内容，怎么办？我可以说你选的数字是磅数，但'磅'是指重量，有所混淆。但我怎么也要给这选择排列的数字起一个名字，怎么办？我于是闭上眼睛，胡乱地打开英语字典，手指下按，开眼一读，那个字是 utility——功用（功利）……功用（功利）只不过是武断地以数字排列选择的随意定名……史托斯（R. H. Strotz）说：'很明显，我们无须判断功用的量度是以金钱，或是以散漫的时日，或以八度和音，或以英寸来支持，而我们更无须认为功用的量度是一个心理学上的单位。'"[2] 尽管这是张五常一段戏谑性的表达，但其精确地表达了现代功利主义或现代福利经济学传统中"功利"一词的实际使用性质。在这种意义上，经济学传统中社会福利或集体福利概念是一种基于序数排列基础上的个体效用的汇总函数：使不同的个体偏好序在一定规则下汇总成社会或集体偏好序。正如阿玛蒂亚·森所言："使社会偏好序成为个体偏好序的一个函数。"[3]

第三种对于福利的使用方式，往往把福利理解为一种资源，强调的是良好生活所需要的客观性条件，这种资源可表现为货币收入、物品与服务等。在广义上，这些资源可能来自市场（企业）、家庭、邻里、非营利组织（单位机构）、国家等，而在日常生活中往往是指由国家或机构组织提供的津贴收入、物品或服务。在社会政策学中，福利往往被视为一种资源的流动或分配方式。需要强调的是，社会福利离不开资源，但其重点不局

---

① Kenneth J. Arrow. "A Difficulty in the Concept of Social Welfare," *Journal of Political Economy*, 1950 (58)：328 – 346. Kenneth J. Arrow. *Social Choice and Individual Values*. New York：Wiley, 1951.

② 张五常，《经济解释》（卷一之科学说需求），北京：中信出版社 2010 年版，第 116、120 页。

③ Amartya Sen. *Collective Choice and Social Welfare*. San Fransisco：Holden-Day, 1970：2.

限于资源本身，资源分配的目标及其方式也是社会福利的核心议题，这一点在本部分结尾处将进行具体说明。

第四种把福利理解为一种可行能力（capabilities）或基本能力，根据取得人类所追求的实质性生活的目的选择或基本能力来解释福利，这种视角为阿玛蒂亚·森所提倡并发展，在整体范畴上也应包含在罗尔斯公平正义理论传统中。需要注意的是二者之间的区别与联系。能力为本的福利含义与幸福为本的福利含义属于目的论，而非手段论。换言之，把福利理解为实质性自由或可行能力，区别于把福利仅仅理解为无实质内容（或可以称为任何内容）的效用、偏好概念和资源概念。第二种和第三种对福利的理解，是仅仅从手段、工具的意义上理解福利的。这种把福利本身作为能力或幸福本身而值得追求的观点，体现了亚里士多德的目的论传统。森的实质自由或可行能力（capabilities）以及罗尔斯的两种基本道德能力（two moral powers）——善观念的能力（power of conception of the good）以及正义感的能力（power of sense of justice）——都具有亚里士多德善本身的目的论意义。正如亚里士多德所言："财富（显然）并不是我们所追求的善，它只是有用的东西，并以其他物为目的。"[1] 正是在这个意义上，森强调："可行能力方法的着眼点在人类生活（本身），而不单单只是在一些容易计算的客体对象，如人们所拥有的收入和商品……正式提出了超越对于生活手段的关注，而转向实际的生活机会的视角，这也有助于改变以手段为导向的评价方法。"[2] 当然，森明确地意识到，自由具有多种面向或特征，它往往包括机会（可行选项）与过程（选择行为及其理由）、结果以及非干预性或非依附性等诸多不同的理解。[3] 但从实质自由的角度来看，可行能力则强调了自由的实质机会层面，这一角度从个体可实质性地所拥有的生

---

[1] 亚里士多德：《尼各马可伦理学》，苗力田译，北京：中国人民大学出版社第2003年版，第6页。

[2] 阿玛蒂亚·森：《正义的理念》，王磊、李航译，北京：中国人民大学出版社2012年版，第216页。

[3] 阿玛蒂亚·森：《正义的理念》，王磊、李航译，北京：中国人民大学出版社2012年版，第11章"生活、自由与可行能力"，第219~236页。

活选择集这一全面性后果（comprehensive outcomes）出发，超越了仅仅以资源、幸福、效用等工具性视角。尽管森认为罗尔斯的"基本善"①（primary goods，又译为基本品）依然属于手段范畴，然而，这种评价仅仅是在把"基本善"从罗尔斯公平正义理论中割裂出来看，并且把基本善的多样性仅仅狭隘地理解为"所有目的的通用工具"（"基本善"中的收入与财富）的条件下，才是准确的。事实上，罗尔斯反对森的这种误读，并做了有力的回应。②从罗尔斯公平正义理论立场出发，罗尔斯的基本能力是其公平正义原则以及社会公平合作理念的基本前提，超越资本主义福利国家对基本需求满足的狭隘理解。总之，能力为本的福利视角，体现了从手段走向目标本身，从基本需求维持转到能力建设或提升这样一种拓展性、创造性理解上。

综上，福利概念在不同的学科领域或思想传统中有着不同的用法。上文简要地探讨了福利的四种主要用法，以及与福祉的复杂联系与区别。这四种对福利的不同用法，在社会福利（以及国家福利）概念中均有不同的位置或功能。一般而言，社会福利包括三个基本要素或层面。其一，社会福利必然涉及资源及其分配。在关注社会福利中资源本身（及其分配）时，这通常体现了福利的第三种含义，即资源为本的福利概念。其二，福利不仅仅涉及资源本身，更重要的是福利资源所要实现的基本目标。福利的目标是福利资源所要达到的目的本身，包括福利的基本供给内容与水平。福利资源的目标显然不仅涉及福利资源如何分配——尽管必然涉及福利资源分配方式——而且聚焦于我们到底应该把福利目标理解为某种程度（到底何种程度）的幸福或是某种内容与水平（到底何种内容与水平）的

---

① 罗尔斯从两种道德能力出发列出了五种"基本善"：基本自由权利、移居和就业自由、与机会公平相连的公职与职位、收入与财富和自尊的社会基础［参见约翰·罗尔斯《正义论》（1999年修订版），何怀宏、何包钢、廖申白译，北京：中国社会科学出版社2009年版，第69~72页；约翰·罗尔斯《政治自由主义》，万俊人译，南京：译林出版社2011年版，第165~169页；约翰·罗尔斯《作为公平的正义：正义新论》，姚大志译，上海：上海三联书店2002年版，第276~288页］。

② 罗尔斯对森的这一有力反驳，可参见罗尔斯《作为公平的正义：正义新论》，姚大志译，上海：上海三联书店2002年版，第51节"基本善指标的灵活性"，第276~288页。

社会偏好或集体选择——无论这种福利内容或尺度是什么。① 其三，运用福利资源所要达到的福利目标，一般对于实现福利目标的手段即福利传递机制提出了要求。福利的供给方式所遵循的基本理念或原则构成了福利问题的第三个要素。正如哈特利·迪安（Hartley Dean）所言，福祉在最广泛的意义上通常是指人们的良好生活状态，主要关切的是"人们活得好不好"（how well people are），而福利主要被理解为达到某种福利目标所做出的各种行动和安排，主要关切的是"做得好不好"（how well they do）。② 做得好不好，是一个涉及规范和事实的分析和判断的问题，它预设了资源、目标与手段。

通过对上述福利概念的不同使用及其内在关联的探讨，我们把社会福利概念的内涵或基本要素进行了阐明，即社会福利所关切的核心问题是，为达到何种福利目标而运用福利资源，并相应采取何种方法（福利传递机制或福利供给模式）。在福利资源、福利目标和福利传递方式三者的基本关系上，福利资源的可能性是一个前提条件，而福利目标的正当性在很大程度上决定了福利资源的供给水平与供给方式。社会福利在最宽泛的形式意义上，是指一套目标手段体系，即人们运用与组织资源为实现某种目标或价值而建构的一套机制。在传统的社会政策学中，社会福利概念通常指为达到个人或群体（众多的特殊个体所组成的）的良好福祉状态所做出的各种社会性行动与安排。这仅仅是从形式上来界定的，至于由谁（有义务或责任）来提供福利资源以达到何种福利目标，采取何种福利资源的服务

---

① 比如，无论是偏好满足或福利平等、偏好满足机会或福利机会平等、基本善、德沃金倡导的资源平等，还是柯亨所倡导的广泛的可得利益平等，抑或是大力增进阿玛蒂亚·森倡导的可行能力，聚焦于社会剥夺所带来的严重不平等，抑或是罗尔斯公平正义理论所要求的，超越于资本主义福利国家基本需求概念的最低保障，保障社会公平合作理念所需要的基本能力；等等。换言之，福利的基本目标涉及福利的基本内容或尺度，即应该把福利资源的分配用于达成何种基本目的（无论是第一种主观感受的幸福概念，第三种公平地分配资源本身，还是第四种基本能力的提升，以及第二种所体现的其他各种可能性），以及达到何种基本水平（无论是较低还是适中）。

② 在 Hartley Dean 看来，"做得好不好"，严格说来正是 welfare 的恰切含义。Welfare 中的"fare"的词源为法文中的"faire"，指的不仅是做（to do），而且意味着获得或达成（to make），而福祉（wellbeing）指的是"doing well and feeling well"，意为"实际好并且感觉也好"（参见 Hartley Dean. Social Policy. Cambridge：Polity Press，2006：1-2）。

方式，这些都具有高度争议性。从福利供给的主体来看，自身、配偶、亲戚、邻居、朋友、陌生人、家庭、社区、组织（企业、非营利组织等）以及国家（政府）等都构成了福利供给的主体。就常识上的直观而言，良好的（基本的）福祉状态所必需的各种物品，应当由个体自身努力获得，似乎天经地义、无可争议；其他个体与组织（配偶、家庭也许例外）在作为福利供给主体时，如果是基于自愿性供给，在道德正当性上根本无可非议，相反，任何一个社会的主流价值都会乐观其成并大力倡导。因此，社会福利在最初的含义上（或狭义上）被历史地定位成：为帮助特殊的社会群体、疗救社会病态而提供的服务，又称福利服务（welfare service）①，这种服务在社会生活中的作用仅仅是"补缺性的"或"剩余型的"，所涉及的项目是传统的社会工作的内容。从资金和服务的提供者来看，狭义的社会福利从一开始就不是国家垄断的，宗教和慈善组织及邻里和社区在传统上扮演着重要角色。即使在国家大力介入之后，这一领域仍被认为是一个混合的经济领域。

关于福利问题的长期持续的争论，主要是从近代以来，国家开始强制性介入福利供给问题后形成的。英国 17 世纪初由济贫法传统所开创的补缺型经济审查型福利模式，标志着国家开始大规模地介入贫困问题，至 19 世纪 80 年代德国俾斯麦统治时期开创的社会保险制度，国家福利功能一直在不断扩张。尤其是战后福利国家体制的形成，使福利问题的争论达到了白热化程度，并一直持续至今。正如英国社会福利哲学家诺曼·巴里所言，"当代社会和政治思想为福利概念所主导……（由于福利国家）'福利'便成为一个特别'现代'的概念"②。广义的社会福利概念越来越强调社会福利制度在促进和实现人类福祉中的作用。③ 伴随着国家福利功能的扩张，围绕着国家福利功能与角色问题的争论从未停止，并日趋激烈。巴里认为，日益激烈的福利争论源于这样一种现象，"福利概念不可避免地与国家福利哲学捆在一起，以致至少在某些圈子中，据说促进幸福的责任几乎

---

① 尚晓援：《"社会福利"与"社会保障"再认识》，《中国社会科学》2001 年第 3 期。
② 诺曼·巴里：《福利》，储建国译，长春：吉林人民出版社 2005 年版，序言第 1 页。
③ 尚晓援：《"社会福利"与"社会保障"再认识》，《中国社会科学》2001 年第 3 期。

完全寄于国家"①。巴里点出了社会福利问题的核心争论是国家在福利领域中的功能问题。事实的确如此，国家福利功能问题一直构成福利哲学思想或福利实践领域中的核心议题。

（二）国家福利与福利国家

狭义上，国家福利（state welfare）概念通常是指国家在福利传递机制上的功能，比如，由国家主管主办的福利供给，通过国家机构传递的福利资源和服务，或国家通过购买服务，借助于市场机制或非营利组织等间接达成福利目标。广义上，国家福利概念是指国家在福利目标定位、福利资源动员以及福利传递机制或供给方式上所直接或间接发挥的功能与扮演的角色。本书所使用的国家福利概念是广义上的，主要不是从福利传递机制角度，而是从资源－目标－手段三个内在联系的维度来理解的。这一点在上文对福利与社会福利概念的谈论中已阐明。这里重点探讨一下国家福利与福利国家之间的关系。历史地看，国家福利在英国早期济贫法传统中，其基本目标是满足无法通过个体和家庭为自身负责的贫困人口的基本生计，主要是依赖地方公共机构的资源，采取的福利传递机制基本上属于家计调查型福利模式。福利国家（welfare state）是国家福利功能发挥的集大成者。战后福利国家体制使国家福利功能发挥达到了一个顶点。正如埃斯平·安德森在其福利国家体制比较的经典著作《福利资本主义的三个世界》中所指出的，"教科书中通用的定义是，福利国家指国家承担保障其公民享有某些基本福利的责任"②。在战后福利国家体制下，尽管不同的福利国家在福利目标定位、资源动员方式以及福利传递机制上，有着较大的差别，但从总体上看，其基本目标普遍性地满足了公民的基本需求，保障水平基本上达到了较为体面的程度。福利资源筹措方式主要是国家的税收再分配机制。在国家福利传递机制上，国家直接扮演了福利供给者的角色，主管、主办了大量的福利服务机构或福利事业。在主要的福利项目运作上，福利国家以社会保险机制为主，并建立了良好的公共援助机制或财

---

① 诺曼·巴里：《福利》，储建国译，长春：吉林人民出版社 2005 年版，第 150 页。
② 哥斯塔·埃斯平－安德森：《福利资本主义的三个世界》，苗正民、滕玉英译，北京：商务印书馆 2010 年版，第 27 页。

产审查型福利供给机制。安德森对战后福利国家体制的比较研究表明，福利国家是多样的，不同的历史传统、去商品化的程度、阶层以及国家 – 市场 – 社会（家庭）的关系，孕育出不同类型的福利国家体制。① 然而，无论具体的国家福利体制类型有多大的差异，进入福利国家时代，国家福利功能得到了根本性的提升。相对于福利国家而言，国家福利是一个更为纯粹的概念。如果从国家福利目标 – 机制的角度来审视福利国家，我们可以把任何福利国家形态化约为或分解成不同的国家福利功能组合，这样一来，任何福利国家议题都可以转变成国家福利的功能问题。人们习惯上把福利国家视为一种工业化的国家形态，或资本主义内部矛盾运动的结果。如果我们把福利国家仅仅视为一种具体的历史形态，比如作为相对于自由放任资本主义而言的资本主义福利国家形态（罗尔斯正是这样认为

---

① 哥斯塔·埃斯平 – 安德森：《福利资本主义的三个世界》，苗正民、滕玉英译，北京：商务印书馆 2010 年版，第 27 页。他把西方发达资本主义福利国家分为三种基本类型或簇群：第一簇群是"自由的"福利国家，主要代表有英、美、澳、加等以盎格鲁 – 撒克逊传统文化为主的国家。这种福利国家体制主要以经济审查型福利、有限的普遍性转移或有限的社会保险计划为主导，福利满足的对象主要是低收入阶层，对福利的限制较严格，领取资格较为苛刻。福利供给水平较低，或去商品化程度较低。国家在福利传递机制上相对消极，尽可能地通过市场或补贴私人福利方案来鼓励市场供给。第二簇群是保守主义或法团合作主义的福利国家体制，主要代表有德国、法国、奥地利和意大利等，集中在欧洲大陆国家。这些国家具有较深的保守的法团主义传统。自由市场与商品化的传统较弱，对社会权也较少考虑，主要考虑维护地位差异和传统的家庭关系。"这种法团主义与国家结构相结合，随时准备取代市场而成为福利提供者；因此，私人保险与职业附加福利是真正居于边缘地位的。"（哥斯塔·埃斯平 – 安德森：《福利资本主义的三个世界》，苗正民、滕玉英译，北京：商务印书馆 2010 年版，第 27 页）主要福利供给方式是国家强制性的社会保险，主要有国家、雇主与雇员三方合作供款。这种福利国家体制，去商品化程度中等。第三簇群是社会民主主义福利国家体制，主要由规模较小的斯堪的纳维亚国家所构成，比如瑞典、挪威、丹麦、瑞士等。社会民主平等思想占据主导，国家根据普遍主义原则与去商品化的社会权扩展到全体国民，最大限度地实现了阶级融合。追求最高水平的平等（尽可能的平等），而不是其他制度所通常追求的最低需要层次上的平等。所采取的基本方式是，较高的税收再分配机制，"所有社会阶层都纳入到一个普遍的保险体系中，而福利则根据设定的收入而累进……强调融合福利与工作，承诺保证充分就业，而且依赖于这个目标的实现"（哥斯塔·埃斯平 – 安德森：《福利资本主义的三个世界》，苗正民、滕玉英译，北京：商务印书馆 2010 年版，第 29 页）。尽管安德森这种立足于资本主义发达国家的福利实践所做出的分类概括存在着较多的问题，比如，其分类范畴缺乏女性视角，适用范围有局限性（没有涵盖东亚等其他非欧洲国家），而且对于个别国家的分类还存在许多争议，然而，其拓展了福利国家体制比较研究的领域，而且总体上较为成功地总结了战后福利国家类型的基本特点。

的），那么福利国家终将被另一种国家福利形态所取代，比如当下学者们所探讨的社会投资型国家（social investment state）、新混合福利经济（new mixed economy of welfare）、合作主义福利国家（corporatist welfare state）等。①

二　正当性、证成性与国家福利功能

国家福利功能是正当的，并不意味着某种（目标类型）水平的国家福利功能是正当的，这是两个不同但又具有内在关联的议题。国家福利功能的正当性到底意味着什么，蕴含着怎样的知识论证义务和论证进路，这需要对政治哲学领域中正当性（legitimacy）与证成性（justification）概念进行辨析。通常认为，存在着两个不同的论证进路，一种属于康德－罗尔斯理性主义传统，认为某事物的证成性与正当性本质上属于同一个论证的不同部分，正当性是证成性的自然结果，证成性是正当性的过程，二者没有什么本质区别，针对的是同一主词、同一个问题。另一种是洛克主义传统，认为某事物的证成性与正当性属于两个性质完全不同的论证，而不是属于同一论证的不同部分。经过探讨之后，本书认为，正当性与证成性概念在理性论证的范畴内其区别被不合理地夸大了，为某事物做出合理有效的辩护，离不开同时使用两种不同的论证进路。国家福利功能被证成，总是蕴含着某种（目标类型）水平的国家福利功能被证成，而某种（目标类型）水平的国家福利功能是正当的，必然蕴含着国家福利功能在道德上不是错误的。本书将综融所要探讨的两种不同的论证进路。

"正当性或许是政治哲学领域中最为根本同时也是含义最为混乱的概念之一。"② 其之所以根本，是因为通常认为正当性追问的是强制性权力的道德基础，询问的是什么使强制性权力在道德上是对的。然而，其概念在不同的传统中复杂多变，且与多种概念纠缠不清，而最容易发生混乱的概念是证成性（justification）。从翻译角度来看，legitimacy 通常被译成正当

---

① 林万忆：《福利国家——历史比较分析》，台北：巨流图书公司 1994 年版，第 314 页。
② 周濂：《现代政治的正当性基础》，北京：三联书店 2008 年版，第 25 页。

性、合法性①，强调的是运用强制性权力的道德正确性（rightness）。这里需要说明的是 rightness 一词通常也被译为正当性或正确性，意为道德上正确，与道德上错误（wrongness）相对。在道德的正确性上，legitimacy 与 rightness 没有区别，可以互相交替使用，然而，后者似乎要比前者在道德位阶上更高（可以用后者来定义或说明前者），同时，适用范围更为广泛，也常常被更多地应用于日常行为。而 justification 常被翻译成证成性，其动词形式 justify 常被译为"证成""辩护"，强调的是"有理由""有理据""去反驳异议""去捍卫"等。正当性与证成性的关系极其复杂，概言之，总体上存在着两种基本的传统及看法。

第一种看法认为，正当性是被证成的结果，即正当性根源于可证成性（justifiability）。这种看法属于康德 – 罗尔斯理性建构主义传统。约翰·罗尔斯（也包括托马斯·斯坎伦、托马斯·内格尔等）认为，一个国家、制度或行为具有正当性就等于这个国家、制度、行为（原则）在道德上被证成（morally justified）。在这个意义上，正当性与证成性并没有实质性区别，二者本质上是一体的。在罗尔斯看来，"证成（justification）是对那些不同意我们意见的人或当我们犹豫不定时对我们自己所作做的论证（argument）。它假定在人们之间或一个人自身的不同观点之间存在着一种冲突，并寻求说服别人或我们自己，相信作为我们的要求和判断的基础的那些原则的理由（reasonableness）。证成（justification）是被设计来用推理（by reason）使分歧意见得到一致的，它首先从讨论中所有各方所共有的见解开始。理想情况下，向某人证成（to justify）一种正义观念（a conception of justice），就是给他提供该正义观念原则的证据，这些正义观念原则是从我们都承认的前提中产生出来的，这些原则又进一步产生出许多和我们所深思熟虑的判断相一致的结论"②。对于罗尔斯来说，正当性就是被证成，

---

① 另一个相混淆的概念 legality，也常被翻译成合法性，但其含义是合乎法律的原则和精神，因此可翻译成"合法律性"。

② John Rawls. *A Theory of Justice*. Cambridge：Harvard University Press，1971：580 – 581. 该段引文的翻译参考了约翰·罗尔斯《正义论》（1971 年版），何怀宏、何包钢、廖申白译，中国社会科学出版社 1988 年版，第 584 页的译文，除了部分文字修订之外，在几个关键的术语上也做了修改，如原译文把 justification 译成论证，而把 reasonableness 译成合理性。

而证成就是一种论证过程，是一种通过消除或协调各种异议的反思均衡过程，该过程使前提预设、原则内容与深思熟虑的各种判断协调一致。托马斯·斯坎伦，基于理由（reasonableness）概念来定义正当与不正当（或正确与错误，rightness and wrongness），修正并拓展了卢梭－康德－罗尔斯传统中理性一致同意的契约主义原则，把理性"一致同意"原则转变成"无人能有理由拒绝"原则，提出了著名的斯坎伦契约主义道德理论。"从最基础的层面上来考虑正当和不正当，就是考虑可以根据他人（如果其动机适当的话）无法合理拒绝的理由来向他们证明什么东西是正当的。按照这个观点，对他人的可证成性（力）（justifiability to others）的观念被认为是根本的。"① 斯坎伦基于理由的道德动机原则，构建了一个严整而湛深、精妙而统一的契约主义结构。斯坎伦的契约主义，用最基础的理由概念，消解了正当性与证成性的任何可能的分野。在斯坎伦那里，所谓正当性就是符合和遵循"无人能有理由拒绝"的原则，即没有人能找到合乎理性的理由能够反驳你所坚持的原则或实践行为。所谓证成就是运用契约主义结构寻找并合理处理各种异议理由的过程，使各种合理价值根据其道德重要性与优先性地位得到正确对待。尽管罗尔斯与斯坎伦对于正当性与证成性论述及所建基的理由有很大不同，然而，他们都持有共同的观点：正当性是证成性的结果，证成性是一种论证过程或辩护过程，二者实际上是一体的。因此，区分正当性与证成性，在论证过程和内在价值上没有分量。

然而，约翰·西蒙斯（John Simons）认为，这两个概念是有着显著区别的（关于正当性与证成性关系的第二种看法）。西蒙斯在《证成性与正当性》（*Justification and Legitimacy*）一文中区分了正当性与证成性概念："当今，一般人们都认为，展示国家被证成（showing a state is justified）与展示国家是正当的（showing it legitimate）通常被认为需要采取同样的论证。然而，我认为，当代的这种立场混淆了我们应该（并且的确是这样）

---

① 托马斯·斯坎伦：《我们彼此负有什么义务》，陈代东等译，北京：人民出版社 2008 年版，第 5 页。

道德上评价国家的两种核心方式之间存在的差别。"① 西蒙斯区分了国家证成性与国家正当性，认为，国家证成性是指"国家的普遍性品质或德行"（the general quality or virtues of a state），而国家正当性则是指"国家对于任何特殊主体的权利的本性"（the nature of its rights over any particular subject）。② 换言之，对于西蒙斯而言，国家（垄断的、普遍的强制性权力机构）的证成性并不需要个体的实际同意或认可，而根源于国家自身所具有的一般性的内在品质或德行，指涉的是个体与国家之间的普遍性关系；而正当性指涉的只能是个体与国家的特殊性关系，即国家的强制性权力只有在现实个体的实际认可或授权下才可能是正当的。西蒙斯持有的立场典型地代表了洛克主义的传统。对于洛克而言，只有实际的同意（actual consent）才能正当化（现实）国家与（具体）公民之间的关系，而证成国家（或政府）则无须诉诸个体的实际同意。③ 洛克经典地区分了证成一个普遍意义上的国家概念与一个具体的现实国家所具有的正当性。这种洛克主义的区分，也就意味着，针对具体的现实国家而言，真正的问题不可能在证成性上，而是臣民或公民的实际认可或授权问题。换言之，对于洛克主义传统，国家证成性与国家正当性根本不是一个层面上的问题。作为一般意义上的国家概念在道德上能够被证成，不意味着任何具体的特殊国家类型都是正当的；作为一般意义上的有限政府概念在道德上能够被证成，不意味着某种具体类型的有限政府是正当的。类似的，国家福利被证成，并不意味着某种国家福利目标及其机制是正当的。国家的证成实际上是在问：人类为什么需要国家，需要反驳的异议是，为什么不采取无政府主义呢？有限国家的证成实际上是在问：为什么有限国家是必需的，而在知识义务上需要反驳的背景异议是，为什么低于以及超越有限功能的国家是错误的？类似的，国家福利功能的证成实际上是在问：为什么需要国家福利（或国家为什么需要具备福利功能或超越最小国家功能），而需要反驳的异

---

① A. John Simons. "Justification and Legitimacy," *Ethics*. 1999, 109 (4): 739.
② A. John Simons. "Justification and Legitimacy," *Ethics*. 1999, 109 (4): 752.
③ 约翰·洛克：《政府论》（下篇），叶启芳、瞿菊农译，北京：商务印书馆1964年版，第77~80页。

议是国家福利（包括任何超越最小国家功能的观念）要么道德上是错误的，要么是无效的，要么两者皆是。

洛克主义传统对于正当性与证成性的这种区分在理性论证的意义上存在着基本难题。假如证成性指涉一般性与普遍性意义上的国家概念（或国家福利概念）的必要性，正当性指涉的是现实国家（或国家福利某种历史形态，比如战后福利国家体制）实际上的正当性，那么，对于既不是具体现实意义上的国家，也不是一般性与普遍性意义上的国家概念，而是某一类型的国家（或国家福利类型，马克思·韦伯理想类型意义上的）而言，该怎么办呢？换言之，这种正当性与证成性的特殊二分法，对于不同观念基础上的国家类型（或国家福利类型）的比较或选择，是否适用呢？比如，资本主义福利国家比自由放任的资本主义国家更具有正当性，还是更能被证成？对于这两类国家形态而言，如果按照洛克主义的正当性含义，我们无法比较这两种类型意义上的国家形态，因为它们不是具体的现实国家（或国家福利的某种现实形态），它们能否实际上得到公民认可或同意，我们事前根本不可能知道，此其一。其二，即便是在现实中存在着这两种类型的真实国家（或国家福利制度），它们能否被绝大多数公民同意或认可，是不确定的，即基于实际承认或同意的正当性含义，我们根本无法理性地得出比较性的答案。也就是说，洛克主义意义上的正当性概念，在基本观念比较上或理想类型比较中，实际上是英雄无用武之地。当然，严格意义上的实际一致同意何以可能，也是洛克主义意义上的正当性概念所面临的根本性难题。这区别于康德－罗尔斯传统中所使用的一致同意的契约论。康德－罗尔斯契约论，实际上具有强烈的目的论式的理性建构主义，强调论证中的一致同意原则，当然，这种一致同意原则是建筑在理性与合理性基础之上的。哈贝马斯历史性地考察了正当性的三种类型（阶段）：神话叙事阶段，宇宙论的宗教、伦理或哲学论证阶段（自然或上帝的实质原则或谱系）以及理性主义基础上的形式化程序阶段（理性的形式原则）。进入第三阶段后，人的理性取代了神话、自然、上帝、血脉和传统伦理而成为终极的价值基础，理性基础上的契约协议就成为正当性的来源，而契约的程序性和前提预设则成为正当性的基础性因素。① 作为康德理性传统的代表人物，罗尔斯的论题典型地凸显了正当性与证成性概念在洛克主义意义上的区分是如何式微的。对于罗尔斯而言，关键的问题不再是要不要国家本身，而是要哪一种国家。如果宣称某一类型的国家、制度或行为是正当的，或比另一种更好，那么，焦点问题就转向论证或证成本身。如此一来，正当性与证成性概念在洛克意义上的实质性区分在理性的论证过程中实际上就显得捉襟见肘了。换言之，洛克主义传统中的正当性与证成性的二元区分，对基于不同观念的"类型"选择本身，在很大程度上失去了它的区分效力。不过，需要强调的是，这并没有抹杀洛克主义传统中的证成性含义。总之，政治哲学在从洛克主义向康德－罗尔斯范式转换过程中，洛克主义传统中的正当性概念的特定内涵遭到了修正，由实际被认可或同意，转变成理性的"一致同意"或"无人能有理由拒绝"原则。在这种修正下，正当性概念与证成性概念之间就没有本质性的差异了，正当性是证成的结果。这也就意味着基于国家起源与发生进路的正当性概念被整合进基于国家功能、目的或效果的证成性概念中了。国家福利的正当性或证成性，不仅蕴含着洛克主义意义上的国家福利功能被证成（国家福利功能的必然性），还蕴含着某种目标类型的国家福利功能被证成（什么目标类型的国家福利功能是最优的）。

综上所述，在有效区分并澄清国家福利功能正当性与证成性内涵时，本书强调，洛克意义上的国家福利的证成性问题，是首先要面临的问题，然而，它是不充分的。也就是说，国家福利功能的正当性议题，要求在洛克意义上有效回答"国家福利功能为什么在道德上是正确的或是必需的"（国家福利功能的必然性）。显然，仅仅回答这一问题是不够的，它并没有告诉我们国家福利功能的有效性范围。即便是国家福利功能能够在洛克意义的证成性概念中得到辩护，我们也不知道有效可及的国家福利功能是否能够得到辩护，也无法据此知道有效可及的国家福利功能是否一定与效率

---

① Jürge Habermas. *Legitimation Problems in the Modern State*, *Communication and Evolution of Society*. Boston: Beacon Press, 1979: 183 - 184.

机制不相容从而不具有可持续性。显然，后者涉及康德 – 罗尔斯传统中的正当性概念与比较性的最优性证成进路。反之亦然，如果某种目标类型或水平的国家福利功能能够得到辩护，也就必然需要有效回答"国家福利功能为什么在道德上是正确的或是必需的"——证明国家福利功能在道德上不是错误的，这需要有效反驳各种否证理由。

基于以上探讨，本书的基本立场是，如果国家福利功能具有正当性，则意味着国家福利功能本身能够得到证成，且某种（目标）类型的国家福利功能也能够被证成。至少在本书中，国家福利功能的正当性与国家福利功能的证成性是一致的，在名称上可以互换。出于方便，本书命名为《国家福利功能的正当性》，只需要记住它包含两个有所区别而又有内在关联的基本内容即可：国家福利功能本身需要被证成，它在道德上不是错误的；某种（目标）类型的国家福利功能需要被证成，它是有效可及的，具有可持续性（自我强化的）。

三 评价理由的参考框架

对于正当性而言，具体证成的方式是不同的，辩护所提出的理由也是多种多样的，这就存在根本性问题，到底哪一种证成或辩护理由是合理的？我们如何处理各种各样的可能异议及其理由？回答上述问题，需要对不同的证成类型或进路作一阐明，然后引入评价各种理由的参考性框架。大卫·施密茨（David Schmidtz）区分了两种不同的证成方式：目的论证成（teleological justification）与发生论证成（emergent justification），前者根据所要达成的目的本身来证成，后者根据哪一个更适切于或更有效地实现所设定的目的来证成。[①] 西蒙斯区分了最优性证成（optimality justification）——局限条件下后果最优者胜出或同一目标所依赖的条件最少或最弱者胜出——和容许性证成（permissibility justification）——是否相容于普

---

① David Schmidtz. "Justifying the State," *Ethics*, 1990, (1): 89 – 102.

遍接受的道德原则——两种证成类型。① 施密茨的目的论证成类似于西蒙斯的容许性证成，而发生论证成类同于最优性证成方式。事实上，国家福利功能的正当性需要综融两种不同的论证类型。首先，需要用到非比较性的容许性证成，面对各种否证国家福利功能的普遍道德原则，需要阐明国家福利功能实际上并没有与这些普遍被人们所接受的道德原则相冲突，证明国家福利功能是与之相容的，在道德上不是错误的。其次，需要用到比较性的最优性证成方式。不同的理由对于国家福利功能所具有的规范力或意涵有何不同？或者，设定国家福利功能的必然性与有效性，审查各种理由对其所具有的规范力程度到底如何？在对有效可及的国家福利功能所提供的各种规范性理由中，哪些是最优的？当然，这也会涉及目的论证成方式，比如，与有效可及的国家福利功能目标相匹配的前提条件或规范性理念有哪些等。总之，论证的要点是：针对各种异议，提出辩护理由，以消除或协调各种异议理由；为我们的目标提供一个自洽的规范性理由；如果存在多个自洽的规范性理由，那么就取最简单的那个解释（所依赖的前提最少的理由）。

　　然而，困难还在于，面对各种异议及其理由，我们根据什么原则来处理这些不同的反对理由，我们如何来权衡各种不同的理由之间所具有的规范效力或权重结构。为此，我们还需要一个具有实质性内容的评价各种理由及其道德分量（道德重要性与优先性或道德评价权重）的参考框架。托马斯·斯坎伦的契约主义理论符合这个要求。斯坎伦契约主义提供了评判行为正当或不正当所要遵循的原则："一个行为如果其实施在那种境遇下会被一般行为规则的任何一套原则所禁止，那么，这个行为就是不正当

---

① 在西蒙斯看来，"证成一种行为、一个策略、一种实践，一类安排，或者一种制度，通常指涉，展示它是审慎理性的（prudentially rational），道德上可接受的（morally accepta-ble），或者需要同时展示两者（具体依赖于讨论中的证成性的类型）。并且，在标准情况下，展示它当然包括反驳各种各样的可能异议（possible objections to it）：要么是比较性异议（comparative objections）——即，其他的行为或制度（等等）更优越于所讨论中的行为或制度——要么是非比较性异议（noncomparative objections）——即，讨论中的行为是不可接受的或错误的；或者制度实践上错误或允许不道德行为。我们可以说，证成性在很大程度上是一种'辩护性'概念（defensive concept），（它总是出现在意见相左的时候）因为，我们要求用证成性去反驳背景推定的各种可能性异议（possible obections）。"A. John Simons. "Justification and Legitimacy," *Ethics*, 1999, 109 (4): 740 - 741.

的；这种一般的行为规则是没有人能有理由将其作为信息充分知情的、非强制性的普遍一致意见之基础而拒绝的。"① 这就是斯坎伦著名的"无人能有理由拒绝"的契约主义原则。斯坎伦契约主义原则秉承卢梭－康德－罗尔斯契约主义传统，把关于"正当与不正当"这一道德核心原则以及其他道德原则的规范力置于理由（reasonableness）概念的基础上，向其他人证明一个行为的正当性就是提出支持它的理由，并且主张它们完全能够击败其他人可能会有的任何反对理由。然而，要做到这一点也就是为这样一条原则辩护：这样的理由是在普遍的条件下如此行事的充分根据。也就是说，任何人在这种情况下都没有合理的理由来反对，这样就坚持了理由判断的普遍性或客观性立场。②

正如斯坎伦所言，"哲学的任务之一就是，极力澄清重要的道德观念的形式和内容，并理解它们重要性的基础"③。在处理各种理由时，必须基于其所提出来的理由与"正当与不正当"这一道德核心原则之间的关系，来判断各种理由所具有的效力或规范力。反对国家福利功能的理由是不同的，而支持国家福利功能的理由也是多种多样，甚至彼此冲突的。我们在处理反对和支持国家福利功能的各种理由时，需要在"我们彼此负有的义

---

① 托马斯·斯坎伦，《我们彼此负有什么义务》，陈代东等译，北京：人民出版社 2008 年版，第 163 页。在该页注释①中，斯坎伦解释了，在德里克·帕菲特的建议下，他把在《契约主义与功利主义》一文中所表述的原则"它们是每个人都能合理接受的"，修正为现在的"没有人能合理拒绝"的原则。而谢利·卡根和亚瑟·库弗里克则争辩道，这两种表述系统是相同的。然而，斯坎伦认为，"不能合理拒绝"这一表述方式更为直接地表达了契约主义的基本观念。"按照我的理解，对于契约主义来说，基本思想是对每一个人的可证明正当性（justifiability，可证成性）的观念（其根据是，他或她都不能合理地拒绝）。'一致接受'则是这一条件得到满足的结果，但其自身并非基本观念。"帕菲特在其巨著《论重要之事》中认为，斯坎伦的无人能合理拒绝的原则与每个人一致选择的原则本质上也是等效的（Derek Parfit. *On What Matters*. Oxford University Press，2011）。

② 用斯坎伦的话说，不存在我们为什么应该关注其他人拥有的理由的问题。"只要我们认为我们自己无论如何也是有理由的，我们就一定会这样关心，因为关于我们自己的理由的任何判断都需要关于其他人拥有或者在某些环境下会拥有的理由的主张。"（托马斯·斯坎伦：《我们彼此负有什么义务》，陈代东等译，北京：人民出版社 2008 年版，第 70 页）简言之，理由是客观的，而非主观的，所谓理由的客观性是指任何人在具体情境下都没有任何理由来合理地拒绝。森的位置的客观性，或斯密强调的中立的客观者视角，以及托马斯·内格尔所讲的人具有分裂成设想的无数人的能力、罗尔斯的正义感的能力等，都强调了这种评价理由的客观性。

③ 托马斯·斯坎伦：《平等何时变得重要?》，陈真译，《学术月刊》2006 年第 1 期。

务"这一道德核心的基础上仔细辨别各种理由的规范力、效力或道德分量。当然,我们并不能保证,通过这种批判性审查,最终会得出一个关于支持或反对国家福利功能的(最为合理的)统一性的理由。这绝不意味着我们的考察是没有意义的,恰恰相反,它至少可以让我们澄清很多不一致或错误,这是反思的真正价值。当然,我们要在合理评价各种支持与反对国家福利功能的诸多重要理由基础上,澄清各种误导性观念的规范基础(这本身就具有重要的内在价值),并尽可能地形成关于国家福利功能的一致性观念。对于各种理由的基础分歧及其规范效力的评价是最难的。斯坎伦契约主义,也为我们处理规范标准方面的分歧,提供了一种评价结构。斯坎伦的契约主义结构提供了一种能涵盖"与正当与不正当的道德要求发生冲突的所有其他价值"的统一性结构框架,这一结构,在所有的情况下,存在一种如下反思性程序或策略。

第一,只要事物或价值是人们有理由追求和重视的,在关于正当与不正当的道德之中就会产生一种压力,为这些价值留出空间。第二,当然,这种空间是有限度的,空间的限度依赖于理由的效力。当达到理由所赋予的限度时,我们就有可靠的理由给予关于正当与不正当的要求以优先性。这主要是通过如下两种方式做到的:首先,部分靠诉诸对他人的可证成性所具有的极大重要性,以及诉诸道德原则所保护的特殊利益;其次,部分靠论证得到恰当理解的其他价值对正当与不正当的要求具有一种内在的敏感性(依赖性,关联论证)。契约主义关于按照他人(有类似的动机)无法有理由拒绝的原则而行动的理想,就是试图描绘和他人的关系,这一关系的价值和吸引力成为我们做道德所要求的事的理由。[①]

通过上述的概述和介绍,斯坎伦契约主义为我们在面对各种不同的理由时,进行分析与评价理由的规范力及其道德权重提供了一个比较清晰的反思性程序与结构。"我们彼此负有什么义务"指涉的正是"正当与不正当"这一道德核心部分,这部分是人与人之间最重要的那部分关系,其之所以重要,是因为这部分特殊关系构成了所有人与人之间的关系以及我们自身价值的基础部分。它实质性地反映了"我们是否彼此尊重以及如何尊

---

① 托马斯·斯坎伦:《平等何时变得重要?》,陈真译,《学术月刊》2006年第1期,第179页。

重"，本质上是要实现任何人都具有的那一份同等的内在尊严（康德意义上的理性存在物具有的内在尊严）。在此核心尊严的基础上，有差别地尊重才是可能的或有价值的。这突出反映了斯坎伦契约主义所坚持的实质性的基本立场，这种基本立场最终依赖的是，康德实践哲学中对人的生命价值的深刻理解。这一点也构成了我们评价关于国家福利功能的各种理由的根本立场。

四　国家福利功能正当性问题

国家福利功能的正当性不仅意味着国家福利功能在道德上是可接受的，并没有违背普遍接受的道德权利原则，并且意味着它是审慎理性的或有效的。这样，就产生了一系列的知识义务需要面对。首先，需要反驳问题本身或背景推定的各种可能性异议（possible obections）。其次，需要审查支持国家福利功能正当性的一些重要的理由，极力澄清各种支持国家福利功能正当性的理由的效力或道德分量，确认或发现国家福利功能正当性的"无人能合理拒绝"的理由。当然，在此过程中，必然涉及某种（目标水平）类型的国家福利功能的证成性问题，也就是说，国家福利功能被证成总是蕴含着某种类型的国家福利目标被证成。[①] 这也构成了本书的落脚点，它从理论上指出国家福利功能的发展方向或理想取向。最后，需要阐明国家福利功能的有效性问题，即它不仅是有效可及的，而且与激励机制相容，是自我支持的或自足的，而非自我驳斥、适得其反或不可持续的。下文结合上述思路和对国家福利功能的理解，具体阐明本书所要回答的基本议题及其内在关联，并为确定本书的基本框架奠定基础。

------

① 国家福利是一种国家的功能，而非国家本身，国家证成性的对当问题是无政府为什么是错误的，在反驳无政府的错误性后，论证国家的必要性，然而，这本身已经蕴含着这样一个问题，至少某种功能的国家被证成。证成一个国家至少是在证成一个最小国家功能，或者就是在证成某一种类型（具有某种功能）的国家。只不过，某种类型的国家证成还需要更多的要求。同样的，国家福利功能被证成，实际上意味着至少某种程度或目标的国家福利功能被证成。截然分割两个问题是不可能的，仅仅是为了分析和呈现的便利，它才被分割成两个问题。其本身是内在关联的、不可分割的：要想对第一个问题进行深入彻底的解答，就必须回答第二个问题；而要想回答第二个问题，就必须从第一个问题开始。

至少从形式上看，国家福利功能呈现为（或可以被理解为）：①国家从社会成员中通过强制性税收机制获得福利分配的资源——根据所要达成的国家福利目标，决定税收资源水平——并按照②某种目标原则，③通过某种或多种福利分配传递机制把部分或绝大部分税收资源，再分配给所需要的社会成员（全体社会成员或部分社会成员）。首先，在国家福利功能正当性议题中，面临的一个基础性争议就是，资源分配的正当性问题，即国家福利功能预设了某种程度的资源强制性分配问题。毫无疑问，国家发挥福利功能需要一定的资源，然而，通常认为国家本身并不创造可供分配的资源，国家分配的资源往往来自强制性税收。国家福利功能对强制性税收资源的这种依赖特征，也往往是其被称为税收的再分配机制的主要原因。国家福利功能的这种税收再分配特征，几乎构成了所有国家福利功能争议问题生发的源头。围绕着资源的强制性再分配的问题，面临着诸多基础性异议：国家强制性税收是否侵犯了个体的基本自由和权利；国家福利功能所涉及的资源再分配所要达成的目标是什么。这决定着国家福利功能的基本水平或范围。其目标仅仅是满足公民的基本需要（何种程度上），还是超越这一基本目标，比如定位成促进社会平等，或提升公民的基本能力？国家福利功能的正当性在很大程度上依赖于其所要达成的目标本身的正当性。围绕着国家福利功能的目标，有很多争论，目标本身的正当性依赖于各种基础性道德观念。最后，要达成所要实现的目标，国家在福利传递机制上应该扮演什么样的角色。围绕着国家福利目标－传递机制上的问题，涉及来自反对国家福利功能的另一种基本异议：通过论证某种取向的国家福利机制与目标相违或适得其反，来限制国家福利功能的拓展。国家福利功能范围仅仅被定位在剩余的边际范围内，还是被限定为普遍的再分配角色，抑或是使能者角色？总之，国家福利功能正当性所面临的这些主要挑战以及对这些挑战或异议的不同回应，塑造着国家福利功能或福利国家的过去、现在与未来。具体概述如下。

第一种异议认为国家福利功能本身在道德上是错误的，质疑国家福利功能本身的道德正确性。这主要来自政治哲学传统中自由至上主义者（libertarianism）的道德权利异议，其把自由权利作为不可触动的、强大的"道德边界"，强调国家福利功能所依赖的税收再分配机制侵犯了神圣的私人财产权与自我所有权，这种异议也可以简称为财产权异议（property rights objection）及其内在关联的自我所有权异议（self ownership objection）。其主要代表人物是罗伯特·诺奇克。这种对于国家福利功能的异议属于非比较性异议（noncomparative objections），也属于非工具性或非效用性的。它是根本性的，其反驳的路径属于容许性证成（permissibility justification）进路。如果国家福利功能不能从以诺奇克为代表的自由至上主义者所提出的道德权利否证中解放出来，国家福利功能就不可能具有正当性。

第二种异议主要是从有效性角度来批判国家福利的普遍性再分配功能，基本上属于后果论的、比较性的。国家福利功能之所以错误，主要在于其产生的各种可能性后果是不可接受的，是事与愿违的或无效的，而主张通过自由市场或慈善机制等替代性方案来避免这些后果。第二种异议的重点不在于国家福利功能是否在道德上是错误的，其建立在比较性异议（comparative objections）基础上，是在边际（marginal）意义上反对国家福利功能的，反驳的路径属于最优性证成（optimality justification）进路。其基本立场是：无论如何，国家福利功能本身已成为一个摆脱不了的既成事实，然而，这并不是说我们对此无能为力。我们所要做的就是，严格限制国家福利功能的扩张，并发展、提供各种基于市场的替代性方案，使国家福利功能在边际的意义上逐步缩小，甚至消失。这种立场初看起来，不像第一种异议那样从道德上直接否认任何形式的国家福利功能的正当性，其本身可能（不情愿地、无奈地）承认或不否认基于同情、慈善理念上的救济性的国家福利功能，但也仅仅只承认国家福利功能所具有的这种极其有限的选择性"补缺"功能（或边际剩余型功能），坚决反对国家福利功能的普遍性制度再分配。这种反对国家福利功能的立论主要来自经济学传统中的新古典自由主义者。他们基于对自由市场的捍卫，反对国家福利功能及其扩张，认为国家福利功能的普遍性制度再分配必然事与愿违，得不偿失，与制度再分配"目标"背道而驰。其主要代表人物有弗里德曼、熊彼特、哈耶克、布坎南等。其基本异议有如下几点。其一，效率异议（Efficiency Objection）：国家福利功能的普遍性制度再分配与效率不相容，最终伤害经济发展，降低人们福祉的长期改善。这一点弗里德曼与阿瑟·奥肯在各自的著作中都有深刻而清晰的揭示。其二，自由选择异议（free choice objection）：国家福利功能的普遍性制度再分配所提供的福利项目往往极其有限，比如社会保险只提供了有限选择的保险项目，这限制了自由选择，且被强制性参与。尽管自由选择异议往往是从后果比较性的异议中提出来的，但其实质上从属于第一种非比较性的自由权利异议，理由是，实质性自我所有权本质上是自我选择或自我决定，因此，本书并不需要对自由选择异议单独进行考察。其三，福利依赖异议（welfare dependence objection）：国家福利功能难以避免福利依赖问题，它腐蚀个体责任和自主能力，削弱进取动机，破坏工作伦理，鼓励好逸恶劳，形成贫困文化或贫困陷阱。福利依赖异议一方面从属于效率异议问题，另一方面也从属于自我所有权异议。因此，这部分异议也不再单独进行考察，而在相关章节中进行合并处理。其四，国家福利功能的普遍性制度再分配，其后果扩展了国家的权力，加强了中央集权，对公民的整体自由构成了威胁，是一条通往奴役之路。这种反对国家福利功能的理由比较特殊，其主要目的是防止国家干预的扩展所导致的国家暴政，其所针对的是计划经济以及国家对经济社会的普遍性干预。主要代表人物是哈耶克。尽管这种辩护路径是深刻的，然而，我们必须得承认，国家福利功能的制度性再分配与计划经济以及国家对经济的普遍性干预之间的区别是显著的，忽视这种区别，笼统地对待是没有理由的。因此，本书并不需要对这种异议进行反驳。不过，哈耶克所强调的"理性所不及"或知识可及性理由是需要认真对待的，这一点与罗尔斯所强调的"判断的负担"是一致的，构成了国家福利功能正当性问题中的认识论基础或局限条件之一。

经过分析与限制，本书对第二种异议的处理主要集中在效率异议问题上，需要阐发一种在道德上能够得到证成的国家福利功能是与激励机制相容的，它是实现效率的基本条件。第二种对国家福利功能（尤其是国家福利的制度性再分配功能）的比较性、工具性的后果论批判路径，与第一种道德权利约束批判路径形成了鲜明的对比。第二种异议把国家福利功能的扩张视为一种错误的或矛盾的手段，强调无论多么良好的目标与愿望，由于错误的手段或无知的狂妄，最终必将获得适得其反的结果。国家福利功能的正当性问题，一方面涉及第一种异议中体现的道德基础上的论证，另一方面不可避免地涉及第二种异议。如果第二种工具性、比较性异议是必然的或真实的，那么，国家福利功能即便是在第一种意义上得到了证成，也可能仅仅局限在非常有限的边际剩余型领域内，只能针对"无法对自己负责的社会成员"发挥必要的作用，其重要性与吸引力将一落千丈。因此，围绕着第二种异议的有效性概念，除了效率问题，还包括另一种意涵：国家福利功能正当性目标定位或水平及其机制对所有人而言，是有效可及的。这也是本书在有效回应上述异议过程中所要逐步阐明的。

最后，还需要说明的是，本书对国家福利功能正当性问题的探讨，不能借助任何程度的利他、仁慈与同情等理由——"救助"与"救济"概念显然与国家福利功能正当性理由不相容（详见本书的相关评述）。并且，本书不能直接诉求于共同体的团结或普遍性的社群价值，也不能完全基于功利主义等各种后果论理由。当然，国家福利功能正当性的规范性基础，并不妨碍它相容于利他、仁慈情感，能够实现或促进共同体的团结、社会融合与社会稳定，完全可以相容于功利主义的理由。因此，本书的研究视角（只能）被限定在如下范围：基于权利、义务或"我们彼此负有的责任"的规范性理由。显然，它是基于个体主义立场上的。只有这样，我们才有可能为国家福利功能的正当性提供一个"无人能有理由拒绝"的阐明。

第二节　支持与反驳：国家福利功能的正当性纷争

国内外学术界直接针对国家福利功能正当性问题的系统研究较为匮乏，然而围绕着分配正义、福利哲学等涉及福利国家或国家福利功能的相关研究文献却十分丰富。本书对其中重要的代表性作品及其主要观点进行述评，借以阐明研究问题的知识背景、逻辑起点以及研究价值。

在本部分中，首先对国外相关文献进行分专题述评，主要分为如下三个方面：关于国家福利功能规范性基础的思想史考察；关于为国家福利功能辩护的基本进路及其特点的综述，以及关于否证国家福利功能的基本进路及其特点的综述。然后，对国内相关研究进行简要述评，并阐明研究价值。

一　关于国家福利功能规范性基础的思想史考察

国外学术界对国家福利功能规范性基础的相关研究大多是从福利思想史的角度展开的，通过梳理分散在分配正义研究领域中国家福利功能的相关议题，考察各种思想流派对此问题的基本观点。这一研究领域的主要代表人物及其作品如下：英国白金汉大学社会和政治理论教授诺曼·巴里（Norman Barry）1999 年再版的《福利》（中文译本 2005 年版）；美国伊利诺伊大学芝加哥分校政治哲学教授萨缪尔·弗莱施哈克尔（Samuel Fleis-chacker）出版的《分配正义简史》（中文译本 2010 年版）等。巴里和弗莱施哈克尔等人的研究，不仅在研究主题上提出了各种极具参考价值的前瞻性观点，而且简要梳理了分配正义领域中各种主要相关人物及其观点的基本概况。下文主要以评述这两部代表作中相关要点为主轴，并结合其他相关文献，系统考察西方学界对国家福利功能正当性议题的研究现状及其特点。

诺曼·巴里主要对各种社会与政治哲学流派中的福利观点做了系统的梳理，尤其对现代国家福利的观念基础进行了思想史的典范式考察。在该书中，诺曼·巴里首先指出，对福利观念的探讨是一个异常复杂、看似无解的难题，福利观念的问题不可避免地与正义理论交织在一起，福利价值相对于自由、平等价值而言，并非是一个高阶的道德价值。福利思想问题离不开对分配正义的规范性理论视野的考察。其在考察支持与反对福利国家的各种规范观念中，指出了关于福利观念纷争的根源之一是，福利所涉及的强制性再分配与私人财产权利之间的冲突议题，需要解决"超越了基于私人财产权之要求的需要和应得问题"。① 这一结论对于国家福利功能的正当性研究极具启发意义，也是自由至上主义者罗伯特·诺奇克攻击国家福利功能因其必然损害私人财产权而无法得到辩护的核心理由。可惜的是，巴里并没有具体论证国家福利功能与私人财产权之间的内在关联。因

---

① 诺曼·巴里：《福利》，储建国译，长春：吉林人民出版社 2005 年版，第 3 页。

此，假如国家福利功能正当性能够得到辩护，就必须至少在较弱的意义上阐明国家福利功能并没有违反私人财产权。如果能够进一步阐明私人财产权必然以满足基本需要的国家福利功能为前提，则辩护性更强。这是本书所要解决的核心问题之一。

其在该书中表达的第二个重要的观点是，"社群主义和（某种程度上）公民身份的主题"① 贯穿于福利辩论的整个历史中，个人责任和集体责任之间的争议一直没有得到很好的解决，反对与支持福利国家功能的观念一直纠缠在个人责任与集体责任的艰难划分上，而这看似又是一个无解的难题。建立在公民资格基础上的福利权观念显得模糊不清。巴里正确地指出了围绕着福利国家以及国家福利的实质议题是，如何可能把必要的福利供给建立在"我们彼此负有的义务"这一规范基础上。但其没有阐明，福利的集体责任是否能够还原为个体与个体之间的责任，如果能，如何可能。福利权本身是模糊的，其规范性基础需要得到合理的阐明。巴里指出了社群主义和公民资格理论支持的福利权观念实际上存在着规范性基础问题，即福利权本身需要得到辩护。当然，巴里仅仅提及这一点，并没有试图为福利权提供一个规范性基础。事实上，他反对福利权观念，这与他反对福利国家的立场是一致的，因为福利权问题本质上是国家福利功能的正当性问题。

既然提及了公民资格基础上的福利权议题，在这里，笔者着重探讨一下以马歇尔为代表的福利权利主张及其规范力。通常认为，由马歇尔所发展的公民身份理论为福利国家的历史发展提供了一种解释框架。马歇尔在《公民身份与社会阶级》一书中全面阐发了他的公民身份（citizenship）三要素理论②，公民身份被视为属于共同体成员所具有的资格，这一公民资格赋予了共同体成员所具有的各种权利。从历史发展的角度看，公民身份的发展史就是不断向已有的身份中逐渐增添新权利的历史。在 18 世纪，公

---

① 诺曼·巴里：《福利》，储建国译，长春：吉林人民出版社 2005 年版，第 14 页。
② 对于"Citizenship"一词的翻译，学术界通常把其译为"公民身份""公民资格"和"公民权（利）"等。本书用"公民身份"这个译法。

民身份被赋予公民权利（civil rights）①。在 19 世纪，公民身份被新增了政治权利。到了 20 世纪，公民身份又被增添了社会权利。社会权利是指"从某种程度的经济福利与安全，到充分享有社会遗产并依据社会通行标准享受文明生活等一系列权利。与这一要素紧密相连的机构是教育体制和社会公共服务体系"②。马歇尔的公民权理论影响巨大，根据安东尼·吉登斯的说法，"马歇尔首先是因为其杰出的公民身份著作而为人们所牢记的，其经典著作《公民身份与社会阶级》持续影响了大半个世纪"③。马歇尔的确把握住了近代西方权利的演进史。马歇尔发展该理论主要是为了给 20 世纪以来西方福利国家提供一个理论解释框架。马歇尔通过社会权利概念创造性地把福利与权利紧密联系在一起，福利权从此就成为人们不断争论的话语。但福利权概念非常令人困惑不解，福利权利到底是一种什么性质的权利呢？近代以来，许多国家在社会政策实践中，大多采取法律的形式规定了各种形式的国家福利供给义务和责任。困难在于，如果穷人果真拥有法律所赋予的被救济权利，那么穷人是否拥有因此问题而向法院提出上诉的权利。似乎很难有充分的正当性理由表明某人的福利出现问题，可以向法院提出法律诉讼，要求法律补偿。马歇尔本身也已充分意识到这个困境，在《福利权利及再思考》一文中，他用矛盾性的语言表明了这一点："给予援助并不（只）是一种仁慈的行为，而是在满足一种权利——尽管从严格意义上讲，它不是一种权利。"④ 关于福利权观念，笔者有如下三点评价。其一，马歇尔福利权观念之所以被认为是令人困惑的，是因为福利权本身与公民的政治自由权利在性质上是有显著区别的，反映了福利权与通常认为的基本自由权利之间存在着张力。其二，无论如何，马歇尔的公

---

① "Civil rights" 通常被译为公民权利或市民权利，但马歇尔所说的公民权利，是一个与政治权利与社会权利相对应的概念，可以被理解为狭义的公民权利。对于马歇尔来说，广义的公民权利就是公民身份（资格），包括政治权利与社会权利。

② T. H. 马歇尔等：《公民身份与社会阶级》，载郭忠华、刘训练编《公民身份与社会阶级》，南京：江苏人民出版社 2008 年版，第 10～11 页。

③ Anthony Giddens. "T. H. Marshall, the State and Democracy," in Martin Bulmer and Anthony M. Rees（eds.）, *Citizenship Today: The Contemporary Relevance of T. H. Marshall*. London: UCL Press, 1996: 65～80.

④ T. H. 马歇尔等：《公民身份与社会阶级》，载郭忠华、刘训练编《公民身份与社会阶级》，南京：江苏人民出版社 2008 年版，第 60 页。

民资格基础上的福利权理论激发了人们的广泛讨论。这些讨论不仅与自由、权利等价值密不可分，而且其基础更多的是社群主义的。福利权体现的是一种（国家）共同体主义的逻辑，福利权观念的困惑，在一定意义上，也反映了其所依赖的共同体规范基础的脆弱。其三，马歇尔的福利权观念是从历史的角度被提出来的。福利权的规范性基础并没有得到合理的说明，这需要以国家福利功能正当性基础得到合理说明为前提。换言之，如果国家福利功能正当性不能得到证明，福利权的规范性基础也就无法得到解决。正如齐格蒙特·鲍曼（Zygmunt Bauman）所指出的，"马歇尔人权三维体中的每一种权利都依赖于国家"[1]。关于马歇尔的福利权观念就探讨至此。

巴里在着重考察罗尔斯的公平正义理论对于福利国家观念的意涵时认为，"（罗尔斯）试图解决处于自由主义福利理论核心位置的产权问题，他的意思（似乎）是，在自由经济中，'效率'标准与资源的初始分配无关"[2]。并且，巴里认为，罗尔斯的公平正义理论试图从有形资产的所有权扩展到个人天赋才能的分配上，"似乎是将福利命令置于个人主义的正义要求之上"[3]。这在其看来，"该理论是高度假设性的，而且在可操作的福利政策建构中的价值还难以确定"[4]。事实上，巴里基于自身立场的局限，对罗尔斯公平正义理论中所蕴含的国家福利功能思想的评价过于轻率。罗尔斯之后，有许多学者一直在致力于运用其公平正义理论为某项具体的国家福利政策进行辩护。其中的主要代表性人物是诺曼·丹尼尔斯（Norman Daniels）。丹尼尔斯运用罗尔斯的公平正义理论对医疗保健资源的正当分配进行了深入的专题研究。他强调了罗尔斯公平正义理论中公平的机会平等原则，认为，满足医疗保健需求是实现公平的机会平等的内在要求。医疗保健资源的正当分配应该使每一个人"在其社会中的个体正常机会范

---

[1] 齐格蒙特·鲍曼：《免于国家干预的自由、在国家中的自由和通过国家获得的自由：重探 T. H. 马歇尔的权利三维体》，载郭忠华、刘训练编《公民身份与社会阶级》，南京：江苏人民出版社 2008 年版，第 320 页。

[2] 诺曼·巴里：《福利》，储建国译，长春：吉林人民出版社 2005 年版，第 102 页。

[3] 诺曼·巴里：《福利》，储建国译，长春：吉林人民出版社 2005 年版，第 102 页。

[4] 诺曼·巴里：《福利》，储建国译，长春：吉林人民出版社 2005 年版，第 102 页。

围"得到切实的保障,以维持和恢复个体的"基本功能发挥"(fundamental functioning)。① 尽管受到资源稀缺性与技术可行性的限制,然而,一个维持和恢复个体基本功能发挥的医疗保健系统的有效可及性必须得到保障。因此,一个由国家保障的综合性的国民医疗保健制度就是必需的。② 巴里对罗尔斯公平正义理论的应用价值的评价显然是草率的。罗尔斯多次强调,公平正义原则来自抽象契约论基础上的原初状态的论证,而独立于"把个人天赋的分配视为公共资产"的道德应得理念,基于运气平等主义的个人天赋分配理念实际上契合了独立产生的公平正义原则,而非相反。③ 目前为止,学界深入考察罗尔斯公平正义理论与基本需求之间的关系,进而阐明罗尔斯公平正义理论对于国家福利功能正当性的意涵方面的理论作品还没有发现。罗尔斯公平正义理论中的国家福利功能意涵还没有得到充分的揭示和挖掘,这需要专门进行研究。事实上,罗尔斯公平正义理论所支持的国家福利功能的限度远高于基本需求满足,内在要求超越资本主义福利国家。这一点将在正文的第五章中得到阐明。巴里局限于自身的福利观念立场,反对将福利主要解释为一种国家福利的观念。他认为,福利概念所具有的"看起来似乎不可解决的性质",不仅仅来自该概念的复杂内涵,而且来源于这样一个事实:在政策实践与福利观念的发展过程中,"福利概念不可避免地与福利国家哲学捆绑在一起……(以至于据说)促进幸福的责任几乎完全寄托于国家"④。巴里强调国家并没有充分的责任和义务满足个体的客观基本需要,其更强调福利的非国家供给制度,至少是一种福利混合制度。巴里混淆了一些基本的概念,如福利国家与福利国家供给制度(相应的概念是,国家福利与国家福利供给制度)。国家福利功

① Norman Daniels. *Just Health Care*. New York: Cambridge University Press, 1985: 4. Norman Daniels, Donald W. Light, and Ronald L. Caplan. *Benchmarks of Fairness for Health Care Reform*. New York: Oxford University Press, 1997: 19–22.

② Norman Daniels, and James E. Sabin. *Setting Limits Fairly: Can We Learn to Share Medical Resources?* New York: Oxford University Press, 2002: 30–34.

③ 约翰·罗尔斯:《正义论》(1999年修订版),何怀宏、何包钢、廖申白译,北京:中国社会科学出版社2009年版,第77~78页;约翰·罗尔斯:《作为公平的正义:正义新论》,姚大志译,上海:上海三联书店2002年版,第120~123页。

④ 诺曼·巴里:《福利》,储建国译,长春:吉林人民出版社2005年版,第150页。

能的实现机制可以采取多种样式的形态，比如，充分采取混合供给机制，让市场主体与非营利组织充分参与供给。然而，这与国家福利功能所必须确保的基本目标，是两个不同的概念，这一点在上文概念辨析中已经阐明了。国家福利功能的正当性强调的是国家有责任确保实现其所必须承担的福利义务，至于如何实现这一点，虽然重要，但可以多样化。这也是许多相关研究者经常混淆的两层意思。

上述简要概述了巴里在其《福利》一书中涉及的国家福利功能正当性议题的几个基本观点。本书结合其他相关文献对此进行了详细的评述。近年来，另一本类似福利思想史框架，却具有不同价值取向的国家福利观念的分析力作是萨缪尔·弗莱施哈克尔（Samuel Fleischacker）2004 年出版的《分配正义简史》（中文译本 2010 年版）。下文，同样围绕着这部专著对其主要观点进行述评，并以此为线索，在相应的地方对关于国家福利正当性问题的其他代表人物的重要观点一并述评。

萨缪尔·弗莱施哈克尔在《分配正义简史》中，通过系统梳理自亚里士多德以来的分配正义思想演化过程，阐发了如下基本观点：现代意义上的分配正义观念本质上要求，在资源稀缺局限下国家保障每个人的基本需要得到无条件的满足。然而，这一现代观念的新颖性被诸多当代分配正义理论的研究者们所集体漠视，造成了诸多理论上的混乱。实际上，这一观念——国家保障社会成员的基本需要得到满足——是从 18 世纪才逐步形成的，显著区别于自亚里士多德时代开始所探讨的基于美德基础上的分配正义观念。[①] 比如，罗尔斯自身也没有意识到这一点，他在涉及国家保障社会成员的基本需要时，只是把其作为优先于公平正义原则的基本前提以及公平正义原则的内在要求。正如弗莱施哈克尔所言，"罗尔斯比其他任何人都更多地解释了分配正义的现代含义，但是他的著作倾向于模糊而不是归纳出这个观点的相对新颖性"[②]。约翰·罗默尔（John Roemer）在其名著《分配正义理论》中也把分配正义的现代观念追溯至两千多年前的亚里

---

① 萨缪尔·弗莱施哈克尔：《分配正义简史》，吴万伟译，南京：译林出版社 2010 年版，第 12~17 页。

② 萨缪尔·弗莱施哈克尔：《分配正义简史》，吴万伟译，南京：译林出版社 2010 年版，第 16 页。

士多德和柏拉图时代。[1] 戴维·米勒（David Miller）在其名著《分配正义原则》中，意识到需要原则作为分配正义原则这一观点的现代意涵的独特性。尽管他感到些许怪异，仍把需要原则视为团结性社群（solidaristic community）这类人类关系模式（modes of human relationship）相应的分配原则。需要原则与应得原则［适切于工具性联合体（instrumental association）的人类关系模式］和平等原则——适用于公民身份（citizenship）的人类关系模式，一起构成了其情境主义的多元正义理论。[2] 然而，米勒并没有论证这种基本需要满足观念的独立性和优先性。弗莱施哈克尔认为，国家保障人人得到一定程度的经济条件以满足基本需要的现代分配正义观念，根本区别于亚里士多德传统的分配正义内涵，前者要求基本需要满足的独立性、优先性或无条件性（不依赖于个人的美德，也不依赖于团结性社群价值），而后者则把基本需要满足建立在社会所尊崇的个人美德或共同体价值的基础上。国家保障满足个体某种程度的基本需要的优先性与独立性，仅仅是因为其是一个人，除此之外，再无其他理由。换言之，国家福利功能的正当性理由不能建筑在个人德行、功利考量以及社群价值等外在理由的基础上。只有这样，才算是真正抓住了现代意义上的分配正义主旨。笔者根据弗莱施哈克尔对现代意义上的分配正义观念的系统梳理与总结，把其简要概述为如下三个基本要素。（1）主要不是从社会或者作为整体的人类，而仅仅由于其是一个人的自然事实或每个人都具有先天的平等尊严（平等对待要求）这一规范性事实，国家运用强制性权力保障每个人获得平等的必需品的必要份额。换言之，从自由而平等的个体之间所负有的权利和义务角度，要求国家无条件保障所有个体的基本需要满足。（2）这是可以被理性的、纯粹世俗的理由所证明的。（3）实现必需品分配是切实可行的、有效的或可持续的。弗莱施哈克尔全面地总结了现代意义上的分配正义概念所具有的基本内涵。[3] 事实上，这三点构成了国家福利功能正当性或福利权利问题的标准陈述。

---

① John Roemer. *Theories of Distributive Justice.* Cambirdge，MA：Harvard University Press，1996：1.
② 戴维·米勒：《社会正义原则》，应奇译，南京：江苏人民出版社 2008 年版，第 31～38 页。
③ 萨缪尔·弗莱施哈克尔：《分配正义简史》，吴万伟译，南京：译林出版社 2010 年版，第 8 页。

关于第一点，康德是第一个明确提出"救济"穷人是国家义务而不是个人义务的主要思想家。更妙的是，康德也是当时所有思想文献中所能找到的对财产权描述最严格的思想家。[①] 然而，康德如何把财产权与国家福利功能之间的冲突协调起来的呢？事实上，康德并没有把财产权与国家福利功能之间的冲突充分揭示出来，康德仅仅认为，所有的财富的获得都具有某种程度的不正义性，因而对富人征税只是对穷人的一种补偿。这种看法当然是重要的，然而，他并没有注意到洛克以及后来的诺奇克所揭示的这一事实：人们可以主要不是通过占有外部世界资源的方式，而是主要依靠自然天赋和创造能力大幅度地增加财富。无论如何，康德的独特立场把财产权与国家福利功能之间的关系问题第一次明确提出来了。其他思想家在对待保障穷人得到救济的立场和理由上，与康德形成了鲜明的对照。比如，亚当·斯密一方面强调财产权以及自由市场对于财富增加的重要性，另一方面也对穷人所面临的悲惨遭遇进行了深刻的揭露。[②] 不过，斯密认为应该基于同情的慈善理由对穷人实施救济。斯密的态度代表了经济学中新旧古典自由主义者以及政治哲学领域中自由至上主义者们的基本立场。[③] 不过，有学者试图从同情、仁慈或博爱的角度为福利国家提供辩护。

---

① 萨缪尔·弗莱施哈克尔：《分配正义简史》，吴万伟译，南京：译林出版社 2010 年版，第94 页。

② 亚当·斯密对于贫困的揭示与鞭挞，在某种程度上，一点也不逊色于卢梭和马克思。并且，其在《国富论》中建议通过对富人征税救济穷人，并大力发展能够为穷人带来利益的公共事业和公共物品，事实上，即便是新古典自由主义者，对福利国家进行无情攻击的弥尔顿·弗里德曼也抱怨亚当·斯密为国家确定了保障公共事业的职能，进而为国家福利功能大开方便之门（弗里德曼对斯密这一抱怨，参见 Milton Friedman and Rose Friedman. *Free to Choose: a Personal Statement*. New York and London: Harcourt Brace Jovanovich, 1980: 27-29）。斯密大力提倡国家应采取切实措施确保穷人得到必要的教育，并且，斯密还对"必需品"进行了著名的探讨，把其与特定的社会情境相关联，这一界定极大地拓展了基本需要或"必需品"的社会性内涵。斯密认为，"必需品"不能简单地被理解为维持生存所需要的物品，并从社会关系的角度，把其拓展为社会情境下体面生活所必需的各种物品。用斯密的话说，就是"它不但是维持生活所必不可少的商品，而且是按照一国习俗，少了它，体面人固不待说，就是最低阶级人们，也觉得有伤体面的那一切商品"（参见亚当·斯密《国民财富的性质和原因的研究》，郭大力、王亚男译，北京：商务印书馆 1972 年版）。

③ 比如，政治哲学中自由至上主义的代表人物诺奇克、新古典自由主义的代表人物弗里德曼以及新制度经济学派的代表人物张五常等人均持有一脉相承的立场。

这一立场的主要代表性人物是蒂特马斯（Titmuss），他试图为福利国家的正当性提供一个利他主义的规范基础。当然，其基本立场与前者根本不同，前者限制或否定国家福利功能，而蒂特马斯试图为福利国家提供辩护。蒂特马斯比较了血液买卖与血液捐赠，阐明了福利国家原则背后的伦理观念。他揭示出血液捐赠的伦理特征，"它本质上是给陌生人的一个礼物，它的给出不考虑什么权利资格、互惠义务（没有人有这种义务）、价格以及个人主义伦理学和经济学的所有其他概念"①。蒂特马斯借助于人类学的证据，把福利国家视为普遍的人性利他主义的一种传递工具，人们借助国家来传递利他情感或博爱之心。然而，在道德哲学的正当性证明上，这种解释丝毫不能提供任何帮助。国家福利功能正当性基础不能简单地诉求于心理情感，即使这种情感是普遍存在的。更重要的是，国家福利功能发挥具有一种必然的强制性特征（强制性征税），把这种强制性简单地解释为自愿性的利他情感的选择，显然是不恰当的。蒂特马斯也无法回应这种强制性所导致的个体权利的侵犯（诺齐克所坚持认为的）。事实上，基于人性中的利他主义情感而实施的福利供给一定是自愿性的，唯有这种自愿性体现了人性的博爱情怀。各种主义都不会质疑基于自愿性基础上的福利供给行为。也正是这种自愿性特征，反对国家干预的各种形式的自由主义者都对这种自愿性福利供给寄予了很大的期望。尽管亚当·斯密的经济学对分配正义表现出冷漠，正如其在《道德情操论》中写下的经常被人引用的这句话："正义在大多数场合仅仅是一种消极品德，只是防止我们伤害自己的邻居。"但他也在《道德情操论》中强调人性不仅存在着自利本性，而且也因之必然存在着同情本能，"无论一个人在别人看来有多么自私，但他的天性中显然还是存在着某种本能，因为这种本能，他会关心别人的命运，会对别人的幸福感同身受"。斯密寄希望于同情本能基础上的仁慈行为能发挥扶弱济贫的功效，但这种仁慈的运用必然"总是不受束

---

① Richard Titmuss. *The Gift Relationship*：*From Human Blood to Social Policy*. London：Allen and Unwin, 1970：175.

缚的，也不能被强迫"①。

康德极力反对用这种基于同情、仁爱的慈善理由对待穷人。在康德看来，基于同情或仁爱的慈善理由为私人救济或国家救济穷人进行辩护，贬损了人的内在尊严，并没有体现人与人之间的平等对待。康德拒斥基于同情、仁爱的慈善理由而救济穷人的原因还在于，这种基于人性基础上的理由是不稳定的，具有很大的偶然性和变化性。康德强调，如果人们基于慈善行为而获得功利性好处，从而从事慈善，这本身不符合道德的内在要求。② 因此，康德在该问题上，第一次明确地澄清了国家福利功能必须建立在人与人之间的普遍性道德律令的基础上，"救济穷人"是一种必须履行的义务，而非其他理由。至此，我们结合斯密、蒂特马斯、康德的立场对弗莱施哈克尔所提到的第二点要素中所涉及的慈善理由，进行了深入的剖析与述评。另外，我们也不能借助于宗教的信条和其他形而上学的基本观念来为国家福利功能的正当性进行辩护，而只能基于理性的理由进行阐明。这也同时意味着，我们不能把国家福利功能的正当性理由建立在各种预设的社群价值（共同体认同、阶级融合、团结等）基础上，而只能从人与人之间所负有的核心道德范畴（正当与不正当部分）来进行探讨。关于社群主义与国家福利功能正当性之间关系的简要评价，参见下文相关论述。总之，现代意义上的分配正义观念，要求我们为国家福利功能的正当性寻求辩护时，所要完成的知识义务之一就是必须严肃对待权利指控。

实现必需品分配是切实可行的、有效的，而不是适得其反的。尽管弗莱施哈克尔指出，现代分配正义观念的内在要素之一是国家保障公民基本需要是切实可行的，"它不是笨蛋的闹剧，也不像是强迫友谊的尝试，即不破坏实现所追求的目标"③。然而，其仅仅提到这一要点，而没有深入地阐发。事实上，这一要点事关重大。在围绕着国家福利功能的激烈争论

---

① 引用斯密的这三句话分别参见 Adam Smith. "The Theory of Moral Sentiments," in D. D. Raphael and A. Macfie (eds.), Glasgow Edition of the Works and Correspondence of Adam Smith, Vol. 1. Oxford: Clarendon Press, 1976: 82, 81, 1。

② 伊曼纽尔·康德：《道德形而上学原理》，苗力田译，上海：上海人民出版社 2012 年版，第 10 页。

③ 萨缪尔·弗莱施哈克尔：《分配正义简史》，吴万伟译，南京：译林出版社 2010 年版，第 8 页。

中，有效性议题构成了否证国家福利功能正当性的另一个主战场。这主要集中在功利主义传统中，尤其是经济学领域中新古典自由主义者们通常持有的基本立场。众所周知，长期以来，在福利政策领域，国家福利功能的正当性基础一直浸染在功利主义传统中。根据诺曼·巴里的研究，早期功利主义思想为国家福利政策的正当性提供了一种直观上的说服力。① 然而，由于功利主义的模糊不清以及自身的内在缺陷，功利主义同样可以被用来反对国家福利功能的扩张。其基本思路是：实现效用最大化的根本途径是自由市场机制，国家福利功能必将危及效率，最终适得其反。持有这一立场的主要代表人物是弗里德曼、布坎南、熊彼特等。弗里德曼对福利国家的有力攻击为 20 世纪 80 年代战后福利国家体制的激进变革提供了重要的智识资源。② 有效性议题构成了国家福利功能正当性研究的另一个重要的知识义务，需要我们深入功利主义的内部，仔细地考察其对于国家福利功能正当性的规范力（详细的考察见功利主义与国家福利相关章节）。要言之，现代意义上的分配正义观念不能无视效率或激励机制，必须与激励机制相容。这也是罗尔斯公平正义理论中差别原则蕴含着激励机制的根本原因，否则，任何正义理论都将面临有效性攻击。分析马克思主义学派的代表人物之一柯亨在其论文《激励、不平等与共同体》以及演讲集《如果你是平等主义者，为何如此富有？》的第 8 讲"正义、激励与自私"中，深刻地揭示了罗尔斯公平正义理论中差别原则所依赖的激励机制，他批判道，"差别原则无条件地证明了任何重大的不平等是正当的"③，"罗尔斯对不平等（差别原则所蕴含的）所做的所谓的规范性辩护只是对不平等进行

---

① 诺曼·巴里：《福利》，储建国译，长春：吉林人民出版社 2005 年版，第 19~20 页。当然，功利主义学者对于国家福利功能的正当性问题纷争不已，这在早期不同的功利主义者中存在着不同的分歧，比如伟大的功利主义者亚当·斯密的古典经济学理论，实际上把国家福利功能的规范性基础奠定在同理心的基础上（自利人基础上的同理心，区别于利他主义）。

② Milton Friedman. *Capitalism and Freedom*. Chicago and London：The University of Chicago Press，1982. Milton Friedman and Rose Friedman. *Free to Choose：a Personal Statement*. New York and London：Harcourt Brace Jovanovich，1980.

③ G. A. 柯亨：《激励、不平等与共同体》，载吕增奎编《马克思与诺奇克之间：G. A. 柯亨文选》，南京：江苏人民出版社 2007 年版，第 196 页。

的事实性辩护"①。柯亨对罗尔斯公平正义理论的剖析是深刻而彻底的，然而这种无视有效性的批评却是误导性的。柯亨认为，"平等要求对称的无私，我对这一古老理论的态度从嗤之以鼻转向认可"②，这反映了其彻底的平等主义立场，其对于人性做出了过强的预设。站在柯亨所持有的平等主义立场上，罗尔斯差别原则试图通过以自利人性为基础的激励机制为最不利者谋利的观念，显然是不可接受的。然而，柯亨对罗尔斯的指责犯了"稻草人"论证错误——树立了一个虚妄的假想观点进行批判。因为，在罗尔斯公平正义理论中，其设置的正义环境并没有对人性进行过强的要求，罗尔斯一直强调差别原则表达的是互惠性或相互性理念，而非无私的利他理念，这一点在《正义论》及其以后的著作中反复得到强调。③ 笔者对规范与事实之间的复杂性关系及其争论暂且不论，不过，规范性的论证如果不能在内部逻辑中解决有效性问题，那么任何规范性的理论都将先天具有重大缺陷。因为有效性问题可以实质性地削弱或取消规范性议题，反之亦然。我们要为国家福利功能的正当性进行辩护，如果不能从理论层面解决激励机制或效率等有效性指责，那么这种辩护将是残缺无力的。事实上，当代著名哲学家德里克·帕菲特（Derek Parfit）在其 2011 年出版的皇皇巨著《论重要之事》（On What Matters）中，深刻地揭示了康德主义的道义论与后果主义（功利主义是突出代表）这些被我们长期视为内在冲突的理论，本质上具有惊人的"趋同性"（convergence）。其在斯坎伦式的契约主义基础上，构筑了一套著名的"三合一"规范理论（triple theory），即道德上错误的就是为下述原则所否定的：这些原则是后果最优的、人人

---

① G. A. 柯亨：《如果你是平等主义者，为何如此富有？》，霍政欣译，北京：北京大学出版社 2009 年版，第 155 页。

② G. A. 柯亨：《如果你是平等主义者，为何如此富有？》，霍政欣译，北京：北京大学出版社 2009 年版，第 154 页。

③ 约翰·罗尔斯：《正义论》（1999 年修订版），何怀宏、何包钢、廖申白译，北京：中国社会科学出版社 2009 年版，第 97 页；约翰·罗尔斯：《作为公平的正义：正义新论》，姚大志译，上海：上海三联书店 2002 年版，第 200~203 页；约翰·罗尔斯：《政治自由主义》，万俊人译，南京：译林出版社 2011 年版，第 44~50 页中"第二讲　公民的能力及表现"之"第一节　理性的和合理的"以及第 75~80 页中"第七节　个人道德动机的基础"部分。

所合理地意愿的，且无人能够合理拒绝的。① 由此可见，如果为国家福利功能提供规范性基础的理论，无视最优结果，与激励机制不相容，那么，它不仅在实践中是幼稚的，也不符合规范理论的内在要求。总之，我们在理论上要严肃对待新古典自由主义者们对于国家福利功能的有效性指责。我们需要对国家福利功能正当性问题所蕴含的自由权利难题、有效性难题提供一种统合自洽的系统分析，这在现有相关研究中还十分匮乏，也构成了本书研究的基本视域。

二　关于为国家福利功能辩护的基本进路及其特点

下面，笔者结合国外相关文献，对通常所认为的支持国家福利功能的基本立场与论证思路做一脉络化概述，并对其规范力进行评价。归纳起来，为国家福利功能提供支持的规范性理由有如下三类。其一，基于平等主义立场和理由为国家福利功能提供辩护，基本思路是：国家福利功能之所以必要，是因为其能够消除不平等，促进平等价值。其二，从社群价值出发为国家福利功能提供辩护，其基本思路是：维持共同体价值和利益，需要存在必要程度的国家福利。其三，从基本自由权利出发为国家福利功能提供辩护，其基本思路是：国家福利功能是保障基本自由权利的内在需要。在阐述之前，需要说明两点：众所周知，上述三种基本立场或派别各自都像一棵枝繁叶茂的参天大树，存在着纷繁复杂的支脉流派。本书仅仅对其各自为国家福利功能正当性辩护所具有的规范力与潜力进行脉络化述

---

① Derek Parfit. *On What Matters*. Oxford University Press，2011：412. 帕菲特把康德的普遍法则修正为"每个人都应遵从这样的原则，人人都能够合理地意愿其普遍接受"（Everyone ought to follow the principles whose universal acceptance everyone could rationally will）。这一点区别于后来的斯坎伦基于理由概念基础上的契约主义——无人能有理由拒绝之原则——而被称为康德式的契约主义。后果主义原则通常是指，行为的正确性（rightness）仅是后果最优（optimific）。而康德主义的绝对命令（categorical imperative）则强调，有些义务是必须履行的，无论其是否产生后果主义的最优结果。学术界通常认为这两者之间的分歧是深刻而根本的，难以调和的。在详尽考察二者之间的实质性内涵的基础上，帕菲特强调，真正重要之事是，基于理由而不是欲求的生活才是美好的生活，有力地反驳了麦基、威廉姆斯等人所持有的主观主义理论。这样，帕菲特把伦理学中的美德理论、康德主义的义务论与后果论三大主流规范性理论，在理由的基础上统合了起来，构筑了其"三合一"理论。

评。另外，在本部分中不再深入探讨上文中评述过的相关内容。

平等主义往往被视为支持国家福利功能正当性的规范性理论流派。然而，平等主义对于国家福利功能正当性的规范力到底如何呢？关于平等主义本身，众多思想家通常在罗尔斯正义论中的第一原则意义——基本自由权利平等以及政治自由的公平价值——上没有什么争议，但在机会平等方面，开始产生重大分歧：形式的机会平等与罗尔斯意义上的公平的机会平等。相对于导致一个精英社会的形式的机会平等而言，公平的机会平等要求对经济和社会资源进行再分配。这也是许多学者从公平的机会平等角度论证再分配正义以及福利国家的通常思路之一，比如上文曾讨论过的诺曼·丹尼尔斯的工作。至于结果方面的平等，则分歧更大，即便是在平等主义的内部也存在着不同的观点。这突出表现在过去三十余年间，众多平等主义思想家围绕着"什么的平等"所展开的激烈论战中。阿玛蒂亚·森在1979年著名的唐纳讲座中提出了关于平等物（equalisandum）的经典议题。① 假设平等是可欲的，那么就存在一个用什么标准来衡量或评估平等实现的程度问题，即平等的人际比较标准是什么，而这以"什么的平等"是值得追求为前提。此后引发了基于不同的平等物所产生的激烈讨论。用来衡量平等的标准或平等所应该追求的内容是"福利"（wellbeing）、"福利机会"（opportunity for welfare）②、"基本善"（primary goods）、"资源"（resources），还是"可行能力"（capabilities），抑或是更广泛的"可及利

---

① Amartya Sen. "Equality of What?" in S. McMurrin （eds.）. *The Tanner Lectures on Human Values*. Cambridge：Cambridge University Press，1980：197 – 220.
② Richard Arneson. Equality and Equal Opportunity for Welfare. *Philosophical Studies*，1989，（56）：77 – 93. Richard Arneson. "Equality of Opportunity for Welfare：Defended and Recanted，" *The Journal of Political Philosophy*，1999，（7）：488 –497. 罗尔斯、德沃金等指责福利平等立场具有诸多内在缺陷，比如福利平等存在着冒犯性嗜好、昂贵嗜好或奢侈嗜好、廉价嗜好、畸形嗜好（扭曲嗜好）等难题，福利平等还存在着人际比较难题（不可比较或测量难题）以及选择不敏感问题（不考虑资源稀缺性要求的资源约束问题），等等。为了有效回应上述批评，阿内森试图在福利主义（Welfarism）的立场上——仍然坚持福利是人生最重要的善——把福利平等修正为福利机会的平等，以克服福利平等的内在缺陷。所谓福利机会平等，诉求的要点不是人们的实际福利水平，而是诉诸每个人都应该具有同等福利水平的各种人生选择机会，如此一来，个体的实际福利水平，就依赖于个体对具有相同福利水平的机会的不同选择。

益"（access to advantage）①，抑或是别的什么东西。无论对于平等物持有
何种具体立场，我们可以发现，都至少要对某种程度的经济资源进行再分
配。② 自德里克·帕菲特发表《平等与优先主义》著名论文以来，关于平
等的理论家们更多地开始转向讨论平等本身何以重要的问题。③ 尽管优先
主义可以促进平等本身，但平等与罗尔斯式的优先主义还是有显著区别
的，其本质上是比较性的、相对性的。平等本身之所以重要，不在于平等
具有的各种工具性价值，要点在于其本身具有内在价值。④ 某种平等物的
相对性差距可能对人们具有不可化约的内在价值。正是基于这种相对性的
道德重要性立场，通过各种手段促进平等本身就是必需的，当然，包括赋
予国家某种程度的福利功能。然而，平等主义备受指责的内在缺陷是：它
存在着向下拉低论证难题，即允许使所有人相对处境差距大幅缩小而致使

---

① G. A. Cohen. "On the Currency of Egalitarian Justice," *Ethics*, 1989, 99 (4): 906 – 944. 关
于柯亨坚持和发展的 "可及利益" 或 "可得利益" 平等的含义及其特点，也可参见
G. A. Cohen. "Equality of What? On Welfare, Goods, and Capabilities," in Nussbaum and
Amartya Sen (eds.), *The Quality of Life.* Oxford: Clarendon Press, 1993: 54 – 61。由于柯
亨的 "可及利益" 概念的广泛性与包容性，其已比罗尔斯的利益概念——基本善，最大
利益是未来人生期望前景，基本善对人生期望前景的影响至关重要——还要广泛，也包
容了阿玛蒂亚·森的 "可行能力" 概念。他甚至讨论了斯坎伦的多元价值论的问题。柯
亨是真正彻底的平等主义者。"凡是一个人实际上拥有的东西，我都视为他可得的东
西……在我看来，资源平等所遭到的反对意见与那些与驳倒福利平等（和福利机会平等）
的反对意见一样强。"柯亨的双重残障者的补偿个案，在第一重残障情况的补偿上提出了
对福利平等（包括福利机会平等）的异议，在第二重残障的补偿上提出了对资源平等的
异议。然而，柯亨的立场显然具有浓厚的理想主义色彩。
② 戴维·米勒、伊丽莎白·安德森以及萨缪尔·谢夫勒等人并不把平等主义本质上视为一
种关于实质性物质平等的观念，而更强调应把人视为道德平等者的立场，突出社会关系
中平等的重要性。比如，米勒在其多元主义正义理论中，强调的是 "社会（地位）的平
等"（social equality），安德森强调的是 "民主的平等" 观念（democratic equality），而谢
夫勒强调的是 "平等者的社会"（a society of equals）。这种观点实际上也是罗尔斯正义论
中关于自由而平等的人们组成的民主社会理念。分别参见 David Miller. "Equality and Jus-
tice," in Andrew Mason (eds.), *Ideals of Equality.* Oxford: Blackwell Publishing, 1998: 21 –
36; Elizabeth Anderson. "What is the Point of Equality?" Ethics, 1999, (2): 287 – 337;
Samuel Scheffler. "What is Egalitarianism?" *Philosophy and Pubilc Affairs*, 2003, 31 (3):
5 – 39。然而，需要注意到，作为道德平等者彼此公平对待的理念，具有实质性物质资源
再分配的内在要求：每个人都必须通过国家获得必要程度的经济资源，以满足基本需要，
保障自由而平等的公民的基本能力的培养和基本功能的正常发挥。但是，这对他们而言
只是一个推论，而非理论的直接出发点，更多的分析详见本书第四章以后的内容。
③ Derek Parfit. "Equality of Priority?" *Ratio*, 1997, (Vol. X): 202 – 221.
④ 托马斯·斯坎伦：《平等何时变得重要?》，陈真译，《学术月刊》2006 年第 1 期。

绝对处境都急剧变坏情况出现；平等价值与自由权利价值存在着内在冲突。因此，另一种现代平等主义立场转向强调自由权利的重要性或选择抱负的敏感性，主张区分出，与选择相关的不平等和与选择无关的不平等，只有后者才是不正当的、需要被矫正的。德沃金对选项运气（与审慎理性选择相关联的运气，比如赌博）与原生运气（在个体审慎理性之外无法选择的运气，比如基因）做出了经典的区分，主张只让好的原生运气的受益者补偿坏的原生运气的受损者，并试图通过社会保险机制实现它。[1] 据此，以德沃金为代表的平等主义者为福利国家以及国家福利功能提供了一个运气平等主义的规范理由。然而，这种规范理由依然存在着不可克服的难题，其一，运气平等主义本质上缺乏包容性，并必然造成社会歧视。伊丽莎白·安德森揭示出，运气平等主义允许对于坏的选项运气的受损者自生自灭、无动于衷，而对于坏的原生运气的受损者补偿需要建立在原生运气特征识别的基础上，而这必然导致社会歧视，使部分坏的原生运气受损者因自尊而隐瞒事实。[2] 其二，运气平等主义在明确补偿责任程度上基本无解。其三，包括所有其他各种纯粹而严格的平等主义（排除坚持多元立场的）者都面临着可持续性或有效性问题。现代平等主义立场对国家福利功能的正当性的规范力（必要性与有效性）评价需要深入细致的专题讨论和剖析。

从社群主义角度对国家福利功能提供辩护是另一种基本的思路。众所周知，社群主义是一个纷繁复杂的流派，其共同的核心主张为，强调社会团结、集体认同、责任分担、社会参与等社群价值的重要性，批判其他思想流派（主要是自由主义）忽略了社群价值对个体的自我认同身份以及个体福祉的重要性。从社群主义角度出发为国家福利功能开展辩护，自然的思路就是，国家福利功能的正当性，根植于其对社群价值的维持与促进具有不可替代的作用。不难理解，基于不可化约的社群价值基础上的规范理论，完全可以为国家福利功能的正当性找到一个自圆其说的基础。然而，

---

① Ronald Dworkin. *Sovereign Virtue: the Theory and Practice of Equality*. Cambridge, MA: Harvard University Press, 2000.

② Elizabeth Anderson. "What is the Point of Equality?" *Ethics*, 1999, (2): 287－337.

也正是由于其依赖于一个预设的社群价值，本质上，其并不符合现代意义上的分配正义观念的内在要求（参见上一部分的述评）。这种论证也无法抵挡政治哲学中自由至上主义者以及经济学中新古典自由主义者们对国家福利功能的指控。毕竟，这种基于社群价值（包括平等价值）的论证思路，不会从根本上触及自由至上主义者与新古典自由主义者们基于个人主义立场对国家福利功能正当性的核心攻击。基于社群价值——而非基于人与人之间的核心义务关系——所做的辩护或论证，其最好的结果就是陷入自说自话，而把最终的裁判权交付给现实的民主政治斗争，最终使国家福利功能的正当性基础沦为现实偶然性的玩偶。① 这与试图把国家福利功能的正当性建立在同情、仁爱等各种人性基础上的后果是一样的，都没有严肃对待自由至上主义者们所宣称的侵犯私人财产权与自由选择等权利。无论把国家福利功能的正当性建立在何种价值规范基础上，只要其没有严肃对待各种权利指控，没有协调好其与财产权与自我所有权等自由权利之间的冲突关系，那么，国家福利功能的正当性基础就不可能是坚实的，也就不可能建立在无人能有理由反驳的理性基础上。因此，社群主义的相关理论对于本书而言，就不具有特殊的重要性了。

最后一种对国家福利功能正当性的常见探讨路径是基于自由权利的角度展开的。对于以赛亚·柏林的消极自由意义上的权利或罗尔斯公平正义第一原则所表达的基本自由权利而言，人们很难对这些自由权利的平等要求持有合理的异议。因此，从人们无异议的自由权利概念中引申出国家福利功能的必要性，似乎是可行的论证进路。通常，从基本自由权利角度开展的论证思路，具体可以分为如下三种。其一，强调紧急状态与严重剥夺状态，削弱或消除基本自由权利中的私人财产权的道德重要性。② 森在《贫困与饥荒》一书中曾指出，尽管贫困与饥荒从概率角度上更有可能发生在个体权利得不到保障的专制体制中，但大规模的饥荒也可以在任何人

---

① 这是所有外部论证进路所通常面临的尴尬，驳斥一种理论的最好进路，是反证法，即从所要反驳的理论内部或前提出发，阐明其理论所依赖的前提与理论自身所宣称的结果自我驳斥，适得其反。

② James Sterba. *Justice for Here and Now*. Cambridge：Cambridge University Press, 1998：ch. 3.

的自由权利（包括财产权）不受侵犯的情况下发生。[①] 另外，现代社会存在着各种不可预知的系统性风险，导致社会存在大量"悲惨命运个体"。在发生"灾难性道义性恐慌"的紧急状态，或社会存在大量"悲惨命运个体"的严重剥夺状态下，如果还要坚持私人财产神圣不可侵犯的信条似乎是没有理由的。尽管诺奇克坚持认为，不幸不等于不正义，然而，在这种境况下，教条式地坚持基本自由的优先性显然在道德上是虚弱无力的。其二，要保障基本自由权利的内在价值，某种程度的基本需要必须得到无条件的满足。既然基本自由权利如此重要，而并非人人都有能力（比如残障）依靠自身获得实现基本自由权利价值的必要条件，那么，通过国家强制性权力保障能力丧失者行使基本自由权利所必需的物质条件，就似乎可以得到证明。[②] 其三，与第二点相似，突出人们的基本自由选择能力的培养、运用与发展，内在要求必要程度的基本物质条件需要得到切实保障。罗尔斯公平正义理论所强调的两种基本能力概念——善观念的能力与正义感能力——以及与森所倡导的可行能力概念，集中表达了这种基本理念。上述三种从基本自由权利角度为国家福利功能所做辩护的规范力以及潜力是显著不同的。第一种从紧急状态角度提供的论证是最弱的，因其依赖于特殊的紧急境况，反对国家福利功能的人们可以把其作为一种特殊的"例外"来处理，并且，这也可以通过慈善机制来应对，而难以给普遍性的、常态化的国家福利功能提供必要的辩护。[③] 从人与人之间的权利或正义角度为国家福利功能的正当性进行辩护，通常会预设某种"适度匮乏"的前提条件，因为，在极度匮乏与物质极大丰富的条件下，分配正义问题难以

① Amartya Sen. *Poverty and Famines*: *An Essay on Entitlement and Deprivation*. Oxford and New York: Oxford University Press, 1981; 阿玛蒂亚·森：《以自由看待发展》，任颐、于真译，北京：中国人民大学出版社 2002 年版，第 52 页。

② Raymond Plant. "Needs, Agency, and Moral Rights," in J. Donald Moon (eds.). *Responsibility*, *Rights and Welfare*: *The Theory of the Welfare State*. Boulder, CO: Westview Press, 1988: 55–76. Raymond Plant. *Modern Plolitical Thought*. Cambridge: Basil Blackwell, 1991: 184–213. Lesley Jacobs. *Rights and Deprivation*. Oxford: Oxford University Press, 1993: chs. 6, 7.

③ 事实上，诺奇克就是这样做的，把紧急状态下发生的道义性恐慌视为一种特殊情况，并主张用慈善机制来处理（参见 Robert Nozick. *Anarchy*, *State and Utopia*. Oxford: Blackwell, 1974: 265–271）。

存在，即使存在，也不重要。① 第二种从基本自由内在价值本身所做的辩护，更适合于选择性的财产审查型国家福利，即主要为那些丧失劳动能力者、残障者等特殊群体的基本需要满足提供辩护，而难以为普遍性的国家福利功能提供充分的辩护。第三种辩护路径是非常重要的，具有为国家福利功能的正当性从正面提供一种规范性基础的潜能。这需要在以罗尔斯、森等为代表的具有类似立场的思想家们的各自宏大理论框架下，紧紧围绕着其对国家福利功能正当性的意涵进行深入阐发，以期为国家福利功能的正当性提供一种自洽的规范性基础。② 这构成了笔者所关切议题的理论背景与智识资源。

三 关于否证国家福利功能的基本进路及其特点

关于否证国家福利功能的基本进路，主要来源于自由至上主义者以及新古典自由主义者们的基本立场。鉴于对否证国家福利功能的基本进路及其特点的全面总结与评价，已经在关于"国家福利功能的正当性问题"部

---

① 这也是罗尔斯在公平正义理论中为正义环境设定"适度匮乏"这一前提条件的原因［参见约翰·罗尔斯《正义论》（1999 年修订版），何怀宏、何包钢、廖申白译，北京：中国社会科学出版社 2009 年版，第 113 页］。这也是马克思通常认为正义问题不具有重要性的原因：在他看来，私有制下的剥削是根本性的，分配正义问题是在私有制下产生的，在私有制框架下，不存在根本解决正义问题的可能，而一旦消灭了私有制，正义问题也就不存在了。尤其是，在其所畅想的物质极大丰富的共产主义社会，人们各取所需，分配意义上的正义问题也就没有存在的必要了（参见卡尔·马克思、弗里德里希·恩格斯《共产党宣言》，中央编译局译，北京：人民出版社 1997 年版）。

② 罗尔斯的主要关切是，自由而平等的公民终生参与世代更替的良序社会的公平合作条款是什么，其论证基础依赖的是"高度抽象的契约主义"；而阿玛蒂亚·森在政治哲学领域的主要关切是，提出一种"现实比较主义"基础上的正义理论，"致力于推进世界上的正义和消除不可容忍的非正义"，以区别于以罗尔斯为代表的先验主义正义理论。尽管罗尔斯与阿玛蒂亚·森的基本立场和各自的正义理论有着诸多实质性不同，然而，深入阅读并仔细考察其主要代表作之后，笔者认为，阿玛蒂亚·森基于区别罗尔斯而建构自身的正义理论立场，贬低了先验制度主义的应用价值（而非理论价值），夸大了二者之间的区别。笔者发现二人从基本自由权利角度，在为国家福利功能正当性提供一种规范性基础的潜力方面，具有深刻的趋同性与互补性。无论二者之间存在何种区别，其各自理论都是宏大的，主要关切点不是探讨国家福利功能正当性问题。然而，各自理论都蕴含着国家福利功能正当性的某种规范力，具有为国家福利功能正当性提供一个自洽的规范性理由的潜能，这就需要对其进行考察与研究。这构成了本书主要关切议题的主要内容之一（本书的另外两个主要内容分别是，有效回应国家福利功能的权利指控和有效回应国家福利功能的有效性指控）。

分得到了处理，在本部分中，主要对上述没有涉及的否证国家福利功能的相关文献进行综述，其中主要的代表性作品是丹尼尔·夏皮罗（Daniel Shapiro）2007 年出版的《福利国家能得到辩护吗?》（暂无中译本）。这是当前所发现的与国家福利功能规范性研究直接相关的前沿力作，也是一部具有鲜明论证色彩的代表性作品。他从政治哲学领域中各种支持福利国家的主流规范立场的内部出发，基于政治哲学的思辨研究与福利制度比较研究相结合的方式，对福利国家（以及国家福利功能）进行了深刻的批判。该专著最重要的参考价值是其独特的论证进路，即要想彻底地驳倒一种观点，一定要从其立论前提出发进行内部论证，而不是从外部提出一种相抗衡的观点进行外部论证。当然，完整的论证是二者的结合。

夏皮罗认为，当代政治哲学中支持福利国家的几种主流立场［平等主义（egalitarianism）、积极权利论（positive-rights theory）、社群主义（communitarianism）以及各种形式的自由主义（liberalism）］，实际上，从其各自理论的基本立场、目标或前提出发，都拒斥核心的福利国家制度（central welfare-state institutions）——以普遍性的社会保险制度以及财产审查型制度为基本内容。[①] 笔者认为，夏皮罗所做的研究具有如下三个重要特点。其一，其对于国家福利制度的系统性批判深刻地揭示了，近三十多年来西方政治哲学领域中，人们通常认为的支持福利国家的各种主流派别及其观点的内在不一致性和模糊性。上文曾提及，一个显而易见的基本事实是，西方政治哲学领域中所认为的各种支持福利国家的主流派别，其主要关切点与学术抱负，并非直接针对福利国家或国家福利本身。这样，人们往往直接援引其基本原则为福利国家或国家福利寻求规范性理由，而没有深入考察各种宏大叙事的理论派别及其立场，对于福利国家或国家福利到底具有何种的规范力。夏皮罗的研究第一次明确对此提出异议，并论证道，"无论这些（支持福利国家制度的主流政治哲学派别）的原则是什么，其制度性意涵都指向反对福利国家"[②]。其二，其论证方式是非常独特的，综

---

① Daniel Shapiro. *Is the Welfare State Justified?* Cambridge：Cambridge University Press，2007.

② Daniel Shapiro. *Is the Welfare State Justified?* Cambridge：Cambridge University Press，2007, p. 2.

合运用了政治哲学的思辨方法与社会科学研究中的福利制度比较分析方法。其在政治哲学分析的框架下，运用了福利制度比较分析方法，结合各种支持福利国家的主流政治哲学立场，对以医疗、养老保险为主要内容的社会保险制度——福利国家的典范性制度——与以自由市场为基础的强制性私人保险（compulsory private insurance）和私人慈善（private charities）机制进行制度比较分析。他认为，几大主流政治哲学理论都错误地理解了其各自理论对前者支持的意涵，事实上，其理论意涵更应该支持后者，与自由至上主义（libertarianism）的福利立场趋向一致。这是一个非常新颖的观点。其三，其所采取的论证进路是其所宣称的内部论证（internal argument），而非外部论证（external argument）。夏皮罗强调，"本书的目的就是使福利国家的捍卫者信服他们是错误的。所以，我将避免外部论证而采用内部论证"[1]。所谓外部论证是指，要反对某一理论，从外部提出一个与该理论不同的基本原则或核心价值，与之相抗衡。比如，考虑一下福利国家的平等主义捍卫者与自由至上主义批评者之间的论战，前者捍卫福利国家的直接理由是，福利国家比自由市场制度产生出更少的不平等，而自由至上主义者也许反驳道，那些不平等并非不正当，或存在着比减少某种不平等更重要的价值或原则，比如保护个人权利或使个人自由最大化，反之亦然。[2] 外部论证往往可以指出相对立的派别所忽略的内容及其重要性，然而，其并不能从根本上威胁到所要反对的观点，容易陷入各自固守僵化立场、各说各话的尴尬境地。因此，最彻底的反驳就是采取内部论证的进路，先不否定其所坚持的核心价值或基本原则，而是从这些核心价值或基本前提出发，揭示其理论内涵的多义性或内在不一致性，从而从内部消解或澄清通常人们所认为的理论内涵。

结合本书核心议题，夏皮罗的研究也存在着如下两方面的缺失。第一，其真正关心的是福利国家制度的运作机制或传递机制，而非国家福利功能的正当性。即便夏皮罗的论证是完全正确的，这也只能说明，国家福

---

[1] Daniel Shapiro. *Is the Welfare State Justified?* Cambridge：Cambridge University Press，2007，p. 9.

[2] Daniel Shapiro. *Is the Welfare State Justified?* Cambridge：Cambridge University Press，2007，p. 8.

利功能应该采取以市场为基础的私人强制性保险机制，而非普遍性的社会保险机制。尽管采取何种福利传递机制对于国家福利在实践层面上至关重要，然而，这并不能构成否定福利国家或国家福利功能正当性的充分条件。国家福利完全可以采取以市场为基础的私人强制性保险机制，国家福利功能的正当性可以在逻辑上先于这一点。因此，夏皮罗对福利国家制度的系统性批判并没有实质性威胁到国家福利功能的正当性。本书在探讨罗尔斯公平正义理论与国家福利功能章节中，将深入揭示这一要点。第二，夏皮罗的具体论证更多地依赖于两种不同福利国家机制在实际运作中的各种后果权衡，这不可避免地陷入争议。对于任何制度的后果权衡都难以达成共识，这一点笔者将在功利主义与国家福利章节中进行系统揭示。总之，尽管其观点存在着各种缺陷，但其为本书所关切的议题提供了如下有价值的思考和启发：各种为国家福利功能提供辩护的主要规范性理论需要得到深入检讨，并且，如果我们要为国家福利功能提供一个坚实的基础，最有力的论证方式是采取内部论证，这就需要从否证国家福利功能的内部来彻底瓦解它，而不仅仅是提出一种相抗衡的观点。

四　国内相关研究

国内学术界还没有直接针对国家福利功能正当性问题所做的专题性研究，而且，相关研究大多属于对国外研究的梳理与引介，具有辩护性质的系统研究较为匮乏。在国内为数不多的相关研究中，钱宁在 2007 年出版的《社会正义、公民权利和集体主义——论社会福利的政治与道德基础》一书是这一领域的代表性作品。另外，伴随着中国经济社会的深刻转型，分配正义问题已经成为中国进一步改革发展所要解决的核心议题以及凝聚日益多元化的各种社会利益主体的基本共识。在这种现实背景下，国内学术界对西方分配正义理论的引介与消化吸收日益增多，也出版了大量的相关研究专著。下面简要加以述评。

钱宁在批判性研究西方社会正义理论和公民权利理论的基础上，试图阐明社会福利的政治和道德基础。其在批判传统集体主义的基础上，提出复合集体主义观念作为社会福利的规范性基础。所谓复合集体主义，一方面坚持集体道德责任，另一方面强调个体道德责任，努力把集体责任与个人责任整合起来，发展出一种积极的福利观。① 然而，复合集体主义在规范基础上强调，"集体主义是社会福利的本质，在道德上要反对个体主义"②。国家福利是社会福利的核心组成部分，因此，根据钱宁的论证，国家福利功能的规范性基础就被建立在复合集体主义之上。上文已阐明，以蒂特马斯为代表的福利思想家们以及社群主义者们都曾提出过把国家福利功能奠基在集体责任或共同体价值的基础上。然而，即便是这种努力可以为国家福利功能的正当性提供一个规范性理由，这种建构思路也属于外部进路，并不能有效反驳自由至上主义者以及新古典自由主义者们从道德权利角度所提出的核心指控。因此，要为国家福利功能的正当性提供一个坚实的规范性基础，较强的辩护路径是从个体主义内部出发，而不是直接否定或回避个体主义进路。另外，钱宁探讨的是社会福利的政治与道德基础，其所关切的对象更为宏大，而非直接针对国家福利功能本身。

更多的其他相关文献大都集中在对西方分配正义理论的专题研究上。比如，汪行福出版的《分配正义与社会保障》一书较为系统地探讨了西方政治哲学中各种分配正义流派的基本观点及其社会保障制度意涵；③ 何建华所撰写的《分配正义论》聚焦于市场逻辑和分配正义的关系维度，全面阐述了分配正义所涉及的诸多议题；④ 贾可卿在《分配正义论纲》中，总结了西方学术界关于分配正义理论的相关研究，并在此基础上，将分配正义诸原则应用到对中国制度现实的分析中，研究了分配正义与社会主义、分配正义与市场经济、分配正义与社会保障等之间的关系；⑤ 贾中海在《社会价值的分配正义》中，主要结合其他理论流派立场，聚焦于"罗尔斯自由主义政治哲学批判"⑥；等等。国内学术界在对西方分配正义理论消化吸收的基础上，结合中国社会制度现实议题，进行了深入的思考与探

---

① 钱宁：《社会正义、公民权利和集体主义——论社会福利的政治与道德基础》，北京：社会科学文献出版社 2007 年版。
② 钱宁：《社会正义、公民权利和集体主义——论社会福利的政治与道德基础》，北京：社会科学文献出版社 2007 年版，第 76 页。
③ 汪行福：《分配正义与社会保障》，上海：上海财经大学出版社 2003 年版。
④ 何建华：《分配正义论》，北京：人民出版社 2007 年版。
⑤ 贾可卿：《分配正义论纲》，北京：人民出版社 2010 年版。
⑥ 贾中海：《社会价值的分配正义》，北京：中国社会科学出版社 2011 年版。

讨。尽管其中不乏独到见解，但大多属于引介性的，对某一基础性问题深入系统地论证较弱。另外，需要说明的是，国内对更为宏大的正义理论领域的引介与专题研究文献更为丰富，这部分相关研究具有重要的参考价值，但并不构成本书议题适切的文献考察范畴。

综上所述，尽管国内外学界对国家福利功能正当性问题并没有系统的专论，但大量的相关研究对该问题提出了不同的研究进路，阐发了诸多极具启发意义的具体观点，并提供了丰富的研究矿藏。通过国外相关文献综述，我们理顺了分配正义理论与国家福利功能正当性议题的关系，澄清了国家福利功能正当性问题的核心要素，分别考察了支持国家福利功能的多种理论观点及其规范力，阐明了本书研究的具体视角。下文简要介绍一下本书研究的理论价值与现实意义。

五　研究价值

对国家福利功能的正当性研究具有重要的理论价值和现实意义，简要概述如下。

第一，通过上述文献考察发现，学界对此问题的专门研究较为匮乏，相关研究具有较强的碎片化特征，该问题一直没有得到全面深入的系统考察。因此，专门系统地研究该问题，具有重要的学术价值。

第二，若不能基于个体主义立场从自由至上主义者以及新古典自由主义者们否证国家福利功能的核心理由内部出发，证明其立论是误导性的，那么，国家福利功能的必然性与有效性就会一直处在高度争议之中，国家福利功能的规范性基础也就难以阐明。该项研究有助于澄清国家福利功能争议中的各种误导性观念。

第三，该研究对福利权的基础论证具有重要的理论价值。在文献综述部分讨论福利权观念时，本书指出福利权的规范性基础并没有得到合理的说明，而且，对福利权的论证需要以国家福利功能正当性基础得到合理阐明为前提。换言之，如果国家福利功能正当性不能得到证明，福利权的规范基础也无法得到解决。因此，本书对于福利权的规范性研究具有重要的理论价值。

第四，该研究有助于我们深刻理解和把握国家福利政策变革的内在逻辑与现实走向，这对中国福利政策实践与改革具有重要的参考价值。众所周知，中国社会福利政策正处于深刻变革的时代，当前中国社会福利政策领域中的诸多现实与理论困境，与对该问题模糊不清的认识有很大关系。通过专门对国家福利功能正当性的系统研究，可以澄清诸多根深蒂固的误导性观念，有助于人们理解和把握国家福利政策发展的内在逻辑与基本取向。

第三节　路径与结构：国家福利功能的正当性论证

一　论证路径

本书致力于为国家福利功能阐明一个坚实的规范性基础，以有效回应自由至上主义者以及新古典自由主义者们对国家福利功能的必然性（存在的必要性）以及有效性指控。围绕着该核心议题，本书在文献综述的基础上，确定了国家福利功能正当性的三个基本要素或知识义务：需要有效回应各种道德权利指控，需要正面寻求或阐明道德规范理由，并要求与激励机制相容，以解决国家福利功能在有效可及性与可持续性方面所带来的挑战。这标识出本书的基本研究进路。通过文献综述可知，既有研究为国家福利功能正当性所提供的辩护，往往是从外部角度或后果主义角度，强调国家保障基本需要满足对于促进某种价值具有根本的重要性（或内在需要），比如促进平等价值，或保障自由权利，或提升社会团结等社群价值。包括功利主义在内的各种后果主义理由，尽管在不同程度上能够为国家福利功能的必要性（比如，国家保障基本需要满足）提供相应的说明，然而，这种外部论证路径并不能从根本上瓦解或消除自由至上主义者以及新古典自由主义者们反对国家福利功能的核心理据。如果基本需要满足的规范性理由仅是"促进某种重要价值"，那么，国家福利功能是否必要也未置可否，毕竟满足基本需要具有各种替代性选择，比如，自由至上主义者以及新古典自由主义者们所坚持的自由市场机制以及慈善机制。因此，要为国家福利功能的正当性提供一个坚实的规范性基础，就至少需要论证，国家福利功能对自由至上主义者以及新古典自由主义者们所提出的否证理由，具有优先性地位。这就要求从各种否证国家福利功能正当性的理由内部出发开展工作。

由于形形色色的功利主义一直为支持和否证国家福利功能的正当性提供着各种理由，人们一直基于效用最大化原则对国家福利功能的必要性和有效性进行着激烈的争论，更重要的是，由于国家福利功能的正当性必须兼容功利主义所强调的效率原则或激励机制，因此，对功利主义的国家福利功能规范力和意涵的考察，就构成了本书的一个自然而必要的出发点。经过深入考察可知，功利主义由于内在不确定性与狭隘的信息基础，其对国家福利功能的规范力注定是模糊不清、富有争议性的。因此，无论是古典功利主义，还是现代功利主义，都因其自身的狭隘的信息基础以及功利计算的时空维度与情境维度所导致的高度不确定性，而难以确保国家福利的必然性与有效性。即便在一定程度上能够提供辩护理由，也无法抵御自由至上主义者以及新古典自由主义者们从道德权利上对国家福利的否证。

我们必须直面自由至上主义者以及新古典自由主义者们对于国家福利功能的规范性指责，从其否证国家福利功能所提出的规范理由的内部出发，为国家福利功能的必然性阐明依据。这样一个论证思路是一种非比较性的容许性证成进路（permissibility justification）。首先，需要面临自由至上主义者以及新古典自由主义者们基于私人财产权的规范理由而对国家福利功能进行的否证。通过对以诺奇克为代表的自由至上主义的占有理论的剖析以及私人财产权正当来源的分析，本书将指出，国家福利功能并不必然违反私人财产权，恰恰相反，某种程度的国家福利功能是证成财产权的基本前提。其次，对国家福利功能否证的另一个主要理由是，国家福利必然侵犯人们的自我所有权——形式上的自我所有权以及实质性的自我决定、自我选择或自我控制。通过对自我所有权与国家福利功能之间关系的深入探讨，国家福利也并不必然侵犯人们的自我所有权。尽管对于自我所有权有不同的理解，然而，除非坚持一种根本就无理由存在的完全充分的（不受限制的）自我所有权观念，否则，在实质性自我所有权的正当范畴内，国家福利功能并不与之发生冲突，相反，国家福利功能本身就是从确保人们的实质性自我所有权出发的。

在有效解决自由至上主义者从财产权与自我所有权这两个基础的道德权利角度对国家福利功能的必然性所做的指控之后，我们将会发现，还没有为有效可及的国家福利功能提供充分的说明。换言之，仅仅对外部世界资源的道德地位以及自我所有权的内在要求进行探讨，只是为国家福利功能的存在留出了空间，但并不能为有效可及的国家福利功能提供有力的辩护。为了确保获得有效可及（至少能够满足基本需要）的国家福利，在外部世界资源稀缺性以及自然天赋分布的先天不均局限下，人们必须一方面找到能够提高生产效率以及资源配置效率的方式（与激励机制或效率原则相容），另一方面必须为残障者以及较低才能者找到能够在边际上有效分享较高才能者产出的规范性理由。毕竟仅仅凭借外部世界资源的平等主义理由，无法为所有人保证有效可及的国家福利。因此，我们接下来的知识义务就是：需要为国家福利功能的必要性与有效性，从正面寻求一个合理自洽的规范性基础。

这就必然要把我们导入罗尔斯的公平正义理论以及自然天赋分配的道德应得观念中来。罗尔斯的公平正义原则为较高水平的国家福利的必然性与有效性（有效水平且可持续）提供了一种规范性理由。在保证经济和社会的不平等不违反自由的平等原则以及公平的机会平等原则的前提下，通过容许一定程度（也许较高）的经济不平等，来刺激或诱惑具有自利动机的有才能者充分培育与发挥自然天赋，提高效率，以使自然天赋的分配为最不利群体谋利，使最不利群体的利益最大化。差别原则是一种优先主义观念，其要点不在于比较性的相对重要性，而在于赋予某种事态以绝对零点的道德重要性，这不同于注重相对性的平等观念。自罗尔斯始，证成国家福利功能的方式不再是从否证国家福利功能的理由内部进行反驳的非比较性的容许性证成进路，而是一种比较性的最优证成进路（optimality justification）。后者强调的是某种目标类型的国家福利功能是更优的，是与提供理由的体系更相适切匹配的。对于为国家福利功能正当性给出同等规范性效力的不同理论或理由，所依赖的前提更少者胜出。详细考察罗尔斯公平正义理论所蕴含的国家福利功能意涵，就成为本书必须完成的知识义务。研究发现，以满足体面的基本需求为根本特征的资本主义福利国家（其现实类型就是二战后的福利国家）是不能适切匹配于罗尔斯的公平正义理论的，其公平正义理论所内在要求的国家福利类型，是超越于资本主义福利国家的，被财产所有的民主制或自由市场社会主义体制所蕴含着。在这里，如果有部分人的基本需求不能得到满足，那么差别原则必然被侵犯了；如果经济和社会的不平等或社会贫富两极分化影响到平等的基本自由权利以及政治自由的公平价值，或使社会的机会平等变得不公平了，那么这样的社会也不可能是公平正义的社会。因此，它不仅要求满足所有人的基本需求，而且要求对财富、生产资料进行再分配，尽可能地分散财富的占有，并培育和发展社会成员具备两种基本的道德能力——善观念的能力与正义感的能力，以使自由而平等的公民能够终生参与世代更替的由公平正义原则规导的社会合作体系。这实际上蕴含了民主的平等观念（罗尔斯的财产所有民主制），其所确立的国家福利功能的正当性目标正是确保所有公民在所有时间都能有效可及他们实质性自由所必需的经济条件。

在为残障者以及较低才能者找到能够在边际上有效分享较高才能者产出的规范性理由时，罗尔斯强调，差别原则体现了对待自然天赋分配的道德地位的互惠性或相互性理念①：没有人能够在道德上应得自然天赋的分配地位及其收益，因为这种分配正如家庭出身、阶级、好运厄运一样是一种偶然性的武断专横因素，人们没有理由让这种武断专横的、偶然的自然因素进入社会基本结构中来，决定或影响具有内在尊严的人类的命运或生活前景。当然，也不能无视——假设有一天科技能够做到的话，另当别论——这种具有重要影响的自然或社会事实，我们可以让先天幸运者（较高自然天赋者）为先天不幸者谋利（较低自然天赋者）。然而，由于事态的交互复杂性以及人类的认知局限——罗尔斯所说的"判断的负担"或哈耶克所言的"认识所不及"，我们不知道如何对自然天赋本身所带来的不平等收益进行公平的分成。差别原则所体现的基于自然天赋分配收益分成的理念，由于不能有效区分出自由选择（偏好旨趣、意志品质、努力程度）与先天运气对于收益的贡献比例，因此，仅仅基于该理由而贸然采取任何一种分成比例的补偿模式，都不可避免地面临着"交叉补贴"的指责——新古典自由主义者基于该补偿理由指控社会保险必然存在的交叉补贴难题。交叉补贴不仅意味着天赋较低者补偿天赋较高者，也存在着在天赋较低者以及天赋较高者各自内部之间的相互补贴。这显然不能做到"钝于禀赋、敏于选择"。据此，德沃金提出资源平等理论，把运气概念创造

① 公平正义原则是独立于任何道德应得观念的，它是从原初状态中推导出来的。因此，严格说来，运气平等与罗尔斯公平正义理论本身无内在关联。

性地区分出能反映自由选择的"选项运气"以及非选择性的"原生运气"，试图通过虚拟保险机制的论证使原生运气尽可能地转化成选项运气，以让结果尽可能地反映人们的自由选择。让国家仅仅在"好的原生运气"的受益者与"坏的原生运气"的受害者之间进行补偿——所有好的原生运气收益共同分享，所有坏的原生运气损失共同承担，而不允许在"好的选项运气"的受益者与"坏的选项运气"的受害者之间进行补偿。通过国家福利的税收再分配机制对虚拟保险市场的补偿方案进行复制：凡是能够把原生运气培育成选项运气的（市场保险），人们需要通过劳动收入购买市场保险，而国家通过采取普遍性的社会保险机制对暂不可转化的原生运气（不能有效形成保险市场）进行再分配。德沃金认为，这样至少最大限度地做到了"钝于禀赋、敏于选择"的平等待人原则。实际上德沃金的资源平等理论所支持的仅仅是具有高度争议性的资本主义福利国家——相比之下，罗尔斯的公平正义理论要求超越资本主义福利国家。糟糕的是，德沃金的运气平等思想并不支持其所坚持的普遍性社会保险机制，因为，对于坏的选项运气的受害者，德沃金的普遍性社会保险机制并不应该包含他们，否则与其"敏于选择"的平等原则以及社会保险的强制性相冲突，而如果普遍性的社会保险不包含这部分坏的选项运气受害者，这又与社会保险的普遍性相冲突。毕竟，根据德沃金的观点，社会保险存在的真正理由只能是，对原生运气所带来的收益与损失进行再分配。当然，无论是原生运气，还是选项运气，其在收益与损失中所具有的影响程度，依然是有高度争议性的，这一点与德沃金所批评的罗尔斯对于自然天赋分配中的交叉补贴问题是一样的。事实上，基于运气平等的道德理由——无论其规范目标是要实现福利平等、福利机会平等、资源平等、可及利益平等、基本善平等，还是可行能力平等等——对于国家福利功能有效可及性的辩护是不充分的。

这就要求超越运气平等的难题，而寻求其他替代性理论。由罗尔斯所开创的，并经过伊丽莎白·安德森所阐明的民主平等的规范观念，显然是一个重要的选择，这一理念契合于森的可行能力视角。正是在作为一个自由而平等的公民众生参与其中的社会合作体系中所必需的可行能力（森、安德森）或罗尔斯意义上的基本能力的最低限度（两种基本道德能力）上，森、安德森、罗尔斯并没有实质性的差别，他们都强调了基本能力的核心地位。国家福利功能的目标定位应被合理地确定在，确保所有公民在所有时间都能有效可及他们实质性自由（可行能力）所必需的经济条件上。这样做，除了上述的诸多理由，还由于它顺便解决了一个任何正义理论以及任何国家福利思想都不可避免的难题：可行能力或基本能力的培养、发展与维持与效率原则相容，事实上，它正是效率原则的基本条件。第三条道路所倡导的社会投资性国家，正体现了这一要义。从实践来看，现代福利国家的发展趋势正体现了民主平等的观念，"社会投资型国家"正超越资本主义福利国家，并有潜力回应自由至上主义与新古典自由主义的挑战。

二 基本结构

基于研究目标以及上述详细阐发的研究路径，本书在篇章结构上，共分为如下八个部分，简要介绍如下。

第一章，导论。本章的基本任务是，阐明研究问题，厘清核心概念，总结国内外相关研究，确定研究方法与研究路径。

第二章，功利主义与国家福利功能。该章的基本任务是，全面考察功利主义对国家福利功能正当性的规范力和意涵。由于功利主义内部的复杂性，本章把功利主义分为古典功利主义以及现代（新）功利主义两大部分分别进行考察。由于功利主义在政治哲学领域以及福利经济学领域具有不同取向的发展，所以，又把现代（新）功利主义又分为现代政治哲学领域中的功利主义与现代福利经济学领域中的功利主义两个不同的部分进行相应的考察。

第三章，财产权与国家福利功能。从道德权利角度，否证国家福利功能的一个主要立论——指控其侵犯了私人财产权，主要代表人物是诺奇克。其把私人财产权作为强大的道德权利边界，指控国家福利功能必然侵犯私人财产权而不可能得到道德权利上的证成。这需要我们从该立论的内部出发，有效化解这一指控。因此，本章的基本任务是，通过对以诺奇克为代表的自由至上主义者财产权观念的批判，探讨财产权与国家福利功能之间的关系，回应了自由至上主义者依靠诺奇克式财产权观念对于国家福利功能必要性的攻击。本章所要阐明的核心命题有如下两个：（1）通过从洛克以及诺奇克等人对私人正当占有的内部条件出发，证明某种水平的国家福利功能是私人财产权利得以证成的前提条件；（2）借助科斯定理等新制度经济学的产权理论，阐明能够满足效率要求的私人财产权观念并非只有诺奇克式财产权这样一种极端狭隘的私产观。这样，就解除了自由至上主义者从财产权角度对国家福利功能的必然性与有效性进行的指控。

第四章，自我所有权与国家福利功能。从道德权利角度，否证国家福利功能的另一个基础性立论：指控它必然侵犯了人们的自我所有权。因此，本章的基本任务是，深入考察自我所有权与国家福利功能的必然性与有效性之间的关系，阐明如下两个基本命题：（1）国家福利功能并不必然侵犯个体的自我所有权，相反，基于自我所有权及其对外部世界资源的内在要求，某种水平的国家福利功能必须得到优先确保；（2）从自我所有权中推论出国家福利功能的有效性，仅仅基于从自我所有权所要求的对外部世界资源的平等立场是不足的。换言之，基于自我所有权对外部世界资源的平等主义立场，甚至都无法确保才能较低者或残障者的最低限度的基本需要满足。所以，有效可及的国家福利功能还必须满足如下基本条件：（a）对自然天赋才能分配及其收益的道德应得地位提出再分配要求，并且，（b）必须保障有足够种类和足量的自然天赋才能及其充分地发挥（人尽其才、物尽其用的效率要求）。关于（a）点，这是运气平等主义的基本出发点，需要在运气平等的观念中考察其效力。关于（b）点，其为有效可及的国家福利目标定位指明了方向：基本能力或实质性自由所必需的经济条件。这样一来，就把我们导入到对相互竞争的运气平等观念与民主平等观念的探讨中来了。在分别研究运气平等观念与民主平等观念对于国家福利功能正当性的规范力之前，需要对作为这两种不同观念的开创者罗尔斯本人的国家福利思想进行系统考察。

第五章，罗尔斯国家福利思想：自然天赋分配与公平正义理论。人们常常把罗尔斯的公平正义理论与其对于自然天赋分配的道德应得观混淆在一起，这是错误的。其公平正义理论是独立于自然天赋分配的道德应得观的，前者的产生并不依赖于后者，但前者中的差别原则体现或综融了后者。严格说来，罗尔斯并不是运气平等论者，而是民主平等论者，但其的确开启了运气平等主义流派。因此，本章的主要任务是，深入考察罗尔斯国家福利思想，从自然天赋分配与其公共正义理论两个方面，分别研究各自为国家福利功能的必然性与有效性所提供的规范力。

第六章，原生运气、选项运气与国家福利功能。尽管德沃金在很大程度上误导性地批判了罗尔斯的公平正义理论，但其以此为出发点，在其所发展的资源平等理论框架下，经典地区分了原生运气、选项运气概念，创造性地把运气平等观念发展到高峰。因此，本章的主要任务是，考察以德沃金为代表的运气平等观念对于国家福利功能正当性的规范力。

第七章，民主平等、可行能力与国家福利的未来。基于运气平等的观念，无法为有效可及的国家福利功能的正当性提供一个坚实的规范性基础。这就需要超越运气平等的观念所提供的辩护理由，寻求其他替代性理论。民主平等的观念正是在克服运气平等观念的内在缺陷的基础上发展出来的。本章的基本任务是，在总结运气平等的内在缺陷及其国家福利功能意涵后，阐发支撑民主平等的观念要点，探讨其对有效可及的国际福利功能的正当性所具有的规范力。本章有如下几个要点。（1）民主平等观念的两个支撑要素：（a）把社会设想为自由而平等的公民终生参与的公平合作体系这样一种规范性理念；（b）同时，把自由而平等的要义阐释为公民终生参与公平合作体系所必需的基本能力范畴（罗尔斯的两种道德能力[①]，

---

① 对于罗尔斯而言，公民是自由而平等的，仅仅是在两种基本道德能力——善观念的能力与正义感的能力——的意义上或范畴内而言。公民是自由的，是在如下三种含义上而言的："首先，公民在他们设想自己并相互设想对方具有一种善观念的道德能力这一方面是自由的；其次，公民将自身视为各种有效要求的自证之源，有资格向他们的制度提出各种要求以发展自身的善观念；最后，公民能够对自己的目的负责，能够在正义的目的上把自身的目的限制在正义原则所允许的范围内。"（参见约翰·罗尔斯《政治自由主义》，万俊人译，南京：译林出版社2011年版，第31～35页）公民是平等的，是在如下含义上而言的："道德的人才有权享有平等的正义。道德的人有两个特点：首先，他们有能力持有（也被看作持有）一种关于他们的（由一个合理生活计划表达的）善的观念；其次，他们有能力持有（也被看作持有）一种正义感，一种通常有效地应用和实行——至少在较小程度上——正义原则的欲望……道德人格能力是有权获得平等的正义的一个充分条件。除了这个基本条件之外不需要其他条件。"［参见约翰·罗尔斯《正义论》(1999年修订版)，何怀宏、何包钢、廖申白译，北京：中国社会科学出版社2009年版，第399页］更清晰的表述是："在什么意义上，公民被当作平等的人？我们认为，他们是在这种意义上被当作平等的，即他们全被看作拥有最低限度的道德能力，以从事终生的社会合作，并作为平等的公民参与社会生活。我们把拥有这种程度的道德能力当作公民作为人而相互平等的基础。也就是说，既然我们将社会视为一个公平的合作体系，平等的基础就是拥有某种最低限度的道德能力和其他能力，以使我们能够充分地参与社会的合作生活。"（参见约翰·罗尔斯《作为公平的正义：正义新论》，姚大志译，上海：上海三联书店2002年版，第31～40页）

森的可行能力或实质性自由），显然，这两个前提就罗尔斯公平正义理论中关于个人与社会的规范性预设理念。（2）在这两个前提下（不再依赖其他更多的实质性前提），民主平等的观念为有效可及的国家福利功能的正当性提供了一个自洽的规范性基础。

第八章，结论与讨论。在本章中，本书首先脉络化地总结了论证结构及其结论，然后，对本书的创新点做一概述，并对本书所面临的挑战或局限进行了说明。

第二章　功利主义与国家福利功能

长期以来，为国家福利功能提供的各种辩护与反驳理由大多集中在功利主义（效用主义）传统中，人们基于效用最大化原则对国家福利功能的必要性和有效性进行着激烈的争论。本书将详细考察不同形式的功利主义对国家福利功能所具有的规范力。由于古典（旧）功利主义（包括早期福利经济学）传统与现代（新）功利主义（包括现代福利经济学传统）有着显著区别，因此，对国家福利功能正当性理由在功利主义内部中的考察将被分开进行。

概而言之，无论何种形式的功利主义，都具有如下三个基本要素：（1）如何界定效用或功利；（2）界定和处理效用最大化的方式，比如基数加总，或者偏好序汇总等；（3）把效用最大化作为评价制度或行为的根本标准。功利主义不仅是一种决策程序，本质上也是一种规范性的评价标准。在功利主义框架下，正当的就是能使效用最大化的，坚持后果主义的道德评价原则，因此，它也是比较主义的。无论是古典（旧）功利主义，还是现代（新）功利主义，无论是在政治哲学领域中，还是在经济学领域中，功利主义的发展主要是围绕上述三个基本要素的理解而逐步深化的。不同取向的功利主义，也主要是对上述三个要素的不同处理而有所区别的。

第一节　古典功利主义与国家福利功能

古典功利主义将效用界定为生理－心理感受意义上的幸福、快乐或享受；坚持人际效用比较立场，主张在基数（cardinal）加总的基础上使幸福（效用）总量最大化，并把这种幸福总量最大化原则作为衡量制度或行为的终极道德评判标准。早期福利经济学，也被称为旧福利经济学，其诞生标志是庇古在1920年出版的经典著作《福利经济学》。早期福利经济学完全以古典功利主义原则为基础，坚持基数效用论，预设人们的幸福可以用货币来计量。早期福利经济学从效用最大化原则出发，围绕着国民收入和平等分配，引发了平等与效率之间重大权衡的经典议题，为深入讨论功利主义框架下国家福利功能正当性的理由提供了基础性背景。在本节中，笔者将重点讨论政治哲学中古典功利主义的内在特征及其对国家福利功能的规范力，在第二节中笔者将重点结合早期福利经济学的核心主张深入探讨古典功利主义为国家福利功能所提供的辩护及其不足。

一　从边沁到密尔

功利主义自诞生以来，逐渐成为道德哲学领域中占支配地位的话语，自罗尔斯1971年《正义论》发表之后，自由主义契约论传统才得以恢复，扭转了功利主义持续近两百年的统治地位。正如罗尔斯所言，功利主义之所以能够长期占据统治地位，原因之一是，它一直被具有重大影响而又极富魅力的众多思想家所支持。[①] 被罗尔斯称为"伟大的"功利主义者的有休谟、斯密、边沁和密尔等。在近代功利主义兴起过程中，18世纪英国的苏格兰学派起到了开创性的奠基作用。苏格兰学派的灵魂人物休谟，以彻底的怀疑论立场对坚持抽象理性的自然法学派进行猛烈的攻击，从经验性的人类情感、心理习惯与习俗、公众利益等对正当问题进行阐释，认为"正义之所以得到赞许，确实只是因其具有促进社会公益的倾向"[②]。苏格兰学派的另一个主要代表人物亚当·斯密于1776年发表了《国富论》，揭示了基于自利人、私人产权与自愿性交换的自由市场，蕴含着个体经由市场竞争与价格信号而不自觉地会实现社会财富的最大化。斯密所揭示的市

---

①　约翰·罗尔斯：《正义论》（1971年版），何怀宏、何包钢、廖申白译，北京：中国社会科学出版社1988年版，第1页。

②　大卫·休谟：《人性论》，关文运、郑之骧译，北京：商务印书馆2006年版，第662页。

场机制为反对国家（政府）在经济与社会领域中的干预与管制提供了理论基础，也为边沁与密尔所坚持的"最大多数人的最大幸福"提供了直接智识资源与有力支持。在苏格兰学派的基础上，边沁第一次对功利主义做了比较全面的阐释，认为伦理道德要建筑在为人类经验所认可的趋利避害、追求自利幸福的本性基础上，将效用界定为任何客体所具有的幸福与满足，或者可以防止痛苦、邪恶或不幸的性质，并明确提出了"最大多数人的最大快乐是衡量正确与错误的标准"的最大幸福原理。政策是否正当或被允许，其唯一标准是它们是否拥有"增加或减少社会幸福"的倾向。①边沁式功利主义影响巨大，成为19世纪英国主导公共政策的官僚式国家福利的智识源泉。既然最大幸福原理是可欲的理想标准，那么，根据物品的效用遵循着一种边际效用递减规律，国家经过再分配方式提供福利也可被阐释为达成社会福利最大化的必要手段而被允许。然而，边沁式激进功利主义既可为极权式的国家主义政策辩护，也可为反对国家干预的自由放任机制辩护。一切评判的标准都只能是社会最大功利的增进，既然自由放任的市场机制能够达成最大化社会功利，当然也必须遵循。所以，功利主义对国家福利功能既没有禁止，也没有承诺，在道德正当性上等于什么也没有说。这在一定程度上也可以解释为什么在19世纪的英国，自由放任主义与国家的济贫政策看似相安无事地并行发展着，因为从模糊不清的功利主义那里，两者都可以心安理得地找到各自的正当性理由。

边沁虽然为功利主义奠定了基础，然而这种功利主义并不完善，比较粗糙。密尔把边沁所开创的功利主义的同质幸福概念拓展到不同质的幸福概念上；把边沁所依赖的"行为者本人的最大幸福"这一个体（利己）主义立场，修正为"全体相关人员的最大幸福"标准（在较弱意义上为最大多数人的最大幸福）；并为功利主义进行了基础论证，密尔也成为古典功利主义的集大成者。边沁认为，幸福指"快乐或免除痛苦"，不幸福指"痛苦或丧失快乐"。然而，痛苦和快乐到底包含哪些东西，边沁并没有给出详细而完整的说明，其仅仅从感官数量上来理解幸福或痛苦，而忽视了

---

① 杰里米·边沁：《道德与立法原理导论》，时殷弘译，北京：商务印书馆2012年版，第8～10页。

不同种类或质量的幸福或痛苦。幸福的种类是不能一视同仁的，对此我们要加以区分。① 尽管密尔区分了不同质的幸福，但并不意味着不同质的幸福不能进行比较或不能被加总，而是指在这样做时，要注意不同种类的心理幸福感的强度与持续度是不一样的。对于边沁而言，使效用最大化的方法是对所有种类的幸福进行简单加总，而对于密尔来说，不同的事态具有不同性质的幸福，因此，使效用最大化的方式就不能仅仅考虑数量，而必须考虑质量——至少对不同种类的幸福要给予加权处理，而非简单加总。密尔在为功利主义进行辩护时，不仅把边沁的功利概念从同质的幸福感受拓展到不同质的幸福感受，而且把边沁的"行为者本人的最大幸福"立场拓展为"全体相关人员的最大幸福"标准。② 尽管对于个体而言，要尽可能地在数量和质量两个方面享有快乐，但是，最根本的是实现全体相关人员的最大幸福，当与这个大多数人的最大幸福相违背时，个体的具体幸福是没有价值的。

尽管边沁全面阐述了功利主义原则，但功利主义原理还没有得到辩护与论证。功利主义基础上的危险性或漏洞也被密尔所捕捉，他看到了边沁所阐述的功利主义原理在道德哲学上远没有得到坚实的论证，其基础是不牢固的。他在《功利主义》一书中，在把边沁的狭隘功利概念拓展为广义功利概念之后，试图通过诉诸经验性事实的办法对功利主义进行基础论证。密尔为功利主义进行论证的基本思路是：要表明一个事物是值得追求的，就要看人们是否实际上追求它，如果人们实际上都不追求它，显然，我们不能说这个事物是有价值的。人们事实上都在追求幸福，而且幸福是人们追求的根本目的，如果说其他事物之所以值得人们去追求，仅仅是因为它是人们达到幸福目的的手段。因此，包括美德、正义等在内的其他一切事物，要么自身成为幸福的组成部分而被追求，要么其作为达成幸福的

---

① 约翰·穆勒（密尔）：《功利主义》，徐大建译，上海：上海人民出版社 2008 年版，第 8~10 页。

② 密尔说，"我必须重申，构成功利主义的行为对错标准的幸福，不是行为者本人的幸福，而是所有相关人员的幸福，而这一点是攻击功利主义的人很少公平地承认的"［约翰·穆勒（密尔）：《功利主义》，徐大建译，上海：上海人民出版社 2008 年版，第 17 页］。

手段而被人们所追求。① 据此，功利主义得到证明。

二　精英独裁与合理仁爱

上文简要概述了密尔对边沁式功利主义所做的修正及其所提供的基础论证。然而，作为完备性的规范性理论，古典功利主义遇到了难以克服的困难。古典功利主义要自洽地解决遇到的困难，需要诉求于精英独裁和合理仁爱或不偏不倚的公正无私的人性预设。这在很大程度上，削弱了政治哲学领域中的古典功利主义为国家福利功能的正当性所具有的规范效力。

尽管密尔指出了边沁式功利概念没有区分不同种类的幸福，强调要对不同质的幸福赋予不同的权重，然而，不同质的幸福的道德分量或权重结构，谁来判断？密尔批判边沁式功利主义对于个体利己主义的幸福最大化的依赖，没有注意到人与人之间幸福可能存在的冲突，进而强调所有人构成的集体幸福最大化标准才是功利主义的真正标准。那么，"全体相关人员的最大幸福"何以可能？密尔在处理如何汇总不同质量的幸福时，实际上已经意识到了现代福利经济学，尤其是社会选择理论所要考虑的人际比较难题以及偏好汇总问题。② 现代福利经济学的著名代表，肯尼斯·阿罗提出的阿罗不可能定理，用数学方法严格证明了人际偏好汇总成一个社会福利函数的难题。密尔认为可以通过"精英独裁"的方式对不同质幸福的权重

---

① 用密尔的话说，"要证明任何东西值得欲求，唯一可能的证据是人们实际上欲求它"，"幸福是值得欲求的目的，而且是唯一值得欲求的目的；其他事物如果说也值得欲求，那仅仅是因为它们可以作为达到幸福的手段"［约翰·穆勒（密尔）：《功利主义》，徐大建译，上海：上海人民出版社 2008 年版，第 35~41 页］。

② 密尔在解释快乐质量的含义时，做了这样一段重要的表述："假如有人问我，我所谓快乐的质量差别究竟是什么意思，换言之，仅仅就快乐而言，一种快乐除了在数量上较大之外，还有什么能使它比另一种快乐更有价值，我想可能的答案只有一个。就两种快乐来说，如果所有或几乎所有对这两种快乐都有过体验的人，都不顾自己在道德情感上的偏好，而断断偏好其中的一种快乐，那么这种快乐就是更加值得欲求的快乐。如果对这两种快乐都比较熟悉的人，都认为其中的一种快乐远在另一种快乐之二，即便知道前一种快乐带有较大的不满足也仍然偏好它，不会为了任何数量的合乎他们本性的其他快乐而舍弃它，那么我们就有理由认为，这种被人偏好的快乐在质量上占优，相对而言快乐的数量就变得不那么重要了。"［约翰·穆勒（密尔）：《功利主义》，徐大建译，上海：上海人民出版社 2008 年版，第 8~10 页］

结构进行判断，在此基础上进行加总。① 而这正是阿罗不可能定理之所以产生的局限条件之一：阿罗在个体偏好汇总时要求必须排除"独裁"原则。

另外，"全体相关人员的最大幸福"原则不仅要处理不同质幸福的权重结构问题，还必须面对人际幸福所可能存在的冲突难题。密尔在处理这一难题时，诉诸合理仁爱的道德情操以及不偏不倚的公正无私。正如密尔所言，"功利主义要求，行为者在他自己的幸福与他人的幸福之间，应当像一个公正无私的仁慈的旁观者那样，做到严格的不偏不倚。功利主义伦理学的全部精神，可见之于拿撒勒的耶稣所说的为人准则。'己所欲，施于人'，'爱邻如爱己'，构成了功利主义道德的完美理想"②。为此，密尔的功利主义也就要求，法律和社会安排要尽可能地使个人幸福或利益与社会整体的利益和谐一致，并且通过教育和舆论对人性加以塑造，使其自觉地把个人利益与整体公共利益相一致。功利主义所内在要求的人性预设，在边沁那里显得太低，而在密尔这里显得又如此之高。

在密尔为功利主义所提供的基础论证中，也存在着难以克服的困难。密尔所提供的基础论证中存在的缺陷为西季威克所充分揭示。西季威克在其经典名著《伦理学方法》中指出，密尔的论证思路存在着如下困难：没有证明集体幸福——所有相关者的最大幸福，在较弱意义上"最大多数人的最大幸福"——能够成为每一个个体所应当追求的以及实际追求的。"即使每个人在实际上追求的是集体幸福的各个不同部分，它们的加总也构不成一种存在于一个人身上的对集体幸福的追求。"③ 根据密尔的论证所依赖的前提，如果不能证明个体存在着对集体幸福的实际追求，那么就不能说，集体幸福是值得追求的。因此，对于密尔来说，如何证明或确保每个个体对集体幸福的实际追求，成了功利主义得以证成的关键。功利主义要解决这个难题，如果不依赖"独裁"强制的方式确保每个人在实践上追求集体幸

---

① 密尔表达得很清楚："至于快乐质量的判定，以及有别于数量衡量的质量衡量规则，则全靠那些经历丰富的人的偏好，加上他们的自我意识和自我观察的习惯，此外，最好再辅以比较的方法。"[约翰·穆勒（密尔）：《功利主义》，徐大建译，上海：上海人民出版社 2008 年版，第 12 页]

② 约翰·穆勒（密尔）：《功利主义》，徐大建译，上海：上海人民出版社 2008 年版，第 12 页。

③ 亨利·西季威克：《伦理学方法》，廖申白译，北京：中国社会科学出版社 1993 年版，第 402～403 页。

福目标的话，那么，就只能依赖于"合理仁爱的直觉"以及不偏不倚（im-partiality）的公正无私能力。显然，功利主义本身依赖于过强的人性预设，这削弱了其自身理论的规范能力。如果功利主义的基础论证依赖于不偏不倚的正义原则——注意，区别于对人性要求的不偏不倚的公正无私能力，那么，功利主义就不能成为一个独立的规范性理论，这就回到了罗尔斯的立场，因为"一个直觉主义正义观仅仅只是半个正义论"①。乔治·摩尔（G. E. Moore）也从伦理学论证本身对密尔的功利主义论证思路提出了严厉的批判，他指出密尔混淆了"值得追求的"与"实际上被追求的"两个不同概念，从而用"实际上被追求的"来界定善本身，试图用一种自然属性来给一种不可分析、不可定义的属性进行定义，犯了一种自然主义的谬误。②

综上所述，由于古典功利主义自身依赖于精英独裁以及合理仁爱的直觉、不偏不倚的公正无私能力，因此，把国家福利功能的必然性奠定在古典功利主义基础上，也就意味着国家福利功能的正当性依赖于精英独裁以及合理仁爱、公正无私的过强人性预设条件。这显然是不可接受的。在第一章中，本书详细阐明了，国家福利功能的正当性不能建立在合理仁爱、无私利他的人性预设上，这不仅仅因为这一条件太强烈了，更因为其本质上并不能保障国家福利功能的必然性和有效性，不可能有效回应自由至上主义者以及新古典自由主义者们的核心指控。

然而，这并不构成我们简单抛弃古典功利主义的充分理由。即便是古典功利主义在基础上存在着如此之多的内在困难，但这并不影响其所坚持的"最大多数人的最大幸福"原则自身的相对独立性。只有我们把政治哲学领域中的古典功利主义视为一种完备性的规范性理论时，上述难题才可能存在。事实上，人们可以把古典功利主义的基本原则进行合理地限定在某一局限范畴内，以有效回避上述论证难题。

如果人们不把古典功利主义视为一种完备性的规范性理论，而仅仅坚持其核心原则，并把其限定在某一重要领域以规避上述指责，那么，因其

---

① 约翰·罗尔斯：《正义论》（1971年版），何怀宏、何包钢、廖申白译，北京：中国社会科学出版社1988年版，第33~45页，第一章中第七节关于直觉主义的评论。
② 乔治·摩尔：《伦理学原理》，长河译，北京：商务印书馆1983年版，第89页。

完备性理论本身而遇到的指责理由，就不能构成否定或抛弃这种（有限制的或较为狭窄的）古典功利主义的合理理由。比如，人们都有充分的理由认为，幸福依赖于一定程度的物质资源（以货币收入或财富来标识），因此，坚持"最大多数人的最大幸福"原则可以在限定的合理范围内，将议题转换成对物质财富的增长与分配问题的关注上。尽管人们可以指责这种立场的狭隘性或不充分性，指控其"物质崇拜"，然而，这并不能否定物质资源的总量及其分配对于"最大多数人的最大幸福"的重要性。因此，如果要全面考察古典功利主义对国家福利功能正当性所具有的规范能力，就不能仅仅在完备性上指责其内在困难而简单抛弃它。这就要求我们继续考察这样一种有限制的或较为狭窄的古典功利主义形式，其典范就是早期福利经济学家所持有的观念。更重要的是，对早期福利经济学这样一种较为狭隘的古典功利主义取向的探讨，有助于我们全面深入地揭示功利主义对于国家福利功能必然性与有效性的规范力及其丰富意涵。

第二节　早期福利经济学与国家福利功能

上节探讨了政治哲学领域中古典功利主义——作为完备性的规范性理论——的内在局限，并指出，这并不构成完全抛弃古典功利主义的充分理由。如果我们不把古典功利主义视为一种完备性的规范性理论，把其基本原则和规范效力限定在某一个合理的范畴内，就有理由规避其作为完备性理论所导致的内在缺陷。作为古典功利主义的一种形式，早期福利经济学，坚持了最大幸福原则，预设了用货币来度量的物资资源是影响幸福的重要变量，进而把完备性的古典功利主义原则限定在一个有限的范畴内[①]，

---

① 在本节所讨论的早期福利经济学传统所呈现的古典功利主义中，国家福利所涉及的税收再分配资源与幸福最大化之间的关系，是被预设的，即幸福最大化与物质资源（货币收入或财富）密切相关，或者说，物质资源是达到幸福最大化的基本条件。并且预设用货币（效用价值的一般等价物）来统一度量幸福。尽管这有可能被人们批评为"物质崇拜"或"金钱至上"，但我们并没有认同物质资源是使幸福最大化的唯一的因素甚至是最重要的因素。物质资源对于幸福最大化很重要，至于多重要，我们这里暂时存而不论，我们只需要记住非物质资源对于幸福最大化同样非常重要，即可避免这一指责。

提出了一系列的重要命题，对于深入探讨古典功利主义对于国家福利功能正当性的规范力具有重要价值。无论如何，国家福利功能的必要性与有效性不仅仅与物质资源本身有关，更与物质资源的（强制性）再分配性质有关，这正是基于早期福利经济学所要展开讨论的核心内容。下面我们通过深入探讨早期福利经济学的基本观点来进一步剖析古典功利主义对国家福利功能正当性所具有的规范力。

一　影响幸福最大化的两个基本因素

在古典功利主义传统中，功利是指幸福本身，"最大多数人的最大幸福"原则成为评判行为或政策的基本标准。上文曾指出，这一原则非常模糊，简单地套用，它既可以成为支持国家福利功能的理由，也可以成为限制或消解国家福利功能的理由。基于物质资源或财富对于社会成员最大幸福的重要性预设，当我们问如何实现社会成员的最大幸福时，古典功利主义者们立即就会分化成两种不同的立场。一种立场自然地强调资源的生产与配置效率因素对幸福最大化的重要性：主要通过自由市场机制才能实现稀缺资源的优化配置，创造出更多的产品和服务，在不受限制的自由交换中实现幸福最大化。另一种立场则强调资源的平等分配与消费因素对于幸福最大化的重要性：保持其他条件不变，国家可以通过税收的再分配政策，实现幸福总量的最大化。

为古典功利主义者所提出的上述两种立场做出了严谨而清晰表述的，是英国著名经济学家庇古。庇古 1920 年出版了《福利经济学》，标志着福利经济学的诞生。[①] 在这部开创性的经典著作中，庇古完整而系统地总结了古典功利主义的基本理念，把福利经济学完全奠基在古典功利主义原则上。庇古深入探讨了国民收入的生产与分配与社会总体福利之间的关系。

---

① 庇古于 1920 年出版的《福利经济学》是其最重要的代表作，标志着福利经济学理论体系的建立，全书共分四篇："福利与国民收入"、"国民收入的数量和资源在不同用途间的分配"、"国民收入与劳动"以及"国民收入的分配"。因此庇古被称为"福利经济学之父"。为区别于现代（新）福利经济学，庇古的福利经济学被称为传统（旧）福利经济学或早期福利经济学（参见 A. C. 庇古《福利经济学》，朱泱、张胜纪、吴良健译，北京：商务印书馆 2010 年版）。

在该书中，他基于坚持人际效用可比较、效用基数论①与边际效用递减"规律"，认为社会总体福利主要取决于国民收入总量与在社会成员中的分配均等情况。为此，庇古提出了两个基本福利命题：（1）国民收入总量越多，社会福利总量越大；（2）国民收入分配越平均，社会福利总量越大。因此，要增加社会福利总量，就应主要从生产和分配上着手。（1）要促进国民收入总量，就要求提高社会生产资源的配置效率，从而提出了社会生产资源配置效率最优化的命题：边际社会纯产品等于边际私人纯产品，当前者大于后者时（出现了正外部性），国家应该对生产者进行补贴，反之（产生了负外部性）则课税（著名的庇古税），以使二者相等，从而达到国民收入总量的最大化，当然只有依靠自由市场竞争才能做到这一点，国家只是通过税收来进行间接调节或矫正。（2）要尽可能地使国民收入均等化，基于边际效用递减"规律"适用于货币收入——假设较富裕者的货币边际效用小于较贫困者的货币边际效用——国家应该通过税收再分配政策（累进性）实现贫富间收入转移支付，从而实现社会福利的最大化。

在福利经济学中，"边际"（marginal）与"边际效用递减规律"（law of diminishing marginal utility）②是两个非常核心的概念。边际是经济学中的核心术语，意指新增的、额外的，形象地被称为在边缘上的变动情况，它是一个变动的增量概念。边际效用就是指新增或额外增加 1 单位商品（或资源消耗）时所带来的新增的或额外的效用。"边际效用递减原则"（law of diminishing marginal utility）是指：当某物品的消费量增加时，该物品的边际效用趋于递减。③根据边际效用递减原则或预设——在其他条件不变的情况下——经济资源只有平均分配，才能达到效用最大化。一个人

---

① 序数效用（ordinal utility）：能够排序，但不能测量不同物品或选择的效用之间的数量差异。基数效用：不同物品或选择之间的效用之间的数量差距具有实际意义。

② 边际效用递减是否一个规律，是具有高度争议性的，我们姑且把其称为边际效用递减原则或预设。

③ 1700 年，数理概率论的基本理论开始发展不久，效用这一概念就产生了。瑞士数学家丹尼尔·贝努利在 1783 年观察到，人们似乎是在按下列方式行动：在一个公平的赌博中，他们认为所赢得的 1 美元的价值小于他们所输掉的 1 美元的价值。这就意味着：人们厌恶风险，并且，相继增加的新的美元财富给他们增进的是越来越少的真实效用。简言之，物以稀为贵［参见保罗·萨缪尔森、威廉·诺德豪斯《经济学》（第 19 版），萧琛等译，北京：商务印书馆 2013 年版，第 80 页］。

所拥有的货币越多，新增一定量货币的效用则越小。对于富人而言，减少一定量的货币所产生的负效用，要远远小于增加穷人同样货币所产生的正效应，累进性的货币再分配结果实际上增加了社会效用的总量。

古典功利主义（早期福利经济学）坚持下述预设。（1）效用可基数测量并加总，即效用可以被基数量化，效用数字之间的差距（加减乘除等数学运算）具有实质性意义。（2）人际效用可比较：人际效用比较区别于个体内的不同物品的效用比较——某一个人（个体内部）对于不同性质的物品或选择所具有的效用也可以比较——而是指，同样的物品或选择在人与人之间（人际）具有的效用可以比较；不同的人（人际）对于不同种类的物品或选择所具有的效用也可以比较。（3）由基数加总而得到的社会效用最大化是最高的道德标准（伦理学标准）。（4）对于个体而言，边际效用递减原则成立，对于人与人之间而言，边际效用递减原则也要求成立。在上述四个基本预设成立的条件下，保持财富总量与人口数量不变，资源分配越均等，社会总效用就越大，当每个人拥有完全均等的资源份额时[1]，社会总效用达到极值，实现了最大化。[2] 因此，根据古典功利主义或早期福利经济学，社会效用最大化必然要求：国家通过税收的再分配机制尽可能地实现收入与财富的均等化。换言之，国家福利功能是必需的，而且，它不仅仅要求满足社会成员的某种程度的基本需求，而且还要求无条件地实施广泛的收入和财富的再分配。在上述条件下，物质资源的平等主义也得到了证成。

然而，上述结论成立的基本前提之一"保持其他条件不变"（一定时期内财富资源总量和人口数量保持不变）是不可能的。庇古福利经济学基本原理说明，社会效用的总量不仅与分配结构的均等化程度有关，而且与国民收入总量的增加有关。在古典功利主义或早期福利经济学框架下，两难困境在两种意义上产生了。

---

① 这种古典功利主义与福利经济学中的资源平等观，区别于德沃金的资源平等观，德沃金的资源平等是在平等的起点上，经过虚拟市场拍卖，并通过嫉妒检验后，所得到自己合意的资源组合份额。每个人的资源组合实际上并不相同，但是根据自身的善观念或人生目的，得到了平等的资源组合份额。德沃金考虑到了自由选择，严肃对待了个人的自由选择权利。

② 显然，这里预设了相同的资源对于每一个个体而言具有完全相同的、同质性的效用。每个人都仅仅是一个平等的效用主体、效用容器或效用体验机。

第一，对于增加国民收入（经济发展、效率）与国民收入均等化分配而言，哪一个对社会效用（幸福）总量的增加更重要？换言之，（物质）平等与效率对于社会幸福总量的增加，孰重孰轻？

第二，国民收入的税收再分配将会不可避免地影响到国民收入总量的增加，而在自然的自由市场中，效率的提高又不可避免地扩大贫富差距，加剧不平等程度。换言之，在平等与效率之间存在着直接的冲突，需要进行"重大权衡"（big tradeoff）。[1]

对于第一个问题，按照效用最大化原则，生产与分配，效率与平等孰轻孰重，还是同等重要，我们不可能事前给出一个答案，这依赖于实际情况，尤其是考虑到时间因素，情况更是这样。在古典功利主义与早期福利经济学的框架下，效用最大化原则要求我们一方面重视国民收入的增长，另一方面重视国民收入的分配，然而，何时更注重增长，何时强调分配，或者在某一种事前确定好了的分配框架下一心一意追求效率最大化，哪一种方式最能符合效用最大化的原则？我们不可能事前得到一个答案，哪怕是粗略的答案也不可能得到。我们唯一能够先验确定的是，效率与平等对于效用最大化而言，都是重要的变量。之所以这样，还有一个交互性影响，即效率与平等之间的内在冲突与制衡关系。这引导我们进入第二个重要问题：效率与平等之间的重大权衡。

二　孰轻孰重：效率与平等的重大权衡

在古典功利主义的效用最大化原则约束下，效率与平等双方都有价值，我们不能先验地确定哪一个更重要。这里的潜台词是，效率与平等之间可以进行权衡、交易，二者都不是绝对重要的，都没有任何绝对优先权，谁重要仅仅取决于各自在特定情况下，对于效用总量的增进的作用。阿瑟·奥肯指出，效率与平等在不同的领域中，各自具有不同的权重。在事关重大自由权利的领域，在原则上应该把优先权赋予平等，而在我们转

---

[1]　平等与效率之间此消彼长的矛盾，被著名经济学家阿瑟·奥肯所揭示，在其《平等与效率——重大抉择》中得到了清晰的陈述（参见阿瑟·奥肯《平等与效率——重大抉择》，王奔洲等译，北京：华夏出版社 2010 年版）。

入市场和其他经济制度时，效率往往又占上风，在某些极其有限而重要的领域内（比如消除机会不平等或社会歧视），经济效率与平等能够获得同时增长。"社会有责任经常在效率和平等之间进行交易。这些交易构成了艰难的选择。"① 奥肯用著名的"漏桶实验"，揭示了平等与效率之间的冲突以及在二者之间进行重大权衡的必要性。可以用图 2 - 1 来说明奥肯的"漏桶实验"所反映出来的收入再分配与经济效率之间的内在冲突。②

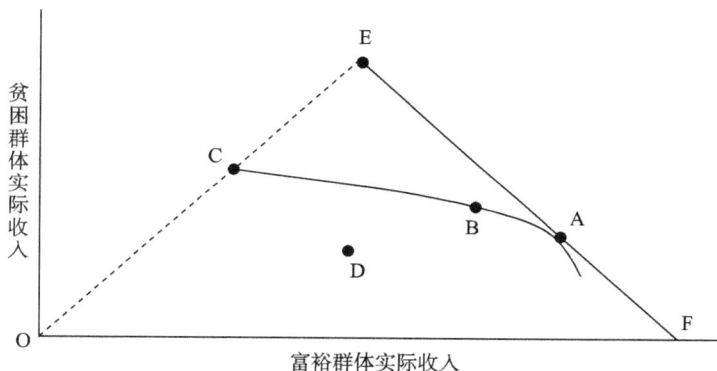

图 2 - 1　（经济）平等与效率之间的重大权衡

注：该图是在萨缪尔森所著的《经济学》中图 17 - 5 "收入再分配会损害经济效率"基础上，略有改动制作出来的。参见保罗·萨缪尔森、威廉·诺德豪斯《经济学》（第19 版），萧琛等译，北京：商务印书馆 2013 年版，第 303 页。

图 2 - 1 中，纵轴代表贫困群体的实际收入，横轴代表富裕群体的实际收入，OCE 线是等分线，代表的是收入的平等线，即该线上的 E 点或 C 点，代表着人们完全具有相同的收入水平。A 点是没有实施收入再分配时，自然的自由市场所达到的效率点，即在该点上，国民收入总量实现最大化（贫困群体收入与富裕群体收入加总在一起实现最大化），然而，在该点上，贫富分化较大。由于在 A 点贫富分化较为严重，基于各种考虑，通过税收再分配方案，实施某种形式的国家福利政策，进行收入的财政转移支

---

① 阿瑟·奥肯：《平等与效率——重大抉择》，王奔洲等译，北京：华夏出版社 2010 年版，第 105 页。
② 阿瑟·奥肯：《平等与效率——重大抉择》，王奔洲等译，北京：华夏出版社 2010 年版，第 105 页。

付，以期望达到平等的 E 点。线段 AE 代表着从 A 点到 E 点的收入再分配之桶没有任何泄漏量，即从富人阶层中征缴的税款沿着 AE 线，完全转移给贫困群体。然而，由于再分配之桶存在着漏洞，一定会存在某种程度的成本与扭曲，产生效率损失，这样，收入转移支付实际上就沿着 ABC 这条线来滑动，即线段 AE 由于再分配之桶的泄漏量或效率损失而向左下弯曲成现实中 ABC 曲线。这样，在 ABC 线上，任意一点，代表着从富人群体转移给贫困群体某种程度的收入。显然，贫困群体所增加的收入小于富人群体所减少的收入，所减少的部分正是再分配漏桶的泄漏量，即效率损失。问题的关键在于，我们把 B 点滑动到何处？是在接近 A 点位置（意味着较低的再分配水平与较高的效率），还是更接近于 C 点（意味着较高的再分配水平与容忍较低的效率）？也就是说，我们到底在效率与平等之间该如何抉择？当然，我们一定要避免 D 点的出现，即由 A 点分别向纵轴和横轴做垂线所形成的长方形中的任何一点。D 点意味着收入再分配在产生效率损失时，不仅没有给贫困群体增加任何的收入，还降低了贫困群体的收入，这种再分配"损人不利己"，是一定要避免的。另外需明确的一点是，AF 线上或从 A 点向横轴做垂线而与 AF 线组成的图形中的任何一点也必须避免，这些图形中的点意味着逆向的或累退性质的再分配，即"劫贫济富"。在深入分析功利主义以及其他替代性的规范性理论对（经济）平等与效率之间抉择所给予的指导之前，我们需要阐明（经济）平等与效率之间此消彼长的主要原因。

阿瑟·奥肯的税收再分配漏桶的"漏洞"主要来自如下几个方面。[①]（1）行政管理成本。只要进行国家税收再分配，这就是不可避免的。然而，这个漏洞是可以控制的，只要我们采取更有效率的以及更有针对性的国家福利传递机制，那么我们就可能把这个漏洞控制在一个能够接受的范围内。（2）抑制工作积极性。首先，再分配税收会在边际上影响纳税人的工作积极性，进而损伤产出与效率。对效率的损伤程度取决于再分配税收的程度。当再分配税率显著过高时，税收的总收入反而会比在较低税率条件下要少，其他条件没有发生显著性变化时，此时的再分配税率不仅严重

---

① 阿瑟·奥肯：《平等与效率——重大抉择》，王奔洲等译，北京：华夏出版社 2010 年版，第 114 ~ 118 页。

损害效率，而且有损于平等本身。其次，国家福利的享有者会因为享受福利而影响工作积极性或劳动力市场参与程度，进而损害效率。当国家福利的享受资格越容易、福利水平越高，福利享受者的工作积极性在边际上就会越低。然而，国家福利的再分配税收机制所导致的两种工作积极性受损而产生的非效率程度，确实是具有高度争议性的。不同的国家福利体制具有不同的影响，这取决于具体福利政策和各种现实性因素。（3）抑制储蓄与投资。这也可能是最重要的效率漏洞。储蓄与投资是经济发展的基本要素。较高的再分配税收减少了储蓄，另外，较高的国家福利供给鼓励人们消费，降低了储蓄的意愿和动力，使储蓄率下降。（4）对社会规范性观念的影响。国家福利的税收再分配不仅对国民收入总产值产生直接影响，还可能产生各种违背伦理观念的后果。比如，奖懒罚勤，有违工作伦理；导致福利依赖与贫困陷阱，形成一种适应性的贫困文化与贫困阶层；不利于培养公民道德责任与公共参与精神；等等。这些非预期后果，即便不会对国民生产总值产生显著的损害，其本身也是让人十分担忧或难以接受的。上述所阐明的行政管理成本、挫伤工作积极性以及抑制储蓄与投资，都属于对经济效率的直接影响。规范性价值的损害也会间接地对经济效率产生影响，不过其本身具有内在价值，不能用经济效率来衡量。

由此带来两个基本的难题。第一，如何衡量或测算这种漏桶的泄漏量？这是一个实证问题。第二，我们到底应该或能够接受多大的泄漏量？这是一个规范问题。10%的泄漏量是我们接受国家福利功能的临界值吗？30%是我们接受的临界值吗？在1%～99%（极微量到几乎全部泄漏）的广泛的泄漏量范围内，我们到底应该把显著性的临界值划定在什么范围是合理的呢？显然，泄漏量不是有无的问题，而是大小的问题，其弹性很大，取决于很多种规范性和实证性因素。然而，忽视泄漏量显然是一个重大错误，确定泄漏量的合理界限在什么地方，我们也很难先验地回答，需要向规范性理论（价值原则）寻求指导。

三　如何抉择：效用最大化原则的不确定性

功利主义原则在这里能够给我们一个相对确切的指导吗？泄漏量代表着一种无效率，是国家福利转移支付所花费的成本与这种转移支付对富人和穷人各自所产生的副作用所造成的效率损失之和。效用的最大化原则要求我们比较或权衡如下这两种效用：泄漏量造成的全部效率损失产生的负效用，与国家福利的转移支付计划所产生的各种正效用。① 比较或权衡的效用原则是：至少前者大于后者时，功利主义就会禁止这种做法，反之则允许。然而，这种对各种效用的测量不仅在方法和技术上非常复杂，而且是具有高度争议性的，尤其是考虑到时间因素与交互性作用，这方面的争论永远会持续下去。功利主义原则在这里不可能给我们一个相对确切的指导，唯一能够确定的是它的不确定性和高度复杂的争议性。

我们暂时先离开功利主义原则，考虑一下其他规范性原则是否能够给我们提供相对确切的指导。一种替代性原则就是自由至上主义的权利绝对优先原则，它会禁止这种国家福利的财政转移支付，无论泄漏量是大还是小，最根本的是财产权利受到了侵犯，比如诺奇克就会坚持这种原则。这是一个清晰的指导原则，然而它预设了不受限制的私人财产权的绝对道德约束力，使之变成一个不容侵犯的"神兽"。新古典自由主义者们也能给予比较清晰的指导。比如，弗里德曼会坚持尽量不要这种国家福利的税收转移支付计划，如果不可避免，那么就采取泄漏量最小的办法，一种国家福利的负所得税方案，尽可能地避开由国家主管主办的福利传递机制，也可能使其所能容许的泄漏量不会超过 10%（比较低）。当然，另一条著名的指导原则就是罗尔斯公正正义理论中的差别原则。罗尔斯的差别原则要

---

① 需要强调的是：国民收入、效率、产品与服务、资源等都不是效用本身，功利主义作为一种道德规范标准，唯一的衡量标准就是效用的最大化，而不是资源的最大化，这一点不可混淆，也不是平等主义规范标准下的效用的平等标准。这里之所以重点讨论效率与平等之间的关系，主要有两点理由：其一，在古典功利主义与早期福利经济学框架下，效用最大化与两个基本因素，即庇古的两个基本假设，密切相关。但我们要注意，庇古的两个基本假设，包括边际效用递减"规律"都仅仅是一个假设，而不是真正的规律。这一组预设构成了古典功利主义与早期福利经济学如其所是的原因。后来的各种批评正是立足于这个基本点的。正如金里卡引述罗尔斯的话所言，各"功利主义……是一个不言而喻的背景，其他理论不得不在这个背景下出场和论证"（Will Kymlicka. *Contemporary Political Philosophy*. Oxford：Clarendon Press，1990：10）。其二，更重要的是，国家福利的正当性与物质资源直接相关，其核心指涉收入和财富的再分配。国家福利的正当性问题与经济的效率和平等问题直接相关。收入和财富，作为所有目的的通用手段，其重要性对于人类的两种基本道德能力或其他各种能力概念（比如森的可行能力）的完全发展与充分运用来说，不言而喻。我们反对的是其忽略或越界所造成的影响，而不是其本身。

求经济和社会的不平等分配，要在保证基本自由权利的平等和公平的机会平等的优先性前提下，使这种不平等有利于最不利群体的最大利益。也就是说，效率所产生的不平等只有在促进贫困者的利益的前提下才可能被允许，以自利为基础的激励机制必须建立在互惠性的规范性原则上，否则，这种自利的激励机制是没有价值的、不能得到辩护的。在面对奥肯的泄漏量时，罗尔斯的差别原则要求的较强形式是：只要国家福利的再分配之桶里没有漏完，还有一部分收入转移给了最贫困者，那么这种国家福利就是被公平正义原则所允许的，就是能够得到辩护的。当考虑到所能允许的泄漏量（非效率）所产生的负激励可能会从长远损害最不利者的利益时（经济激励不足导致经济衰退，造成失业、再分配税收减少等），罗尔斯的差别原则所要求的较弱形式是：泄漏量在没有严重危及整体经济活力或效率，进而实质性威胁到最不利者的人生预期前景（最重大利益）时，较大的泄漏量依然可以被允许。也就是说，罗尔斯的差别原则所允许的再分配之桶的泄漏量是比较宽松的，当然，在转移支付已确定的情况下，泄漏量越小越好。而在转移支付还未确定的情况下，罗尔斯的差别原则允许通过更多的财政转移支付所造成的较大的泄漏量。阿玛蒂亚·森的可行能力视角也是一个有着较大影响力的规范性理论。对于阿玛蒂亚·森而言，最重要的是现实世界中存在着的重大的不平等与严重的剥夺，面对这种不平等与剥夺，先验制度主义原则并不能帮上太多忙，要点在于通过制度性比较，我们要采取有效措施致力于消除现实世界中的如此明显的不平等与剥夺。因此，国家福利功能的再分配机制要致力于为遭受如此不幸群体（罗尔斯的社会中最不利者）的人们提供实质性自由（可行能力），即增加他们的各种实际可行选项。比如，国家要为社会中贫困群体中的最贫困者，比如严重的残障者，提供各种实质性生活选项：国家要保障他们获得可及的医疗康复、生活照料、精神慰藉、公共参与等基本需求满足，尽可能地提升他们的可行能力，拓展他们的实际生活选择。如此，对于社会中最不幸或最不利群体（比如贫困的残障群体）而言，森所主张的国家福利功能再分配之桶的泄漏量可能是非常大的，即便是造成严重的效率损失，也是值得做的或必须做的。当然，在能确保达到基本的可行能力之后，就要求泄漏量尽可能地小。所以，问题的要点在于：基本规范性目标与泄漏量相比，哪一个更优先？对于上述所提到的各种规范性理论而言，都是前者优先，只有在满足前者规范性目标的前提下，泄漏量才会被要求尽可能降低。这些规范性理论中，泄漏量处在完全不同等级的两个层级上，在第一层级上，优先满足的是规范性目标，而不是把泄漏量放在优先地位；在第二层级上，优先满足了规范性目标后，泄漏量问题才会占据中心舞台。

我们会发现，上述所分析的各种替代性规范原则，都具有一个共同的特征，即不仅存在一个明确的规范性目标，而且存在一个优先性结构，即要优先满足各自理论的规范性目标。正是这种优先性结构，使它们在面对效率与平等的重大权衡时，能够有一个相对明确的立场，提供一个相对比较确定的指导原则。也就是说，这种优先性结构本身提供了一个规范性评价的赋权原则。然而，功利主义显然是一个例外，效用最大化这个优先性的规范性目标，并没有给我们提供相对明确的指导，各种不同的以及相互冲突的立场在功利主义框架下都能从效用最大化规范目标中，找到各自的理据，并争论不休，而效用最大化标准却无力做出一个明确的裁决。或者说，功利主义采取的是一种较为复杂的评价结构，它需要考虑各种内在冲突的立场以及现实后果，只有在对终极后果（culmination outcomes）[①] ——功利主义不可能对包括过程和主体性、终极后果在内的全面后果（comprehensive outcomes），这是其自身决定的——进行实际的评估之后，才可能给予一个相对明确的指导。不幸的是，这种基于现实的终极后果的效用评估，一方面受困于方法论自身的痼疾，另一方面受制于（知识）信息可及性、复杂交互性以及时间维度，要么随时代变化而潮涨潮落，各领风骚十来年，要么过于依赖复杂多变的条件，要么陷入自证预言、自说自话的境地。

功利主义的这种深刻的不确定性是内在的。对于国家福利功能的税收

---

① 这是阿玛蒂亚·森所区分的两种不同性质的后果（outcomes）之一，与其相对的是"全面后果"（comprehensive outcomes），"全面后果包括了所采取的行为、相关的主体性、所经历的过程等，以及'终极结果'（culmination outcomes），即被视为与过程、主体性和诸多关系无关的简单结果。这种区分对于经济学、政治学、社会学以及理性决策理论和博弈论中的某些问题，都是十分关键的。在对基于后果的推理进行评价时，这种区分也是极为重要的，因为后果不仅仅只是一个结局。对全面后果的评价可以是对事物状态评价的一部分，因此也是后果评价的一个关键组成部分"（参见阿玛蒂亚·森《正义的理念》，王磊、李航译，北京：中国人民大学出版社 2012 年版，第 201 页）。

再分配漏桶所能允许的最大泄漏量，功利主义（古典功利主义和早期福利经济学）的效用（幸福）最大化标准要能发挥指导性或规范性作用，就会严重依赖于对泄漏量的实际估计。对于现实世界中的国家福利税收再分配政策而言，比如以美国 20 世纪 70 年代初的国家福利税收再分配水平来看（20 世纪福利国家改革前），考虑到各种泄漏量（上文已概述了税收再分配导致非效率的因素），把其汇总在一起，对于经济效率的损害到底有多大，存在着两种截然相反的基本看法和态度。一种观点认为，国家福利的税收再分配造成的经济效率损失不大，泄漏量较小，奥肯就是持这种看法和态度的典型代表。奥肯认为，行政管理成本是必要的，所泄漏的总量占比是非常小的，且是可控的。当时的个人所得税累进税率所造成的工作积极性影响也是有限的；对于储蓄和投资的抑制而言，是缺乏经验和推理支持的，很难确定这一点的影响。至于其社会观念方面的影响反而值得重视。[1] 另一种观点则完全相反，对此激烈反对，认为居高的边际税率和慷慨的国家福利，对经济效率和社会伦理造成了严重的破坏。以弗里德曼为代表的新古典自由主义者，对 20 世纪 70 年代的福利国家进行了不遗余力的批判和攻击。[2] 新古典自由主义者对于战后福利国家体制所存在种种弊端的批判，推动了 20 世纪 80 年代西方福利国家改革。在撒切尔夫人和里根总统的主导下，西方福利国家体制遭到了大刀阔斧的改革，国家的福利责任全面收缩，大包大揽的国家福利单一责任制发生了动摇。通常，新古典自由主义对再分配之桶的泄漏量的容忍度非常低，在涉及一些模糊不清、难以估量的泄漏时，他们往往乐于或倾向于过高地估计泄漏的严重程度。

四　有限折中主义

事实上，正如另一位著名的经济学家保罗·萨缪尔森所指出的那样，尽管对再分配的代价做了大量的研究，然而真相仍显得捉摸不定。他坚持认为，美国的国家福利功能所导致的经济效率损失是非常微小的，同营养

---

[1]　阿瑟·奥肯：《平等与效率——重大抉择》，王奔洲等译，北京：华夏出版社 2010 年版，第 114～119 页。

[2]　Milton Friedman and Rose Friedman. *Free to Choose: a Personal Statement*. New York and London: Harcourt Brace Jovanovich, 1980: 101–107.

不良、工作技能缺失、糟糕的健康状况等人生诸多苦难相比，国家福利功能所产生的经济效率损失是完全可以接受的。① 萨缪尔森持有一种"有限的折中主义"立场，是混合经济的倡导者和代表性人物，其坚信政府指令（或配给）和自由市场机制一个都不能少，只有合理确定它们的各自边界，并充分发挥它们各自的长处，使它们相互支持，才可能更好地服务于公共利益。单独的政府指令计划和不受约束的市场机制，在没有另外一个支持的情况下，既不可能实现公平，也不可能实现效率。这一思想无疑是真确的、中肯的。"只有当社会经济航船平稳驶向'有限的折中'这个新的海域，我们才有可能确保全球经济恢复到充分就业的理想境界。在那里，社会经济进步的果实将能更加公平地为所有栽培过它的人们所分享。"② 萨缪尔森的思想和观点具有重要的指导意义。然而，如何运用这种混合经济或有限折中思想（在矛盾冲突中确定合理边界与分工）却依然是一个理论和实践中的难题。

对于国家福利的税收再分配机制所带来的效率损失的看法，当前有一种日益被重视的思想，强调仅仅从再分配之桶的漏洞来看，太片面了，显然它错误地忽略了国家福利功能的税收再分配对于效率的潜在重要性。这一思想批评整个再分配代价高昂的观点，从效率的内部角度证明国家福利功能的税收再分配机制的必要性与重要性，强调国家福利政策与经济效率之间的一致性。"贫困根源于早年的影响不良、家庭破裂、缺乏家庭教育、教育水平低和缺乏工作培训。贫困繁衍贫困；影响不良恶性循环、教育差、吸毒、低生产率、低收入等，又孕育着下一代的贫困家庭。为贫困家庭提供医疗保健和充足食品的计划将增进生产率和效率，而不是减少产出。打破今天的贫困恶性循环，我们明天就能改进贫困家庭儿童的技能、人力资本和生产率。打破贫困循环的计划是一项用今天的资源去提高明天的生产率的投资。"③ 这种思想的标准形式体现在当前社会投资型国家

---

① 保罗·萨缪尔森、威廉·诺德豪斯：《经济学》（第19版），萧琛等译，北京：商务印书馆2013年版，第304页。
② 保罗·萨缪尔森、威廉·诺德豪斯：《经济学》（第19版），萧琛等译，北京：商务印书馆2013年版，第XXVi页。
③ 保罗·萨缪尔森、威廉·诺德豪斯：《经济学》（第19版），萧琛等译，北京：商务印书馆2013年版，第304页。

（social investment state）的理念和实践中。它从阿瑟·奥肯所强调的效率与平等之间极为有限的统一区间内（比如教育、消除机会不平等或社会歧视等），为国家福利功能兼容效率机制提供了基本方向。换言之，只有将国家福利功能的目标定位于此，我们才可能摆脱功利主义所提出的"效率"与"平等"的重大权衡难题，在最后一章，本书将对此做进一步剖析。下面，我们进一步阐明与剖析功利主义的现代部分为国家福利功能所提供的各种理由及其效力。

第三节 政治哲学中现代功利主义的理由

现代功利主义（包括现代福利经济学）对古典功利主义（包括早期福利经济学）基础性问题进行了批判性反思，从如下三个方面对古典功利主义进行了改造。① 首先，把效用从生理－心理学机制上的幸福感受拓展为偏好或选择。个体可以基于任何理由而具有某种偏好，进行某种选择，这

---

① 古典功利主义（包括早期福利经济学）把效用界定成幸福，把人视为平等的效用主体、效用容器或效用体验机。坚持效用（幸福）基数可加总的观念，强调幸福的同质性，这种效用尺度，为人际效用比较提供了可能。在此基础上建立起来的古典功利主义是一种正当化的道德评价机制，提供了一种实质性的规范性标准：一切行为、政策或制度都只有在其能促进或实现最大化效用（幸福）总量的意义上才能够被证成。人与人之间的一切差别仅仅在促进幸福总量的意义上才是重要的。古典功利主义所预设的基本前提几乎在每一个方面都存在着严重的缺陷，限制着功利主义的信度与效度。首先，仅仅把效用理解为生理－心理学意义上的幸福感受是非常狭隘的，它忽略或漠视了人生中其他重要的价值。尽管感受到幸福是非常值得追求的，然而，生活中毕竟存在着诸多无法用幸福概念来化约的重要价值。更重要的是，仅仅从幸福体验的结果主义角度来评价选择，我们就会忽视选择的机会与过程的重要性。其次，预设效用（幸福）是同质的、基数可加总的，掩盖了太多的具有重要道德分量的关键性区别。不同性质的事物或行为的价值本来不具有量上的可比较性，然而，古典功利主义或早期福利经济学通过同质的效用（幸福）概念而对其进行粗暴的评价，忽略了事物或行为所具有的有重要价值的丰富信息。最后，古典功利主义坚持的基数可加总原则，没有解决个体幸福的最大化与社会总量幸福的最大化之间的复杂关系。事实上，不像边沁想当然地认为那样：只要实现了每一个个体幸福的最大化，社会幸福总量的最大化就能自动实现。个体的幸福之间存在着冲突，社会幸福总量的最大化就不能仅仅是个体幸福最大化的简单基数加总了。密尔在为功利主义论证时，试图通过精英独裁与合理仁爱的道德情操来解决这一难题。然而，精英独裁必然导致强制牺牲一部分人的利益，甚至生命；而依靠这种合理仁爱的道德情操给古典功利主义系统的基础性缺陷打上一小块补丁，也实在是太脆弱了，这严重削弱了功利主义的规范性力量。现代功利主义正是从上述古典功利主义的基本问题出发进行改造的。

些理由可以是幸福、欲望满足、习惯、特殊嗜好、义务或责任等，重要的是要显示出来偏好或选择。黑尔（Hare）把古典功利主义的幸福概念与更广泛意义上的利益连接在一起，而哈桑尼（Harsanyi）等人，使用偏好、选择概念界定效用。① 现代福利经济学传统甚至认为效用或偏好仅仅是一种选择排序的任意或随意定名。现代福利经济学的集大成者萨缪尔森强调，"切不可将效用等同于可观测的或可衡量的心理功效或感觉。相反，效用是一种科学构想，经济学家用它来解释理性的消费者如何做出决策"②。其次，禁止效用的人际比较，承认个体的分立性事实在道德上的重要性，即尊重每一个人的具体选择，承认每一个个体（及其选择偏好）都是同等重要的。需要提及的是，严格禁止效用的人际比较并没有影响经济学的发展，在经过边际革命之后，在边际的意义上，经济学的基本原理同样适用，现代福利经济学获得了飞速发展。最后，社会效用的最大化标准从基数可加总的幸福总量转变到某种客观内容的效用最大化或偏好序数汇总。尽管密尔在《功利主义》一书中已经强调了不同质量的幸福之间的不可比性，然而，其在确定不同质量的幸福所具有的道德位阶时，或确定值得追求的最重要的幸福时，诉诸了经验判断或精英独裁。其中偏好序数汇总问题开启了理性选择理论的传统：从不同的个体偏好选择序列中通过某种社会选择机制而汇总成一个社会偏好序列（社会福利函数）。

尽管在政治哲学领域与经济学领域，现代功利主义基本上都坚持上述立场，但其各自的核心关切有了显著区别。为此，有必要对两个不同学科领域中的现代功利主义分别考察各自为国家福利功能所提供的相应理由及其效力。首先，本节对政治哲学领域中的现代功利主义进行考察，然后，在下一节中，集中处理现代福利经济学所提供的理由。

一　区分不同性质的偏好及其挑战

对于现代功利主义（包括现代福利经济学）而言，之所以要把效用概

---

① Amartya Sen and Williams Bernard （eds.）. *Utilitarianism and Beyond*. Cambridge：Cambridge University Press，1982：10 – 14.

② 保罗·萨缪尔森、威廉·诺德豪斯：《经济学》（第19版），萧琛等译，北京：商务印书馆2013年版，第79页。

念从同质性的幸福转变成无所指涉的偏好或选择，其中一个重要的理由就是要面对不同性质的效用区分所带来的挑战。效用的不同质及其不可比较性，早在密尔修正边沁的功利主义时就已经强调过，不过其并没有真正具体区分不同性质的偏好。有些偏好在道德上是有合理理由被拒绝的。比如，罗尔斯批评功利主义允许冒犯性偏好（offensive preferences）。即便某种偏好建立在对他人正当权利侵犯的基础上，只要它能够带来效用的最大化，功利主义就会允许并鼓励这种冒犯性偏好。[①] 德沃金区分了私人偏好（personal preferences）、涉他性偏好（external preferences），即有些偏好仅仅指涉自己想要的善品、资源或机会，而有些偏好却指涉他人，即希望他人拥有或不能拥有各种善品、资源或机会的偏好。显然，德沃金意义上的涉他性偏好可能包含对他人的非法期望，它不能排除歧视性偏好、冒犯性偏好。[②] 还有一种偏好在道德价值上也是存疑的：适应性偏好或畸形扭曲偏好，这类偏好是由于长期在不公正的且无力改变的剥夺环境下所形成的，一旦剥夺减轻一点或施以较小的恩惠，被剥夺者就可能会产生不成比例的幸福体验。[③] 此外，还有建立在错误信息或事实上的偏好等。

对功利主义的效用概念的反思使人们逐渐意识到，偏好具有不同性质的类型，如果对不同性质的偏好一视同仁，直觉上就是没有理由的。我们有必要区分有合理理由的偏好与无合理理由的偏好。然而，一旦我们做出这种区分，并把合理理由作为区分偏好的终极标准，那么功利主义作为一种道德规范理论的基础就会遭到质疑。对于彻底的或一致性的功利主义而言，效用或偏好是否正当，不是事先确定的，而要视其是否有利于促进效用最大化。如果不是根据其对效用最大化的贡献来确定效用或偏好自身的正当性，而是事前就要鉴定效用在道德上的性质，那么就等于，在效用最大化之上存在着一个更高阶的规范性标准。的确，后果主义的评价标准是

① 约翰·罗尔斯：《正义论》（1999 年修订版），何怀宏、何包钢、廖申白译，北京：中国社会科学出版社 2009 年版，第 419～428 页，关于嫉妒问题的探讨。

② Ronald Dworkin. *Taking Rights Seriously*. Cambridge, MA：Harvard University Press, 1977：234. Ronald Dworkin. *Sovereign Virtue: the Theory and Practice of Equality*. Cambridge, MA：Harvard University Press, 2000：67 – 69.

③ Will Kymlicka. *Contemporary Political Philosophy*. Oxford：Clarendon Press, 1990：26 – 32, 38 – 45.

非常重要的，正如罗尔斯所言，"值得我们关注的所有伦理学理论在判断什么是正当时都考虑了它们的后果。如果有哪个伦理学理论不是这样做，那么它就是非理性的、愚蠢的理论"①。阿玛蒂亚·森反复强调后果主义的重要性，尽管其批判了功利主义的后果论的狭隘性。② 德里克·帕菲特在斯坎伦式"理由"概念的基础上，也整合了后果主义、道义论以及美德伦理。③ 然而，对于功利主义立场而言，坚持效用最大化作为衡量一切行为、政策或制度正当与否的终极道德标准是必需的，其不可能允许权利标准先于效用标准。正如罗尔斯所指出的，功利主义在政治哲学中曾长期占据支配地位的主要原因是，人们相信功利主义是唯一融贯的和系统的道德哲学。④ 这样一来，我们就会发现，功利主义要维护自身的一致性，就面临着一个基础性的知识义务问题：如何从效用原则本身而不是非效用原则（如道义论权利原则），为那些明显有违于直觉的，不同性质的偏好或选择提供一个功利主义的自圆其说（解释）。对于我们所关切的主题而言，政治哲学中的现代功利主义对于国家福利功能具有何种规范力或说服力？下面结合现代功利主义的基本主张对此问题进行剖析。

二 政治哲学中现代功利主义的解释与矛盾

功利主义自圆其说的一种方式是直接拒绝存在着超越效用标准之上的正当权利标准。的确，有些偏好从权利角度看是不正当的，然而从个体效用的观点看却并非不理性。如果认为歧视性、冒犯性偏好、以剥夺他人的正当权利为前提的偏好，在道德上几乎没有分量，那么这事实上是坚持正当权利标准优先于效用最大化标准。然而，功利主义可以选择直接拒斥这一点，诉诸如下主张：不可能先于效用计算而存在正当权利的标准，只有

① 约翰·罗尔斯：《正义论》（1999 年修订版），何怀宏、何包钢、廖申白译，北京：中国社会科学出版社 2009 年版，第 30 页。

② Amartya Sen and Williams Bernard（eds.）. *Utilitarianism and Beyond*. Cambridge：Cambridge University Press，1982. Amartya Sen. *Inequality Reexamined*. Oxford：Clarendon Press，1992. 也可参见阿玛蒂亚·森《理性与自由》，李风华译，北京：中国人民大学出版社 2006 年版；阿玛蒂亚·森《正义的理念》，王磊、李航译，北京：中国人民大学出版社 2012 年版。

③ Derek Parfit. *On What Matters*. Oxford University Press，2011：412.

④ Will Kymlicka. *Contemporary Political Philosophy*. Oxford：Clarendon Press，1990：22.

效用最大化的分配形式才能够确定何为正当权利。那么，对于功利主义而言，是否根本不会存在非理性的不正当偏好的问题？如果答案是否定的，那么，这种直接拒绝的方式显然有违于我们的直觉，缺乏说服力。事实上，的确存在着严重的剥夺或歧视性偏好等，即便是这些对某些人的剥夺可以通过效用最大化的理由来合理化，它也是没有道理的。遭受剥夺的人们可以有充分的理由进行抱怨、抗议或反对。所以，这就产生了另一种合理化的解释进路，即从效用最大化的角度来论证人们必须恪守"我们彼此间负有的责任"，遵守道德核心规范或规范性制度。这就是现代功利主义用效用来解释权利所持有的基本思路，比如行为功利主义和规则功利主义等均采取了这一立场。行为功利主义（代表人物之一是斯马特）认为，对行为正确与错误的道德评价必须根据行为本身所产生的总体效用来进行。如果违反道德义务和权利要求能够带来总体效用的最大化，那么这种违反就是值得的，就是正确的；反之则必须遵守道德义务和权利要求。实际上，遵守普遍性的道德义务要求的行为往往更能达到效用的最大化，而违反道德义务或责任则往往使行为的效果适得其反。尽管如此，行为功利主义无可避免地具有较强的不确定性，它过于依赖行为的效用计算，因为，由于信息的不对称以及时空等复杂因素的影响，全面评估行为的效用即便不是不可能的，也充满了非预期风险。在批判行为功利主义的基础上，规则功利主义（代表人物之一是美国伦理学家布兰特）强调，判断行为对错的标准不是根据行为的直接效用计算，而只需要看该行为是否符合所应该普遍遵守的行为规范或制度规则即可。即便是违反规则的行为可以暂时带来更大的效用，我们也不能违反规则，我们必须按照那些正当规则所要求的方式去行动，因为，只有人人遵守正当的、普遍性的行为规范或制度规则，才可能产生最大化的效用。二者各有所长，行为功利主义特别强调行为在具体情境中的效用计算，具有较强的灵活性，而规则功利主义则强调普遍性规则的重要性，评估的是规则本身所具有的效用。二者也各有所短，前者容易迷失在效用的计算陷阱中，而后者则容易迷失在规则崇拜的僵化中。这种论证思路，我们并不陌生，它与密尔在《功利主义》一书中为正义的首要性所做的功利主义的辩护思路是一致的。正义原则之所以重要，是因为只有严格遵守正义原则才可能产生社会效用的最大化。对于规则功利主义者而言，如果面临着罗尔斯的公平正义原则与功利主义原则，严格意义上的规则功利主义者很可能会（甚至一定会，但不敢完全确保）选择罗尔斯的公平正义原则，而非功利主义原则。如此，规则功利主义以自我否定或消解的方式完成了自身的辩护：坚持和捍卫功利主义的最好办法实际上就是放弃效用最大化的计算。"最可能使效用最大化的世界也许就是无人相信功利主义的世界。"① 对于行为功利主义者类似的逻辑也可能成立，经过直接的行为后果计算后，往往只有遵守道德规则的行为才符合效用最大化，而违反道德规则的任何行为后果的计算往往都是不稳定的。如此，现代功利主义坚持功利主义的效用最大化的道德标准却往往要求淡化甚至放弃功利主义的效用最大化计算，而选择与道义论的正义原则相一致。于是，现代功利主义在协调效用与权利之间的冲突时，往往变得越来越不像功利主义了。

政治哲学领域中的现代功利主义的上述主张对于国家福利功能的正当性问题似乎提供了两种不同取向的理由：要么我们能够清楚地计算出采取（某种形式的）国家福利政策能够达到的社会效用；要么我们直接遵循某种能够间接达到社会效用最大化的公平正义原则所内在要求的国家福利目标。第一种理由让我们陷入对国家福利政策的效用计算之中，什么类型的国家福利功能能够得到证成，取决于诸多非确定性因素，比如具体的社会情境、国家福利政策的设计以及其他各种偶然性因素。这一点所面临的问题与古典功利主义和早期福利经济学中的效用（幸福）计算的不确定性是一致的。对于第二种理由，尽管避开了对国家福利效用的直接计算的复杂性与争议性，但试图通过对规则的长期效用的强调，把国家福利功能的正当性置于效用最大化所支持的公平规则之上。首先，需要指出的一点是，国家福利功能的正当性在这种分析框架下，并没有获得必然性或必要性，这一切都取决于效用最大化所需要的规则本身。如果在非效用规则与效用规则之间进行选择，最终胜出的不一定是非效用规则。其次，即便胜出的是非效用规则，非效用规则依然是多种多样的，比如诺奇克的道德权利原则，罗尔斯的公平正义原则，森的可行能力原则，等等。不同的非效用原

---

① Will Kymlicka. *Contemporary Political Philosophy*. Oxford：Clarendon Press，1990：22，p. 34.

则对于国家福利功能的含义是有很大差别的，有的甚至完全排斥国家福利功能的正当性，比如诺奇克的道德权利原则。政治哲学传统中的现代功利主义对于国家福利功能所提供的辩护依然是不确定的。最根本的问题在于，现代功利主义与古典功利主义一样，排斥了太多的价值，所具有的信息基础非常狭隘，仅仅考虑效用结果本身的价值，不承认非效用的内在价值，即便是排除了各种非理性的偏好之后，情况依然如此。这一点在接下来的现代福利经济学中将被揭示得更为清晰。

第四节　现代福利经济学中的理由

在政治哲学领域，现代功利主义为捍卫效用最大化作为道德评价的最高标准发展出了各种论证，试图解决功利主义的基础性难题。而在现代福利经济学领域，功利主义的基础性难题得到了另一种形式的深刻揭示。现代福利经济学不仅为现代功利主义的发展做出了重要贡献，而且，考察现代福利经济学对于功利主义难题的回应，对于我们审查功利主义为国家福利功能的正当性所提供的规范力具有重要的意义。

现代福利经济学区别于早期福利经济学的最重要的特征之一就是，用序数效用测量取代了基数效用测量。[①] 序数效用可以给偏好进行排序，不

[①] 早期（旧）福利经济学是建立在由边沁所开创的古典功利主义原则之上的，经由约翰·斯图亚特·密尔、弗朗西斯·埃奇沃思、亨利·西季维克、艾尔弗雷德·马歇尔以及庇古等人发展至顶峰。"这种方法认为幸福是评价人类福利和优势的唯一重要的因素，因此也是社会政策和制定公共政策的基础……在相当长的时期内，功利主义都像是经济学的'官方理论'。"（阿玛蒂亚·森：《正义的理念》，王磊、李航译，中国人民大学出版社2012年版，第225页）在这种意义上使用社会福利概念，被理解为社会总体或平均幸福或快乐的总量（最大化）。然而，建立在古典功利主义基础上的早期（旧）福利经济学在20世纪30年代在福利经济学领域遭到了猛烈的抨击，杰文斯（William Stanley Jevons，1835~1882）和罗宾斯（Lionel Robbins）等人强调指出，人际效用比较是没有任何道理的，"每一个人的思想对另一个人来说都是难以获悉的……而且共同的感觉是不可能的"，"杰文斯及其合作者的观点直接导致了现代序数效用理论的问世。而无差异曲线理论的发展则是由维弗雷多·帕累托、约翰·希克斯、R. G. D. 艾伦、保罗·萨缪尔森和其他一些经济学家所推动的。这些新理论的出现，意味着传统上沁的可计量的基数效用理论不再继续有存在的必要"（参见阿玛蒂亚·森《正义的理念》，王磊、李航译，北京：中国人民大学出版社2012年版，第259~260页）。

同的个体面对同一事物组合所具有的偏好序列往往是不同的。有意义的仅仅是不同事物对于效用主体而言所具有的重要性程度的排序，这实际上就禁止了效用的基数加总与人际的效用比较。如此一来，在序数效用论与禁止人际效用比较的前提下，效用最大化是什么意思呢？或如何才能实现效用最大化呢？用序数效用取代基数效用带来了效用最大化加总的难题。在基数效用下，效用最大化仅仅是一个数学加总问题，而在序数效用下，效用最大化的含义是什么，需要采取新的标准。在现代福利经济学禁止人际效用比较，用序数效用论取代基数效用论的条件下，帕累托最优标准（又称帕累托效率）——包括在此基础上发展出来的补偿标准——取代了基数加总标准，成为效用最大化的基本原则。然而，阿罗不可能定理（impossibility theorem）或阿罗悖论表明，严格遵守帕累托最优原则与非独裁性的社会选择机制无法共存，这充分揭示了现代功利主义的内在冲突与信息基础的偏狭与匮乏。

下文首先对帕累托最优与阿罗不可能定理及其所具有的国家福利功能的意涵进行阐明，然后，集中探讨从外部性、社会成本的角度为国家福利功能正当性所提供的理由及其效力。

一　帕累托最优与阿罗不可能定理

著名的帕累托最优（Pareto Optimality）标准，在现代福利经济学领域，成为判断效用最大化的标准。其含义是：假定存在着一定数量的人和可供分配的特定资源，在从一种分配状态到另一种分配状态的转变中，在不使其他人状况（利益、境况）变坏的情况下，就不可能使至少一个人状况变得更好，这种资源分配状态就达到了最优化状态。换言之，帕累托最优状态是一种资源配置的理想状态，是指既定资源配置状态的改变已不存在帕累托改进的空间，即在不使至少一个人状况变坏或利益受损的情况下，就不可能再使其他人状况变好或利益提高的资源配置状态。如果还存在着帕累托改进的空间，即在不使其他任何人状况变坏或利益受损的前提下，通过资源配置状态的改变还可以至少使一个人状况变好或利益得到增加，那么此时的资源配置状态就没有达到帕累托效率，还需要进行帕累托改进。①

帕累托最优也被称为帕累托效率（Pareto Efficiency），即满足帕累托最优状态就是实现了（资源配置的）经济效率，而当还存在帕累托改进的空间时，经济效率还没有得到完全实现。在序数效用下，帕累托最优标准解决了效用最大化的难题，即社会的效用最大化实际上就是达到帕累托最优状态。然而，帕累托最优状态是一个非常严格的效用最大化标准，由于禁止效用的人际比较，它不允许这种状态：在从一种分配状态转变到另一种分配状态时，一个人境况变坏了或利益受损了，而其他所有人的境况得到改善了或利益得到增加了。即便是这一个人的境况发生了轻微的变坏，而其他所有人的境况能够得到大幅度提升，那么，帕累托最优标准也禁止这种分配状态的变革。这显然有违于人们的直觉，限制了帕累托最优的使用范围，因为在理论和实践中，大量存在的是境况或利益之间的负面影响或不可避免的负外部性：一部分人的所得建立在另一部分人所失的基础上，一部分人境况的改善或利益的增加必然导致另一部分人的境况变坏或利益减少②。帕累托最优禁止人际效用比较，我们也就无法在绝大多数人的境况改善或利益增加，与由其导致的少数人境况变糟或利益受损之间进行权衡比较。阿罗通过数学证明，尖锐地提出了这一序数效用最大化难题。

现代福利经济学基于序数效用论而禁止人际效用比较，产生了另一个严重的问题，即阿罗不可能定理所表达的个体效用在帕累托最优原则与非独裁等条件下汇总成唯一的社会偏好选择是不可能的。阿罗不可能定理指定了五个方面的基本条件③：（1）理性选择：选择行为是理性的，选择比较符合传递性等基本逻辑；（2）独立性：所选择偏好排序独立于其他替代性原则，不存在交互性影响；（3）选择的无限制域：对所有选择方案，可以任意自由选择，不存在限制区域；（4）帕累托原则：如果所有人的偏好都是 A 方案胜过 B 方案，那么，这种排序就是社会偏好，此时满足了帕累托最优原则；（5）非独裁性：任何人都不能将个人的选择偏好强加给其他

---

① 高鸿业：《西方经济学》（微观），北京：中国人民大学出版社 2011 年版，第 252～265 页。

② 这里的相互影响不仅仅是经济学中所强调的外部性问题，即市场内部交易所强加给市场交易之外的第三方的影响。

③ Kenneth J. Arrow. *Social Choice and Individual Values*. New York：Wiley，1951.

人，每个人的选择偏好序列都具有同等权重。这五个条件构成了民主决策机制所要求的基本条件，然而阿罗用数学方法证明了，在上述条件成立的前提下，不可能必定存在一种规则或机制，使人们能够根据个人的选择偏好序列，汇总成一个具体的社会偏好。阿罗不可能定理的最简单形式，就是18世纪晚期法国数学家孔多塞早就揭示的民主悖论，即三个人 X、Y、Z 对三种方案 A、B、C 进行投票，有可能出现如下情况：对于 X 而言，A > B > C；对于 Y 而言，B > A > C；对于 Z 而言，C > B > A。这样，在非独裁的情况下，就不可能形成一个共同的投票结果。阿罗不可能定理或阿罗悖论把早已揭示的投票悖论一般化或普遍化了。

阿罗用公理化的推导和高度解析性的数学形式取代了孔多塞等人的不太规范的方法，催生并奠定了现代社会选择理论的基础。阿玛蒂亚·森对阿罗不可能定理给予了高度评价，认为，"阿罗设定了一套非常宽松的条件，将社会选择或判断与个人偏好联系起来，还使其成为任何社会评价程序都必须满足的最低要求。阿罗证明，要满足这些最低要求是不可能的。'不可能定理'引发了福利经济学的重大危机，并成为社会、政治与经济学史上的重要标志"①。阿罗悖论或阿罗不可能定理表明，合理设置的自由民主的社会选择条件，无法被民主的社会选择程序所全部满足。它深刻地揭示了禁止人际效用比较与衡量效用最大化的帕累托最优标准存在的内在困境。根据阿玛蒂亚·森的分析，阿罗不可能定理所产生的先决条件是"在依赖个体效用的同时，否定效用的人际比较"②。事实上，早在密尔为古典功利主义体系论证时，就发现了这一难题，密尔已经意识到了不同性质的幸福在人与人之间不可比较性所带来的效用最大化加总方面的困难。只不过密尔采取的办法是用精英独裁或经验判断的方式来解决社会效用最大化问题，而又利用合理仁爱之心或不偏不倚的公正无私道德要求，来规范或约束个体的选择。尽管密尔所建议采取的这种独裁式的决策程序是解决阿罗悖论的一条可行办法，然而，独裁决策机制显然被现代民主社会所

① 阿玛蒂亚·森:《正义的理念》，王磊、李航译，北京：中国人民大学出版社2012年版，第83页。
② 阿玛蒂亚·森:《正义的理念》，王磊、李航译，北京：中国人民大学出版社2012年版，第261页。

普遍排斥，也被阿罗的非独裁条件所排斥（允许独裁就不会产生阿罗不可能定理了）。排除密尔所建议的独裁方式，还有什么方式可以解决阿罗不可能定理呢？自阿罗不可能定理之后，人们为寻找解决阿罗不可能定理的可能出路进行了大量研究。要避免阿罗悖论，如果我们不采取独裁机制，一个可行的办法就是放弃禁止人际效用比较这个前提条件。第二种思路不局限于功利主义的狭隘信息基础，要求拓展个体优劣势或利益的比较范围。第三种思路强调完全避开人际效用比较难题。第四种思路主张把帕累托最优标准拓展为补偿标准，通过契约达成补偿协议。下文简要分析这四种解决路径。

第一种解决阿罗不可能定理的路径是，允许人际效用比较，如果效用或幸福对我们非常重要，我们没有理由放弃对其进行人际比较。效用的人际比较不仅是工具性的，还具有内在的价值，它是我们每一个人内在幸福的基本构成要素。肯普和黄有光认为，采取基数效用是解决阿罗不可能定理的一种方法。[①] 这实际上在效用比较上又退回到了早期古典功利主义或庇古福利经济学传统。如果我们遵循肯普和黄有光的建议，重新采取基数效用，回到古典功利主义和早期福利经济学的立场中去，我们将再一次面对上文已充分讨论的效率与平等的两难选择问题，国家福利功能要么在功利主义的框架下依然处在风雨飘摇之中，要么超越功利主义框架，而强调机会平等的统一性与重要性。另外，我们还可以追求部分排序的方式，通过扩大某一部分的信息基础进而限制选择区域，我们不能期望帕累托原则——如果所有人的偏好都是 A 方案胜过 B 方案，那么，这种排序就是社会偏好，此时满足了帕累托最优原则——能够严格得到满足，如此一来，我们还可以追求部分社会排序的一致性，而不是完全的社会排序。这个思路貌似依然是功利主义的框架，然而，如果进一步分析，就会发现它超越了功利主义的范畴。如果我们选择部分人际效用比较，这就意味着需要存在一种超越效用原则之上的非效用原则，至少需要某种非效用原则施加某种限制。部分排序的非效用原则实际上超越了功利主义的范畴。

第二种解决阿罗不可能定理的方法是阿玛蒂亚·森所积极倡导的，强

---

① 黄有光：《福祉经济学》，张清津译，大连：东北财经大学出版社 2005 年版。

调超越功利主义框架，引入非效用化原则（如实质自由）进行人际优劣势的比较。森认为，要解决阿罗不可能性定理，要么用基数效用论取代序数效用论，要么扩大比较的信息基础，不把人际比较仅仅局限在效用这个狭隘的维度上。然而，前者仅仅把自身限制在非常有限的适用领域内，且存在着较强的不稳定性，这一点已在上文中详细讨论过。因此，森积极倡导后一种方案，认为，阿罗不可能定理忽视了大量丰富的社会选择信息，仅仅把社会选择狭隘地限定在个体偏好排序的有限信息上是没有合理理由的。因此，丰富社会选择的信息基础是解决这一问题的必要条件。森总结道："逐渐明朗的是，就信息匮乏的决策体系所导致的消极结果而言，丰富社会选择的信息基础是解决这一问题的重要的必要条件。首先，在这种社会选择中，必须将个体优劣势（利益或不利）的人际比较置于中心地位。"[1] 丰富社会选择的信息基础实际上意味着，在进行人际优劣势的比较中，我们不能仅仅根据狭隘的效用标准来衡量人们的实际优势或劣势，不应该漠视非效用化衡量标准的重要性。比如，我们不仅要重视个体效用或幸福的重要性，而且不能忽视实质自由或可行能力的重要性，也无理由漠视或删除自由的选择机会与过程的重要性。[2] 阿玛蒂亚·森所倡导的这种观念，尽管依然保留了功利主义的后果论特征，但是在框架上已经超越了功利主义的范畴，衡量行为、政策或制度正当与否的标准不再局限于效用的最大化，而且包括非效用原则，比如其积极倡导的可行能力标准。这部分内容已不属于本章所要讨论的范畴。阿罗之后的现代福利经济学，已经不可避免地涉及非效用价值，开始引入公平正义的价值观念，比如引入罗尔斯社会福利函数概念。

第三种解决阿罗不可能定理的思路是避开人际效用比较难题。最著名的观点来自著名经济学家萨缪尔森，其试图直接绕开阿罗不可能定理，认为，阿罗不可能定理与福利经济学无关，它属于社会选择理论或理性的社会决策机制。没有阿罗不可能定理，福利经济学依然自成一体。萨缪尔森

---

[1]　阿玛蒂亚·森：《正义的理念》，王磊、李航译，北京：中国人民大学出版社2012年版，第262页。

[2]　阿玛蒂亚·森：《正义的理念》，王磊、李航译，北京：中国人民大学出版社2012年版，第263页。

强调实证分析与规范分析的严格区分，把福利经济学仅仅视为一种实证性科学，试图从充满争议的规范分析中独立出来。这一观点对于经济学的独立性发展无疑是明智的，然而，这种看法忽视了阿罗不可能定理对于福利经济学发展的重要意义，也割裂了福利经济学在功利主义中的传统。

第四种思路是，将社会效用的最大化标准从禁止人际效用比较的帕累托最优标准转变成自愿基础上所达成的补偿协议。① 帕累托最优标准通过禁止人际效用比较，强调了不能以大多数人的利益而强制性地牺牲少部分人的利益，然而这也极大地限制了其适用范围，为此，经济学家们又提出了一系列的"补偿标准"以缓解或试图解决序数效用下人际效用比较难题。在众多的补偿标准中，最著名的是卡尔多－希克斯补偿标准，又被称为卡尔多－希克斯效率（Kaldor-Hicks Efficiency）。尼古拉斯·卡尔多在20世纪30年代末提出了虚拟补偿检验原则，认为市场价格的变动必然会影响人们的效用，使一部分人受益，一部分人受损，从总体上看，一部分人的受益能够绰绰有余地补偿另一部分人的受损，则社会的总效用依然可以最大化。然而，卡尔多补偿标准仅仅是一种"虚拟"补偿原则，并没有分析清楚改革（变动）的受益者如何实际上补偿了改革（变动）的受损者。希克斯在卡尔多补偿标准的基础上，补充了两个基本原则，其一，如果受损者不能从贿赂受益者放弃社会变革中受益，那么，这种变革可以带来社会福利的增进；其二，只要一项改革从长期来看能够促进生产效率，短期内使部分人利益受损，但持续提高的生产率实际上必然能够使所有人受益，并使利益受损者"自然而然地"得到合理补偿。卡尔多－希克斯补偿标准强调通过补偿机制解决帕累托最优标准的适用性问题，因为按照帕累托最优标准，只要有一个人利益受损，改革就无法进行，而按照卡尔多－希克斯标准，问题的要点就转换成补偿机制问题。

综上所述，在所探讨的解决阿罗不可能定理的思路中，前三种思路，要么退回到古典功利主义的框架，要么采取非效用标准进而超越了功利主

---

① 当然，萨缪尔森和李特尔以另一种方式试图绕开阿罗不可能定理，即阿罗不可能定理与福利经济学无关，即没有这一定理，福利经济学依然可以成立。然而，这种看法忽视了阿罗不可能定理对于福利经济学发展的重要意义，割裂了福利经济学在功利主义中的传统，把福利经济学仅仅视为一种实证性科学。

义框架，要么直接拒斥它而限制福利经济学自身的视域。对于这三种解决思路，古典功利主义对于国家福利功能的规范力，已在前文中详细探讨。超越功利主义框架而探讨国家福利功能的必然性与有效性的规范性基础，不属于本章所要探讨的任务。直接把阿罗不可能定理排斥出福利经济学范畴，仅仅强调福利经济学的实证分析范式，使福利经济学丧失了功利主义作为一种规范性评价理论的特质。因此，在功利主义框架内，第四种解决阿罗不可能定理的思路具有重要的讨论价值。然而，通过补偿标准来拓展帕累托最优适用性，带来了另一个重要的基础性问题：如何理解补偿标准及其可能性。显然，对补偿机制至少存在着两种不同的解释。一种认为，人们需要根据利益相关者在信息充分与自愿性的原则上对于补偿内容达成一致性的协议。那么，什么样的补偿方案才是合意的，或是公正的？如果补偿标准的正当性取决于利益相关者自愿达成的实际补偿协议或契约，那么这种补偿机制本身就是公平的吗？我们再一次看到，卡尔多－希克斯标准将会依赖于实际情况，能否达成补偿协议或契约依赖于每一个利益相关者的实际效用计算，如果考虑到时间因素与信息的局限性，则效用计算陷入泥淖，因而具有很强的不确定性。这一点再次回到了上文所阐明的行为功利主义或规则功利主义所遇到的效用测量难题。另一种观点是，卡尔多－希克斯补偿标准把合意的或公正的补偿标准解释为自由市场的"自然结果"，换言之，市场效率本身就是合意的、公正的，从长远来看，它能够给暂时利益受损的人们提供公正的利益补偿。因此，根本不需要利益相关者在实际中达成补偿协议。这是因为，从长期看，所有利益相关者都会从自由市场的配置资源效率中获得巨大的利益，足以绰绰有余地补偿最初的利益受损者。我们不要忘记，现代福利经济学的效率含义不同于古典功利主义中效率的含义，在古典功利主义中，效率是指生产效率，即单位资源的产品最大化，强调的是投入产出比。由于产品本身不是效用，生产效率本身并不能决定效用（幸福）的最大化，产品或收入的再分配也成为效用最大化的重要影响因素，争论的要点在于效率与平等分配之间如何权衡的问题。而对于现代福利经济学而言，效用最大化与效率是同义词，序数效用论下的效用最大化就被替换成帕累托效率本身或卡尔多－

希克斯补偿标准。[1] 如果卡尔多－希克斯补偿标准本身可以通过自由市场的"自然结果"得以实现，那么实际上，这就取消了国家福利功能的强制性再分配议题的理论可能性。当然，我们可以辩解说，这是一个具有高度争议性的假说，尽管我们无法证伪它，但也无法证实它。这样就陷入了纷争的僵局。事实上，现代福利经济学已经证明，在完全竞争的自由市场中所达到的均衡状态，就是帕累托最优状态（效用最大化，简称市场效率或效率，以下用词在帕累托最优、效用最大化、效率这三者是同义词）。[2] 根据科斯定理，如果交易成本为零，个体之间的自由交易可以确保卡尔多－希克斯效率变成现实中的帕累托效率。不幸的是，完全竞争的自由市场条件是非常苛刻的，它要求每一个市场参与者都是理性的，且都是价格的被动接受者，即"所有单个的企业和消费者的影响都太小，以至于无法影响到市场的价格"，不存在外部性，信息是充分的，等等。当存在着垄断、外部性以及不完全信息时，市场竞争就无法达到帕累托最优，即无法实现效用的最大化。[3] 这就是所谓的市场失灵问题。笼统地讲，市场失灵为政府干预和管制颁发了执照，提供了合理理由。然而，对于国家福利功能而言，其中外部性理论（公共物品）所提供的理由最直接，也最重要，我们需要重点探讨这一理论对于国家福利功能正当性所提供的理由的规范力。

二　外部性、社会成本与国家福利功能

所谓外部性（externalities），又称溢出效应，是指市场交易双方向市场交易之外的第三方所强加的成本或收益。[4] 换言之，在市场交易双方所达

① 保罗·萨缪尔森、威廉·诺德豪斯：《经济学》（第19版），萧琛等译，北京：商务印书馆2013年版，第149页。
② 萨缪尔森、诺德豪斯在《经济学》（第19版）利用几何方法提供了证明（保罗·萨缪尔森、威廉·诺德豪斯：《经济学》（第19版），萧琛等译，北京：商务印书馆2013年版，第149～152页）。证明这一命题的方法有很多，范里安提供了一种反证法，具体参见哈尔·R. 范里安《微观经济学：现代观点》，费方域等译，上海：上海人民出版社2006年版。
③ 保罗·萨缪尔森、威廉·诺德豪斯：《经济学》（第19版），萧琛等译，北京：商务印书馆2013年版，第152～153页。
④ 保罗·萨缪尔森、威廉·诺德豪斯：《经济学》（第19版），萧琛等译，北京：商务印书馆2013年版，第33～34页。

成的交易价格中，并没有包含全部的社会收益或社会成本（social costs）。当然，外部性可以分为不同性质的两类。一类是正外部性：私人交易行为除了满足自身需求外，客观上有利于社会其他成员。比如，对于传染病预防与治疗而言，个体花钱治疗，不仅有利于个体自身健康，也有利于降低对其他社会成员的传染威胁。养蜂人是为了获得蜂蜜收益，但客观上也有利于需要花粉传播的果树种植者。另一类则是负外部性：私人交易行为产生了社会成本，并强加给了社会其他成员。比如，污染问题，如果不对工厂征收治理污染的税费，企业是没有动力把生产产品所导致的污染成本考虑在内的。对于正外部性而言，无论人们实际上是否存在着真实的需求，人们往往不会提出抗议或其他要求，当然，向享受到这种客观效益的人们收取费用，也是不可能的或没有合理理由的。当然，对其比较特殊的一种形式，即公众迫切需要的公共物品而言，情况有所不同。庇古早在1920年就指出，负外部性导致了无法被市场交易价格所反映的社会成本，生产者没有承担产品或服务的全部成本，而消费者也没有承担享用产品或服务的全部代价，这样在私人成本与社会成本之间就存在着差额。[①]

另外，需要强调的是，社会成本不仅仅局限于由于市场交易双方所强加给社会的成本，在广义上，也包含了从一种社会状态转变到另一种社会状态时所强加给其他社会成员的社会代价，即社会急剧变迁所导致的社会成本。实际上，这也正是著名社会政策学家蒂特马斯为反对新古典自由主义以及为福利国家提供证明的一个基础性理由。[②] 对于强加的社会成本，人们有充分的理由对此提出异议，并有合理要求获得相应补偿。

如果能够通过自愿达成的补偿机制实现外部效用的内部化或市场化处理，那么，市场机制依然是有效率的。这依赖于利益相关方达成合意的补偿协议。这里面存在着太多的困难和不确定性。首先遇到的一个难题是，如何确定谁是具体的施害者、受害者及其关联性程度。一旦人们能够具体确定谁是施害者与受害者，并能够合理评估出相关的受害程度，那么，就

---

① A. C. 庇古：《福利经济学》，朱泱、张胜纪、吴良健译，北京：商务印书馆2010年版。
② 理查德·蒂特马斯：《社会政策十讲》，江绍康译，长春：吉林出版集团2011年版，第40页。

可以通过自愿调解达成一种补偿协议或通过法院公平裁决进行强制性补偿，这是处理外部性的理想办法。它依赖于如下假设："假设犯错的人能被找出来，由其引起的、跨越整个社会时间范围的一切损害均能以纯粹的货币形式予以评估和补偿（例如生命、幸福或痛苦均有货币价值）；以及犯错的人在理论和实际上均有能力偿付赔款。"① 这显然是无法得到保证的。实际上，大量的负外部性无法明确施害者与受害者之间的直接关联，也无法合理评估出社会成本，通过自愿协商和法律途径无法解决。如果我们考虑到时间因素以及复杂的交互性影响的话，情况更是如此。由于社会的急剧变迁所导致的社会成本，是一种永远也无法通过成本－效益的计算能够衡量出的负外部性。蒂特马斯在引述威尔伯特·摩尔分析当代社会急剧变迁所导致的社会成本时，认为当代社会变迁的急剧性是一种常态，变化的速度也在加快，其影响广泛而深远，复杂的不确定性影响难以捉摸，所产生的社会成本具有累积效果。② 如果这些社会成本不能通过市场本身以及法律手段得到合理解决，则根据蒂特马斯的看法，我们可以选择通过国家福利的税收再分配机制对社会成本的代价进行分担与补偿。蒂特马斯强调运用社会保险的普遍性再分配方式对由于外部性以及社会急剧转型所产生的社会成本与风险的承担者进行补偿。显然，如果基于负外部性与社会成本的分担与补偿理由，为国家福利的税收再分配机制提供辩护，则需要依赖如下假设：（1）从经济结果来判断，相对于拥有更多收入与财富的人，穷人在边际上承担了更多的社会成本；（2）通过收入与财富的税收再分配，至少可以给穷人一定程度上的经济补偿，尽管这种经济补偿并不一定是充分的。这两个假设都存在严重的缺陷。对于假设穷人是受害者而言，事实上，并不是谁拥有的收入与财富多，谁就一定消耗了大量的社会资源或产生了更大的负外部性或社会成本。另外，如果从财富生产的角度来判断负外部性或社会成本的产生，则不仅面临着公平性的问题，也不利于效率。从产品与服务的消费角度来测量负外部性与社会成本的分担，比

---

① 理查德·蒂特马斯：《社会政策十讲》，江绍康译，长春：吉林出版集团 2011 年版，第 56 页。

② 理查德·蒂特马斯：《社会政策十讲》，江绍康译，长春：吉林出版集团 2011 年版，第 47 页。

如，根据不同物品与服务所消耗的资源及其产生的社会成本征收不同水平的税费，可能显得更为公平，还能避开激励不相容问题。然而，这也可能是具有高度争议性的。实际上，无论是从物品或服务的生产角度，还是从物品与服务的消费角度，抑或是从收入与财富的拥有角度，我们都不可能区分清楚负外部性与社会成本的责任分担问题。如果我们不可能在个体层面上区分清楚相关责任分担，那么，就只能从统计学的角度合理得出一个结论：相对于富人而言，穷人承担了更多的负外部性与社会成本。对于第二个假设，各种外部性所导致的社会成本如何来评估？是否可以仅仅用金钱来衡量？基于外部性理由，采取社会保险的强制再分配机制来分担社会成本，补偿内容与标准依赖于外部性与社会成本的估计。这似乎又回到了效用的基数与序数的纷争上。在面对生命、精神、选择机会、选择过程等众多难以用金钱来衡量或交换的内在价值上的损害时，可能基于负外部性与社会成本理由所给予的补偿无论如何都是极其有限的。尽管我们难以确定这种补偿机制是否真正地实现了实际上外部性所造成的损害补偿——我们的确无法精确地做出评估，但是，通过社会保险、经济审查型福利等国家福利的税收再分配机制，毕竟可以对负外部性与社会成本提供一种补偿。合理的补偿标准是什么呢？一个自然的预设是满足人们的基本生活需求（相对于时代的生活需求水平），然而，这仅仅是众多可能性中的一个预设而已。在功利主义的框架下，对于如何合意地达成利益攸关方都能接受的补偿标准，进而实现帕累托最优即效用最大化，是一个不确定性的问题。它太依赖于补偿协议的实际达成，而实践中不确定的因素太多。这里所提供的辩护理由的要点是：补偿了总比没有补偿强，更重要的是，收入与财富是达到所有目标的通用手段，在市场经济中具有重要的交换价值。只不过我们需要清楚，这种补偿不是充分的——事实上我们也无法知道如何补偿才是充分的。

在通过社会保险机制进行矫正负外部性与社会成本时，除了面临难以确定谁是负外部性与社会成本的承担者或受害者（预设是穷人更有可能），以及难以确定合理的补偿内容与标准（预设基本需求满足是补偿的基本要求），社会保险的再分配机制还存在着难以克服的交叉补贴问题（关于社会保险的交叉补贴难题，请参见第六章第二节的详细分析）。相比之下，经济审查型福利往往不存在这个难题。因此，如果仅仅从矫正负外部性与社会成本的理由为国家福利功能的正当性提供辩护的话，经济审查型福利就比社会保险机制更优。另外，矫正负外部性与社会成本的理由属于面向过去的结果补偿性理由，而不是面向未来的（选择性的）风险预防理由。如果基于面向未来的风险预防理由，那么社会保险机制显然要优于经济审查型福利。

上述蒂特马斯基于矫正负外部性或社会成本的理由为社会保险所提供的辩护，可能会面临如下三个方面的反驳。

其一，自由至上主义者以及新古典自由主义者们指责这种补偿必然侵犯人们的私人财产权和自我所有权，它在道德上是错误的。这一反驳将在下两章中进行详细考察。

其二，通过论证社会保险的再分配机制同样不能解决负外部性问题，甚至产生了新的负外部性问题，以期试图取消或削弱基于矫正负外部性理由的社会保险机制的必要性和重要性。弗里德曼正是从这一点来反击的，市场交易之所以会产生外部性影响，正是因为确定外部成本或收益是非常困难的。一旦能够较为容易地确定受害者与受益者，以及受到影响的程度，那么就很容易把强加的外部性影响进行市场内部消化，至少可以给受害者以个人补偿。关键的问题在于，对于那些市场所不能确定的外部性影响，政府也同样无法确定。同时，国家通过税收的再分配来解决问题，本身就是一种第三方影响，"每项政府措施都背着一个会弄脏第三者衣领的大烟囱……政府旨在纠正这种状况的尝试最终很可能使情况变得更糟而不是更好，要么给无辜的第三方强加了成本，要么给幸运的旁观者带来了好处"①。这种反驳社会保险机制用来解决外部性问题的理由主要是诉诸公共选择理论所揭示的政府失灵理由。这一思路会让我们再次陷入不确定的权衡之中。对于社会保险机制而言，它的确解决了一部分负外部性问题，然而，它可能存在着交叉补贴、政府失灵或新的负外部性问题。这并不意味着否定通过社会保险机制来矫正负外部性，而是说，这一切都要取决于我

---

① Milton Friedman and Rose Friedman. *Free to Choose: a Personal Statement.* New York and London: Harcourt Brace Jovanovich, 1980: 30.

们在成本与收益之间进行的衡量结果。如果不存在有效的替代性机制，仅靠指出社会保险机制在解决负外部性与社会成本问题上的缺陷与不足，是无法有效地基于此理由来反驳社会保险的再分配功能的。

其三，如果没有有效的替代性选择，也就没有理由拒绝采取蒂特马斯所建议的社会保险机制对穷人进行一定程度的补偿，那么，到底存在不存在有效的替代性选择呢？在现代功利主义以及当代福利经济学的框架下，在处理负外部性与社会成本的问题上，存在着优先采取市场机制的理由。其中最重要的理由是著名经济学家罗纳德·科斯所提出的科斯定理（Coase Theorem）。[①] 科斯定理表明，在不存在交易费用的市场中，只要产权（property rights）界定清晰，无论最初的产权属于谁，最终结果都会达到效用最大化。用科斯的话来说，"权利界定是市场交易的基本前提……最终结果（实现产值最大化）与法律判决（确定所有权，即产权属于谁）无关。这是科斯定理的实质"[②]。在交易费用为零的社会中，只要产权得到清晰界定，无论初始产权是如何分配的，自由竞争市场会自动地实现帕累托效率，即社会效用的最大化。当然，现实社会中交易费用不可能为零，为了降低竞争所带来的交易费用，各种合约制度产生，其中市场制度与非市场制度相比，是交易费用最小的一种安排。相比于非价格的其他任何机制，"价格机制的主要优势是，它会使各种资源要素采取产值最大化的配

---

① "科斯定理"这一术语并非科斯最早使用，而应归功于乔治·斯蒂格勒（George Stigler），其在《价格理论》一书中最初使用了该术语，用来阐述科斯的发现。斯蒂格勒把科斯定理概述为"在完全竞争条件下（交易费用为零），私人成本与社会成本将相等"（George Stigler. *The Theory of Price* （*3rd ed.*）. New York：Macmillan. 1966：113）。科斯最早是在《联邦通讯委员会》一文中提出了被斯蒂格勒归纳为科斯定理的观点：权利得到清晰界定是市场交易的基本前提，在此前提下，效用最大化与法律判定谁拥有资源的所有权无关，只取决于谁有竞争能力使资源产出更多，进而能够付出最高费用以获得资源的使用权。科斯在该著名论文中举出的经典例子是："一个新发现的山洞是属于发现山洞的人，还是属于山洞入口处的土地所有者，或是属于山洞顶上的土地所有者，无疑取决于财产法。但是，法律只确定谁是必须与之签约才能获得山洞使用权的人。至于山洞是用于储藏银行账簿，还是作为天然气储存库，或种植蘑菇，并不取决于财产法，而取决于银行、天然气公司和蘑菇企业哪一个能够付出最高费用以获得山洞使用权。"（Ronald Coase. "The Federal Communications Commission," *The Journal of Law and Economics*, 1959, 2：25）

② 罗纳德·科斯：《企业、市场与法律》，盛洪、陈郁译，上海：格致出版社2009年版，第154页。

置，并比其他机制（非价格机制）的成本少"①。换言之，市场的存在就是为了最大化降低交易费用。所谓产权是指人们对于物品或资源所拥有的排他性的法定权利，包括对某一物品或资源所具有的所有权、使用权、转让权、受益权。张五常强调，产权根源于资源稀缺下的竞争，实际上是约束人们之间竞争的费用。② 德姆塞茨认为，"产权是界定人们如何受益及如何受损，因而谁必须为谁提供补偿，以使其修正人们所采取的行动"③。因此，解决负外部性与社会成本的要点在于清晰界定产权，建立和确保一套产权制度。判断某种制度的优劣，关键看其能否最大限度地降低交易费用。科斯定理为人们通过自愿交易的方式逐步解决外部性问题提供了一种思路，只要我们能够清晰地界定产权，通过市场机制就能够最大限度地实现帕累托效率。现代经济学也已经证明，从任何一种最初的资源分配状态出发，要实现帕累托效率，也都必须借助自由市场机制。相比于非市场竞争机制，市场竞争机制也是成本最小的，相关的租值耗散（dissipation of rent）或有价值的资源浪费是最小的，其他非市场竞争机制都存在着更为严重的租值耗散或资源浪费问题。④ 正如科斯所言，"没有理由认为市场主体不能很好地解决外部性问题，就认为政府管制或干预就是必要的。所有解决的办法都需要一定的成本。我确信，经济学家和决策者们一般都高估政府管制的优点……（对于负外部性）并不能简单地限制那些有责任者，必须决定的是，防止妨害的收益是否大于作为停止产生该损害行为的结果而在其他方面遭受的损失……如果将生产要素视为权利，做产生有害效应

---

① Ronald Coase. "The Problem of Social Cost，" *The Journal of Law and Economics*，1960，3：33.
② 张五常：《经济解释》（卷一之科学说需求），北京：中信出版社 2010 年版，第 206 页。
③ 哈罗德·德姆塞茨：《关于产权的理论》，载罗纳德·H. 科斯等著、刘守英等译《财产权利与制度变迁——产权学派与新制度学派译文集》，上海：上海三联书店 1994 年版，第 97 页。
④ 罗纳德·科斯，《企业、市场与法律》，盛洪、陈郁译，上海：格致出版社 2009 年版；张五常：《经济解释》（卷二之收入与成本），北京：中信出版社 2010 年版。张五常认为，租值消散（或租值耗散）一词，出自 H. Scott Gordon，是其在分析公海渔业的著名案例中提出的。Gordor 把由庇古提出后来由奈特批判分析的好坏公路的案例，变成了公海中好坏渔场的案例，由于渔场不是私产，捕鱼者竞争捕钓，导致好渔场应有的租值消散［张五常：《经济解释》（卷二之收入与成本），北京：中信出版社 2010 年版，第 233～234 页］。

的事的权利也是生产要素。显然，只有得大于失的行为才是人们所追求的，我们必须考虑各种社会安排（无论是市场机制还是政府管制）的操作成本，在选择社会安排时，我们应考虑总的效果"①。当然，科斯定理存在适用范围的问题，比如，产权有可能得到界定，自由交易费用不能太高，以至于无法排除"搭便车"行为，等等。实际上，完全取代社会保险机制来解决负外部性与社会成本问题的替代性方案（比如市场保险机制、公共协商解决等）是不可能的，然而，在条件成熟的情况下，把优先性赋予市场保险机制是可以预期的（有关社会保险与市场保险的优先性关系的详细探讨，请参见第六章第二节的内容）。科斯定理也告诉了我们（在边际上）应该努力的方向：一旦市场机制能够解决，我们最好不要让政府来介入，要努力发挥政府使能者功能，孵化出替代性的市场解决方案。因此，在现代功利主义框架下，仅仅基于矫正负外部性或社会成本的理由为社会保险机制进行辩护，是不充分的。

第五节　小结与讨论

在本章中，本书试图从功利主义的内部出发，剖析效用最大化标准对于国家福利功能的必然性与有效性所具有的内在规范力。鉴于功利主义内部的复杂性以及国家福利长期浸染在不同形式的功利主义观念中，本章不得不分为古典功利主义与现代功利主义两部分展开论述，并且考察了政治哲学传统中的功利主义与福利经济学传统中的功利主义（在现代福利经济学传统中，功利主义往往被称为福利主义）。尽管对于效用及其最大化方式的定义是不同的，但是，无论何种形式的功利主义，在坚持效用最大化作为规范标准方面是一致的。无论是古典功利主义，还是现代功利主义；无论是在政治哲学传统中，还是在福利经济学传统中，功利主义都难以摆脱某种深刻的不确定性及其狭隘的信息基础。这种不确定性与狭隘性使其难以为国家福利的正当性提供坚实的理论基础，难以有效应对新古典自由

---

① 罗纳德·科斯：《企业、市场与法律》，盛洪、陈郁译，上海：格致出版社 2009 年版，第 116、177~128、146~147 页。

主义与自由至上主义的多重批判。尽管功利主义不能为国家福利本身提供稳定的理论指导，但在其框架下所发展出来的效用理论为国家在福利传递机制方面提供了明确的指导，它赋予市场竞争机制在福利传递中的优先性，而赋予国家在福利传递机制中发挥边际剩余型功能与扮演使能者角色。真正有效应对自由至上主义与新古典自由主义在道义上与效率上的双重批判，需要超越功利主义的范畴。

一　功利主义的不确定性与国家福利功能

古典功利主义（早期福利经济学）从把幸福最大化作为评判行为、政策与制度的基本规范立场出发，预设了生产效率与均等分配是影响幸福最大化的两个基本因素。然而，古典功利主义者对于生产效率与均等分配在幸福最大化方面各自所具有的道德分量（权重）上产生了严重的分歧。一方观点认为，生产效率或国民收入增长在使幸福最大化方面具有优先性地位，坚持自由市场是促进国民财富增长的基本途径，自由市场能够最终提升所有人的福利，对国家税收再分配制度持否定或保守的立场。另一方观点认为，收入与财富的平等化程度是影响幸福最大化的首要因素，国家应该通过税收再分配机制使收入与财富在贫富群体之间实现转移支付。二战后的西方福利国家体制典型地体现了这一基本观念。阿瑟·奥肯的再分配"漏桶实验"揭示了（经济）平等与效率之间存在着内在冲突，需要进行"重大权衡"（big tradeoff）。如何计算或估计国家福利的税收再分配漏桶的泄漏量成为一个争论不休的难题。在由（经济）平等与效率两端所确立的"滑动标尺"之间，把标尺固定在何种位置上——偏向（经济）平等一方，还是更偏向效率一方——成为纷争不断的战场。对于这种纷争，古典功利主义原则并不能给予一个清晰的指导，它具有内在的不确定性。现代政治哲学中的功利主义依然面临着同样的问题。比如，当代规则功利主义强调，遵守非效用原则或实施国家福利的税收再分配制度是达到效用最大化的基本要求。即便如此，我们要么依然面临着关于规则的效用计算的难题，要么直接依赖于过于脆弱的前提预设——假设国家福利的再分配制度是达成效用最大化的基本手段。在现代（新）福利经济学中，即便我们用"偏好"取代"幸福"，禁止人际效用比较，把帕累托最优（效率）直接定义成效用最大化的衡量标准，依然摆脱不了功利主义这种内在的不确定性。阿罗不可能定理（与帕累托自由的不可能性，反映的是涉他性偏好）深刻揭示了禁止人际效用比较的帕累托最优标准与（较弱意义上）设定的其他合理条件之间的内在冲突。解决阿罗不可能定理要么使非独裁性等合理预设条件允许人际效用比较，要么超出了功利主义的基本框架。阿玛蒂亚·森强调，功利主义的最大问题在于其"深刻的不确定性"。舍尔认为，"功利主义的论证之风吹向了太多的方向"①。事实上，自从近代以来，在功利主义框架下，围绕着国家福利的必要性与具体方式的纷争一直不断。战后国家福利体制的确立使这种纷争达到了白热化程度，伴随着经济与社会情境的变迁而潮涨潮落。从实证分析的角度所做的反驳往往极富争议性，容易陷入自说自话的尴尬境地。比如，关于福利国家政策对于经济增长的影响问题，不同的学者在不同的时空背景下，使用不同的分析框架，采取不同的研究方法，对同一研究问题所得出的分析结论很难具有一致性以及普遍的有效性。一种分析表明福利国家政策对经济增长产生了严重的抑制作用，另一种分析就可能提供显著的积极证据。这不是研究方法科学与否的问题，而是人们对于认识如此复杂的社会现象所必然存在的缺陷。这种认识上所固有的缺陷，即"理性所不及"（哈耶克）或者"判断的负担"（罗尔斯），进一步加剧了社会福利政策领域中争议的复杂性与持久性。我们甚至可以说，对福利国家（国家福利）的后果评价是永远会存在争议的，这种争议不仅内在于理性的局限或科学研究方法的缺陷，而且内在于塑造福利国家（国家福利）具体形态的现实复杂性。有学者已经注意到，"从过去长达60多年福利国家的发展经验来看，研究者实际上很难从福利国家产生的经济和道德后果两个方面对福利国家做出一个一致的和没有疑义的结论，原因是目前的福利国家状况虽然在许多方面保持着相似性，但是由于各自的历史文化传统、政党政治、社会结构和宏观经济状况等方面存在的差异性，不同类型的福利国家有着不同的社会影响和

---

① George Sher. "Justifying Reverse Discrimination in Employment," *Philosophy and Public Affairs*, 1975, 4（2）: 159.

后果"①。在功利主义框架下，甚至在更广泛的后果主义（consequential-ism）框架下，国家福利的基础性争议是没有办法得到解决的，这一方面意味着，新右派试图通过把经济效率问题最终归因于福利国家（国家福利）本身是存疑的；另一方面也同样意味着，在功利主义框架下反驳新右派是不可能彻底的，也必然会招致同构的逻辑质疑。简言之，功利主义提供的效用最大化标准所具有的内在不确定性，注定要产生根本对立的纷争，使之无法为国家福利功能的正当性提供一个稳固的基础。

二　功利主义的狭隘性与国家福利功能

古典功利主义预设了幸福价值的至高无上性，认为其他一切价值都必

---

① 熊跃根：《全球化背景下福利国家危机与变革的再思考》，《学海》2010 年第 4 期，第 47 页。熊跃根在该文中提供了一个实证分析福利政策所存在的内在局限的经典例证：20 世纪 90 年代初，由于各种内外部因素，瑞典这个典型福利国家，经历了一段时间的经济衰退，许多经济学家开始抨击"瑞典模式"和福利国家政策。在这些批评中，阿萨·林德贝克——著名的瑞典经济学家，诺贝尔经济学评奖委员会委员——撰文指出，"20 世纪 70 年代后，随着瑞典福利国家的扩张和瑞典模式的出现，与其他经合组织发达国家相比，该国的经济增长显然被甩在了后面，同时经济增长率在 20 多年里一直处于下降趋势"（Lindbeck, A. "The Swedish Experiment," *Journal of Economic Literature*, 1997, 35, 1273 – 1319）。对此，瑞典学者沃特·科比指出，"林德贝克的研究在方法论上犯了致命的错误"，因为他所采取的统计数据仅限于 20 世纪 70 ~ 90 年代，忽视了瑞典 20 世纪 50 ~ 70 年代的经济增长数据。实际上，"瑞典在整个 20 世纪 50 ~ 90 年代平均年经济增长率都低于经合组织国家，而不是 20 世纪 70 年代福利国家出现后开始低于上述国家"。据此，科比提出，"经济学家在从事有关基于经验证据的政策研究时常存在资料客观性不足的问题，而这一现象并不仅仅局限于瑞典，他指出，就当前的研究成果而言，尽管经验研究中获得可靠数据仍然比较困难，但是人们并未发现明确无误的证据证实福利国家的政策和制度安排拉了经济增长的后腿"（Korpi, W. "Welfarce States, Econormce Growth and Scholarly Objectiufy," *Chalfenge*, 2000, 43（2）：49 – 66）。科比进而呼吁，"在与政策相关的研究领域，经济学家毫无疑问应该遵循一贯的客观和科学的传统，因为只有这样才能保证研究的客观性并推动学术的进步"（Korpi, W. "Welfarce States, Econormce Growth and Scholarly Objectiufy," *Chalfenge*, 2000, 43（2）：49 – 66）。但问题恰恰在于，科比对林德贝克的指责逻辑同样适用于自身。即便是科比实证分析是"正确的"，这也仅是瑞典一个时期的情况，如果把时间进一步拉长，或者在其他国家背景下的相关研究就存在很大的不确定性。何况林德贝克也可以反驳，即使把时间拉长到 20 世纪 50 ~ 90 年代，也无损于 20 世纪 70 ~ 90 年代的结论，这可以看作不同的两个研究，尽管研究问题是一样的。众所周知，对一致同意的事实，也必然存在着各种不同的，甚至是截然相反的解释和评价。理性多元论事实不仅存在于规范价值领域，而且内在于实证分析领域。

须根据其促进幸福最大化的程度才能得到证成。国家在福利领域中的功能仅仅被视为一种收入与财富的再分配手段，在边际效用递减下（预设），国家对于促进幸福最大化具有一种基本作用。在古典功利主义框架下，即便国家福利功能能够得到证成，也仅仅被限制在收入与财富的再分配范畴，而对于其他非效用价值（比如机会、选择过程、基本能力）则熟视无睹。换言之，单纯基于幸福或福祉（wellbeing）概念具有不可容忍的狭隘性。斯坎伦论证了福祉概念在道德上并不能成为超越其他一切非效用价值的主价值，因为，尽管事物往往具有促进幸福的工具性价值，但并非一切事物或行为只有促进幸福才有价值，除了工具性价值，各种内在价值并不依赖于幸福的促进。幸福在很大程度上取决于人们有理由选择的人生目标及其实践过程，价值是多元的，"为了促进……"的后果论仅仅是评判价值的一种方式。① 古典功利主义在价值判断上，坚持一种幸福的最大化标准，仅仅把人视为一种效用的体验机或效用容器。尽管现代功利主义以及现代（新）福利经济学用偏好取代幸福或福祉概念，依然没有改变功利主义效用最大化标准内在固有的狭隘信息基础。阿玛蒂亚·森指出，福利主义（和福利经济学）将评价标准局限在非常狭隘的范畴内，在极力强调幸福或效用的优先性的同时，也极力贬损或否认其他非效用价值的重要性，它总是忽略评价过程中存在的各种实质性的非效用特征之间的差异，而仅仅通过所产生的效用结果对每一种选择进行评价，"根本不承认效用或幸福之外其他任何概念所具有的内在价值，这种存在于社会状态和政策评价中的固执偏见实在令人称奇……"②。这种偏狭的信息基础，无视人与人之间的实质性差异或"人与人之间的分离性"事实（诺奇克），漠视"我们彼此之间负有的实质性道德义务"（斯坎伦），忽视甚至鼓励"侵犯"人们的基本自由权利。在功利主义看来，根本就不存在先于效用最大化标准的基本义务以及自由权利问题。功利主义基于效用最大化原则无视人与人之间的特殊义务，要求我们一视同仁地对待自己与其他人的义务和事业。

---

① 托马斯·斯坎伦：《我们彼此负有什么义务》，陈代东等译，北京：人民出版社 2008 年版，第 131 页。

② 阿玛蒂亚·森：《正义的理念》，王磊、李航译，北京：中国人民大学出版社 2012 年版，第 259 页。

这不仅有违于我们的直觉，而且会实质性地影响到我们自身存在的方式，毕竟，我们对于家庭的忠诚、对于所选择的事业的坚持、对于友谊所负有的义务等，构成了我们自身存在的基本内涵。而效用最大化原则可能要求我们随时牺牲或放弃这些实质性内容。另外，内在一致性的功利主义也无法先于效用最大化标准而排除非理性偏好、不正当偏好或涉他性偏好。尽管现代功利主义往往基于效用最大化标准而试图协调这些内在冲突，但由于效用计算的不确定性及其狭隘的信息基础，功利主义最终并不能排除要求人们必须做出"牺牲"。

鉴于此，即便是功利主义能够为国家福利功能的必要性提供一个自圆其说的理由，其也仅仅把国家福利功能的目标局限于效用或幸福体验所内在要求的基本需求满足上。无论这种基本需求是较低层次的还是体面层次的，功利主义视野下的国家福利目标都无法超越效用或幸福标准而聚焦于其他非效用价值。因此，功利主义框架下的国家福利功能不仅基础不稳定，而且单纯强调收入与财富的税收再分配以满足基本需求，严重忽视了自由的选择机会与选择过程的内在价值，漠视了可能性（机会）再分配的重要性和"我们彼此间负有的道德义务"。功利主义为国家福利功能所提供的辩护基础及其弊端，无法有效地回应新古典自由主义者以及自由至上主义者对于国家福利功能的税收再分配机制的道义性批判。只有超越功利主义框架我们才有可能为国家福利功能的必要性与发挥机制的合理选择寻求一种坚实的理由。在我们正式转入下一章之前，还需要总结一下功利主义为国家福利功能的发挥机制所提供的有效结论。

三　国家在福利传递中的剩余型功能与使能者角色

在总结与讨论功利主义为国家福利功能的发挥机制所蕴含的基本结论之前，我们需要重点强调，国家在福利传递中的功能与角色，不同于国家福利功能本身，这一点在问题的提出中就已经得到了详细的说明。国家在福利传递机制中发挥边际剩余型功能，并不意味着国家福利目标和供给水平被定位成边际剩余型角色，这是两个不同性质的问题。换言之，国家在发挥广泛的再分配功能的同时，也可以不必亲自参与福利的传递与服务。功利主义由于自身的内在不确定性与信息基础的狭隘性，并不能为国家福利的税收再分配功能提供一个稳固的基础，无法基于效用最大化目标为国家福利供给水平本身提供一种明确的指导。然而，这并不意味着它无法为国家福利功能的发挥机制或服务传递机制提供一个明确的指导。事实上，一旦确定了国家福利目标或供给水平，在服务传递机制上，功利主义就要求首先尽可能地利用市场配置资源的优势以及非营利组织在多样化需求满足上的优势。只有在不能有效形成服务市场的地方，为实现国家福利的目标，国家才能亲自发挥具体福利服务传递的功能。因此，在功利主义的框架下，自由市场机制不仅是资源配置效率的有效工具，而且由于其本身在产权得到清晰界定等局限条件下能够达成效用最大化（帕累托效率），功利主义对于国家在福利服务传递领域中的功能定位，实际上主张市场机制优先，要求国家发挥一种边际剩余型功能。更进一步的，国家在福利领域中应该扮演使能者角色，积极协调各种福利供给与传递主体，积极培育保险市场，在边际上作为福利服务传递者的功能弱化。这里再次强调，这绝不意味着国家福利功能本身应得到弱化，也绝不意味着国家在福利领域中的投入应逐步减少。对这一问题的完整回答已经远远超越了功利主义的框架本身，功利主义在国家福利目标或水平标准方面，并不能给予清晰的指导，也没有能力给出一个清晰的答案。换言之，国家福利功能可以是这样一种结合：基于某种正当理由要求国家保证提供一种充裕的福利供给水平以实现某种正当目标的同时，依然可以要求国家在功能发挥机制上保持一种边际剩余型功能与使能者角色。

在福利传递机制上，国家的边际剩余型功能与使能者角色定位，可以有效地回应新古典自由主义者们对于战后福利国家大包大揽、主管主办的福利传递机制弊端的批判。国家大包大揽、主管主办的福利服务传递机制，的确存在着诸多效率问题与各种非预期性后果。在市场机制能够有效发挥福利服务传递的领域中，国家的确没有理由参与进来。现代福利经济学已经证明，无论从何种初始资源禀赋状态出发，要实现帕累托效率，都必须借助市场机制。而科斯定理也揭示出，只要产权能够得到清晰界定，无论产权归谁，通过自由市场竞争，最终都能够最大限度地实现帕累托效率。也就是说，从任何一种初始资源禀赋出发，相对于非市场机制，市场竞争机制是相对最优的，即租值耗散或价值浪费是最小的。一旦设定好国家福利目标及其保障水平所要求的福利资源投入,我们就没有理由不优先考虑利用市场竞争机制来传递福利服务,比如通过国家购买服务的方式来满足特定群体的福利需求,实现特定福利目标。

四 需要回到初始资源分配状态

当然,我们清醒地认识到,新古典自由主义者以及自由至上主义者们对于国家福利功能的核心指责有如下两点:(1)强调国家福利功能的目标与供给水平对于效率本身的损害;(2)国家福利功能本身在道德上是不正当的。对于这两点的探讨都已经超越了功利主义的框架。需要说明的是,新古典自由主义者在第二点上与自由至上主义者的立场是基本一致的。这一点我们集中在下一章进行探讨。对于第一点,新古典自由主义者对于国家福利的税收再分配本身所造成的效率损害的指责,当代各种社会福利观念已逐渐发展出有效应对这种指责的理论和实践。其共同的思路是,从效率内部出发,强调国家福利功能在当代经济竞争效率的核心要素(比如人力资本、人的基本能力)上发挥着不可替代的功能,从而试图整合平等与效率之间的内在冲突,有效回应新古典自由主义者从效率的角度对于国家福利功能所发起的有力攻击。这种观念可以被统称为社会投资型国家。(经济)平等与效率之间的冲突与权衡,在功利主义框架下被充分揭示出来,然而,对这一问题的解决已远远超越了功利主义的范畴。我们将在第七章的相应部分中回过头来集中探讨现代社会福利观念对这一难题的处理(进一步的讨论,请参见第七章第三节内容)。现在我们将重点转入对第二个问题的探讨,审查自由至上主义者对于国家福利的税收再分配机制的道德权利指责是否具有充分的理由。

实际上,无论是在古典功利主义(包括早期福利经济学)框架下,还是在现代功利主义(包括现代福利经济学)框架下,幸福总量的最大化或帕累托最优的实现,均把初始资源禀赋的自然状态视为一种前提而接受下来。科斯定理更是证明,对于帕累托效率(效用最大化)而言,产权谁属不是问题的关键,重点在于产权只要能够得到清晰界定即可,而资源禀赋的初始分配是否公平,不在功利主义的考虑范围之内。产权如何才能得到清晰界定成为问题的关键,在众多产权界定的制度中,人们可以有理由不接受某种不公平的产权界定，或者说，我们有充分的理由选择一种更为公平的初始资源分配状态。这一问题把我们引向初始资源的公平分配问题上来。我们首先面对的是自由至上主义者诺奇克对国家福利功能的道德权利否证，其主要的根据正是国家福利功能的强制性再分配侵犯了人们的私有财产权。

第三章　财产权与国家福利功能

以诺奇克为代表的自由至上主义者否证国家福利功能的一个主要立论是，其必然侵犯了人们的私人财产权，因而在道德权利上是错误的。为国家福利功能进行辩护，需要从该立论的内部出发，有效化解这一道德权利指控。本章将基于对诺奇克式私人占有理论的批判性探讨，试图阐明如下观点。（1）某种水平的国家福利功能是私人财产权得以证成的基本前提。诺奇克式私人财产权概念（不受限制的、永续的、完整的）是武断专横的，能够被证成的私人财产权概念是有限的、有条件的，其限度或条件恰恰是，以满足所有相关者（某种程度的）基本需要为目标的国家福利功能。这为国家福利功能的必然性保留了空间。（2）产权清晰界定是自由市场及其发挥资源配置效率的必要条件，而诺奇克式私人财产权概念仅仅是产权清晰界定的一种极端狭隘的方式，并非唯一方式。这为国家福利功能与自由市场及其效率机制相容留出了空间。总之，自由至上主义者们没有理由从财产权的角度否证国家福利功能的必然性与有效性（与效率机制相容部分）。本章的基本结构安排如下：在第一节中，简要概述诺奇克的资格理论及其私人财产正当获取的论证思路；在第二节中，围绕着诺奇克式私人财产权观念的批判性审查，探讨财产权与国家福利功能之间的关系，有效回应自由至上主义者在财产权视阈下对国家福利功能的核心指控。

第一节　诺奇克资格理论及其论证思路

一　诺奇克的基本立场与国家福利功能

在道德权利上，以诺奇克为代表的自由至上主义者对国家福利功能正当性基础的智识拷问具有决定性意义。诺奇克在其代表作《无政府、国家和乌托邦》中，讨论了国家的性质及其正当功能。其从个人的道德权利出发为国家功能进行划界，论证最小国家或最弱意义上的国家（a minimal state）是唯一能够得到辩护的国家。用诺奇克的话说，"一种仅限于防止暴力、偷窃、欺骗和强制履行契约等有限功能的国家；而任何功能更多的国家都将因其侵犯到个人不能被强迫做某些事的权利而得不到证明；最弱意义上的国家是正确的，同样也是有吸引力和鼓舞人的。由此引出两个值得注意的推论：国家不可用它的强制手段来迫使一些公民帮助另一些公民；也不能用强制手段来禁止人们从事推进他们自己利益或自我保护的活动"[1]。如此，诺奇克以独特的立论反驳了国家福利的正当性。国家福利的本质特征之一是通过税收再分配机制实现收入与财富的转移支付，试图达到的客观结果是，把富人所拥有的财产基于某种理由以某种方式转移给穷人，至少表面上看起来是如此。诺奇克认为，建立在自愿性基础上的慈善救济是非常值得鼓励的，自愿的私人慈善行为是行使私人财产权的最佳方式。[2] 但是，国家福利功能的税收再分配机制是用强制性手段来迫使一部分人去帮助另一部分人，而通过国家的暴力机器强迫富人帮助或救济穷人在道德上则是错误的，核心理由是它侵犯了人们的私人财产权。诺奇克反对国家福利功能的立论是建立在一套资格理论（entitlement theory）或持有正义理论（theory of justice in holdings）基础上的。要反驳诺奇克的基本立论，为国家福利功能的正当性留出空间，我们必须从其资格理论或持有正

---

[1]　罗伯特·诺奇克：《无政府、国家和乌托邦》，姚大志译，北京：中国社会科学出版社2008年版，第22页。

[2]　罗伯特·诺奇克：《无政府、国家和乌托邦》，姚大志译，北京：中国社会科学出版社2008年版，第265～269页。

义理论开始讨论。

二 诺奇克资格理论与初始获取原则的优先性

诺奇克资格理论由其建立起来的持有正义理论所表达的，核心议题是持有物的权利资格问题。诺奇克的持有正义理论由三个基本的命题所构成，分别是：持有的初始获取原则、持有的转让原则以及矫正原则。[1] 持有的初始获取原则所要解决的问题是，一个无主物如何正当地转变成有主的，即私人财产的初始获取问题。这涉及获取的正义原则（principle of justice in acquisition）。持有的转让原则是指，一个人可以通过什么正当途径将其持有物转让给他人，或者从他人那里正当地获得持有物，比如通过公正的市场交易、赠予，而欺诈、抢夺等手段显然是不正当的转移方式。这涉及转让的正义原则（principle of justice in transfer）。诺奇克区分了拥有正当持有资格的两种基本途径：①个体按照获取的正义原则而获得某物，则对持有该物具有正当资格；②个体从另外一个有正当资格拥有该物品的个体那里，通过符合正义的转让原则而获取了该物品，则个体对该物品具有正当资格。诺奇克认为，拥有物品的正当资格或私人财产的正当获取方式只有上述两种途径，即正当的初始获取途径与正当的转让获取途径。除非经过财产的正当初始获取与财产的正当转让获取的（重复）应用，否则任何人对一个持有物都是没有资格的。[2] 假如在理想状况下，所有物品或财产的初始获取都是正当的，且物品或财产的转移也都是正当的，那么，在充满了正当资格的世界中，不存在国家福利功能的任何空间。因为，在这种充满了正当资格的世界中，除非经过人们的实际同意，否则强迫将一部分具有正当资格的财富转移给另一部分人，这与抢劫无异，"劫富济贫"在这里并不是一种戏谑的表达，实际上具有严肃的道德谴责意涵。当然，理想状况毕竟不是现实，在充满各种复杂性的现实世界中，物品或财产的初始获取不一定符合正义原则（如何才能符合正义原则是问题的根本，在

---

[1] 罗伯特·诺奇克：《无政府、国家和乌托邦》，姚大志译，北京：中国社会科学出版社2008年版，第180~181页。

[2] 罗伯特·诺奇克：《无政府、国家和乌托邦》，姚大志译，北京：中国社会科学出版社2008年版，第181页。

下文重点讨论），而转让过程也现实地存在着欺骗、偷窃、奴役、抢夺等各种不公平竞争。这样，我们就到达了诺奇克持有正义原则的第三个原则：对不正义的矫正原则，即对获取正义原则与转让正义原则的违反进行矫正，以恢复对持有物的正义资格。

持有正义理论所包含的三个基本原则并不具有同等地位。首先强调的是，持有正义的矫正原则并不是一个独立原则，而是依赖于持有的初始获取原则与转让原则，它只是对历史上发生并能够得到识别的，通过不正义获取与转让原则而获得的不正当资格进行矫正。其次，物品或财产通过转让原则获得正当持有资格，必须符合两个基本前提：①转让过程符合正义原则；②转让的持有物必须有正当资格。对于第一个条件而言，在转让过程中，不能存在偷窃、欺骗、抢劫、强买强卖等，比如，可通过自由市场交换商品，但必须在信息充分、自愿交易的条件下进行。当然，若有纠纷可以通过诉诸法院获得仲裁。对于第二个条件而言，转让的持有物不能通过非正当手段获得。有人可能会说，从现实历史的角度，我们不可能追溯到某一件具体的物品或财产转移都是具有正当资格的。但是，一旦有人有充分的证据证明转让的物品或财产是另有其主的，那么就应该启动矫正机制。历史的确是一笔糊涂账，试图现实地厘清每一件物品或每一笔财富的正当资格是不可能的，也是没有必要的，除非有人能举证来证明其正当资格本来属于谁。不过，至少在原则上，一个正义理论必须要满足这个基本要求。根据第二个条件的基本要求，转让的持有物要具有正当资格，通过不断地追溯，就来到了持有正义理论的第一个原则即持有物的初始获取原则。换言之，转让的正义性，本质上依赖于初始获取的正义性。自由市场正当性的前提之一是双方交易有正当资格的商品。

综上，对于诺奇克的持有正义理论而言，三个正义原则中最基础的是第一个原则即持有物的初始获取要符合正义原则。这就能进入私人财产的初始获取的正当条件的讨论中来。对于诺奇克的资格理论而言，私有财产的正当初始获取原则优先于私有财产的正当转移原则。私有财产的正当初始获取原则是诺奇克资格理论或持有正义理论的核心，诺奇克的所有立论都依赖于此。当然，从其资格理论来看，诺奇克式私人财产权包括私人财产的全部权利要件：所有权和不受约束的转让权、使用权与受益权。根据新制度经济学的观点，私人产权（private property rights）并不一定包含完整的基本权利要件，私人财产权的基本权利要件是可以分离的。著名的科斯定理表明，私人产权的清晰界定是市场交易的前提条件，但其要求的私人产权并不一定要求包括私人所有权，重要的是使用权、转让权与受益权的清晰界定。[①] 而对于诺奇克而言，其所要求的私人财产权显然是完整的产权。事实上，诺奇克不仅要求完整的私人产权，而且试图论证一种不受限制的、"永久的和可继承的"私人财产权利的正当性。一旦诺奇克意义上的私人财产权利的初始获取得到充分证明，国家福利功能在道德上也就失去了正当性。因此，我们需要重点探讨诺奇克为私人财产的正当初始获取所做的论证。

三 诺奇克对私人财产初始获取的论证

根据诺奇克的资格理论，如果私人财产在初始获取上是完全符合正当条件的，那么私人财产权利在道德上就是神圣不可侵犯的，除非经过正当的转让程序而获得，否则，通过其他任何途径实现私人财产的转移在道德上都是错误的，需要被谴责的。其他非正当的途径一经查实，就应该根据矫正原则实施矫正，物归原主或进行相应的补偿，以彰显正义。问题的要点聚焦在，诺奇克是如何为私人财产初始获取的正当性进行论证的？

诺奇克首先从一个预设出发：（A）世界最初是无主的，世界中的任何资源既不属于任何个人私有，也不属于任何群体共有。接下来的问题是，如何把无主物转变成个人拥有正当权利的私有财产呢？诺奇克主要借助于洛克的获取理论来论证这一点。洛克认为，（B）个人通过自身的劳动（体力与脑力）使无主物转变成了个体的私人财产。由于预设了个体拥有自身，也就意味着个体拥有自身的劳动及其创造的价值，个体私人财产的正当权利来自个体劳动与无主物（外部世界资源）相混合的结果。然而，劳动所与之相混合的东西的界限在哪里？诺奇克对于劳动与之相混合的东西的界限问题提出了一系列的疑问，就避开不谈了，这的确是一个复杂的问题。即便是我们不能在该问题上达成共识，也不影响诺奇克的论证。关键

---

① 张五常：《经济解释》（卷一之科学说需求），北京：中信出版社 2010 年版，第 18～20 页。

的问题在于：为什么把一个人的劳动与某种东西相混合就可以使这个人正当地成了它的所有者。诺奇克认为，最好的回答是，我们所施加的劳动增加了无主物的价值，劳动创造了价值，我们由于拥有自身的劳动，所以据此而拥有凝结在无主物之上的价值所有权。有一个根本问题依然没有得到解决：为什么一个人仅凭自身的劳动就可以把权利扩展到整个物品上面，而不是仅仅局限于其劳动所创造的附加值上面。如果我们仅仅根据拥有自身劳动而提出占有的理由，那么我们也仅仅拥有自身劳动所创造的或增加的价值（附加值），而无法扩展到对劳动产品中所蕴含的无主物或外部世界资源本身的私人占有权利。比如，"我"最初通过自身的劳动在无主地上开垦了一块耕地，"我"可以根据劳动创造价值的理由，完全拥有这块耕地的所有权吗？事实上，根据现有局限条件，"我"无法区别自身劳动所施加的无主地的改变部分与无主地的自然部分，它们本身是混合在一起的，"我"的劳动与外在世界资源混合在一起，密不可分。当然，根据诺奇克所指定的现有局限条件，"我"可以在这块开垦出来的土地上进行劳作，收获劳动果实。但是，如果"我"不具有这块土地的完全产权，也就难以合理地拥有利用这块无主地所产生的劳动成果的全部所有权；或许可以通过某种方式来评估"我"的劳动所施加于土地的增值部分，而"我"只能对这些增值部分宣称某种程度的正当权利；或许可以通过约束使用年限或土地增值税机制来实施分成；当然，也可能存在着，由于"我"的劳动或行为而破坏了无主物的应有价值。这样一来，我们就得出了不同于诺奇克意义上的私人财产权。这也就意味着，仅仅根据自身拥有劳动及其创造的价值这一理由，无法顺带着为占有所利用的外部世界资源的正当性提供辩护。换言之，任何基于劳动创造价值的理由对无主物或外部世界资源的私人占有都不能得到充分辩护，除非有其他合理理由对此给予令人信服的解释。

诺奇克提供了两个基本理由。第一个是采取诉诸困难或间接回避的方式，第二个是通过对洛克式限制条件的探讨或修正来试图解决该难题。对于第一个辩护理由，诺奇克认为，"任何可行的、连贯的增加价值的所有权方案迄今为止还没有发明出来，而且，任何这样的方案大概都会遇到反对意见，就像亨利·乔治（Henry George）的理论所遇到的反对意见一样"①。的确，区分外在世界资源的价值与个体劳动所产生的增加值是非常困难的，尤其是涉及历史的回溯问题，把价值完全厘清几乎不可能。但是，这并不是一个充分的反对理由，完全厘清外在资源价值与劳动附加值不可能，也没有必要，但这并不意味着我们不能在一个显著性范围内进行估值，也并不意味着我们不能从边际的角度对外在资源的价值与劳动附加值进行估值。我们也可以借助资本市场的竞价机制来发现外在资源的价值，这一点已经不是什么太大的障碍，且已被广泛运用。因此，对外在资源的估值及其自然增值进行征税早已成为现实，只不过对外在世界资源的使用及其增值进行的征税，并不一定被必然运用到国家福利的税收再分配领域。相反的一个例子也可以说明这一点，对于那些外部性所产生的污染问题，比如由于二氧化碳排放所导致的空气污染问题，遂过界定产权，政府发放污染许可证，设定目标，使之逐年减少，并允许进行自由交易，可以实现空气污染的市场估值以及激励企业显著减少二氧化碳排放。② 碳排放权的界定与交易也已经成为世界的热门话题。至于诺奇克所提及的历史上著名的亨利·乔治的单一税运动，尽管遭到了既得利益团体的抵制，但依然受到很多经济学家的推崇，并产生了深远的影响。19 世纪后期，美国经济的飞速增长，导致地租飞涨，预先购买了土地的人们成为幸运儿，获得了丰厚的回报。一位对经济学有过深入研究的新闻记者乔治·亨利在《贫困与进步》（1879 年）一书中认为，土地所有者并不是因为自身劳动而获得了土地的高额增值，其并没有合理理由享有对所拥有土地的自然增值部分的完全财产权。因此，对于土地的自然增值部分应该征收高额的财产税，同时相应地减少对劳动与资本等收益征收的税率。这种单一税收是纯经济租金理论的具体应用，即在不损害经济生产效率的同时，改善收入分配。这一思想受到了历代经济学家的重视，后来英国经济学家弗兰克·

---

① 罗伯特·诺奇克：《无政府、国家和乌托邦》，姚大志译，北京：中国社会科学出版社 2008 年版，第 209 页。

② 保罗·萨缪尔森、威廉·诺德豪斯：《经济学》（第 19 版），萧琛等译，北京：商务印书馆 2013 年版，第 254 页。

拉姆塞在此基础上还建立了著名的拉姆塞原理（效率原理）。① 诺奇克提供的第一种理由，显然无法为完全的私人财产权利——不仅包含了劳动创造的附加值，而且包含了自然资源的价值及其自然增值——提供一个无人能合理拒绝的理由。

不过，驳倒诺奇克的第一个理由并不能威胁到诺奇克的整体论证，因为其最关键的论证是第二个理由，且第二个理由不依赖于第一个理由。我们现在转到对诺奇克第二个理由的探讨上来。在第二个独立提供的理由中，诺奇克通过重点分析洛克的私人占有的限制性条件而试图解决完全的私人财产所有权问题。

为什么我们能够合理地说，仅仅通过我们自身的劳动就能把私人财产权利扩展到所涉及的外部世界资源中，而不是仅仅局限于自身劳动所创造的附加值上？诺奇克要坚持这种不受限制的绝对财产权利在道德上的正当性，就必须提供一个合理的说明。诺奇克剖析了洛克为私人正当占有所设置的限制性条件。洛克在《政府论》（下篇）第五章中论述了私人财产权及其限制性条件。洛克给私人财产权设置了两个限制性条件：①不能浪费；②"还留有足够多、同样好的东西给其他人"（enough and as good left for others）。② 对于第一个限制性条件，洛克强调，浪费是不允许的，当人们通过自己的劳动获得所消费的食物，如果不能消费掉，不能储存而使其腐烂或败坏，则其就违反了自然法则，就会受到道德谴责或惩罚。③ 当然，我们要全面理解洛克不浪费的内涵，洛克为私人财产所限制的不浪费，仅仅是指不能荒废掉、腐败掉，即不能任由有使用价值的物品自然败坏掉。只要能被消费掉（而无论谁来消费），或采取某种方式储藏起来，就不算是浪费。因此，当货币出现并被广泛使用时，不浪费这一限制性条件就基

① 保罗·萨缪尔森、威廉·诺德豪斯：《经济学》（第19版），萧琛等译，北京：商务印书馆2013年版，第248页。
② 约翰·洛克：《政府论》（下篇），叶启芳、瞿菊农译，北京：商务印书馆1964年版，第18页。
③ 保罗·萨缪尔森、威廉·诺德豪斯：《经济学》（第19版），萧琛等译，北京：商务印书馆2013年版上，第24~25页。

本上不起太多的作用了。①这样一来，只要通过金银货币把劳动占有的财产储存起来，而不至于产生浪费，那么，"对于财产权容许占有多少也就不能有任何怀疑"。对于洛克来讲，财富终究是社会性的，只要不浪费，通过市场交换获取必需品，本质上是用劳动来交换另一种劳动，贫富差距或收入与财富的不平等是不能基于浪费的理由而遭到谴责的。因此，洛克的不浪费条件在货币为本的情况下，基本上不能算是一个实质性的限制性条件。这样，洛克对私人财产权利的限制性条件也就聚焦于"还留有足够多、同样好的东西给其他人"这样一个核心条件了。

在最初的自然状态下，由于人少，而自然资源丰富，洛克的这一限制性条件是可以得到保证的。然而，随着人口数量的增多、技术的改进，可供改善的无主物显得越来越有限，人们之间的生存和占有的竞争与冲突开始逐渐增加，"还留有足够多、同样好的东西给其他人"这一洛克式限制性条件不可能得到满足。在这种情况下，经由劳动本身而获得资源的全部的私人财产权就是没有道理的。因为，在资源稀缺的情况下，当无主物归属于某人时，就改变或恶化了所有其他人的处境，所有其他人不再有"足够多、同样好的东西"了。这样一来，诺奇克就把洛克的"还留有足够多、同样好的东西给其他人"这个限制性条件，阐释为或修正成"不能使其他人的处境变坏"（not worsen the situation of others）。于是，（D）"关键的问题是无主物的占有是否恶化了其他人的处境"②。柯亨评价道，诺奇克正确地把洛克对于私人财产权的限制性条件转变成"不能使其他人的处境变坏"这一限制性条件。只要没有人能从一种状态转变到另一种状态的过程中，处境变糟糕或利益受到损害，那么，这种变革就是正当的。没有人

---

① 对于洛克来讲，"结实耐久的东西，他喜欢积聚多少都可以。超过他的正当财产的范围与否，不在于他占有多少，而在于是否有什么东西在他手里一无用处地毁坏掉。货币的使用就是这样流行起来的——这是一种人们可以保存而不至于损害的能耐久的东西，他们基于相互同意，用它来交换真正有用但易于败坏的生活必需品……他们通过默许和自愿的同意找到一种方法，使一个人完全可以占有其产量超过他个人消费量的更多的土地，那个方法就是把剩余产品去交换可以窖藏而不致损害任何人的金银；这些金属在占有人手中不会损害或败坏"［参见约翰·洛克《政府论》（下篇），叶启芳、瞿菊农译，北京：商务印书馆1964年版，第30～31页］。
② 罗伯特·诺奇克：《无政府、国家和乌托邦》，姚大志译，北京：中国社会科学出版社2008年版，第175页。

可以有合理理由指责这种改变，因为没有人由此受到负面影响。[①] 问题的全部要点集中在，何为处境变坏？用什么来衡量这种处境的变化？这种处境变坏相对于什么状态而言？围绕着这些关键性议题，诺奇克的占有理论是否能够站得住脚？我们需要具体审查诺奇克为此所做的解释。

对于诺奇克而言，现在所面临的核心难题是："一种允许占有和永久所有权的制度（不再有可得到的和有用的无主物）是否使那些不再能够占有的人们的处境变坏了？"[②] 诺奇克认为，某人通过劳动实现对某物的私人占有，可以通过如下两种方式恶化其他人的处境[③]：第一，这种占有使其他人丧失了继续占有的机会，即占有机会丧失观点；第二，这种占有使其他人不再能够自由地使用自然状态下的物品，即使用价值遭到排斥。在资源稀缺状态下，一种占有不恶化其他人处境的严格要求（洛克式严格限制性条款）是：需要排除上述两种影响其他人的方式。而一种占有不恶化其他人处境的较弱要求（洛克式较弱限制性条款）是：只要合理解决了一种占有使其他人使用遭到排斥的问题即可，而不必考虑占有机会丧失观点。在诺奇克所提到的这两种可能使其他人处境变坏的界定中，其强调只要第二种较弱的洛克式限制性条款得到满足就可以了，而不需要考量一种特殊占有是否排除了其他人占有的机会这种情况，当然，更不能包括由于正当竞争所产生的对其他人处境的影响。诺奇克尽管提到了占有机会丧失观点，但排除了它是限制私人占有的实质性条件，而把这种私人占有的限制性条件仅仅定义成使用价值的丧失。这样，对于诺奇克而言，只要满足如下条件，一种永久性的、完全的私人占有就是正当的：只要我们能够合理地断定一种私人占有并没有实质性地影响或恶化其他人在自然状态下（诺奇克的无主状态或洛克的共有状态）的使用价值；或者，虽然一种私人占有影响或恶化了其他人在自然状态下的使用价值，但可以对利益相关者在

---

① G. A. 柯亨：《自我所有权、世界所有权与平等》（上篇），载吕增奎编《马克思与诺奇克之间：G. A. 柯亨文选》，南京：江苏人民出版社 2007 年版，第 85 页。

② 罗伯特·诺奇克：《无政府、国家和乌托邦》，姚大志译，北京：中国社会科学出版社 2008 年版，第 211 页。

③ 罗伯特·诺奇克：《无政府、国家和乌托邦》，姚大志译，北京：中国社会科学出版社 2008 年版，第 210~211 页。

自然状态下的使用价值进行补偿，从而使其在占有后的使用价值与自然状态下的使用价值相比，前者不低于后者，这也算是充分满足了私人占有的洛克式限制性条件。

四　诺奇克为私人财产权辩护的要点

行文至此，我们简要地总结一下诺奇克为"一种永久的、可继承的私人财产所有权"辩护所提出的基本前提预设。（A）自然状态下的资源是无主的，既非私有的，也非公有的；（B）人们对自己的劳动及其创造的价值拥有所有权，劳动使无主物从任何人都可自由使用的自然状态中转变成排他性的私人占有；（C）私人占有的限制性条件是不恶化其他人的处境：（a）只用使用价值（物质条件、经济价值，或洛克所强调的基本生存需求的满足）来界定处境；（b）私人占有不恶化其他人的参照系仅仅被限定在自然状态中，而排除了其他各种替代性选项。因此，私人占有的限制性条件实际上就被诺奇克界定为：相对于任何人都可以自由使用的无主状态而言，一种私人占有只要不使其他人在无主的自然状态中让使用价值得到恶化，或在使用价值上得到相应的补偿，则这种私人占有就是正当的，无可指责的。

假设诺奇克为私人占有辩护所提出的条件均成立，那么，诺奇克还需要充分说明（D）相对于自然状态而言，私人占有状态必然比自然状态优越，能够创造出更多的物质财富以补偿自然状态中人们在使用价值上的损失，而且，完整的、永续的私人财产权利的界定是相对最优的选择。诺奇克并没有在这里过多着墨，仅仅简要地概述了私人所有权通过竞争机制使生产资源掌握在更富有创新、勇于承担风险、更有效率的人手里，从而使物质财富得到极大丰富。当然，这一点从总体上的确不需要过多论述，正如马克思所指出的，建立在私有制基础上的资本主义在其简短历史中，所创造的财富远远超过了过去所有时代人类所创造的物质财富的总和。亚当·斯密在《国富论》中揭示了人们基于占有更多的物质财富的自利动机，通过自由市场机制这只"看不见的手"实现劳动分工协作与优势互补，极大地提高了劳动生产率或经济效率，这是国民财富增长的真正源泉。这些伟大的思想家早已从不同角度揭示了私人占有对于创造财富的重要性。然而，对于诺奇克以及所有试图论证完整的私人产权的正当性的人来说，还需要进一步证明，确立私人财产权利相对于自然状态而言，是必然的或必需的，也是所有可能的替代性选择中最优的。这一点我们可以通过现代经济学家（主要集中在新制度经济学领域）对于无主资源的租值耗散现象或公地悲剧现象的剖析，来揭示产权清晰界定的重要性。我们可以发现，这种揭示实际上并不能证明诺奇克意义上的完整的私人财产权利的必然性。下面我们结合对诺奇克为私人财产权利论证的四个预设或基本要点的批判，具体探讨自由至上主义从私有财产权利的角度来否证国家福利功能的正当性是徒劳的，几乎在每一个要点上，他们都为国家福利功能的必然性提供了支持而不是否定。我们接下来的分析将分别从（D）到（A）的顺序逐层展开。

第二节　私人财产权与国家福利功能的正当性

本节通过对诺奇克为私人财产权辩护所提出的四个基本预设的批判性探讨，论证诺奇克式私人财产权——完整的、永续的、不受限制的私人财产权——是不能得到辩护的，因而，从私人财产权的角度无法否证国家福利功能的正当性。恰恰相反，基本上从诺奇克所依赖的每一个要点中，我们都可以证明国家福利功能的必然性。首先，我们先从（D）开始，探讨如下命题：在保持诺奇克所设立的（A）、（B）、（C）条件成立的情况下，完整的私人财产权利的界定状态，相比于自然状态而言，是相对最优的选择。其次，我们探讨（C）不使他人处境恶化中的两个分论点。（a）如何界定处境，即测量或比较的尺度问题。在这里，我们可以分为两个基本的层次，在每一个层次上，我们都能为国家福利功能的必要性提供充分的论据，而不是否证国家福利功能的必要性。（1）第一个层次是在诺奇克所引述的洛克式较弱限制条件下，本书将阐明满足利益相关者基本需求是财产权能够得到辩护的最低要求或必要条件。在洛克的自然状态下，要求共有物品的自由使用价值能够满足基本生存需求，在资源较为稀缺的情况下，能够补偿自由使用的合理界定就是基本生活需求能够得到满足，这是不使他人自由使用价值得到恶化的基本内涵。这不仅是在自然状态下满足绝对意义上的基本需求所界定的，而且是在一种相对的基本需求概念的意义上所界定的。如此一来，随着社会的整体发展，满足特定社会状态相关联的基本需求，则是私人财产得以证成的基本前提。（2）第二个层次是在洛克式严格限制条件下，仅仅用自然状态下能够满足生活需求的物质条件或经济条件来界定处境的内容和水平，是武断而狭隘的，它忽略了非物质条件的价值（工具性价值与内在价值）——占有机会与自主选择的价值。而一旦把处境的内容与水平拓展到非物质领域，诺奇克式的私人财产权利就必然受到限制，需要征得其他人的同意或采取更为严格的限制性条款。这样，一种超越第一层次的基本需求满足的国家福利概念就能够得到证成，国家福利功能就会得到进一步的拓展。（b）私人占有状态需要对比的不能只是自然状态，证成私人占有状态全面优越于自然状态，并不能为诺奇克式私人财产权利提供充分的证据，它还需要排除其他各种可行的替代性选项。显然，存在着非诺奇克意义上的私人占有状态以及生产资料公有制状态比自然状态优越的情况。如果我们无法排除存在着比诺奇克意义上的私人占有状态更好的状态，那么，完整的私人财产权利就不是"神圣不可侵犯"的了。对于（B）自我拥有劳动及其创造的价值而言，自我所有权的内涵并不能拓展到不受限制的私人财产所有权，恰恰相反，它甚至为国家福利功能的必要性提供了另一种坚实的依据（关于自我所有权与国家福利功能的关系，将在下一章中集中处理）。最后，我们回到（A）诺奇克所提出的外部世界资源是无主的预设上，这种预设只是多种预设的一种。如果是联合所有的，我们在清晰界定产权的同时，就会有各种选择，比如通过股份制的方式，分割所有权，在能够满足自由转让使用权的同时，获得应有的收益；在提供一揽子契约，比如通过征收一定比例的税收，以保障基本需求得到满足的前提下，清晰界定产权；等等。每一种清晰界定的产权制度选择都为某种程度的国家福利功能的必然性提供了保障。下文逐一展开阐述。

一 租值耗散与私人财产权

在预设上述（A）、（B）、（C）条件均成立的情况下，试图用私人财产权来否证国家福利功能是徒劳的。诺奇克式私人财产权的界定状态，是否比自然状态更优（产权没有得到清晰界定的状态）的唯一选择？事实上，从私人财产权的必要性来看，能够证成的仅仅是产权需要得到清晰界定，而非诺奇克意义上的完整的、"永久的和可继承的"私人财产权概念。我们可以用自然状态中任何人都可以自由使用共享资源所必然带来的租值耗散（理论）来解释清晰界定私人产权的必要性，并阐明私人产权得到清晰界定并不意味着诺奇克式私人财产权利概念能够得到证成。

租值耗散理论是现代产权经济学中的重要理论之一，难有一个公认的界定，意指由于产权界定不清，在竞争（自利动机的驱动）下，处于无主状态或共有状态的资源价值（租值）会趋于耗散。租值耗散理论是从社会成本的角度理解科斯定理的方式，与科斯定理异曲同工。[1] 租值耗散本质上是一种无效率，一种资源价值的浪费即对社会利益带来损失的无谓消耗。"租值耗散"一词，出现于加拿大学者斯科特·戈登（Scott Gordon）1954 年发表的《公共财产资源的经济理论：渔业》一文中。[2] 而最早提出该话题的是著名经济学家弗兰克·奈特（Frank Knight），他在 1924 年发表的《社会成本解释中的一些谬误》一文中，对于庇古在其《福利经济学》中所举的两条公路案例进行批判。庇古提出，有两条相邻的公路，一好一坏，假如没有管理，人们争相到好路上行驶从而造成拥堵，直到好路与坏路达到一种平衡，即行车时间大体相同。拥挤堵塞造成好路价值不能得到应有的体现，使好路相对于坏路的比较价值丧失殆尽。庇古认为，如果政府通过对好路的使用强行收取税费可以使好路的价值得到体现，比如没有急事的人（时间成本低）就到坏路上，而有急事（时间成本高）的人可以通过付费来使用好路。这样，政府增加了税收，所有人都不会造成损失，各方皆大欢喜。奈特认为，庇古的分析逻辑没错，但奈特指出如果好路是私产，好路的产权人就会收使用费，从而使好路的价值体现出来，这跟政

---

① 张五常：《经济解释》（卷三之受价与觅价），北京：中信出版社 2010 年版，第 21 页。

② Scott Gordon. "The Economic Theory of a Common-Property Recources：The Fishery," *Journal of Political Economy*, 1954, 62（2）：131.

府抽税具有完全一样的效果。① 张五常强调奈特对庇古公路例子的这一重新诠释非常关键，"好路堵塞，导致社会成本与私人成本分离，无效率，可不是因为市场失败，而是因为好路不是私产，没有市场"②。1954 年戈登通过把庇古的两条公路的例子转变成海洋中两个产量好坏的公共渔场（无主渔场）的例子，剖析了所有渔民都可以自由地在渔场中捕鱼（自由使用好坏渔场资源），必然导致好渔场的拥挤与过度捕捞，使好的渔场的价值逐步消散。换言之，如果海洋资源是无主的或公有的，数量众多的自由竞争将导致海洋资源的价值（租值）消散。③ 1968 年，加勒特·哈丁（Garrett Hardin）发表了著名的《公地的悲剧》一文，深入剖析了公共牧场由于牧民的过度放牧造成牧地价值下降所产生的租值耗散问题。④ 1974年，张五常发表了重要的《价格管制理论》一文，通过考察香港当年的租金管制制度指出，政府对租金进行管制，导致管制界定的价值与市场交易价值之间产生差额，这部分差额类似于自然状态下的无主物或自由使用的公共资源，使用权利没有得到清晰界定，因而导致人们对此进行竞争追逐，而所付出的成本实际上是一种浪费，即产生了租值耗散。⑤ 比如，一件物品在自愿性交易下市价为 100 元，政府管制只准卖 80 元，其中 20 元的差额就相当于无主物或公共资源，大家竞相竞争，采取通过市价之外的规则进行争夺，比如排队、贿赂等。由于排队、贿赂等非市场手段竞争造成的成本对社会没有任何贡献，甚至是负面影响，只是在边际上替代了由于管制导致的差额价值，因而产生了租值耗散，即价值浪费。所有因为权利界定不明确的竞争都必然导致租值消散。

上述所探讨的租值耗散理论已经表明，在自然状态下，无主物或共有

---

① Frank Knight. "Some Fallacies in the Interpretation of Social Cost," *The Quarterly Journal of E-conomics*, 1924, 38 (4): 582–606.

② 张五常：《经济解释》（卷二之收入与成本），北京：中信出版社 2010 年版，第 232～233 页。张五常指出，庇古没有回应奈特，只是在他的名著再版时把公路的例子删除。这可能把产权经济学的发展推迟了三十多年。

③ Scott Gordon. "The Economic Theory of a Common-Property Recources: The Fishery," *Journal of Political Economy*, 1954, 62 (2): 124–142.

④ Garrett Hardin. "The Tragedy of the Commons," *Science*, 1968, (162): 1243–1248.

⑤ Steven Cheung. "A Theory of Price Control," *Journal of Law and Economics*, 1974, 17 (1): 53–71.

状态，由于人们的自由使用所产生的竞争，导致无主物或共享资源价值最终趋于消散。如果我们任由自然状态下的无主物或共有资源，随着自由使用的人员增多与竞争的加剧，而使其价值由于激烈争夺而消失殆尽，那么，不仅自然状态不能得到维持，而且人类无论是从必要性还是从道义上都必须走出自然状态。走出自然状态的必要性也曾经被近代著名思想家们所清晰揭示（如霍布斯、洛克等）。现代产权经济学中的租值耗散理论或科斯定理从制度经济学的角度再一次清晰地论证了清晰界定产权的重要性。因此，通过确立或界定私人财产权利，避免自然状态下无主物或共享资源由于竞争而造成价值耗散，就是必需的。正如戴维·施密茨（David Schmidtz）所指出的，把自然状态下的资源转变成私人财产，不仅被允许，而且是必需的，甚至是一种道德义务。因为，明明知道自然状态下的资源价值将耗散殆尽，还依然保留自然状态，这本身就违反了洛克式限制性条件。① 这仅仅证明了清晰界定财产权利是必要的，是约束恶性竞争与避免租值耗散的基本条件。然而，它并不能证明诺奇克意义上的私人财产权利是必要的。诺奇克意义上私人财产权利属于自由至上主义者的私人财产权利观：它赋予了私有财产的所有权利，强调"人们能够不平等地占用资源并进而形成没有限制的财产权"②，它是一种预设的"强大的道德权利约束"。诺奇克意义上的私人财产权利，包含了私人财产权利的完整要件：所有权、使用权、转让权以及受益权等。而根据租值耗散理论或科斯定理，权利的清晰界定并不意味着私人所有权是必需的，而是指使用权（转让权以及受益权）必须得到清晰界定，诺奇克式私人所有权并不是避免无效率或租值消散的必要条件。科斯本人强调，"权利界定是市场交易的基本前提……最终结果（实现产值最大化）与法律判决（确定所有权，即产权属于谁）无关。这是科斯定理的实质"③。新制度经济学的奠基人之一，科斯的终生好友，张五常认为，"权利有清楚的界定是市场交易的先决条

---

① David Schmidtz. "When is Original Appropriation Required?" *Monist*，1990，73（4）：504 – 518.

② Will Kymlicka. *Contemporary Political Philosophy*. Oxford：Clarendon Press，1990：129.

③ 罗纳德·科斯：《企业、市场与法律》，盛洪、陈郁译，上海：格致出版社2009年版，第154 页。

件……这是科斯定理的几个版本中唯一可以成为‘定理’的……（科斯定理的）重心是，权利毫无界定的物品或服务，不能在市场成交。私产权利（不是说私人所有权）的界定是市场成交的先决条件……权利界定不够清楚，或交易费用过高，是社会成本问题的重心所在，也是行内认为是科斯最重要的贡献”①。只要产权得到明确界定，无论这产权属于谁对经济效率都是无关宏旨的。这充分揭示了，诺奇克式私人财产权利的确立并不能因此成为一种规范性预设条件。为了约束自然状态下的过度竞争、租值耗散或公地悲剧，我们需要的是清晰界定产权，而不是一种不受限制的诺奇克式私人财产权观念。这样一来，诺奇克意义上的私人财产权观念至多是一种可能的选择，而不是唯一的选择，更不是必然选择。我们有可能选择一种受到限制的私人财产权观念。但在这里，我们可以得出一个审慎结论：诺奇克式私人财产权概念并不是走出自然状态或公地悲剧的必然选择或必要条件，私人产权并不排斥受到限制的财产权概念，这就为国家福利功能的必然性和有效性（与效率机制相容部分）解除了根本性威胁。换言之，产权并不排斥国家福利功能，私人财产权并不必然与国家福利功能相矛盾。

二　洛克式较弱限制性条件与基本需要满足

科斯定理以及租值耗散理论表明，清晰界定财产权利是约束自然状态下竞争所产生的资源浪费或价值耗散的最优机制，也是自由市场交易的基本前提。② 诺奇克式财产权概念仅仅是产权清晰界定的一种类型。财产权的必要性并不能证明诺奇克式财产权概念是必要的。当我们进一步考察诺奇克为私人财产权利的初始获取所设置的洛克式限制性条件时，自由至上

---

① 张五常：《经济解释》（卷二之收入与成本），北京：中信出版社 2010 年版，第 18～20 页。

② 科斯定理阐明了“权利有清楚的界定是市场交易的先决条件”。租值耗散理论（换一个角度看科斯定理）表明，市场机制是众多约束竞争的制度选择中不会导致租值耗散的机制。张五常论述道：“竞争一定受到约束人类才可以生存。凡有社会必有竞争，凡有竞争必有制度。制度的形成是为了减低租值耗散，也就是用一种制度费用替代另一种……市场机制是一种制度，也是约束竞争的安排，而市价是约束及决定竞争胜负的准则。在多种决定经济竞争胜负的准则中，只有市价不会导致租值耗散。” ［参见张五常《经济解释》（卷二之收入与成本），北京：中信出版社 2010 年版，第 244～245 页］

主义的私人财产权观念的狭隘性与武断性将会得到全面揭示。而这一切都将表明,私人占有不仅不与国家福利功能相冲突,而且必须以确保某种程度的基本需要满足为必要前提。下面先从洛克式较弱限制性条件的情况开始探讨。

　　诺奇克遵循洛克的观点,认为经过劳动对无主物的私人占有,其限制性条件是不恶化其他人的处境(上文中总结诺奇克论证思路的 C 点)。那么,如何理解不恶化他人处境的内涵就成为问题的关键。这里首先涉及的一个基本问题是:(a)如何界定处境,或如何确定测量处境的尺度。当诺奇克把不恶化其他人的处境仅仅界定成"使用价值没有遭到排斥"(经济状况没有恶化)时,诺奇克等自由至上主义者依然可以辩驳说,在自然状态下,自由地使用无主资源的唯一目的或者最重要的价值就是填饱肚子,满足个体的基本生存需要,因此,用自然资源的使用价值或经济状况来界定处境并没有什么不妥。即便如此,较弱意义的洛克式限制性条件也就蕴含了基本需要得到保障的内在要求。实际上,洛克也是这么认为的,"有人或许会反对这种说法,认为如果采集橡实或其他土地生长的果实等等,就构成了对这些东西的权利,那么任何人可以按其意愿尽量占取。我的回答是,并非这样。同一自然法,以这种方式给我们采集权,同时也对这种财产加以限制……以供我们享用为度。谁能在一件东西败坏之前尽量用它来供生活所需,谁就可以在那个限度内以他的劳动在这件东西上确定他的财产权;超过这个限度就不是他的份所应得,就归他人所有。上帝创造的东西不是供人们糟蹋或败坏的……在他未能消费之前果子腐烂或者鹿肉败坏,他就违反了自然的共同法则,就会受到惩处;他侵犯了他的邻人的应享部分,因为当这些东西超过他的必要用途和可能提供给他的生活需要的限度时,他就不再享有权利。同样的限度也适用于土地的占有……这块土地,尽管经他圈用,还是被看作是荒废的,可以为任何其他人所占有"[①]。尽管在上文中,洛克已经指出在货币出现以后,腐烂或败坏资源问题可以得到规避而允许金钱上的巨大不平等分配,但是洛克反复强调了另一个常常被

_____

　　① 约翰·洛克:《政府论》(下篇),叶启芳、瞿菊农译,北京:商务印书馆1964年版,第20、24~25页。

人们漠视的论点及其重要意涵：满足个体基本需要与私人占有之间的内在关联性。洛克强调，在自然状态下，自然资源是为了供人们使用，是为了满足人们的基本需要，而不是为了满足人们无限占有的欲望。也正因为这样，洛克自然而然地强调了（预设了）自然状态下资源的使用价值的优先性。而且，最重要的是，私人占有的根本目的或存在的终极理由是更好地满足人们的基本需要，而不是其他。洛克的这一预设是极为中肯而隐秘的，它实际上把满足基本需要视为自然状态下私人占有的基本限度与前提预设。诺奇克没有注意到或回避了隐藏在洛克限制性条件中的这一前提预设。诺奇克式的私人财产权利概念不仅不能消除以满足基本生活需要为目标的国家福利的正当性，而且必须以后者为基本前提才可能证成自身。因此，确保人们的基本生活需要能够得到满足，实际上成了以私有制为基础的资本主义制度在道德上的内在要求和必要条件。不过，仅仅基于私人占有的洛克式较弱限制性条件——私人占有不能排斥其他人自由地使用自然状态下的物品以满足自身的基本需要——所蕴含的国家福利的目标或水平，更可能是绝对意义上的基本需要，比如生物体生存所必需的基本营养条件。

当然，自由至上主义者也可以辩解，在自然状态下，可以自由使用的自然资源不可能满足人们的基本生存需要，或者有些人由于残障问题（或丧失基本的劳动能力）甚至不能完成采集或狩猎等简单地从无主物中摄取必需的营养的劳动。这种辩解的理由是不充分的，在自然状态下，我们完全可以预设，如果没有无节制的私人占有以及由此引发的抢夺与压迫，每个人仅仅摄取自身所需要的营养，没有理由不相信自然状态下的人们能满足自身的基本生存需要。至于残障人士的基本需要满足，当然可以借助家庭、亲朋好友、社区等非正式制度来加以实现。由于这些非正式制度不能确保每一人（指利益相关者①，即都具有自由使用一定范围内的自然资源的可能性）的基本需要得到满足，这就需要一个强制性的权力中心来分配自然资源的产出以满足每个人有限的基本需要。这就导致了以满足基本生存需要为目的的国家福利功能存在的必要性。因此，自由至上主义的上述

---

① 约翰·洛克：《政府论》（下篇），叶启芳、瞿菊农译，北京：商务印书馆1964年版，第20、24～25页。

辩解理由构成不了对如下观点的实质性反驳：保障所有相关者的基本生存需要优先于私人占有。私人占有的洛克式较弱限制性条件的确蕴含了基本生存需要的满足，而要确保所有相关者的基本生存需要（绝对意义上的基本需要）得到满足，国家福利就是必然的了。然而，对于自由至上主义者的这一预设——在资源稀缺的自然状态下有些人的基本需要不可能得到满足——的彻底反驳，不能仅仅提出另一个相对的平行预设，比如，假设自然状态下人们的基本需要能够得到满足。我们还需要在自由至上主义者这一预设以及洛克式较弱限制性条款的局限条件下，探讨国家福利功能的可能性。

在自然状态下，随着人口的增多所带来的拥挤和竞争加剧，自然所提供的基本物品远远不能满足所有人的基本生存需要。如果人们不走出自然状态，则有限的自然资源与过多的人口需求之间的矛盾，必然使一部分人面临灭顶之灾。一部分人开始圈占土地等自然资源，投入劳动和智慧，生产出远远超过自然状态下的产值。显然，一旦开始这样做，就意味着有人开始走出自然状态。自由至上主义者认为，根据洛克式较弱限制性条件，私人占有根本不需要补偿其他人，理由是，在资源稀缺局限下的自然状态中，无能力者、倒霉者总是要面临着被饿死的悲惨境地。在资本主义社会中，这些无能力者、倒霉者即便是在最坏的情况下也只是面临着（与在自然状态下一样的）被饿死的悲惨境况，所以，私人占有并没有违反洛克式较弱限制性条件（关于洛克式较弱限制性条件与较强限制性条件的不同，参见第一节相关内容）。因此，在这种局限条件下，私人占有因其没有违反洛克式较弱限制性条件而不必给出任何补偿。情况果真如此的话，我们也就没有基于洛克式较弱限制性条件的理由而彻底反驳自由至上主义者为无条件的私人占有所做的这一辩护。那么，国家福利功能的必然性也就不能基于此理由而得到证成。幸好情况并非如此。在自然状态下面临被饿死困境的无能力者、倒霉者依然可以有充分的理由指控：私人占有违反了洛克式较弱限制性条件。显然，私人占有使其他任何人都不再能够自由地使用自然状态下该资源所具有的自然产出。这里诉诸的，不是占有机会被排斥的理由，即一些人的私人占有行为使其他人丧失了占有的机会，而是私人占有导致该资源在自然状态下所具有的自然使用价值被排斥的理由。谁能够无视或否认这样一种理由的合理性：私人占有行为使其他人永久丧失了对该自然资源在自然状态下所具有的使用价值。本来，它可以被任何人采集使用以满足某种程度的基本需要。尽管资源稀缺的局限必定会导致部分人陷入饿死的悲惨境地，但这一理由并不能否定私人占有导致资源在自然状态中的使用价值被排斥的事实。因此，在资源稀缺以及洛克式较弱限制性条件的局限下，私人占有者必须对其所导致的资源在自然状态下的使用价值被排斥的事实，进行某种程度的补偿，以满足所有人某种程度的基本需要满足。当然，我们不可否认，仅仅基于洛克式较弱限制性条件所带来的私人占有补偿，所保障的国家福利功能水平可能是非常低下的。因此，有效可及的国家福利功能，就需要超越洛克式较弱限制性条件。事实上，我们为什么要接受诺奇克所指定的洛克式较弱限制性条件，而不是洛克式严格限制性条件或更为严格的私人占有限制性条件呢？

三　私人占有的严格限制性条件与公平补偿协议

上述已深入分析了私人占有的洛克式较弱限制性条件要求，"私人占有不能排斥其他人自由地使用自然状态下的物品"，且私人占有一旦"满足他的必要用途和可能提供给他的生活需要的限度，他就不再享有权利"。因此，洛克式较弱限制性条件蕴含着确保所有成员①的某种水平的基本需要满足这一隐藏条件。确保所有人某种程度的基本需要得到满足必须依赖于某种强制性权力中心，这就赋予了国家具有最低限度的福利功能。也就是说，在一种允许存在永久性的私人占有制度的社会状态中，丧失了自由使用自然状态下物品以满足自身需要权利的人们，有权要求从私人财产占用者那里获得收入补偿，以满足自身的基本需要。这就要求国家通过税收再分配机制对"遭受排斥"的不能满足自身需要的社会成员发挥一种边际剩余型功能，编织一张以满足基本需要为目标的安全网。这也就是为什么自由至上主义的同路人（经济学传统中）新古典自由主义者并不否认国家具有承担"救济不能自食其力者"的边际剩余型功能的内在根源。尽管他们往往有意或无意地把这种国家福利功能误导性地——无知或无耻地——称为"救济"、"救助"或"援助"。这些日常词语极具误导性，它蕴含着同情、可怜的意涵，

---

① 利益相关者，指可以自由使用自然状态下物品的所有人，以下不再说明。

事实上，这是"遭受排斥"的人们应得的自然权利。① 然而，一种自然状态下物品的永久性私人占有，排斥的并不仅是"使其他人不再能够自由使用（若无占有）他以前能够使用的东西"以满足基本需要的经济价值，还包括诺奇克所承认的，"使其他人失去通过任何一种特殊的占有来改善自己处境的机会"。这就是上文所提到的私人占有的洛克式严格限制性条件。我们首先分析诺奇克所提出的洛克式严格限制性条件所具有的内涵。

诺奇克非常武断地排斥了包括占有机会丧失所导致的处境恶化，拒绝承认洛克式的严格限制性条件的必要性或重要性。诺奇克洞若观火，深知洛克式较弱限制性条件与严格限制性条件之间的本质不同。前者如上文所述，它可以通过经济上的测量以及补偿方案来解决。最不济，也可以承认国家具有保障所有人生活需要的边际剩余型功能，因为在自然状态下，被排斥的仅仅是自由使用物品的经济价值，这种经济价值仅限于基本需要满足，这是可以测量的，且是极为有限的。更重要的是，这种使用价值或经济价值的评估与计算也不需要得到每一个利益相关者的实际一致同意，甚至根本就无须征求人们的意见——因为占有前后（补偿）利益的客观对比是如此明显，以至于无须多言。但是，洛克式严格限制性条件，包括了占有机会的丧失，难以用经济标准或基本生活需要标准来衡量。对于在自然状态下可以自由使用的资源，一旦被人们永久地私人占有了，影响到的不仅是依赖于此的基本需要满足问题，而且实质性地永久排斥了其他人可以占有这种资源以追求自身善观念的机会。这是一种深刻的占有机会不平等，它影响到无产者及其子孙后代的整体人生前景——这是人们最根本的利益所在。诺奇克之所以把这种占有机会的不平等排除在外或极力贬损这种占有机会丧失的重要性，就是因为一旦承认这一点，私人占有的补偿标准就难以达成，就会陷入极其复杂的争议之中。对于这一点，诺奇克直言不讳，"（随着人们可自由使用的东西的减少，使用者会面临更严重的不便和拥挤等，在这种意义上其他人的处境可能变得更坏了，除非在达到这一

---

① 当然，自由至上主义者或新古典自由主义者们一定认为，要确保能够满足不能自食其力者的基本需要，仅仅依靠"从私人财产占用者那里获得收入补偿"是不足的，必须加入富裕者的仁爱慈善之心，才能够确保这一点。这从有效性角度构成了对国家福利功能的正当性的真正挑战。

点之前很远，占有就停止）（即使）这种更弱的限制条款得到了满足，是否任何人就都不能合法地抱怨了，这一点是有争议的"①。诺奇克强调，私人占有的洛克式限制性条件必须得到满足，即私人占有必须以满足"不使其他人处境变坏"这个限制性条件才可能具有道德上的正当性，然而，任何占有都必然会使其他人丧失对这种占有的机会，以及使其他人不能再自由地使用自然资源以满足自身基本需要。正如诺奇克所言，"某个人的占有将会违反这种限制条款，但只要他对其他人给予赔偿以使他们的处境不致变坏，他仍然可以占有；除非他确实赔偿了其他人，否则他的占有将违反获取的正义原则的这种限制条款，从而将是一种非法的占有"②。诺奇克为一种永久性的私人财产辩护的难题就出现在这里，如果诺奇克承认了任何私人占有都必然会使其他人丧失对这种占有的机会，那么，这就必然需要对这种占有机会丧失的价值进行评估，显然这种评估在经验上是不可能的，即便是可能的，也是备受争议的。这就遇到了类似于功利主义的效用加总与人际效用比较的难题。假如承认一种永久性的私人占有仅仅使人们丧失了自由使用被占有资源的经济价值，那么，价值评估问题就是可能的，通过经济计算与补偿就可以满足对于私人占有的洛克式较弱限制性条件。当然，上文曾述，这样做还有一个根本性的好处：它甚至不需要征求利益相关者的同意，只需要大体上计算清楚私人占有的前后损失与补偿即可。甚至根本就不需要计算与具体补偿，对于自由至上主义者或新古典自由主义者们而言，他们可能认为私人占有制度相对于自然的无主状态或共有状态，使所有人的物质处境都得到了巨大改善，至少没有恶化。比如，他们会坚持认为，在私人占有状态下，不能自食其力或饿死者，在自然状态下也不能自食其力，或早就饿死了（上文已经对此进行了深入的剖析与反驳）。

私人占有者没有任何道理独自武断地仅仅用不恶化经济状况（使用价值）这一狭隘性条件强加给其他相关成员。以诺奇克为代表的自由至上主义者坚持这种观点没有任何道理：永久的、不受限制的私人占有的确剥夺

---

① 罗伯特·诺奇克，《无政府、国家和乌托邦》，姚大志译，北京：中国社会科学出版社 2008 年版，第 211 页。

② 罗伯特·诺奇克，《无政府、国家和乌托邦》，姚大志译，北京：中国社会科学出版社 2008 年版，第 213 页。

或排斥了其他人占有的机会，并深刻地改变了自身及其后代的人生前景。事实上，诺奇克通过对知识产权或专利权（私人财产权利的一种类型）的探讨，已经清醒地认识到，即便是在很大程度上更多地依靠自身智力劳动（而更少地依赖于外界自然资源）而产生的专利权也无法据此而不受到限制。"独立发现的观念在最好的情况下也是模糊不清的。然而，我们可以假定，在不了解原创发明的情况下，有时候后来的人也有可能发明它。这导致对专利权施加一种时间限制，而按照经验估计，在对发明缺少了解的情况下，独立发现要花多长时间，专利权的有效时间则接近这种时间。"① 这里我们可以清楚地看到，诺奇克在考察知识产权或技术专利权这类占有问题时，已无可避免地考量了占有机会对于一种知识产权或专利权的私人占有的实质性限制。那么人们对于其他更多的、依赖于外界资源的私人占有情况，就更加有理由拒绝一种不受限制的、永久性、可继承的私人财产观念了，否则，诺奇克在这一点上就是自我驳斥的。

如果我们能够全面地、公允地理解一种永久性的私人占有或严格完整的私人财产制度给其他人的处境所带来的各种实质性含义，那么，即便是诺奇克所确定的洛克式严格限制性条件也不足以表达这种实质性内涵。处境（situation）显然是一个具有丰富内涵的概念。当我们说，从一种状态转变到另一种状态，某人的处境发生变化了，其意思是指什么呢？当某人的收入与财富等经济状况发生了变化，我们可以说这个人的处境发生变化了。尽管经济状况对于一个人而言非常重要，然而，它毕竟不是处境的全部内涵，当从一种状态转变到另一种状态，某人的自主性与选择的可能性发生了变化，我们也可以说这个人的处境发生了巨大的变化。另外，人们的相对地位以及与此相关联的人际关系、精神生活和内在尊严等都会发生转变，显然，这些也属于处境的应有之义。② 如果我们把处境的内涵从经济状况拓展到自主性、占有或选择机会、地位及其相关联的特殊关系、精神与尊严的话，那么，诺奇克为私人占有的初始获取所设置的"不恶化他

---

① 罗伯特·诺奇克，《无政府、国家和乌托邦》，姚大志译，北京：中国社会科学出版社2008 年版，第 217 页。

② Derek Parfit. "Equality of Priority？" *Ratio*，1997，（Vol. X）：202 – 221. 也可参见托马斯·斯坎伦《平等何时变得重要？》，陈真译，《学术月刊》2006 年第 1 期。

人处境"的较弱条件就显得太狭隘而武断了。其狭隘性与武断性比功利主义有过之而无不及。而一旦我们从诺奇克所界定的洛克式较弱限制性条件转变到洛克式严格限制性条件，并且把诺奇克所限定的洛克式严格限制性条件从占有机会丧失观点进一步拓展到自主性、占有或选择机会、地位及其相关联的特殊关系、精神与尊严等内涵上，一种永久性的私人占有的限制性条件就变得异常复杂起来，这就不能是简单的经济计算或金钱衡量问题了，需要采取一种一揽子的公平补偿协议的普遍性达成。

事实上，对于处在自然状态中的人们而言，在资源逐渐稀缺的情况下，一种私人占有显然会影响到其他人的处境，因而就不能不征得其他人的一致同意，从而达成一种私人占有的公平协议。这就把我们引向了罗尔斯与德沃金等自由主义的平等者所持有的立场。一旦人们不是在被欺骗、压迫、强制等非公平环境下达成一种公平占有协议，那么类似于罗尔斯为保证契约条款的公平性而设置的原初状态等公平性条件要求就是自然而然的了。这样所导致的结果就肯定不是诺奇克等自由至上主义所持有的绝对财产权利观念了。在这种私人占有所涉及的公平补偿协议中，也就不仅仅是满足人们的基本需要这样一种有限的水平。当人们充分地认识到这种永久性的私人占有制度将会给每个人及其子孙后代的各种物质与非物质的人生前景带来影响深远的后果时，人们就没有理由拒绝如下条款进入到公平协议之中：随着私人占有制度以及以此为基础的市场交易的繁荣，人们的基本需要必须确保得到满足，且必须随着经济社会的繁荣而相应地得到提升，只有国家通过税收再分配机制才能确保实现这一点。这样所达成的国家福利目标或水平就从绝对意义上的基本生存需要满足，提高到相对意义上、内容更为丰富的基本需要满足。然而，即便如此，人们可能会提出更高的要求，比如，在私人占有所造成的所有基本利益的损害上提出一种补偿要求，对利益损害内容的界定从资源（资源再分配）扩展到机会（可能性的再分配）、基本能力等，这种要求远远超越了基本需要概念。柯亨甚至提出更为广泛的可及利益的平等要求，即在能够实现平等的重要利益方面都尽可能地实现平等。私人占有的洛克式限制性条件一旦被拓展到更广泛的内容中，不受限制的私人财产权利概念就不可能得到辩护。

这样一来，私人财产权必然要以某种目标的国家福利功能为前提，而不是国家福利功能违反了私人财产权。以诺奇克为代表的自由至上主义者把私人财产权与国家福利功能的关系搞颠倒了，通过内部论证，我们把二者之间的自洽关系重新恢复过来。接下来，争论的核心议题就变成了，在私人财产权利的约束范围与国家福利的税收再分配机制所要达成的目标之间，如何权衡？这似乎再一次回到了我们在功利主义与国家福利功能之间关系的探讨中所涉及的问题：阿瑟·奥肯所提出的平等与效率之间的重大权衡。这的确是一个棘手的难题。上一章已经论证，功利主义没有能力在这方面给出一个清晰的指导。这一章讨论到现在，仅仅根据上述理由，我们已经解除了自由至上主义所制造出的私人财产权利对国家福利功能的必然性或必要性的规范性禁令。此后的关键问题就从国家福利功能的必要性议题转变到如下议题：国家福利的税收再分配机制所要达成的目标（水平）应该是什么；如何可能与效率机制相容，以保证有效可及的国家福利功能的可持续性或可行性。这就是国家福利功能的有效性问题。自由至上主义以及新古典自由主义只能再次返回到效率问题上来，用效率来约束国家福利功能的界限。接下来，我们结合着（D）点（详见上文），继续批判诺奇克为一种永久性的、可继承的私人占有权利辩护的武断与专横，把国家福利功能的必然性与有效性探讨引向深入。在此之前，我们有必要回应自由至上主义对于私人占有的严格限制性条件所引出的公平补偿协议议题所常常提及的一种反驳理由，对这一反驳的回应可以使我们进一步澄清，自由至上主义者及其同路人——新古典自由主义者，反驳国家福利功能所具有的狭隘性与武断专横。

四 财富越多、责任越大：回应一种常见的批评

我们需要回应，自由至上主义者及其同路人新古典自由主义者在人际比较基础上，常常对私人占有所产生的负面影响（负外部性）引发的公平补偿协议进行反驳。比如，诺奇克曾提到傅里叶所持有的这样一种补偿主张："文明的过程剥夺了社会成员的某些自由（采集、放牧和打猎），作为对损失的补偿，一种由社会保证的对个人的最低保障得到了辩护。"[1] 诺奇

---

[1] 罗伯特·诺奇克，《无政府、国家和乌托邦》，姚大志译，北京：中国社会科学出版社2008年版，第211页，第213页。

克反驳道，"这种观点有些过强了。如果要赔偿的话，这种赔偿只应该给予这些人，即对这些人来说，文明的过程纯粹是一种损失，受益于文明并不能抵消这些特殊自由的被剥夺"[①]。诺奇克对傅里叶这一补偿主张的反驳显然存在着诸多困境，比如上文已经论述，如果不是那样狭隘地理解处境的内涵，私人占有制度的确立的确造成一部分人的纯粹损失，完全可以宣称这种纯粹损失无法估量，仅仅要求一种最低保障作为补偿标准并不是一个较高的要求。再比如，正如下文将要论述的，私人占有制度与自然状态下的自由使用状态相比，也是非常狭隘的。在本部分，需要回应诺奇克这一反驳的真正要点是：对于诺奇克而言，赔偿是必要的，但要具体到每一个个体之间的权利义务关系中，因而需要找到由于私人占有制度的确立发生了净损失的这部分人以及相应的责任方，还需要证明这是一种净损失，并评估出损失程度。无疑，由于每个人都从文明（相对于自然状态，即私有制的确立）的进步中相对于自然状态（无主状态或共有状态）获得了巨大的利益，因此，每一个人都从私人占有所带来的整体进步中获得了收益，因而无法抱怨这种私人占有，除非你能证明，你因为这种私人占有而发生了纯粹损失。诺奇克的真实意思暴露无遗：尽管我们都能从直觉的角度或普遍性的意义（或概率意义）上感受到，肯定有一部分社会群体成员，由于私人占有的确立，沦落为社会中的贫困群体而不能满足自身需要，但由于导致贫困的原因很多，我们根本无法确定这种贫困是由于私人占有所带来的，还是由于运气不好或努力不够而造成的。因此，从具体的人际角度来看，除非你能够证明，你的贫困或纯粹损失及其程度来自其他人的私人占有，否则你就没有理由提出补偿；而一旦能够证明这一点，你就应该向具体造成损失的人提出诉讼，通过司法机构要求获得相应的补偿。因此，对于诺奇克而言，我们没有理由提出一种普遍性的补偿协议，那样，会由于必然存在的交叉补贴而损害（或误伤）人们的正当财产权利和人身自由。在上一章中，我们也讨论过，以弗里德曼为代表的新古典自由主义者也对基于负外部性理由而要求一种国家福利功能的补偿观念提出批判，认为必须找到

---

① 罗伯特·诺奇克，《无政府、国家和乌托邦》，姚大志译，北京：中国社会科学出版社2008年版，第211、213页。

具体的受害者与施害者，并评估出造成损失的价值，这可以通过调解或法院裁决来解决，而不需要国家福利功能的税收再分配机制来处理。①

这反驳初听起来显得非常有说服力，实则非常狭隘而缺乏充足理由。在前一章中，已经对弗里德曼的理由提出了批判，其所造成的损失不能仅从狭隘的经济补偿来理解，也难以确定受害者与施害者之间的内在关联。更重要的是，难以在具体的人与人之间确定负外部性影响的因果关联及其程度，并不意味着这种普遍性关联不可以通过财富占有或资源消耗活动本身所产生的影响来评估，比如现在的碳排放税等创新性机制，这本质上要求对私人占有所产生的负外部性施加一种普遍性限制或社会性矫正。这对于诺奇克的个人主义立场的反驳依然成立，尽管我们难以确定与评估具体个人之间的私人占有行为所产生的负外部性关联及其影响程度，然而，我们为什么一定要在人与人之间进行比较与权衡这种负外部性呢？事实上，我们根本没有必要从人际实质性关联的角度来进行评估，完全可以通过财富的占有与消耗所产生的负外部性来进行评估。实际上，国家福利的税收再分配功能，并不依赖于如下假设：在一个特定社会中，无产者或占有财富较少的群体实际上正是这种私人占有制度的纯粹受害者或净损失者。这的确是一个过强的假设，无论如何都存在着交叉补贴等低效率与不公平。必须规避这种人际比较视角所提供的或然性理由，真正合理的理由应该是：我们从财富本身的生产性质与影响来评估财富所造成的各种物质与非物质的负外部性，这样，财富较少的拥有者正是因为其拥有较少的财富，必然对财富的占有与消费给社会带来的负面影响负有较少的责任，却（至少）承受着同样程度的各种损害，因而，至少从相对的意义上，穷人相比于富人，承担了更大比例的私人占有制度所带来的负外部性损害。这种负外部性损害的公平承担比例正与财富的占有与消耗量成正比。这是私人占有或确立财产权利所要求的公平补偿协议的真正根据所在。简言之，财富越多，责任越大。这里的要点在于，责任与负担的分配不是基于人的各种自然特征以及人际的因果性关联（这属于法律补偿问题），而是基于私人

---

① Milton Friedman and Rose Friedman. *Free to Choose: a Personal Statement.* New York and London: Harcourt Brace Jovanovich, 1980: 28 – 31.

占有或财产权利本身来划分责任与负担。通过调解或法律机制实施公平补偿的一个基础性预设是，私人占有本身在道德上是正确的或私人财产权利的初始获取是正当的。实际情况却是，私人占有或私人财产权利的初始正当获取本身需要某种程度的补偿。在保持其他条件不变的情况下，谁占有的私人财富多，谁就必然在私人占有的负外部性影响中承担更多的负担比例。据此，国家福利功能的税收再分配机制得到一定程度（仅仅从经济尺度来衡量）的证成。国家福利功能的税收再分配之所以在一定程度上得到证成，恰恰是因为这种理据仅仅是从经济补偿（收入与财富）的角度来探讨的。就像上文所论述的那样，鉴于各种非物质损害理由，这种补偿变得异常复杂，穷人可以提出非常高的补偿要求或补偿标准。比如，在一种极端意义上，要求实现财富的平均化分配，或正如柯亨所坚持的那样，如果可及利益（包括各种实质性利益，不仅是经济利益，还包括机会、地位、能力等）能够实现均等化分配，则都要实现均等化分配。当然，穷人不可能向富人提出无限高的要求，阿瑟·奥肯所提出的平等与效率的权衡关系，限制了穷人无限提出自己谈判筹码的可能性。基于私人占有的实质性影响理由，穷人与富人达成补偿协议需要一种公平性的理论，这种公平性理论显然不能无视效率，这就需要一种公平性理论为平等与效率之间的关系设置一个明确的参考框架。这样，我们将再次被引向罗尔斯的公平正义理论（参见第五章）。

五　各种替代性选择与国家福利功能

在诺奇克为私人占有所做的论证中，除了上述对"处境"的内涵界定存在狭隘与武断之外，在"不使其他人处境恶化"的比较选择上，他仅仅把比较参照系狭隘与武断地限定在私人占有状态上，而没有考虑到其他各种替代性选择。私人占有状态并不比自然状态（无主状态或共有状态）优越，事实上，存在着诸多替代性选择，它们都比自然状态优越。因此，诺奇克式私人占有状态仅仅是人类走出自然状态的一种可能的选择，并非必然选择，也不是最优选择。这方面的探讨，分析马克思主义者（理性平等主义者）柯亨对此进行了深入的研究。本书接下来通过详细探讨柯亨所构建的一个思想实验所具有的丰富意涵，来剖析各种替代性选择下的国家福利功能，以揭示诺奇克式私人占有状态的狭隘性与武断专横。柯亨通过构造一个思想实验，建构了一个"反对诺奇克私人财产形成理论的决定性例子"，并且这是一个没有向自我所有权命题提出挑战的例子。[①]

假设只有两个人 A 和 B，都依赖数量有限的一块土地谋生，A 有能力从土地上获取产量 a 公斤，B 有能力自由地从土地上获取产量 b 公斤。现在，A 通过自身劳动优先占有了土地，B 被迫出卖劳动力为 A 工作，前提是 A 提供给 B 的产量报酬（薪水）为 b+p 公斤（p≥0），A 的收获是 a+q 公斤（且 q＞p）。在这种情况下，A 的私人占有的洛克式较弱限制性条件得到了完全满足，即 B 得到了比自然状态下更多的收获（至少没有减少），且土地的产出总量大大提高，达到了 a+b+p+q 公斤。这样各种可能情况分布如表 3-1 所示。

表 3-1　私人占有的各种可能分布

实际情况：A 占有所有土地	各种反事实情况			
	Ⅰ. 土地处在自然状态（自由使用或共有状态）	Ⅱ. B 占有所有土地		
		(a) B 的才能 = A 的才能	(b) B 的才能 ＞A 的才能	(c) B 的才能 ＜A 的才能
A 的所得：a+q B 的所得：b+p （q＞p≥0）	A 的所得：a B 的所得：b	A 的所得：a+p B 的所得：b+q	A 的所得：a+q+r B 的所得：b+p+s	A 的所得：a B 的所得：b
Ⅲ. A 与 B 联合占有（通过股份化机制）：把经营权交给能力强者，达成一种分红协议				

从表 3-1 中，我们可以清晰地看到，现实情况下，A 占有所有土地，B 为 A 雇用，这样的确比"Ⅰ. 土地处在自然状态"中各自的收益都要大得多（参照上文对自然状态下租值耗散或公地悲剧的论述）。然而，诺奇克仅仅凭借这一结论就证明 A 的私人占有是正当的，而 B 是没有理由抱怨的。上文已经批判了自由至上主义的这种狭隘与武断，即便是我们不考虑

[①] 本书例子及表 3-1 在柯亨所提出的思想实验的基础上，根据本书的具体研究议题进行了一定的修正与具体阐释。G. A. 柯亨：《自我所有权、世界所有权与平等》（上篇），载吕增奎编《马克思与诺奇克之间：G. A. 柯亨文选》，南京：江苏人民出版社 2007 年版，第 88 页。

这些因素，仅仅从经济利益补偿（诺奇克式较弱限制性条件）来看，这种比较方式也是非常狭隘与武断的，它排斥了至少不低于"A占有所有土地"状况的各种替代性选择方案。具体分析如下。

假如B的才能与A的才能一样，实际情况是A占有所有土地，这显然排斥了B的占有机会（诺奇克指出这是洛克式严格限制性条件，但其武断地忽视了这一点，上文已分析）。A可以有两种理由来反驳：其一，"先占先得"的理由，其二，制度转变成本的理由。就"先占先得"而言，B为什么要接受这种由于运气等因素所导致的具有深远影响的分配方式呢？赋予"先占先得"过多的道德分量显然是缺乏说服力的。就制度转变成本的理由而言，A反对B参与占有的理由是，由于A已经对该土地实施了耕作，投入了成本，改变这种状况需要制度变迁成本的考虑。如果把产权更换成B，在B没有能力补偿A的先期投入的情况下〔（a）B的才能＝A的才能〕，A似乎有较为充分的理由反对产权变更。这种情况也出现在"（b）B的才能＞A的才能"以及"（c）B的才能＜A的才能"的情况下。在"（b）B的才能＞A的才能"的情况下，如果产权变更到B，其创造的财富不能足以实质性补偿A的投入，这种产权变更也是缺乏理由的。至于"（c）B的才能＜A的才能"的情况，自不待言。当然，A所依据的制度变迁成本的理由，仅仅是诺奇克所预设的土地最初是无主状态以及在自我所有权的前提下才能成立，而在联合共有以及公有制下显然是不能成立的。即便如此，这种产权变更也赋予了B具有强制性地要求A变更产权的权利，前提是B的才能＞A的才能，且B创造出来的财富远远大于A占有所创造出来的财富，并能够绰绰有余地补偿制度转变成本（A的投入成本等）。在这种情况下，根据诺奇克的私人占有条件，A必须放弃先前的占有，否则其占有就是不正当的。因为，B替换成A占有土地产权，完全符合诺奇克所提出的洛克式较弱限制性条件。A对于这种产权的强制性变更不能有丝毫抱怨，也不能根据私人财产的权利以及非物质理由而为自身辩护，因为其先前私人财产权利的"正当"获取正是基于洛克式较弱限制性条件，而这种条件根本就没有赋予非物质理由以道德分量。这样，我们就会发现，仅仅通过效率理由以及物质补偿计算（考虑到转变成本），在洛克式私人占有社会中，强制性产权变更是必需的。人们随时可以基于此理由而剥夺其他人占有的生产资料，当然，根据诺奇克的条件，这将不可能被视为剥夺，因为已经给予了充分的物质补偿，只不过先前的产权拥有者不能拒绝这种充足补偿的产权变革要求。由此，我们可以发现，一旦考虑到可能存在的替代性方案，诺奇克的私人财产权利概念中蕴含了这种强制性的产权变革的内在要求。这样一来，国家福利功能的强制性税收再分配并不能构成诺奇克反对国家福利功能的理由，只要我们能够证明国家福利功能的税收再分配机制仅仅是替代诺奇克私人占有制度的有效选择的一个必要组成部分即可。事实上，罗尔斯的公平正义理论所描述的财产所有民主制以及市场社会主义制度都可以成为有效取代诺奇克式私人占有制度的实质性选择，并且这种替代性选择都要求较高水准的国家福利的税收再分配。以柯亨为代表的分析马克思主义学派的基本主张也要求较高水平的国家福利功能。只不过柯亨提出的理由是基于私有制度的剥削概念，这一点继承了马克思对资本主义批判的传统视角。在表 3 - 1 中，实际情况下只有 A 占有了有限土地资源，B 是一个更优秀的组织者，B 的才能远远超过 A。由于 A 占有了土地，B 迫于生存而选择向 A 出卖劳动力，A 要求 B 充分发挥其才能。这样，B 通过自身的劳动创造了更多的财富，尽管 B 因为 A 所设定的激励机制而获得了更多的收益，但实际上，B 即便是只能获得与自然状态下同样多的收获，根据诺奇克的条件，B 也没有任何抱怨的权利。这显然太过分了。这实际上是隐藏或正当化了 A 对于 B 的"剥削"，诺奇克一方面坚持劳动创造价值并据此使私人占有正当化，另一方面通过设置的洛克式较弱限制性条件而使 B 的劳动所创造的价值被 A 无偿占有（仅仅依赖于使用其先前私人占有地位的优势）。因此，这个事例表明，"如果有人认为价值增加者应该得到报酬，那么他就应该注意到诺奇克的条件并没有（必然）保证他们得到某些酬劳。为了获得私有化增加的产量中的一切收益，除了使资源成为他们自己的之外，诺奇克的正当占有者可以不需要做任何事情"[1]。

总之，在考虑到相关的替代性选择时，诺奇克式私人占有面临着两种

---

① G. A. 柯亨：《自我所有权、世界所有权与平等》（上篇），载吕增奎编《马克思与诺奇克之间：G. A. 柯亨文选》，南京：江苏人民出版社 2007 年版，第 89 页。

困境或自我驳斥。一种困境是与强制性相关的自我驳斥：一方面，其反对国家福利功能对于私人财产的强制性征税；另一方面，私人占有的洛克式较弱限制性条件内在要求对产权进行强制性变更，而各种有效的替代性选择都要求较为慷慨的国家福利功能的税收再分配机制。另一种困境是柯亨所剖析的"剥削"议题：一方面，诺奇克坚持洛克的劳动创造价值并使私人占有正当化；另一方面，私人占有的洛克式较弱限制性条件并不能保证劳动价值的创造者完全拥有所创造的价值，事实上，满足洛克式较弱限制性条件的私人占有并不排斥"剥削"。诺奇克式私人占有概念的内在矛盾或不周延，再次表明这种绝对的、永续的、不受限制的私人财产观念的狭隘与专横，它武断地排除了各种可能的替代性选择。

首先，它武断地排斥了各种产权形态的可能性，混淆了私人所有权与产权之间的区分。霍布斯、洛克、康德等近代著名思想家论证了人们走出自然状态以及私人财产权利的必要性，而现代新制度经济学派等众多经济学家也已经证明，产权清晰界定是自由市场的必要前提。绝对的私人所有权概念仅仅是人们走出自然状态、避免租值耗散或公地悲剧，以及产权能得到清晰界定的一种方式或选择而已，甚至是一种极端的方式。[①] 可悲的是，诺奇克等自由至上主义者把绝对的、永续的、完整不可分割的私人财

---

① 张五常从制度经济学的合约结构视角出发，认为产权不需要私人所有权，承包合约（佃农分成）可以是私产的替代。他认为，"私产或私营是经济要发展的唯一出路的观点，显然是传统芝加哥学派的传统思维，今天看是有点僵化了"［张五常：《经济解释》（卷二之收入与成本），北京：中信出版社 2010 年版，第 99 页］。私人产权只是一种清晰界定权利的合约结构，"科斯和我四十年前就认为私人所有权不重要……重要的是以合约结构界定权利与带动竞争（优胜劣汰）。大有效率的合约结构，因为把权利与责任界定得清楚，可以阐释为有私产的本质，但私产不一定带动有中国的那种竞争"［张五常：《经济解释》（卷二之收入与成本），北京：中信出版社 2010 年版，第 100 页］。对于制度经济学而言，财产权或产权有四种权利：财产所有权、财产转让权、财产使用权和财产获益权。其中，对于经济效率而言，最不重要的是所有权，最重要的是转让权，通过承包制度（佃农分成）这种合约结构，同样可以界定清楚权利（转让、使用、获益）与责任，从而带动竞争，以实现资源的优化配置。也就是说，从效率的角度来看，制度经济学告诉我们，私人所有权相比于共有制或原初状态而言，是一个把权利与责任能够界定清楚的产权制度，从而引发竞争的动力机制运转，使庞大的交易成本降低，优化资源配置，实现效率。然而，私人所有权仅是一种清晰界定权利与义务的产权制度，不是唯一的或唯一有效的。也就是说，对于效率或分工合作与比较优势发挥而言，私人所有权并不是真正的前提条件，真正的要点是清晰界定权利的合约结构。所以，私人所有权对于效率的垄断观点，只是一种神话。

产权概念武断地抬高到道德的制高点，并据此狭隘地排斥了国家福利功能。事实上，各种有限的、有条件的私人所有权制度都能够满足洛克式较弱限制性条件，并避免公地悲剧，与效率机制相容。① 有学者甚至认为，在某些条件下，市场社会主义（market socialist）或人民资本主义（people's capitalistic）的财产安排仍然比诺奇克所支持的纯资本主义的更具生产性。② 柯亨也深刻地指出，"一旦我们在这些和其他的方面扩大我们的比较范围，那么事实似乎是，一种可辩护性很强的洛克式条件将禁止完全自由主义的私有财产形成。因为始终会有一些人的境况在另一种安排下可能变得更好，而对这种安排置之不理是一种武断的行为"③。罗尔斯所倡导的财产所有民主制，描述了一个符合其公平正义理论的财产制度安排。在财产所有民主制下，通过符合其公平正义原则的制度背景程序规导，财产应广泛地、尽可能地得到分散，形成了一种私有制下的财产民主分配状态。当然，罗尔斯强调，公有制下的市场社会主义同样能够满足其公平正义原则，至于采取哪种财产制度，完全取决于各国具体的经济、社会以及文化背景与条件。④ 随着现代产权理论的发展以及资本市场的创新，所有权与用益物权（使用权、转让权、受益权、处分权等）的分离从理论与实践上都被证明是可能的，各种所有制的渗透与组合变得越来越必要，也越来越容易。根据某种局限条件，多种形式的产权模式组合成为市场经济繁荣与深入发展的内在要求，绝对的私人所有权观念不仅从理论上难以自圆其说，在实践中也弊端日显。私人所有权从绝对化走向相对化，要求所有权承担社会义务，私人所有权的正当性以相应承担的社会义务为前提，而这种社会性义务的核心即为公共福利。⑤

其次，它狭隘地排斥了外部世界资源的"联合占有"的可能以及洛克

① Will Kymlicka. *Contemporary Political Philosophy*. Oxford：Clarendon Press，1990：119.

② Hal Varian. "Distributive Justice，Welfare Economic，and the Theory of Fairness，" *Philosophy and Public Affairs*，1975，（4）：235 – 238.

③ G. A. 柯亨：《自我所有权、世界所有权与平等》（上篇），载吕增奎编《马克思与诺奇克之间：G. A. 柯亨文选》，南京：江苏人民出版社 2007 年版，第 91 页。

④ 约翰·罗尔斯：《作为公平的正义：正义新论》，姚大志译，上海：上海三联书店 2002 年版，第 225 ~ 233 页。

⑤ 刘得宽：《民法诸问题与新展望》，北京：中国政法大学出版社 2002 年版，第 58 页。

预设的"共有状态"等选项。① 这些选项都意味着某种较高水平的国家福利功能的存在。诺奇克很清楚，不受限制的私人财产权，必然要求预设外在资源的"无主状态"，而非"共有状态"，更非"联合占有"状态。然而，对外在世界资源的"无主状态"预设仅仅是众多合理预设——即便其本身是合理的——中的一种。上文已充分论证，即便是从"无主状态"出发，也不能合理推导出诺奇克式私人财产权概念，何况对外在世界资源的"无主状态"的预设并不是唯一的选择。一旦我们对自然状态或外在世界资源预设为"联合所有"、"公有"或"共同所有"，诺奇克式私人财产权利概念就难以成立。为避免公有状态下资源的租值耗散或"公地悲剧"，人们必然需要对公有资源进行产权界定，以使稀缺的宝贵资源能够得到合理配置或有效利用，而不是浪费或闲置。当把外部世界资源作为"共有状态"或"联合所有"状态看待时，各种产权界定也都必须考虑到这一共享条件，都必然涉及对所有共享者的各项权益分配要求，也就是说，产权界定以共享收益分配为前提，或产权界定蕴含某种程度的分成。事实上，产权界定，本身就是清晰界定收益分成的制度安排问题。如此一来，清晰地界定产权，意味着清晰地界定资源使用及其收益分成（产权制度安排），而诺奇克式的私人所有权，实际上不仅要求清晰界定资源所有权、转让权、使用权、处置权，而且顺带要求独占全部收益，而排斥对收益进行某种方式的分成，这是诺奇克式私人财产权的蛮横要求。清晰界定产权，不仅要求清晰界定资源的使用权，而且要求清晰界定收益分成安排。换言之，产权界定的关键在于如何通过合理的收益分成安排来换取对资源的独占权、使用权、转让权与处置权。显然，在界定产权时，如何设计或确定合理的或较优的收益分成制度安排成为问题的关键，不同的学者、流派对

---

① 根据柯亨的看法，对外部世界资源的预设中，世界联合所有预设（joint ownership）与洛克的共有（common ownership）预设是有本质区别的。世界联合所有是一种集体所有或公有制，它要求对于外部世界资源的初始占有与分配，必须经过所有人的同意，在一个联合的世界中，"如果没有全体的同意即联合所有权，任何人都不能动用任何物品"［G. A. 柯亨：《自我所有权、世界所有权与平等》（下篇），载吕增奎编《马克思与诺奇克之间：G. A. 柯亨文选》，南京：江苏人民出版社2007年版，第100～118页］。在洛克的共有状态预设中，对外在资源的占有和使用，只要符合洛克式限制性条件即可，根本不需要征得其他人的一致同意。

此有不同的看法。比如，严格的平等主义者往往主张所有利益相关者对外在资源的收益进行均等的分配，通过国家的强制性再分配机制为所有人提供同等水准的基本福利。① 根据罗尔斯的公平正义理论，所有人必须获得两种基本道德能力——善观念的能力与正义感的能力——得到公平发展的基本保障及其所需资源，从而使人们能够成为符合公平正义原则所要求的公民，为此，一种超越资本主义福利国家的较高水准的国家福利功能被内在要求。② 对于德沃金而言，资源平等是必要的起点，关键在于如何平等地分配资源，以使人们更好地"钝于禀赋、敏于选择"。他主张通过虚拟保险市场、拍卖与嫉妒检验等机制实现资源的平等分配，主张对残障以及非选择性的原生运气风险提供广泛的社会保险。③ 布鲁斯·阿克曼（Bruce Ackerman）则建议，通过征收一定比例的财产税，对利益相关者一次性支付一定数量或比例的"股本"，人们可以利用这笔资产进行教育、培训、找工作、购买房产、资本投资、娱乐消费等。④ 菲利浦·范·帕里斯（Philippe Van Parijs）主张对所有国民均提供能保障基本生活需求的"基本收入"（basic income），认为这是自由市场失业条件下就业者欠失业者的"租金"，"基本收入"概念激起了广泛的讨论。⑤ 金利卡认为可把"基本收入"概念视为阿克曼"股本"概念的另一个版本，视其为每人"股本"的年利息，其差别在于，阿克曼的"股本"概念是一次性的支付，而帕里斯的"基本收入"概念则是不可提取的固有"股本"的利息，这样既避免

---

① G. A. 柯亨："正义、激励和自私"，载柯亨著、霍政欣译《如果你是平等主义者，为何如此富有？》，北京：北京大学出版社 2009 年版，第 150～171 页。

② 约翰·罗尔斯：《作为公平的正义：正义新论》，姚大志译，上海：上海三联书店 2002 年版，第 230～233 页。

③ Ronald Dworkin. *Sovereign Virtue: the Theory and Practice of Equality*. Cambridge, MA: Harvard University Press, 2000: 106 - 107.

④ Bruce Ackerman & Anne Alstott. *The Stakeholder Society*. New Haven: Yale University Press, 1999. 阿克曼没有对固定分配的"股本"或资产的使用进行限制，后来有学者建议，要对人们如何使用这笔资产进行限制，主张把其用于教育、培训等人力资本投资，而不能用于娱乐消费。这种思想已近于当前社会福利政策理论中的资产建设理论、投资型国家理论。

⑤ Philippe Van Parijs. "Why Surfers Should Be Fed: The Liberal Case for an Unconditional Basic Income," *Philosophy and Public Affairs*, 1991, 20 (2): 101 - 131. Philippe Van Parijs. "A Basic Income for All," *Boston Review*, 2000, 25 (5): 4 - 8. Philippe Van Parijs. *Real Freedom for All: What (If Anything) Can Justify Capitalism?* Oxford: Clarendon Press, 1995.

了不理性消费、挥霍一空的风险，也可以使人们在生产资料占有上倾向于平等。^① 而约翰·罗默尔（John Romer）则倡导"股本"与有保障的"基本收入"相结合的息票资本主义（coupon capitalism）的分配方式，通过把共有资产证券化的方式，每个公民都获得一组股票，据此可以获得分红收益。当然，公民可以在证券市场进行自由的股票交易以获得自己想要的资源组合或更高的分红收益，但不能把股票兑现，这类似于当前各大公司普遍开展的"股权激励机制"与"员工持股计划"。^② 上述各种分配方案，都建立在世界资源共享的基础上，这种预设被诺奇克所无视。在这种世界资源的共享预设下，无论何种产权制度，都必然要求以某种形式的国家福利功能的存在为前提，或者产权制度本身就要求某种形式的国家福利功能的分成安排。

第三节　小结与讨论

本章主要通过对以诺奇克为代表的自由至上主义者的财产权观念及其论证的批判性审查，探讨了财产权与国家福利功能之间的关系，回应了自由至上主义者依靠诺奇克式财产权观念对于国家福利功能的道德权利指控。不像诺奇克等自由至上主义者所认为的那样，国家福利功能违反了"神圣不可侵犯"的私人财产权利，恰恰相反，私人财产权利能够被证成的内在要求是，至少满足所有相关者的某种水平的基本需要。换言之，绝对的、不受限制的、永续的私人财产权观念是武断专横的，能够证成的私人财产权是有限的、有条件的——以基本需要满足为目标（水平）的国家福利本身是私人财产权利得以正当化的必要条件。新制度经济学的产权理论，宣告了完整的私人产权并非是自由市场产生及其发挥资源配置效率的必要条件，真正的要点在于产权要有清晰界定。以诺奇克为代表的自由至上主义者的私人财产权观念仅仅是众多清晰界定产权的一种较为极端的方式。产权清晰界定有多种方式，所有权、使用权、转让权以及收益权等产

---

① Will Kymlicka. *Contemporary Political Philosophy*. Oxford：Clarendon Press，1990：91.
② John Roemer. *A Future for Socialism*. London：Verso，1994：65–68.

权的各种要素之间存在着多种可能的组合。产权界定本身就蕴含着清晰地界定资源使用及其收益分成（产权制度安排），而诺奇克式私人财产权利概念要求独占外部世界资源的全部收益的要求，显然是过分的。因此，无论是从必要性上，还是从有效性上，国家福利功能都不与正当的私人财产权利相抵触。

第四章　自我所有权与国家福利功能

第三章阐明了国家确保所有人（某种水平）的基本需要满足，是私人财产权利得以证成的基本前提，并批判了自由至上主义者所坚持的"僵化的私产权利观"。然而，对国家福利功能正当性的否证，往往来源于更为根本的自我所有权。[①] 由于自我所有权具有直观的自明性与强烈的吸引力，自由至上主义者以及新古典自由主义者们往往最后祭出"自我所有权"，试图从道德上指控国家福利功能侵犯了（部分）个体的自我所有权。如果不能从自我所有权的角度消除这一指责，国家福利功能的正当性就会备受质疑，根基不稳。关于自我所有权与国家福利功能正当性问题的内在关联主要指涉如下两个基本方面：其一，国家福利功能的强制性再分配是否侵犯了个体的自我所有权；其二，如果没有侵犯，自我所有权为国家福利功能的必然性和有效性提供了何种程度的规范力。本章内容主要围绕着自我所有权与国家福利功能的必然性和有效性之间的关系来展开，试图阐明自我所有权蕴含着国家福利功能的强制性再分配，并为国家福利功能的基本目标提供了规范性指导。

[①] 第一章曾阐明，自由至上主义者以及新古典自由主义者们，从道德权利角度否证国家福利功能的主要理由有两个：财产权的理由以及自我所有权的理由。财产权与自我所有权，在基本自由权利的谱系中，具有基础性地位。对于财产权与自我所有权之间的关系而言，第三章在论证财产权与国家福利功能之间的关系时曾指出，对财产权的辩护离不开自我所有权。比如，洛克、诺奇克等人为私人占有辩护的预设条件之一就是：自我拥有自身，拥有自身劳动，因而，也就正当地拥有自身劳动所"嵌入"无主物形成的物品或单纯由自身劳动所创造出来的附加值。自我所有权具有本源性地位。

第一节　基于自我所有权对国家福利功能的否证

正如柯亨所指出的那样，如下命题具有一种"始源性的直觉吸引力"：其一是自我所有权命题，即"只要不伤害其他任何人，每个人都有权按其意愿来处置其自身（及其能力）"；其二是外部世界资源平等命题，即"在共同生活的外部世界中的资源应该以一种平等主义的方式加以处理"。① 自我所有权不仅符合人们的直觉，而且是康德伟大的"人是目的"公式所表达的基本精神的权利体现，即每个有理性的存在物都应该服从这样一条道德律：不论是谁，在任何时候都不应把自己和他人仅仅当作工具，而应该永远看作自身是目的本身。② 归根结底，对人类生命内在价值或尊严的同等重视，是自我所有权命题具有直觉吸引力的根源。如果国家福利功能的必要性与有效性与自我所有权命题必然是冲突的，那么国家福利功能就不会有一个稳固的基础。尊重人类生命的内在价值，要求我们"承认人类作为理性存在评价理由并根据这种评价来支配他们生活的能力"③，也要求我们承认，人们不仅仅对自身的物质存在（身体）以及基本能力等自然禀赋拥有无可置疑的所有权，而且拥有运用这些（身体及）能力根据自身偏好与意愿形成、发展、完善与修正善生活的自主权利（自由选择或自我决定的权利）。

一　诺奇克的否证思路

以诺奇克为代表的自由至上主义者的观点之所以具有如此强烈的冲击力，根源在于其坚持这种符合人们直觉的自我所有权命题。"诺奇克哲学的根本主张是自我所有权命题，该命题认为，每个人在道德上都是他自身

---

① G. A. 柯亨：《自我所有权、世界所有权与平等》（下篇），载吕增奎编《马克思与诺奇克之间：G. A. 柯亨文选》，南京：江苏人民出版社 2007 年版，第 108 页。
② 伊曼纽尔·康德：《道德形而上学原理》，苗力田译，上海：上海人民出版社 2012 年版，第 22～23 页。
③ 托马斯·斯坎伦：《我们彼此负有什么义务》，陈代东等译，北京：人民出版社 2008 年版，第 108 页。

及其各种能力的正当所有者，因而只要没有利用这些能力来侵犯别人，每个人都有按照自己的意愿运用它们的（道德的）自由。"① 由于每个人都是自己身体及其能力的自然"主权者"，每个人都具有免于被他人侵犯的消极自由，也有义务不能侵犯他人。这也就要求绝不能强制人们去"帮助"别人。诺奇克认为，国家福利功能的再分配机制就是强制部分人"帮助"另一部分人的工具，不仅侵犯了部分人的财产权（详见第三章的探讨），而且在根本上违反了人们的自我所有权。哪怕国家福利功能的强制性再分配是为了保障社会中不幸运者或穷人的"自我所有权"（穷人自身生存或发展的基本需要满足），也不能"牺牲"社会另一部分成员（富人）的"自我所有权"。不幸运的确值得可怜，但无关公平正义，正所谓"不幸不等于不正义"。

诺奇克从自我所有权角度否证国家福利功能的强制性再分配的基本逻辑如下：国家福利功能离不开通过强制性税收或通过强制性制度安排（比如社会保险）对个人财富进行再分配。国家本身不会创造任何财富，只有人的劳动才能创造财富。对个人经过劳动获得的"正当"财富进行强制性再分配，实际上等同于强迫劳动，等于奴役这个人一定的时间和生命，也就等价于部分人拥有另外一部分人的一部分，从而否定了这一部分人的自我所有权。

> 对劳动所得征税等于是强迫劳动，从一个人那里拿走 n 小时的劳动所得犹如拿走 n 小时劳动……夺走别人的劳动成果等于是夺走他的时间，命令他做各种各样的事情。如果人们在某个时期强迫你做某些工作，或做某些没有报酬的工作，那么他们就是抛开你来决定你应该做什么，来决定你的工作应服务于什么样的目的。他们抛开你做出这种决定的过程使他们成为你的部分拥有者，它给了他们一种对你的所有权。这恰如基于权利对动物或非生物拥有这样的部分控制权和决定

---

① G. A. 柯亨：《自我所有权、世界所有权与平等》（下篇），载吕增奎编《马克思与诺奇克之间：G. A. 柯亨文选》，南京：江苏人民出版社 2007 年版，第 100 页。

权力，就是拥有对他的所有权（类同于奴役或奴隶）。①

显然，根据诺奇克的这个推理链条，国家福利功能的再分配侵犯了个体的自我所有权。自由至上主义者从国家福利功能所必需的征税等于强制性地拿走"我"的部分劳动成果、被迫劳动等于强制性地拿走"我"的劳动力、奴役或奴隶的类比链条中，看到了一种否定自我所有权的内在关联：奴隶的概念正是如此，个人对自身不拥有自我所有权，其仅仅是别人的财产，不能进行自我决定。② 因此，如果国家福利功能得到辩护，就必须有效反驳诺奇克的这一论证链条。下面，先从反驳诺奇克这一论证链条的两个形式化的理由谈起，在下一节再从自我所有权的内部出发，反驳这一指控，阐明自我所有权与国家福利功能之间的关系。

二 非实质性的反驳理由

针对诺奇克从自我所有权角度否证国家福利功能的上述论证链条，仅仅从其论证形式来看，有如下两个非实质性的反驳理由。

其一，类比毕竟是类比，再好的类比也只是用另外一种事物来说明该事物，而毕竟不是该事物本身。严格来说，诺奇克的上述类比链条中的每一个环节，在逻辑上都是不成立的。事实上，诺奇克本人对此类比的说服力也毫无把握，他在一个注释中写道："对于我在下面出示的论证是否表明这样的征税就是强迫劳动，我没有把握，所以，'等于是'意味着'在某种程度上是'。或者换一种说法，这种论证是否强调了这种征税与强迫劳动之间的巨大类似性，是否表明按照强迫劳动来看待这样的征税是有道理的和使人深受启发的？（我并无把握）"③ 退一步讲，这种类比本身是否有道理呢？这就把我们引到第二个理由上来。

其二，把强制性税收看作强迫劳动，进而将其视为奴役本身，太过强

---

① 罗伯特·诺奇克：《无政府、国家和乌托邦》，姚大志译，北京：中国社会科学出版社2008年版，第202、206页。

② 迈克尔·桑德尔：《公正》，朱慧玲译，北京：中信出版社2011年版，第75页。

③ 罗伯特·诺奇克：《无政府、国家和乌托邦》，姚大志译，北京：中国社会科学出版社2008年版，第202页。

烈，是不恰当的。这种类比漠视了"征税"与"奴役"之间的巨大不同，没有合理理由无视二者之间的显著性差别。征税用于"帮助"他人仅仅是对个人财产的一种强制性行为，而不是对个体本身进行直接强制，其根本差别在于：前者是可以进行选择的，可以选择何时工作，进行什么工作，工作多少时间，等等；后者则没有任何选择的余地，是对个体人身自由的直接剥夺。征税是对一般性劳动成果的强制性，至多是对个体劳动及其选择行为产生影响。如果你被征税，那么你总是可以选择少工作一点以缴更少的税；可是如果你被强迫劳动，你就没有这样的选择。当然，自由至上主义者仍然可以提出进一步的反驳理由：为什么国家应当强迫人们做出这样的选择。有些人偏好于工作更长时间，以获得超出满足基本需要的更多收入，而有些人更偏好于把业余时间用于休闲，而不是加班加点，当然获得的收入就少，甚至不能满足自身的基本需要。"如果一种税收制度为帮助贫困者而夺走一个人的某些闲暇（强迫劳动）是不正当的，那么一种税收制度为了帮助贫困者而夺走一个人的某些财富或物品怎么就是正当的呢？"[①] 当然，我们也可以反驳，这两者依然是不同的，是有显著区别的。强迫一个有才能的人为"帮助"穷人而加班加点，要求其放弃某些闲暇时间，这是在直接干预其选择自由，直接侵犯了其自我所有权。为了"帮助"贫困者而征税，显然不是直接干预其选择自由，其依然可以选择为了避免被征收更多的税而不去劳动，也可以自愿选择牺牲闲暇时间而加班加点，无论如何，这依然在其选择的范围内。尽管没有人会否认为了"帮助"穷人而征税，实际上影响了个体的自由选择，但是这种"影响"毕竟不是直接强迫个体劳动，不是奴役个体，个体依然拥有完整的自我所有权。

上述两个反驳理由是非实质性的，属于外部进路，不可能实质性地反驳自由至上主义者从自我所有权角度否证国家福利功能的效力。事实上，自由至上主义者通过自我所有权无法否定国家福利功能正当性的真正理由，与强迫劳动的类比论证无关，而是根源于自我所有权与外部世界资源之间内在关联的实质性理由。

---

① 罗伯特·诺奇克：《无政府、国家和乌托邦》，姚大志译，北京：中国社会科学出版社 2008 年版，第 203 页。

第二节　国家福利功能：自我所有权与外部世界
资源的道德地位

实质性自我所有权蕴含着对外部世界资源道德地位的平等要求。国家福利功能的必然性不仅不违背自我所有权，恰恰相反，是实质性自我所有权的内在要求。本节将通过对自我所有权及其蕴含着的外部世界资源道德地位之间关系的探讨，揭示自我所有权对国家福利功能的必然性和有效性所具有的规范力及其限度。

一　形式上的自我所有权与实质性自我所有权

诚如上文，自我所有权是指个体拥有自身及其能力的排他性"主权"，这意味着个体按照自身愿望——在不侵犯他人同样自身权利的条件下——可以自由地处置自身及其能力，来发展、追求和修正自身善生活。因此，自我所有权不仅意味着个体对自身及其能力拥有形式上的"主权"，而且，主要指涉实质性的自我所有权。

形式上的自我所有权是指，个体仅仅对自身物质存在（身体及其禀赋）拥有不受侵犯的自由权利，这是一种可以没有选项的形式自由。实质性的自我所有权则指，自身有能力运用自身及禀赋现实地追求自身幸福的权利。形式上的自我所有权与现实的自我决定与自我控制关联性不大，而实质性的自我所有权本质上要求实现自我决定、自我选择与自我掌控。用柯亨的话来讲，纯形式的自我所有权就是"把最可怜的无产者与努力区分开来的最低限度的资产阶级自由"，而实质性的自我所有权是指"我们能够将其与控制自己的生活的观念联系起来"。[①] 用金里卡的语言来表述，形式上的自我所有权是指"人对于自己存在的法定权利"，而实质性的自我所有权本质上则是能够"自我决定"的。[②] 阿玛蒂亚·森的"可行选择能

---

① G. A. 柯亨：《自我所有权、世界所有权与平等》（下篇），载吕增奎编《马克思与诺奇克之间：G. A. 柯亨文选》，南京：江苏人民出版社 2007 年版，第 107 页。

② Will Kymlicka. *Contemporary Political Philosophy*. Oxford：Clarendon Press，1990：132.

力"或"实质自由"概念表达的实际上是实质性自我所有权的观念。① 尽管罗尔斯的自我所有权概念与这里所探讨的自我所有权概念有着实质性的区别,但其所表达的"两种基本道德能力"观念——善生活的能力(追求、完善和修正善生活的能力)和正义感的能力(理解和践行公平正义原则的能力)——的含义表达了实质性自我所有权的意涵。

诺奇克坚持的不仅是形式上的自我所有权,而且是一种实质性自我所有权。② 金里卡指出,能够实施自我所有权的实质能力——"能够形成整体人生观的能力……以及依据某人愿望中的总体生活观去行动的能力"——正是诺奇克权利理论的根基和出发点。柯亨也强调指出,也正是由于诺奇克等自由至上主义者坚持的自我所有权观念不仅仅是纯形式的,而且是实质性的,所以其立场和观念才会具有如此内在的吸引力和冲击力。③

就自我所有权而言,形式上的自我所有权与实质性的自我所有权之间的关系是很明显的,实质性的自我所有权具有更重要的道德规范地位。我们在形式上拥有自身及其能力,正如诺奇克所言,其目的和价值在于生活的意义本身,而"正是这种能够形成和追求某种善观念的能力,才赋予了生活以意义;而正因为我们能够过上有意义的生活,我们才应该被当作我们自身的目的"④。对于其他非自由至上主义者来说,实质性的自我决定,相比于形式上的自我所有权,更具有根本性的道德地位,这是不言而喻的:无论是柯亨、罗默尔、斯坦纳等分析社会主义者,还是罗尔斯、德沃金、金里卡等自由的平等主义者,抑或是森所代表的新亚里士多德主义者,等等,均把此要点作为各自理论的基本出发点。

---

① 阿玛蒂亚·森:《正义的理念》,王磊、李航译,北京:中国人民大学出版社 2012 年版,第 216 页。

② 诺奇克强调,"一个人按照某种整体计划塑造其生活,就是按照一种方式来赋予他的生活以意义;一个人只有拥有如此塑造其生活的能力,才能够拥有富有意义的生活而努力奋斗"(参见罗伯特·诺奇克《无政府、国家和乌托邦》,姚大志译,北京:中国社会科学出版社 2008 年版,第 61 页)。

③ G. A. 柯亨:《自我所有权、世界所有权与平等》(下篇),载吕增奎编《马克思与诺奇克之间:G. A. 柯亨文选》,南京:江苏人民出版社 2007 年版,第 106~108 页。

④ Will Kymlicka. *Contemporary Political Philosophy*. Oxford: Clarendon Press, 1990: 132.

二　自我所有权蕴含着对外部世界资源的必要占有与使用

实质性的自我所有权要求个体有能力进行自我决定或自我控制，有能力发展自身的善生活观念，即具有某种程度的实质性自由。实质性自我所有权——也包括形式的自我所有权——内在地蕴含着对外部世界自然资源的必要占有和使用。如果没有对外部世界自然资源的必要占有和使用，自我所有权就是一个毫无意义的空洞概念，宣称人们拥有自我所有权就是一句空话。其一，宣称人自身拥有自然天赋及其能力，蕴含着个体能够展示或运用其自然天赋及能力。如果仅仅宣称个体拥有自然天赋和能力本身，而没有展示或运用这些自然天赋和能力的机会和条件，又如何能说人们自身拥有这些自然天赋和能力呢？展现和运用这些自然天赋与能力，需要对外部世界资源的必要占有和使用。其二，个体的自然天赋和能力的培育、训练与提高，也需要对外部世界资源进行必要程度的占有与使用。因此，如果实质性的自我所有权是优先的，那么，每一个人都应该基于实质性的自我所有权而提出对于外部世界资源的必要程度的占有和使用权利。这就从自我所有权的角度，提出了人与外部世界资源之间的道德地位的关系问题。由此，我们貌似可以得出如下结论：从自我所有权出发，对于外部世界资源的必要程度的占有和使用似乎可以保障贫困者（也就是所有人）最低限度的基本需求能够得到满足，即根据实质性自我所有权的内在要求，维持机体基本需要与追求善观念的基本能力和条件。换言之，至少边际剩余型国家福利能够从自我所有权的优先性中得到充分的证明。然而，这一步推论太着急了，实质性的自我所有权所蕴含着的对于外部世界资源必要程度的占有和使用权利，是否一定能保障国家福利功能的最低目标，依然是一个未知数。

下面结合着自我所有权与外部世界资源道德地位之间关系的探讨，深入分析自我所有权对于国家福利功能的必然性与有效性所具有的规范力。关于自我所有权与外部世界资源道德地位之间关系的处理，存在着如下三种基本的预设或观点：其一，自我所有权要求对外部世界资源拥有无限占有权；其二，自我所有权要求对外部世界资源进行联合占有；其三，自我所有权要求对外部世界资源进行私人平等分配。第一种观点是诺奇克所主张的非平等主义的立场；第二种与第三种观点是平等主义的立场。下面逐一探讨。

三　自我所有权并没有赋予对外部世界资源的无限占有权

以诺奇克为代表的自由至上主义者对自我所有权与外部初始资源分配（占有）关系的基本立场是：只要不违反洛克式限制性条件，就可以基于自我所有权的要求（劳动混合资源或劳动创造价值）对外部世界资源进行无限不平等的初始占有。在第三章中，我们已经详尽地剖析了在洛克式较弱限制性条件下，对初始资源的无限不平等的占有或诺奇克式的私人财产权观念是不成立的，有限的私人财产权或联合所有权等其他各种替代性选择被毫无道理地忽视了，此不赘述。这里仅仅探讨自我所有权本身并没有赋予对外部世界资源的无限占有权。事实上，自我所有权对外部世界资源的必要占有和使用是有限度的，这种限度是由相对的两种不同立场所限定的。一方面，尽管自我所有权蕴含着财产权，但不像以诺奇克为代表的自由至上主义者所认为的那样，从自我所有权中可以推导出不受限制的诺奇克式私人财产权。实质性自我所有权仅仅要求对外部世界资源进行必要的占有与使用。事实上，无论是对形式上的自我所有权，还是对实质性的自我所有权而言，其对外部世界资源的必要占有与使用都是有限度的。因为，自我所有权的要义并不是指具体的某种善生活观念所必需的物质资源，而是指维持个体生存以及"发展、追求和修正自身善生活"的基本能力（功能发挥）所要求的物质资源。通用的基本能力或基本功能发挥所需要的物质资源显然是有限度的，而非无限的。因此，一部分人占有极大不平等的物质资源，并非其自我所有权所必需，而可能是其所追求的某种具体的善生活所必需。至于人们追求和发展何种具体的善生活，本质上并非自我所有权所关切。毋宁说，作为道德权利的自我所有权概念真正关切的是，人们维持自身生存以及追求、发展善生活观念普遍需要的基本能力、所内在要求的资源占有和使用。另一方面，正是基于同样的理由，自我所有权观念不可能为另一部分人发展一种昂贵偏好所必需的资源条件进行辩护。总之，自我所有权的确蕴含着必要程度的资源占有和使用，否则，自我所有权就是一句空话。然而，这并不意味着能从自我所有权观念中推论出对外部世界资源的无限占有权。富人无理由因此而抱怨这会限制其实现某种具体的善生活观念的选择，穷人也无理由因此而抱怨这对于实现其具体的善生活是不足的。因为，作为道德权利的自我所有权指涉的并不是具体的千差万别的善生活观念所必需的物质资源，真正指涉的是，人们实现任何一种善观念所需要的必要资源的占有和使用。显然，自我所有权对外部世界资源的必要程度的占有与使用的正当限度是：维持个体生存以及"发展、追求和修正自身善生活"的基本能力（功能发挥）所必需的物质资源和条件，低于或高于基本能力（功能发挥）所必需的物质资源限度，从自我所有权观念中都不能得到辩护。当然，要彻底反驳自由至上主义者所宣称的如下命题——自我所有权允许对外部世界资源的无限不平等占有，还需要从内部揭示这一命题的内在矛盾。

四 自我所有权的内在冲突：谁的实质性自我所有权优先

如果以诺奇克为代表的自由至上主义者们一定要坚持，实质性的自我所有权要求对于外部世界资源无限不平等的占有，那么就一定会出现——由于自然禀赋各异与际遇运程有别——有一部分成员面临着悲惨的命运，比如无法自食其力满足自身生存需求，更不用说实质性地自我决定了。事实上，根据诺奇克等自由至上主义者的主张，在自然的"共同状态"或"无主状态"下，无能力者（或不幸者），有可能无法占有任何的外部资源，而有才能者（或幸运者），只要符合洛克式较弱限制性条件，则可以不经过无能力者的同意就占有无限不平等的资源。至于那些完全丧失了基本的劳动能力的人，除非有能力者大发善心而救济之，否则其结局只能是自生自灭、悲惨饿死。具有讽刺意味的是，正是其丧失了基本的劳动能力才在洛克的共有状态或诺奇克的自然状态下导致了必然饿死的原初处境，为有才能者心安理得地无偿占有外部世界资源以及允许巨大贫富差距的资本主义社会提供了所谓"充分的"理由：相比于无能力者在自然状态下的饿死处境，资本主义社会的任何程度的贫富差距和不平等状态，都满足"洛克式较弱限制性条件"，因而无能力者对悲惨现状不能有道德权利上的抱怨理由。在上文关于"财产权与国家福利功能"的论述中，显然洛克式较弱限制性条件实际上赋予了以满足基本需要为基本目标的国家福利功能的优先性，初始财产的正当占有需要以此为前提。国家福利功能的有效性或可行性，依赖于激励机制，即有才能者的潜能是否得到充分发挥。不过，本章是从诺奇克等自由至上主义者所坚持的自我所有权角度出发的，在诺奇克无主状态下或洛克的共有状态下，只要人们把实质性自我所有权理解为支持诺奇克式财产权利，自我所有权就会产生内部冲突：无能力者（或穷人、不利者）的自我所有权与有才能者（或富人、较有利者）的自我所有权之间存在冲突。这种冲突反映了谁的实质性自我所有权优先的问题。按照自由至上主义者的基本立场，如果为维护前者（无能力者或穷人、不利者）的实质性自我所有权而采取国家福利的税收再分配机制，那么一定侵犯了后者（有才能者或富人、较有利者）对于自身财产占有的实质性自由；反之，如果我们坚持后者对于财产不平等占有拥有实质性自由，而不允许必要的国家福利税收再分配机制以保障前者的基本需要，那么前者的实质性自我所有就是一句空话。无论哪一种情况发生，都与诺奇克等自由至上主义者所预先设定的实质性自我所有权（优先性）命题是矛盾的。既然诺奇克坚持实质性自我所有权在先，且试图从自我所有权中引申出对于外部世界资源的无限不平等占有权（显然是不成功的），就必然在自我所有权内部产生上述内在冲突，就会存在谁的自我所有权优先的权衡。

退一步讲，即便是在自我所有权内部存在着这种冲突的情况下，为保障穷人的实质性自我所有权，国家福利功能的税收再分配机制"牺牲"或"侵犯"了富人的实质性自我所有权，那么，这种"权衡"也是以实质性自我所有权的理由来进行的。在穷人的实质性自我所有权与富人的实质性自我所有权之间进行必要的权衡，并没有什么可以基于实质性自我所有权的理由而进行指责的。

正如诺奇克所承认并坚持的那样，实质性的自我所有权是一个根本的起点。那么，从实质性自我所有权或自我决定出发，就内在地要求外部资源的必要占有和使用，比如要有基本的医疗保健以确保有机体健康，基本生活需要能够得到满足，要能获得基本的教育与训练以培养两种基本道德能力（善观念的能力与正义感的能力），等等，这些都需要必要的资源投入。试图保障自我所有权所内在要求的所有人的基本需要得到满足，就必然导向国家福利的税收再分配机制，当然也规定了这种国家福利功能的基本限度——以确保自我决定的基本能力为限度。在坚持实质性的自我所有权与国家福利功能之间存在着必然的联系，而诺奇克等自由至上主义者不能在这两者之间选择一个，排斥另一个。如果自由至上主义者坚持反对国家福利功能的必要性，那么，其从自我所有权角度所应该持有的立场必然要求否定实质性自我所有权，而坚持一种形式上的自我所有权。这一必然性结论，肯定不是诺奇克等自由至上主义者所期望的。

总之，在自由至上主义者所尊奉的理念下，自由至上主义者不能保障每一个社会成员都能对自己的生活有实质性的控制，进行有意义的自我决定。如果自由至上主义者真正如其所宣称的那样，坚信实质性自我所有权的优先性，那么，怎么可以说"没有财产、被迫以不利条件向资本家出卖劳动力的工人，拥有'充分的'自我所有权"?[1] 从诺奇克所坚持的"实质性自我所有权观念"与"外部世界资源无限不平等占有"两个要点之间是矛盾冲突的或自我驳斥的。当然，联合占有外部世界资源或平等分配外部初始资源等其他预设立场，是否就能充分保障不幸者的自我所有权所内在要求的物质条件，那是另外一个重要问题。在这里，"不幸不等于不正义"的自由至上主义者的理念，显然与其所坚持的实质性自我所有权的预设立场相冲突。当然，自由至上主义者为了避免这种矛盾，可以有如下几种选择：其一，放弃实质性自我所有权，仅仅坚持形式上的自我所有权观念；其二，坚持实质性自我所有权观念，但不再坚持对外部世界资源的无限不平等所有权。无论哪一种替代性选择，都会使自由至上主义者的根本立场产生动摇，都会逐渐导入到自由主义的平等主义的立场中去，模糊了自身的内在特点。

---

[1] 罗伯特·诺奇克：《无政府、国家和乌托邦》，姚大志译，北京：中国社会科学出版社2008年版，第262~264页。诺奇克的辩解是，只有当一个无产者的无财产状况使其境况比在自然状态下更坏的时候，无产者的抱怨才是正当的，而且诺奇克认为，在那种境况下，无产者的境况不可能变得更坏。至于那些确实设法出卖自己劳动力的无产者，与他们在自然状态下相比，他们的所得是更多，而非更少；对于那些无劳动能力或卖不出去自身劳动力的无产者而言，诺奇克会说，尽管他们由此在诺奇克的非福利国家中可能会饿死，但他们在自然状态中还是可能会饿死。本书在"财产权与国家福利功能"的章节中，对这一辩解进行了批判。

尽管自我所有权蕴含着对外部世界资源的必要占有和使用，然而，自我所有权允许对外部世界资源的无限不平等占有，仅仅是一种可能的预设，并且是一种内在冲突的预设，事实上，还存在着与之平行的平等主义预设或替代性选择。下面，我们转入考察自我所有权所包含的外部世界资源平等主义立场对于国家福利功能正当性的规范力。

五　实质性自我所有权与外部世界资源的联合占有

如果诺奇克不能从自我所有权中引申出对外部世界资源的无限不平等占有，那么，在坚持实质性自我所有权的同时，对于外部世界资源道德地位的处理，还存在着其他两种基本的组合："实质性自我所有权＋外部世界资源联合占有"以及"实质性自我所有权＋外部世界资源平等分配"。相比于以诺奇克为代表的自由至上主义者的立场，这两种基本立场在坚持自我所有权的同时，坚持了对外部世界资源持有一种平等主义的立场。实际上，如果我们从实质性自我所有权出发，就没有理由不对外部世界资源进行平等主义的处置，以保障每一个个体能够获得基本的必要条件去追求自身的善生活。上述两种对外部世界资源持有的平等主义立场之间的区别在于：前者主张对外部世界资源进行联合占有，不主张进行基于个体基础上的私人平等分配与占有；后者主张对外部世界资源进行平等的分配与私人占有。"实质性自我所有权＋外部世界资源平等分配"的这种结合方式被柯亨概括为"斯坦纳宪章"（The Steiner Constitution）——著名政治哲学家斯坦纳的主张，以区别于"实质性自我所有权＋外部世界资源联合占有"的结合方式，也区别于德沃金称为"资源平等"的"德沃金宪章"（Ronald Dworkin's Constitution）。① 事实上，实质性的自我所有权与外部世界资源的联合所有权预设是内在冲突的，而"德沃金宪章"坚持的是一种罗尔斯式对于自我所有权的理解，与这里定义的实质性自我所有权具有不同的内涵（详见第五章第一节的讨论）。

下面首先探讨"实质性自我所有权＋外部世界资源联合占有"这种预

---

① G. A. 柯亨：《自我所有权、世界所有权与平等》（下篇），载吕增奎编《马克思与诺奇克之间：G. A. 柯亨文选》，南京：江苏人民出版社 2007 年版，第 109 页。

设及其对于国家福利功能正当性的意涵。需要强调的是，外部世界资源的联合占有状态显著区别于洛克对于外部世界资源的共有状态（common ownership）以及诺奇克的无主状态预设。外部世界资源的联合所有制，强调的是，非经当事人的一致同意，任何人都不能使用公有的物品，更不用说占有公有的外部资源了。洛克式的共有状态和诺奇克的无主状态则意味着，只要满足洛克式限制性条件——不浪费与还留给其他人"足够多、同样好"的资源或"不恶化其他人的处境"——就可以经过劳动（自我所有权）混入①外部资源中实现对混合物或劳动创造的附加值的私人占有，且这种排他性的私人占有可以允许极大不平等的存在。因此，在洛克式的共有状态或诺奇克的无主状态下，无能力者（贫困者）的处境较为不利，因为在共有状态或无主状态预设下，允许有才能者在不需要征得无能力者同意的情况下就可以占有极不平等的资源，只要没有违反较弱的洛克式限制性条件即可（详见第三章相关讨论）。然而，在联合所有权下，所有人都拥有实质性的否决权，物品的占有与使用及其收益分成必须经过所有人的一致性同意。在这种制度下，有才能者或富裕者要使用外部世界资源开展生产活动，就必须征得所有人的同意。在严格意义上，需要征得每一个人的同意；在不严格的意义上，需要征得绝大多数人的同意。这种预设，当然对于不利者的处境较有利，其可以向前者提出尽可能高的福利要求，以保证自身的基本需要能够得到满足。不过，穷人或不利者的要求必然是有限度的。因此，联合所有权制度一方面会对有才能者的生产能力产生抑制作用，另一方面会鼓励无才能者提出过高的福利要求并容易形成福利依赖等弊病。更重要的是，外部世界资源的联合所有权制度，会侵蚀实质性自我所有权，在严格的意义上，甚至使自我所有权成为纯形式的。论证逻辑如下：在每个人对如何处置外部世界资源具有平等发言权的联合所有权体制下，任何人进行实质性的自我决定都需要不同程度的外部世界资源占有与使用，而这种使用与占有必须得到利益相关者的一致性同意，否则，任

---

① 柯亨指出，洛克的劳动混合论证与劳动创造价值论证是不同的，尽管在洛克那里，并没有明确区分，但这种区分显然具有重要的意义［G. A. 柯亨：《自我所有权、世界所有权与平等》（下篇），载吕增奎编《马克思与诺奇克之间：G. A. 柯亨文选》，南京：江苏人民出版社 2007 年版，第 113 ~ 114 页］。

何人都不能运用实质性自我所有权所内在要求的资源占有与使用。很显然，每个人都会基于自身的内在需要而对外部世界资源的使用与分成比例提出要求，要在实际上达成一致性意见非常不容易——如果不是不可能的话。这等于在事实上否定了个体拥有实质性自我所有权。正如柯亨所指出的，"对世界联合所有权的肯定与自我所有权的保存是不一致的。因为如果我在没有别人（实际）同意的情况下什么事情也做不了，如何能够说我拥有我自身呢？难道 Able（有能力者）与 Infirm（无能力者）不是不仅联合占有世界，而且至少在事实上联合占有彼此吗？……世界联合所有，好像取消了我们曾经希望它与之结合的自我所有权"①。实质性自我所有权需要一种不经过别人同意能够自主开展活动的行为——只要这种自主行为不伤害到其他人。而在对外部资源的联合所有权下，实质性自我所有权会受到极大的限制。因此，严格说来，接受世界联合所有权就会使自我所有权变成纯形式的。

当然，有人可能会提出这样一种不同看法：在联合所有权下，人们应该对实质性自我所有权所要求的基本经济条件达成一种有限度的要求，即保障所有人实质性自我所有权所要求的基本条件。无能力者或贫困者所能提出的最高条件的限度，不能严重抑制有才能者发挥自身天赋与积极性，以至于使共同所有的外部世界资源的价值不能得到充分的显现——相对于在自然的自由市场体系下，即有才能者得到充分激励下，这些外部资源得到最有效率的使用——进而影响到保障无能力者或贫困者所能要求的最大利益分成。很显然，这就是罗尔斯差别原则的基本思路。这里需要强调的是，在对外部资源的联合所有权下，要实际达成这样一种合理的要求几乎是不可能的——尽管概率不是零，至少不是有把握的——因为要使每一个利益相关者实际上自愿性同意某种标准是非常困难的。事实上，在严格意义上的联合所有权制度下，任何协议的实际达成几乎成了奢谈，这当然包括任何类型的国家福利功能发挥机制，也包括国家福利功能本身的可能性。即便是在不那么严格意义上的联合所有权制度下，即不要求每一个个

① G. A. 柯亨：《自我所有权、世界所有权与平等》（下篇），载吕增奎编《马克思与诺奇克之间：G. A. 柯亨文选》，南京：江苏人民出版社 2007 年版，第 105 页。

体都拥有实际的否决权，而仅仅根据一定数量或比例的人同意即可——比如，现代民主制下的多数通过原则——那么，对于国家福利功能的正当性而言，情况也好不到哪里去，因为这就把国家福利功能的必然性要求完全奠基在充满偶然性的民意基础上。众所周知，民意的变动受到非常复杂的因素影响，因时因地而变化不定。显然，国家福利功能的稳定性需要民意的支持，而其内在的必然性与有效性不能奠定在变动着的民意基础上。也正因此，近代国家福利功能实践的历史充分表明，随着经济、政治以及思想文化等方面的变化，各国福利制度潮起潮落，围绕着其必然性与可能性纷争不已。这也正是社会契约论传统从近代洛克式实际同意原则转向抽象一致性同意原则的内在根源。因此，自罗尔斯之后，洛克式实际一致同意原则就不得不转向公平条件下的抽象一致性同意原则，或基于理由（reasonableness）基础上的一致性同意原则（比如斯坎伦、帕菲特等人所坚持的"无人能有理由拒绝"的原则）。只要在公平或"无人能有理由拒绝"的条件下，国家就可以对外部世界资源如何使用进行约定，而无须征得每一个人的实际同意。当然，在这种情况下，罗尔斯的差别原则并不排斥联合所有制。有关罗尔斯差别原则及其意涵的相关内容和讨论，将在第五章中集中阐述。

需要再一次强调的是，对外部世界资源的联合所有权，赋予了残障者（无能力者或贫困者）在与有才能者或富裕者进行谈判协商时重要的话语权或否决权，因而能够为自身争取尽可能多的利益。这似乎能够必然保证最大限度的国家福利功能的可能性。然而，这种要求受到了双重抑制：有才能者的激励不足以及无才能者的福利依赖所带来的潜在效率损失（参见第一章对效率与平等之间重大权衡的探讨）。尽管残障者不可能无限制地提高要求，但是有一点是确定的：残障者在联合所有制下，有权利要求获得至少能够满足自身基本生存需要的保障。当然，这一要求的有效性或可能性存在的前提是，社会中的全部才能总量和种类具备生产出能够满足所有人基本需要的物品和服务。至少在边际的意义上，这就要求有才能者或幸运者发挥自身潜能，利用现有资源禀赋生产出必需的物品和服务来。否则，在严格意义上的联合所有制下，残障者可以否决有才能者使用外部世界资源的权利，结果就是大家同归于尽。为避免这种最坏的结果，有才能者别无选择，必须答应残障者的要求，并且有责任发挥自身的更高才能以履行这种契约。在现有资源局限下的联合占有制度中，我们具体讨论一下可能存在的以下几种情况。

假如社会的才能总和在现有资源局限下——且假设资源能够得到有效率的配置——无法产出能够维持所有人的基本生存需要的物品，那么总会有人饿死，在不存在欺诈、强权的情况下，社会要能够得以维持，就必须有人做出牺牲——牺牲精神就是必要的。在这种情况下，假如没有人愿意做出牺牲，那么就面临着集体灭亡，为避免集体灭亡，欺诈、强权在必要的程度上就是合理的。因此，避免这种悲剧与恐怖的唯一选择就是尽可能地培养和发展人们的自然天赋与才能（在其他条件不变的情况下）。

假如社会的才能总和在现有资源局限下——且假设资源能够得到有效率的配置——恰好能够生产出供所有人维持基本生存而不至于饿死的物品，那么，在严格的联合占有制度下，有才能者没有任何偷懒的可能，因为，充分发挥自身的才能也是其自身不饿死的基本要求。

假如社会的才能总和在现有资源局限下——且假设资源能够得到有效率的配置——能够产出超过维持所有人的基本生存需要的物品，那么，有才能者完全可以答应残障者提出的最低限度的基本生存条件。在这种情况下，有才能者在剩余物品的激励下，愿意充分发挥自身的才能以获得更多的物品，这需要允许较大程度的不平等。

假如社会的才能总和在现有资源局限下——且假设资源能够得到有效率的配置——能够产出远远超过维持所有人的基本生存需要的物品，残障者面临着超越基本生存需要目标的更高的要求。残障者可以提出的最高合理要求就是严格的平等主义，要求产出净值一律平等分配，否则任何人都不能使用外部世界资源。在这种情况下，有才能者在边际上的付出收获是递减的，在自利动机下，负激励抑制了最大产出净值的出现，即不能满足功利主义的效应总额最大化，此时，残障者获得了超出基本生存需要的收益。由于严格平等，这种负激励持续存在，到达一定的程度，如果总体才能没有增加，那么残障者与有才能者的收益增长面临停滞。在收益增长停滞的情况下，保持其他条件不变，实际上所有人的生活水平由于社会费用的存在——社会费用不可能消失——将稳步下降，一直下降到有才能者开始愿意更多地发挥自身才能的时刻，最后可能长期稳定在一个无显著增长或下降的固定水平范围内。保持其他条件不变，在这个无显著变化的平等福利水平与基本生存需求满足的福利水平之间，所有人享有的实际福利水平程度与平等程度成反比。我们可以用图 4-1 来表达这种分析。图 4-1 中横轴、纵轴分别代表残障者（或无能力者）以及有才能者所享有的福利水平。OD 线段代表残障者与有才能者之间享有严格平等的福利水平。线段 AB 代表的是在满足残障者最低生存需求的前提下，社会所生产的最大福利量，显然，A 点或 C 点分别代表的是残障者最低要求所享有的最低生存需求点，而 B 点是有才能者所享有的最高福利水平点。在这种情况下，二者之间存在着巨大的差距或不平等。如果在理想状态下——有才能者会充分发挥自身的最大才能，以产出 AB 段最大福利量——把 AB 段最大福利量在残障者与有才能者之间完全均分，就转化到 D 点，因此，D 点被称为理想平等分配点。然而，在实际情况下，我们知道，严格平等分配与激励不相容，有才能者在自利动机的驱动下以及在无法有效监管的情况下，会大幅度降低自身才能的发展与使用，进而导致供社会平均分配的福利量减少，如此一来，最后的均衡点为 E 点，即实际均衡平等分配点。E 点可以接近 C 点或与 C 点重合，E 点与 C 点之间的距离取决于有才能者克服负激励的程度。残障者为了获得更高程度的福利水平，就需要充分利用有才能者的能力，利用不平等的激励机制使有才能者充分发挥自身的才能，这就把我们引入到 ED 不平等分配曲线上来。在 ED 不平等分配曲线中，平等与效率之间存在着内在冲突，正如前面阿瑟·奥肯所揭示的（参见第一章相关讨论）。在严格的联合所有制下，残障者需要在平等与效率之间做出重大权衡，这实际上就要求，在边际增加的不平等本身带来的不利程度与边际增加的福利水平之间进行交易，可能达到一个重大权衡点 F。实际上，F 点就是罗尔斯的差别原则所要表达的均衡点。由此，我们可以看出，差别原则相容于联合所有制，而在严格的联合所有制下，残障者能够获得多大程度福利水平，必须考虑效率本身。因此，在现有资源稀缺局限条件下，联合所有制下的国家通过税收再分配机制为残障者所能提供的福利程度依赖于社会才能的总量及其发挥程度。

综上所述，假如对外部世界资源采取严格意义上的联合所有立场，是

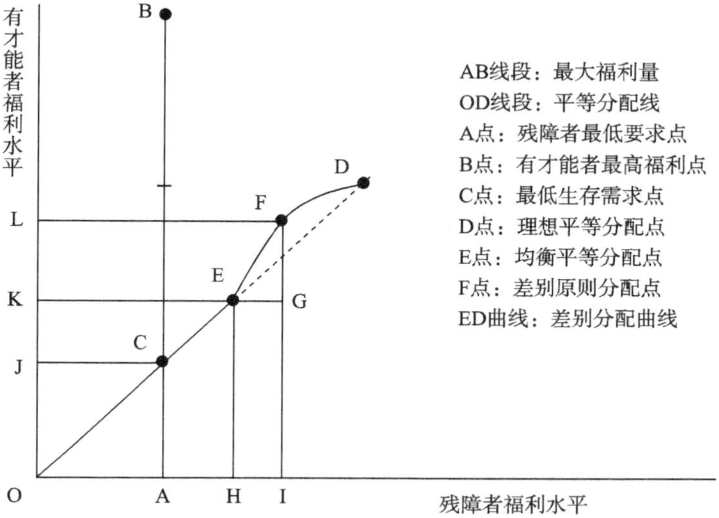

图 4 - 1　局限条件下国家福利目标（水平）

否就能够必然保障自我所有权所内在要求的最低限度资源的占有和使用？答案是否定的。诺奇克等自由至上主义者虽然不能基于对外部世界资源的占有或实质性的自我所有权立场而否定满足人们基本需要的国家福利功能的必要性，但是否具有可行性依然是一个没有解决的问题。因为，他们依然可以坚称：仅仅依靠对外部世界资源的平等主义立场，根本不能达到国家福利功能所要确保的最低限度目标。要实现最低限度的国家福利功能，不仅需要证明其是必要的，没有侵犯人们正当的道德权利，而且需要证明它是可能的或可行的。这一点在对另一种对外部世界资源持有平等主义立场的详细探讨中（"实质性自我所有权＋外部世界资源平等分配"），将得到更深入的揭示，并因此必然把我们引入到罗尔斯与德沃金等自由主义的平等主义的基本立场中来。

六　实质性自我所有权与外部世界资源的平等分配

上文已阐述，在保持实质性自我所有权的前提下，对于外部世界资源的平等主义立场，除了联合占有这种选项之外，显然还存在着另一种重要的替代性选择：主张对于外部世界资源进行平等分配。它要求对于外部世界资源进行平等地私人占有，是建立在私人财产制度基础上的。这种"实质性自我所有权＋外部世界资源平等分配"的立场，是斯坦纳所主张的，被柯亨称为"斯坦纳宪章"。在坚持实质性自我所有权的前提下，作为一种对外部世界资源的起点理论，我们可以合理地预设人们可以对外部世界资源提出平等分配的要求。以诺奇克为代表的自由至上主义者，并不能仅仅根据劳动混合或创造价值理论（自我所有权）来反对外部世界资源的平等主义立场，即对外部世界资源的联合占有或平等分配。很显然，劳动混合或创造价值预设与对外部世界资源如何处置的预设是两个独立性的基本预设。实质性自我所有权要求对外部世界资源进行必要的占有与使用，但并没有预设对外部世界资源如何进行占有与使用，这是两个有显著区别的命题。如何对外部世界资源进行处置——以使人们能够基于实质性自我所有权的理由而对外部世界资源进行必要的占有与使用——是有多种可能性的，而且任何一种可能性的预设都没有高于另一种预设的道德分量。至于哪一种对外部世界资源处置的立场是无人有理由拒绝的，需要结合其他预设进行一致性检验或论证。上文结合相关研究，已经阐明诺奇克所预设的"无主状态"（包括洛克所预设的"共有状态"）与其实质性自我所有权相结合并不能导致其所持有的对外部世界资源的无限不平等的占有。对外部世界资源的严格联合占有，与实质性自我所有权立场相冲突。然而，对于外部世界资源的平等分配处置方式却与实质性的自我所有权不相冲突。在"实质性自我所有权＋外部世界资源平等分配"的斯坦纳宪章下，国家福利功能的必要性与有效性会得到何种程度的保障？下文将对此进行探讨。

（一）斯坦纳宪章下国家福利功能的必要性

在保留实质性自我所有权上，我们可以合理、自洽地预设对于外部世界资源进行平等的分配。这种立场对于国家福利功能的正当性意味着什么呢？

首先，对于外部世界资源进行平等的分配，客观上需要公共权力机构（国家）来保证这种平等分配的强制性实施。一种平等分配外部世界资源的方式是德沃金所建议的虚拟市场下的拍卖机制。然而，德沃金的资源平等理论不仅包括对于外部世界资源的平等分配，基于罗尔斯的框架还要求对非选择性的自然禀赋分配及其收益的平等要求。这一点根本上不同于这里所探讨的斯坦纳宪章。德沃金正确地强调，资源平等分配客观上需要国家这种公共权力机构，内格尔、斯坎伦等学者正确地指出，对资源的平等分配需要国家，而世界正义之所以在可预见到的未来是不可能的，正是因为需要一个世界性的政府，而世界政府的建立遥遥无期。至于国家如何对资源进行平等分配，存在着各种可能性。本书只需要指出，国家福利的税收再分配机制完全可以建立在人们对外部世界资源的平等分配的资格或权利的基础上。第三章通过对初始资源的正当占有的总结与探讨，反复阐明了有限的私人财产权概念意味着已经扣除了占有更多社会资源的富裕人群的一部分财富，这部分不是他们有资格占有的。在斯坦纳宪章下，对于外部世界资源的平等分配要求，可以使人们对占有与使用更多外部世界资源的人群征收必要程度的资源税赋，为那些实际上没有或较少占有与使用外部世界资源的个体提供相应比例的收支转移支付。正是基于这个理由，国家福利的税收再分配机制，既没有违反私人财产权利，也没有侵犯人们的实质性自我所有权（实质性选择自由或自我决定）。当然，具体的国家福利功能的发挥机制可以有多种方式。比如，上文曾提到的布鲁斯·阿克曼建议可以支付给国民一定数量的"股本"；菲利浦·范·帕里斯主张对所有国民均提供能保障基本生活需求的"基本收入"（basic income）；约翰·罗默尔倡导"股本"与有保障的"基本收入"相结合的息票资本主义（coupon capitalism）的分配方式；等等。① 当然，也可以采取社会保险与社会救助等方式对国民提供收入支持，以满足基本需要。

关于斯坦纳宪章下国家福利功能的必然性，还需要加以考虑的一个要点是：假如采取一种有效的办法对外部世界资源进行平等的分配——比如约翰·罗默尔提出的可以通过把外部世界资源进行证券化的方式，采取息票资本主义机制等——每个人都能以一种方式（比如一组资源股票）实质性地领取到一份等额的外部世界资源。那么，根据个人偏好与意愿，个人可以基于自己所拥有的资源份额开始追求自身的善生活。在这种情况下，

---

① 分别参见 Bruce Ackerman & Anne Alstott. *The Stakeholder Society*. New Haven： Yale University Press，1999；Philippe Van Parijs. "A Basic Income for All," *Boston Review*，2000，25（5）：4 – 8；John Roemer. *A Future for Socialism*. London： Verso，1994。

由于个体实际上分到了属于自己的外部世界资源份额，是否也就不存在国家福利的必要性了呢？事实上，答案是否定的。这并不能否定国家福利功能的必然性或必要性。由于残障的存在，也由于人们的自然天赋各异、人生运程有别，同等份额的资源在生产效率上存在着显著性差异。有些人可以利用同等份额的资源生产出超过自身基本需求的物品；有些人则只能刚好有能力利用这份资源产出满足自身基本需要的物品；有些人则根本没有能力仅仅利用这份平等资源以满足自身基本需要；对于那些丧失了劳动能力的残障者而言，其本身不可能利用所获得的资源份额而有丝毫产出，最终只能饿死。在这种情况下，至少丧失了劳动能力的残障者可以以"委托"授权的方式，把自身所拥有的资源份额"委托"给国家①，以此资格换取至少能够满足自身基本需要的收入或服务。当然，国家可以通过开办国有企业来经营这些资源份额，还可能通过把这些资源份额"租赁"给有才能者进行生产，以获取效益的最大化。那些才能较低者也可以通过这种方式处理自身分得的资源份额。这样，通过"委托""授权"的方式，以国家强力为依托，把属于每个人的分散资源以市场合约的方式转移到有才能者手中，实现资源收益的最大化。国家以强制性税收的方式提取了资源租赁收益②，并以保障基本需求的方式"返回"给个体，以兑现在先的"委托"资源收益契约。

不过，这里还需要补充说明两点，先探讨第一点。平等地享有外部世界资源份额仅仅是在个体存活期间，一旦死亡，则其就不再拥有这份资源份额，也就自动不再享有相应的国家福利。当然，随着人口的更替，如何平等地分配资源份额，并最有效率地利用这些资源份额，是非常重要而复杂的问题，这需要合理地解决，涉及人口学、福利社会学、经济学、政治学等具体的经验性学科。这有点类似于约翰·罗默尔所提出的"息票资本

---

① 当然，也可以"委托给"或"租赁给"其他人，但是由于存在着"监管""对等谈判""信息不对称""破产风险"等巨大的交易成本，一个人没有合理理由这样做，或这样冒险是不理性的。这正如人们在罗尔斯的"无知之幕"笼罩下的原初状态中进行理性选择一样，相对于个体的根本利益，人们没有理由对此进行重大冒险。

② 当然，还会提取其他赋税，以实现其他目的，比如基于对环境的破坏而征税以修补、恢复生态环境等，但这类赋税不同于这里所说的资源租赁费用。

主义"的原则："每个人一旦成年，就将收到本国企业的一组股票，这组股票旨在给他国家利润的人头份额，他可以在竞争的股票市场上以市场价格进行股票交易，但却不能把股票兑换成现金提走。到每个人死的时候，每个人的股票组合又将归还国库，并重新发给下一代的成年人。"① 每个人基于自身的股票组合份额获得年度股息，以满足自身基本需要。这种方式是否限制了个体的实质性自我所有权呢？比如，平等分配得到的资源份额为何不能传递给自己的子孙后代呢？实际上根本不存在这个问题，因为所有人只要一出生就可以基于平等的个体身份而获得同等的资源份额。这份平等的资源份额仅仅是基于实际个体身份。个体一旦消亡，其获得这份平等资源的理由也就随之消亡。有人可能会提到，个体可以在在世时对这份拥有所有权的资源进行赠予或遗赠，如果国家通过高额赠予税或遗产税的形式剥夺这种赠予与遗赠行为，实际上就是限制或侵犯了个体的实质性自我决定。合理回应这种质疑的一种思路就是：的确，对这份平等资源拥有所有权的个体可以进行赠予或遗赠，然而，征收高额赠予税或遗产税的对象实际上并不是做出赠予或遗赠决定的个体，而是这份资源的接收方。②

---

① 罗默尔曾估计，在 20 世纪 90 年代，每个人平均分配的股票股本可以为美国的每个家庭产生 8000 美元的年收入（参见 John Roemer. *A Future for Socialism*. London：Verso，1994：65 –68）。

② 征收赠予税与遗产税之所以与自我所有权不相冲突，是因为这种赋税可以被解释为不是对做出赠予或遗赠的个体（财富施予者）进行征收，而是对接收方进行征税。对接收方进行征税的道德理由是，接收方获得赠予或遗赠的财富只是凭借着运气以及特殊的关系，而这与劳动无关，也与自我所有权无关。当然，有人会反驳说，施予方的实质性偏好或意愿中包含了接收方完整地接受财富的内容，因此，征税实际上伤害了施予者的实质性自我决定。这样说是有理由的。不过，施予者的这种偏好实际上是一种涉他性偏好，而涉他性偏好是难以得到辩护的，任何人都无权把自己的偏好实质性地干预到其他独立个体。另一个方向的辩解是，接收方之所以应该获得一定程度的赠予或遗产，其理由是这体现了双方的特殊关系，而对这种特殊关系的无视是没有道理的。这是合理而有力量的辩解。因此，为了体现这种特殊关系的道德重要性，国家并没有理由对接收方获得的财富征收 100% 的赠予税或遗产税，而需要给接受方留下一部分财富，以体现这种特殊关系的道德重要性，不过，这种特殊关系的道德重要性必须在斯坎伦所指出的"人与人之间的道德核心"原则（"无人能理由拒绝之原则"）优先基础上保留一份相对独立的空间。当然，至于留给接收方的财富空间有多大，或赠予税或遗产税的税率应该有多高，是另外一个非常重要的实质性问题。不过这里论证的目标是，赠予税与遗产税是必须要征收的，且这种征收是与个体的实质性自我所有权不冲突的（与个体的实质自由相容的）。至于征收多少，就其本身是不得而知的，这需要依赖于其他核心道德价值原则提供指导，或依赖于我们所要求实现的规范目标。

需要补充的第二点也是一个非常关键的问题：是否"委托"给国家的资源份额能够必然满足个体基本需要。显然无法对此给予肯定的回答。这在很大程度上取决于外部世界资源的禀赋、人口的多少、资源有效配置的能力等各种复杂因素。但是，至少有一点，我们可以确定，只要能够充分利用市场机制，国家提供市场配置资源所必需的法治环境和公共物品，那么，人们就有理由期待能够做到这一点。这也取决于对基本需求水平的界定，在最低限度上，基本需求是指能够维持自身有机体的必要功能发挥，由此需要的最低限度的营养和基本的医疗保健等。这已经成为现代国家的基本职能，做不到这一点，任何现代政府都会丧失基本的统治合法性。但关键的问题依然挥之不去：仅凭对于外部世界资源的平等分配是否就能够必然满足人们最低限度的基本需求？或者说仅仅基于外部世界资源的平等分配，是否能够确保最低限度的——以满足所有人最低限度的基本需要为目标的——国家福利功能的存在？下面重点探讨斯坦纳宪章下国家福利功能的有效性问题。

（二）斯坦纳宪章下国家福利功能的有效性

"实质性的自我所有权 + 外部世界资源平等分配"的斯坦纳宪章，是否确保了至少满足所有人（尤其是较低才能者）基本需要的国家福利的必然性呢？不幸的是，斯坦纳宪章并不能确保无能力者或较低才能者获得有效可及的国家福利功能。换言之，凡是相信国家福利功能的（最低限度的）有效标准——至少要满足每一个人基本生存需要——的人们都必定无法仅仅依靠自我所有权条件下的资源平等分配方案。

对此要点的基本论证如下：假设斯坦纳宪章生效，有才能者被视为具有利用其平均分得的资源份额可以生产出远远超过其自身需要的物品的能力者；无能力者（较低才能者）是指利用自身分得的平等资源份额，产出能力低于有才能者，或者仅仅具有能够生产出满足自身基本生存需要的物品的能力，甚至更低的那部分人；对于残障者而言，其甚至根本没有任何生产能力。如果有能力者与无能力者（较低才能者）达成一种契约，获得后者的资源份额的长期使用权，那么，无能力者（较低才能者）能够提出的最低要求和最高要求可能是什么呢？有才能者能够接受的最低"租金"

或最高"租金"又是什么呢？对于无能力者（较低才能者）而言，其通过"出租"自身分得的资源份额，最低能够接受的"租金"是"自身能力所能获得的最大产出净值"。其能够要价的极限则是"有才能者利用其份额创造出的全部净值"，但是这种极限租金是不可能的。对于无能力者（较低才能者）而言，其合理要价范围是在"自身能力所能获得的最大产出净值"和"无能力者利用其资源份额能够得到的最大净值"之间。而对于有才能者，其"租赁"无才能者这份资源份额的最高出价极限是"有才能者利用其份额创造出的全部净值"，显然这也是不可能的。因此，有才能者实际最高出价是"无能力者利用其资源份额能够得到的最大净值"，而其最低出价甚至可能接近于零。也就是说，其实际可能的出价范围是在"零"到"无能力者利用其资源份额能够得到的最大净值"之间。所以，对于无能力者（较低才能者）而言，其资源份额的实际租金主要取决于其利用其资源份额的生产能力。如果生产能力高，则要价能力强，反之则不然。对于无能力者（较低才能者）而言，其生产能力本身就不高，甚至根本就谈不上任何生产能力。因此，无能力者（较低才能者）在斯坦纳宪章下无法逃脱基本需求不能得到满足的悲惨命运。当然，无能力者（较低才能者）可以组织起来——比如成立工会或把资源委托给国家等——实现资源的规模效应或提高自身的议价能力。通过组织起来，进行集体谈判，以确保满足自身基本需要的收入保障，但这在很大程度上回到了上文所分析的联合所有制度上来，已经超出了"实质性自我所有权 + 外部世界资源平等分配"的斯坦纳宪章框架了。因此，能够确保满足基本需求的国家福利功能在斯坦纳宪章下得不到证明。

第三节　小结与讨论

通过对自我所有权及外部世界资源道德地位关系的探讨，我们可以得出如下基本结论。

在诺奇克的无主状态下，自我所有权允许极大的不平等占有，而且这种占有，只要符合洛克式较弱限制性条件，根本不必征得任何人的同意。

因此，在这种体制预设下，无能力者（较低才能者）的境况最悲惨。不过，这种预设是不成立的。到目前为止，笔者用了很大的精力与篇幅（本章和第二章），从自由至上主义者拒绝国家福利功能所提供的核心理由——国家福利功能的强制性税收再分配机制必然侵犯财产权与自我所有权（自由选择权）——的内部，驳斥了自由至上主义者所持有的这种观念。"实质性自我所有权 + 外部世界资源平等分配"的斯坦纳宪章能够保障国家福利功能的必然性或必要性，但在最低限度的基本需求满足的意义上并不能保障国家福利功能的有效性。正如上文所剖析的，自我所有权与外部世界资源平等分配是不冲突的，可惜的是，仅仅对外部世界资源进行平等分配对于保障穷人的实质性的自我所有权是不充分的。

实质性自我所有权与外部世界资源的联合所有权之间存在着内在冲突，然而，对于贫困者或无能力者而言，在联合所有权制度下，要比"实质性自我所有权 + 外部世界资源平等分配"的斯坦纳宪章下具有更大的发言权，具有更好的处境。在联合所有权制度下，一致同意原则可以增强无能力者的谈判能力或威胁能力。在严格的联合占有制度下，残障者或无能力者可以"威胁"——正当地提出条件——有能力者，使其必须发挥自身的才能，以生产出能够满足残障者或无能力者基本生存所需要的物品，只有这样，他们才能被允许使用共同占有的外部世界资源。这也正是柯亨所强调的，某种程度上的物质条件平等必然以联合占有为前提，但这与实质性自我所有权相冲突。[①] 然而，柯亨使用"某种程度上的物质条件平等"并不是随意的，"某种程度上的物质条件平等"并不一定意味着必然能够满足残障者或无能力者的基本生活需求。正如上文所分析的那样，在外部世界资源局限条件下，保持其他条件不变——并假设所有的资源都能得到有效配置——社会财富的生产总量取决于社会才能的种类与总量及其组合配置方式或发挥程度。简言之，即便是在严格的联合所有制下，最低限度的、能够满足残障者或无能力者基本生存的国家福利水平，必须依赖于社会才能的种类与总量及其有效发挥机制。如果有才能者具有这种能力，那

---

① G. A. 柯亨：《自我所有权、世界所有权与平等》（下篇），载吕增奎编《马克思与诺奇克之间：G. A. 柯亨文选》，南京：江苏人民出版社 2007 年版，第 109 页。

么，在联合所有制度下，完全可以保障能够满足基本生活需求的国家福利水平。然而，如果社会才能的种类与总量不足，个体的自然天赋受到压抑，那么，无论穷人或残障者如何要求，总会有部分人被牺牲掉。这样，要实现最低限度的国家福利目标，就必须存在着另一个先在的前提：社会中的才能能够得到有效的培养和使用，至少达到足以产出满足所有人基本生存需要的能力。

国家福利功能相容于自我所有权。确保所有人的实质性自我所有权需要国家福利功能的存在。这一结论同样适用于上文对于财产权的探讨，财产权的正当性需要以国家福利功能的存在为前提。然而，国家福利功能的必然性或必要性，并不意味着任何程度或目标的国家福利功能的必然性或必要性。比如，最低限度的基本需求满足的国家福利功能（边际剩余型国家福利）是否能够得到证成？体面或较高水平的基本需求满足的国家福利功能（资本主义福利国家）是否能够得到证成？而超越资本主义福利国家的国家福利形态是否可能？这些问题显然已经不同于国家福利功能的必然性或必要性，它涉及国家福利功能的基本目标或水平，这些国家福利功能的目标涉及国家福利功能本身的有效性问题。在实质性意义上，如果某种最低限度的国家福利功能的目标或水平不能得到证成，那么，国家福利功能的必然性或必要性就会丧失实际上以及道德上的重要性，从而从实际意义上削弱甚至取消了国家福利功能的正当性。二者之间的内在关联已在本书的论证框架中得到充分的说明。

在上文所界定的自我所有权概念下，仅仅凭借对外部世界资源的正当占有与分配——无论是在对外部世界资源的联合占有状态下，还是在对外部世界资源的平等分配状态下——我们甚至都无法为满足穷人以及无能力者（残障者）的基本生存需求为基本目标的国家福利功能提供充分的证明，即不能确保满足穷人基本生存需要的国家福利目标的必然性。自由至上主义者以及新古典自由主义者们完全可以有合理理由说："我们"承认基于财产权、自我所有权以及对外部世界资源处置的道德理由，国家福利功能是必要的，然而，"我们"不承认国家福利目标能够合理地被定位在普遍地满足基本需要上，"我们"甚至有充分的理由不能承认国家福利目标能够定位在满足人们最低限度的生存需求的水平上。因为对于残障者或无能力者而言，其凭借着所拥有的外部世界资源的资格，并不能必然确保其能够达到获得满足最低生存需要的目标。因为可以合理地设想，他们所拥有的资源资格及其收益在很大程度上，依赖于有才能者的自然天赋与经营能力。

总之，仅仅依靠对外部资源初始分配的平等主义立场并不能必然保障全部社会成员的基本生活需求得到满足，依然可以正当地允许某些不幸者被饿死的可能。正是在这个意义上，我们会发现，仁慈、同情、可怜、博爱成为必需，自由至上主义者所单一强调的慈善成为必要的补充。不过，如果把最低限度地满足基本需要的国家福利建立在仁慈、同情、可怜、博爱的基础上，这无异于从有效性角度取消了国家福利功能的正当性。为了保障最低限度地能够满足所有人基本需要的国家福利的必然性，我们必须找到自足的正当理由。

基于上述分析，能够满足（至少）基本生活需要的国家福利功能蕴含着如下命题：（1）必须对人们的自然天赋才能及其收益的分配提出正当要求，以及（2）必须保障有足够种类和数量的自然天赋及其有效发挥机制，能够生产出足够多的物品或服务。这一方面要求与激励机制相容，另一方面要求人们的自然天赋得到培育、发展与使用。如此一来，一个自由而平等的公民合作体系观念成为必需，否则，国家福利功能的有效性就不能得到充分的辩护。这两点都在罗尔斯的著名的公平正义理论中得到探讨——尤其是差别原则——我们下面转入到对罗尔斯公平正义理论与自然天赋分配的道德应得观念所蕴含的国家福利功能必然性与有效性的探讨中来。

在转入第五章之前，需要强调的是，基于自我所有权与国家福利功能有效性关系的揭示，这为定位国家福利功能正当性目标提供了基本方向，国家福利功能正当性目标只能被定位在基本能力的范畴内。正如上文所阐明的，只有把国家福利功能的正当性目标定位在基本能力（功能发挥）所必需的物质条件上，才能与实质性自我所有权相协调（参见关于"自我所有权没有赋予对外部世界资源的无限占有权"的讨论）。当然，也只有把有限的公共资源用在提升需要者的基本能力上，国家福利功能正当性才可能是自足的或自我支持的，具有可持续性。这一点，我们将在第七章进行深入探讨。

第五章　罗尔斯国家福利思想：自然天赋分配与公平正义理论

　　罗尔斯的重要性与复杂性被诺奇克所充分表达：罗尔斯之后，要么从罗尔斯出发，要么需要提供合理理由说明为什么不从罗尔斯出发。① 当然，本书议题在内在逻辑上——从正面寻求或阐释国家福利功能正当性的规范性基础——需要在罗尔斯的自然天赋分配的道德应得观与其著名的公平正义理论两种不同的立场中，分别考察其为国家福利功能的必然性与有效性所提供的规范力。事实上，罗尔斯同时开启了政治哲学领域中运气平等主义与民主平等主义两种不同的规范性理论，若深入理解和比较这两种规范性理论为国家福利功能正当性所提供的理由及其效力，也必须从罗尔斯出发。

　　罗尔斯国家福利思想是由相互独立而又内在关联的两个基本立场所构成的：其一，由其著名的公平正义理论所表达的；其二，由其自然天赋分配的道德应得立场所表达的。② 人们常常把罗尔斯的公平正义理论与其对

---

① 罗伯特·诺奇克：《无政府、国家和乌托邦》，姚大志译，北京：中国社会科学出版社2008年版，第218页。

② 罗尔斯强调，对于自然天赋分配的道德应得地位的探谈，属于老生常谈，并不是其首先提出的［参见约翰·罗尔斯《正义论》（1999年修订版），何怀宏、何包钢、廖申白译，北京：中国社会科学出版社2009年版，第77～78页；约翰·罗尔斯《作为公平的正义：正义新论》，姚大志译，上海：上海三联书店2002年版，第120～123页］。然而，罗尔斯把这一道德应得观念凸显了出来，提出了"将自然天赋的分配视为公共资产"的理念，并由此推动了运气平等主义的激烈讨论。在这个意义上，罗尔斯可以被视为现代运气平等主义的创始人之一。然而，罗尔斯在公平正义理论中所表达出的是民主平等主义的立场。显然，在最根本的意义上，罗尔斯是后者，而非前者，尽管罗尔斯认为其差别原则体现了前者。

于自然天赋分配的道德应得观混淆在一起，这造成了很大的误解。事实上，其公平正义理论是独立于自然天赋分配的道德应得观的，前者的生成并不依赖于后者，而是原初状态中自由而平等的公民一致选择出来的。但是，公平正义理论中的差别原则的确体现了将自然天赋分配视为公共资产这一道德应得观念，或者说，与后者相协调，这也反映了罗尔斯公平正义理论中所使用的反思均衡的论证特色。因此，广义上讲，罗尔斯国家福利思想是由两部分共同表达出来的，而严格地看，罗尔斯国家福利思想是由其公平正义理论所阐明的，并不包含后者。本书分别阐明了蕴藏在其公平正义理论以及道德应得观两种不同立场中的国家福利思想，并分别审查了各自对国家福利功能正当性所提供的规范力及其意涵。本章的结构安排如下：首先，探讨罗尔斯所赞成的自然天赋分配的道德应得观念对于国家福利功能正当性所具有的规范力；然后，集中阐明其公平正义理论所蕴含的国家福利功能思想；最后，进行简要讨论。

第一节　自然天赋分配：平等原则与差别原则

在深入探讨罗尔斯公平正义理论、自然天赋分配的道德应得观念与国家福利功能的正当性关系之前，我们需要结合第四章的内容对罗尔斯的自我所有权观念做一简要的分析。通常认为，罗尔斯意义上的自我所有权观念不同于上文中诺奇克以及柯亨等所认为的自我所有权观念。因此，对于罗尔斯的自我所有权观念及其自然天赋分配观念之间的关系，需要做出必要的说明。然后对"将自然天赋的分配视为公共资产"这一道德应得观进行阐明，并据此探讨两种不同分配原则——自然天赋分配的平等原则与差别原则——所蕴含的国家福利功能的规范力。

一　罗尔斯的自我所有权观念：自然天赋与自然天赋分配

在诺奇克以及柯亨所共同描述的自我所有权概念中，自我所有权是指每个人在道德上都是其自身（生物体、基因天赋）及其各种能力的正当所有者，他们共同坚持的不仅仅是形式上对于自身及其能力的排他性"主

权"，而且充分包含了对自身及其能力的运用，即实质性自我决定。个体
对于自身的生物体意义上的生命或身体，包括自身机体的强弱、美丑以及
各种能力，都拥有排他性的免于侵犯的"主权"，这是一个反身性的概念，
往往被称为形式上的自我所有权（当然，形式上的不是指不重要的）。实
质性自我所有权涉及对自身能力的运用与禀赋的现实发挥，强调的是实质
性自我决定、自我选择与自我掌控，是实质自由的核心。尽管形式上的自
我所有权也必然涉及对外部世界资源的占有和使用，比如有机体必须用营
养来维持，基本能力需要资源来维持、培育与发展，然而，这种对资源的
需求往往十分有限。而实质性自我所有权往往涉及对外部世界资源的大量
占有与使用。上文对此做出了详细的区分与探讨，是在诺奇克与柯亨强调
坚持充分的或完全的自我所有权概念的基础上展开的。这里使用的"充分
的（完全的、不受限制的）自我所有权"概念，不仅仅包括形式上的自我
所有权，而且包括不受限制的实质性自我所有权——个人的才能，在不侵
犯他人自我所有权的前提下能够得到充分自由的发挥。也正因为如此，充
分的自我所有权与诺奇克式的外部世界资源的无限不平等占有制度是冲突
的，因为残障者的实质性自我所有权不能得到保障；充分的自我所有权与
柯亨所描述的外部世界资源的联合占有制度也是冲突的，因为严格的联合
占有制度限制了有才能者的实质性自我决定或才能的充分发挥。而在斯坦
纳宪章下，充分的自我所有权与外部世界资源的平等分配可以是自洽的，
不过，充分的自我所有权在事实上也受限于自身能够平等分配的资源。这
样，从自我所有权本身来看，不受限制的——充分的或完全的——实质性
自我所有权是不存在的，或者说，所谓的充分的、完全的实质性自我决
定，仅仅是在不侵犯他人同类性质的实质性自我所有权的前提下以及在现
有资源约束下，所能够拥有的自由限度。因此，不受限制的实质性自我所
有权或充分的、完全的自我所有权概念，就变成了纯粹修辞学性质的。当
我们提到实质性自我所有权时，一定是指有限的实质性自我所有权。只有
当我们把自我所有现象，仅仅是在一种自然事实的意义上来审查时，才可
能存在着无限的自我所有权。而在一种规范的意义上，实质性自我所有权
一定是受人际限制的或有条件的。尽管这些讨论不是区分罗尔斯与诺奇克
（以及柯亨）对自我所有权的不同处理方式的关键，但是，它依然是有意

义的，我们在接下来的讨论中可据此理由发现，两种不同处理自我所有的内在一致性。

诺奇克和柯亨所描述的自我所有权实际上要求，基于自我拥有的自然事实（理由）而对外部世界资源及其收益拥有完全的排他性"主权"。个人拥有的资源份额或财产，是由于自我所有这一自然事实理由而具有排他性的。它并不质疑个体是否在道德上应该拥有自我——无论是形式上的自我所有，还是实质性的自我所有。正是在这一点上，在柯亨看来，罗尔斯的自我所有权概念与上述自我所有权概念发生了真正的分歧。"罗尔斯和德沃金并不是通常所认为的自由主义者……他们认为，由于人们拥有他们所拥有的天赋纯属于运气，他们的天赋从道德上说并不属于他们，恰当地说，而是属于整个社会可以合法地处置的资源。"① 柯亨认为，罗尔斯和德沃金坚持的天赋分配观念与传统的自由主义者所坚持的自我所有权相冲突，不仅与实质性自我所有权相冲突，也与形式上的自我所有权相冲突，因为自身对于属于自己的自然天赋及其收益没有排他性"主权"。正因为如此，柯亨认为罗尔斯和德沃金并不是传统意义上的自由主义者。在自然天赋的处理上，罗尔斯和德沃金的确不是传统意义上的自由主义者。然而，罗尔斯并不会认同其对自然天赋的规范态度会与自我所有权相冲突——至少不会与形式上的自我所有权相冲突。

罗尔斯认为，关于将自然天赋分配视为公共资产的观念，并没有与自我所有权相冲突。因为人们拥有自身的自然天赋，这不仅是一个自然事实，而且是平等的自由权利原则所保障的，根本不存在天赋的所有权争论的议题。这里关键是要区分自然天赋与自然天赋的分配这样两个不同的概念。"被看作共同资产的东西是自然天赋的分配，而不是我们的自然天赋本身。这并不意味着，似乎社会分别拥有个人的天赋，而将个人一个一个地加以查看。相反，我们天赋的所有权问题根本就不会产生出来；如果它产生出来了，拥有其天赋的也是人们自己。人们心理上和生理上的完整统一是由基本权利和自由加以保证的，而这些基本权利和自由都属于第一个

---

① G. A. 柯亨：《自我所有权、世界所有权与平等》（下篇），载吕增奎编《马克思与诺奇克之间：G. A. 柯亨文选》，南京：江苏人民出版社 2007 年版，第 100～118、102 页。

正义原则的范围之内。这样，应被看作共同资产的东西是自然天赋的分配，即人们之间所存在的差别。这些差别不仅存在于相同种类才能的种种差异（在体力、想象力或其他方面的种种差异）之中，也存在于不同种类才能的种种差异之中。这些差异能被看作一种共同的资产，因为当以合适的方式对其加以组织以利用这些差别的优势的时候，它能够使这些才能之间实现巨大的互补（分工协作）。交响乐的例子……相同种类才能的种种差异（如不同程度的体力和耐力）也容许相互的优势互补，正如经济学家早就知道并用'比较优势的原则'加以表述的那样。"[1] 显然，罗尔斯认为，这种关于自然天赋的规范观念，并没有违反（至少是）形式上的自我所有权。这种对待自然天赋分配的规范态度体现的是一种相互性或互惠性原则，其对有才能者或较有利者的自然天赋收益进行强制性征税的理由、出发点与归宿，不是为了其他目的，而正是为了维护残障者或最不利者的实质性自我所有权。自由只能因为自由的缘故而被限制，一种不够平等而包容的实质性自由体系必须被改变。

因此，通过国家税收再分配机制对于富人的财产进行一定程度的征税，是不是就真正限制了富人的实质性自我所有权，是一个值得商榷的话题。实质性的自我所有权要求，每一个人都需要必要的物质条件去追求自身有意义的善生活。为保证所有人的实质性自我所有权，国家福利的再分配机制就是必要的，而这种强制性再分配机制一方面限制了——而不是必然侵犯了——富裕者对于财产的占有程度，另一方面赋予了贫困者必要的基本物质条件，以保障其实质性的自我所有权。诚然，按照保障所有人实质性自我所有权的理由，国家福利的税收再分配机制的确"限制"了富裕者某种程度上的自我决定，但这种限制是严重的或不能令人接受的吗？"自由地选择自己的职业对自我决定是至关重要的，但针对不应得的自然天赋的报偿进行课税，却不会严重地伤害某人的自我决定。即使对某人征收的课税遵照了罗尔斯的原则，他仍然拥有一份公平的资源份额和享有诸多自由，他仍然可以凭借这些自由对自己生活的根本事务进行实质性控

---

[1] 约翰·罗尔斯：《作为公平的正义：正义新论》，姚大志译，上海：上海三联书店 2002 年版，第 21 节 "关于将自然天赋视为公共资产"，第 120～123 页。

制。对自然天赋的报偿进行征税，并不会不公平地使任何人在实质的自我所有权方面处于不利地位，也就是说，没有人在就自己人生观而言的行为能力方面处于不利地位。"① 对于亿万富豪提高一定比例的税率，实际上并没有影响到其实质性的自我所有权，除非人们坚持完全、充分意义上的自我所有权观念——这是没有理由的——才能被认为这侵犯了其不受限制的自我所有权。

当然，上述两种自我所有权观念的分歧还可以从如下的意义上来理解：自我所有是一个自然事实，但这种自然事实是否能够成为一种道德规范意义上的自我所有的理由？对于诺奇克与柯亨所描述的自我所有权概念而言，不存在这个问题，自我所有是一种自然事实，这种事实构成了一个逻辑起点，自然而然成为规范性评价的阿基米德支点。然而，一个自然事实如何可能成为一个规范性标准？显然在事实与规范之间存在着难以跨越的逻辑鸿沟。这里只需要指出，对待自我所有的这样一个事实，人们完全可以独立地从规范的角度给予不同的阐释，只要这种阐释是无人有合理理由能够反驳的。罗尔斯从这个角度，对自然天赋（上文所提到的形式上的自我所有的内容）与自然天赋的分配做出了重要的区分，进而为自然天赋的分配及其收益的道德地位给出了影响深远的阐释。正是这一区分，为有效的国家福利功能的正当性提供了另一个必要条件：如果残障者（或无能力者）没有正当理由分享有才能者的自然天赋的分配及其收益，那么，能够保障残障者（至少）基本需求的国家福利功能就不可能得到辩护。自由至上主义者以及新古典自由主义者们依然可以坚称：不幸不等于不正义，饥饿者的饥饿、匮乏者的匮乏以及痛苦者的痛苦，的确不幸，令人同情、怜悯，富人应该具有仁慈之心，应采取慈善救助的方式以解除或减缓其不幸遭遇，然而不幸者无权利要求国家对富人采取强制性征税来补偿不幸者的遭遇。因仁慈、同情、怜悯而自愿救助是一回事，而基于相互性义务被强制履行救助义务则是另一回事。

---

① Will Kymlicka. *Contemporary Political Philosophy*. Oxford：Clarendon Press，1990：134.

二　将自然天赋的分配视为公共资产

罗尔斯认为，人们所拥有的自然天赋分配是纯粹偶然性的运气，人们先天出生在哪一种家庭，获得哪一种基因特征与人们的自由选择与意志品质毫无内在关联，这仅仅是一种自然事实，因此，对于这种非选择性的自然天赋分配，在道德上，人们没有理由对自然天赋的分配及其收益独自拥有所有权。由于在道德上，没有任何人可以独享自然天赋的分配及其收益，所以，社会可以把自然天赋的分配视为一种公共资产（common assets），将其收益进行集体分配。他认为，其公平正义中的差别原则恰好体现了这种思想。①

罗尔斯在《正义论》（1999 年修订版）第 17 节"平等的倾向"中写道："差别原则虽然不等同于补偿原则，但它却达到补偿原则的某种目的。它改变社会基本结构的目标，使整个制度结构不再强调社会效率和专家治国的价值。这样我们就看到差别原则实际上代表这样一种同意：即把天赋的分布看作是某种意义上的一种公共资产，可以共享这种由这种天赋分布的互补性带来的较大社会与经济利益（分工协作、比较优势）（We see then that the difference principle represents, in effect, an agreement to regard the distribution of natural talents as a common asset and to share in the benefits of this distribution whatever it turns out to be）。那些先天有利的人，不论他们是谁，只能在改善那些不利者状况的条件下从他们的幸运中得利。在天赋上占优势者不能仅仅因为他们天分较高而得益，而只能通过抵消训练和教育费用和用他们的天赋帮助较不利者得益，没有一个人能说他的较高天赋是

---

① 罗尔斯强调，差别原则体现了"将自然天赋的分配视为公共资产"，绝不是说差别原则是从这种思想中推导出来的，差别原则不依赖后者。"通过一致同意差别原则，他们看来也一致同意将天赋的分配看作一种共同的资产，这种看法所意味的东西是由差别原则本身表达的。这种协议将自然天赋的分布看作一种共同的资产，并共享这种分布所产生的利益，而无论它的结果是什么。这不是说这种分布就是一种共同的资产，这样说应以一种规范性的所有制原则为前提，可以肯定地说，差别原则不是从作为独立前提的这种原则中推演出来的"（约翰·罗尔斯：《作为公平的正义：正义新论》，姚大志译，上海：上海三联书店 2002 年版，第 121 页）。

他应得的（deserve），也没有一种优点配得到一个社会中较有利的出发点。"①

后来罗尔斯在其《作为公平的正义：正义新论》中再次写道："对于在自然天赋的分配中我们占据的位置，我们不是应得的（在道德应得的意义上）。这个陈述属于道德上的老生常谈。但谁能够否认它？人们真的认为他们比其他人生来便更有天分这（在道德上）是应得的？他们真的认为自己生为男子而非女人或相反这（在道德上）是应得的？他们真的认为自己生于一个富裕家庭而非一个贫困家庭这是应得的？不。"②

对待这样一种自然天赋分配中的先天差别，我们当然没有理由忽略或试图去消除它们——当然，在某种程度上，借助于科技的手段，不是不可能做到——罗尔斯建议，最好的办法是用这些随机偶然性的分布来为最不利者谋利。人们可以从规范上建立这样一种社会体系："它使任何人都不会因为他在自然资质的分布中的偶然地位或者社会中的最初地位得益或受损而不同时给出或收到某些补偿利益，我们就被引导到差别原则。"③ 对于罗尔斯而言，自然天赋的分配，是一个自然事实，关键在于人们对待它们的态度与处理它们的方式，如果我们让这种任意的、专横的、偶然的随机因素成为决定人们命运的因素，成为塑造社会基本结构制度的重要影响因素，这是毫无道理的。人们不必然要听命于任意专横的偶然因素的摆布，因为人是有能动性的、自由意志的理性存在物，是有内在尊严的。因此，我们虽然改变不了这种自然天赋的分配的自然事实——即使依靠科技能够改变，也不一定选择改变——但是，重要的是，我们可以从道德规范的角度对其收益加以利用。

因此，那些自然天赋较高者，不能仅仅因为其较为幸运地拥有较高的自然天赋这个事实，而独自享有该事实所带来的收益；那些自然天赋较低

---

① 约翰·罗尔斯：《正义论》（1999 年修订版），何怀宏、何包钢、廖申白译，北京：中国社会科学出版社 2009 年版，第 17 节 "平等的倾向"，第 77 页。

② 约翰·罗尔斯：《作为公平的正义：正义新论》，姚大志译，上海：上海三联书店 2002 年版，第 120 ~ 123 页。

③ 约翰·罗尔斯：《正义论》（1999 年修订版），何怀宏、何包钢、廖申白译，北京：中国社会科学出版社 2009 年版，第 78 页。

者——先天残障者或先天无能力者——不能仅仅因为其不幸地先天获得较低的天赋而独自承受该自然事实所带来的伤害。既然谁也不能独自从自身先天获得的自然天赋分配的地位中获益或遭受不利，那么，对于自然天赋分配的道德地位，犹如人们在外部世界初始资源中所面临的情况一样，人们对于这种自然天赋分配所带来的后果可以持有三种不同的方式：联合占有的方式、平等分配的方式以及罗尔斯所建议的差别原则的方式。实际上是两种方式：平等主义的方式（联合占有与平等分配）与罗尔斯的差别原则的方式。

三　自然天赋分配的平等原则与国家福利功能

首先，对于自然天赋分配的后果的联合占有体制而言，其面临着上文对于初始资源分配中的联合占有体制一样的问题：社会能否为所有人提供满足基本需要的国家福利水平主要取决于，现有的外部世界资源禀赋与内在的自然天赋总量（种类）及其配置效率。一般而言，外部世界资源禀赋是相对稳定的，其价值在很大程度上取决于人们的自然天赋的创造性开发与运用。相对于外部世界资源禀赋的有限性而言，自然天赋具有非常强的弹性，在一定程度上可以得到无限的挖掘、培养与发展，这是一个能动性的自变量。因此，如果要确保有效的国家福利——至少能够确保所有人的基本需要能够得到满足，那么，必须创造条件使自然天赋能够得到最大限度地挖掘与培养，并能得到有效的配置与利用。为此，国家必须要做两件事，其一，使用资源培养与发展个体的自然天赋，通过发展教育与培训，对人力资本，尤其是儿童教育进行必要的投资。其二，创造制度条件使个体的自然天赋能够得到有效的发挥，这就需要培养一个法治环境，让自由市场机制能够正常运转起来，实现对外部与内在资源的有效配置。一旦这样做，我们就会发现，这与严格的联合占有体制发生了冲突。因为要确保社会能够生产出满足所有人基本需要的物品或财富，必须要采取激励机制，也就是说，现有制度需要与不平等的激励相容。而联合占有体制下，人们并不能保证对此达成一致意见。而一旦真的达成了与激励相容的一致性意见，那么，这也就进入了罗尔斯所建议的差别原则范畴了。

其次，对于自然天赋分配的后果的平等分配的立场而言，其面临着同样的激励困境。对于自然天赋的差别分布所带来的后果，进行平等地分配，也不能必然地保障这种收益后果能够满足所有人的基本需要。所以，对于自然天赋分配的后果持有平等主义立场的人们而言——无论是持有联合占有立场，还是持有平等分配立场——有效的国家福利并不能得到确保。因此，我们最后分析一下体现这种自然天赋分配道德地位观的差别原则，是否能够提供充分的保障？

四　自然天赋分配的差别原则与国家福利功能

需要强调的是，罗尔斯的差别原则并不是来自这种自然天赋分配的道德应得观念，只不过是差别原则体现了这种对待自然天赋分配的应得观。罗尔斯的差别原则是指，在满足基本自由权利平等与公平的机会平等原则的前提下，经济和社会的不平等分配要使最不利群体的利益最大化。对罗尔斯差别原则的准确理解，要从不可分割的正反两个方面来限定：正面来说，可被辩护的或正当的不平等应是，一方面，取消或减少这种不平等将会损害社会中每一个人的利益，尤其是最不利群体的利益；另一方面，这种不平等没有危及平等的基本自由权利与政治自由的公平价值，以及公平的机会平等。反过来说，不被允许的或不正当的不平等，要么危及了平等的基本自由权利及其政治自由的公平价值；要么损害了公平的机会平等；要么取消或减少这种不平等，有助于增进最不利群体的利益，至少不会有损于其长期利益。显然，罗尔斯的差别原则并不是上述对待自然天赋分配的平等主义方式，他建议采取对经济分配的不平等方案，利用不平等的激励机制（自利动机）及自由市场机制，刺激或诱惑自然天赋较高者为自然天赋较低者谋取最大化利益。关于差别原则的处理方式，结合国家福利功能的有效性议题，有如下两点评价。

其一，差别原则是现有资源禀赋（包括外部世界资源与内在自然禀赋）局限条件下，能够使天赋较低者（残障者或无能力者）的利益最大化的最优方案。它充分考虑到了保障国家福利有效性的三个必要条件。

（1）首先赋予最不利者的利益以优先权（priority）。它本质上是一种优先主义立场，从根本上关切的不是人与人之间比较性、相对性差距本身的内在不合理，而是强调较差者的利益更重要，贫困者的基本需求不能得到满足的事态本身就是坏的，且"人们过得越差，让他们得益就越重要"①。有效的国家福利功能（至少）要求确保残障者或无能力者等最不利群体的基本需要能够得到满足，这是一种绝对意义上的规范性零点，而不是比较性、相对性意义上的内在价值。拉兹对于优先主义与平等原则之间的本质差别有一段精辟的描述："使得我们关注各种不平等的东西并不是不平等，而是其根本原则所确认的那种关注。它正是关注饥饿者的饥饿、匮乏者的匮乏、痛苦者的痛苦等。他们在相关方面比其邻居差的事实是相关的。但它不是作为一个独立的不平等的罪恶而相关的。它的相关性在于表明他们的饥饿更强、他们的匮乏更严重、他们的痛苦更厉害，因此，我们是对饥饿者、匮乏者和痛苦者的关注，而不是对平等（本身）的关注使得我们给予他们以优先性。"② 差别原则赋予了最不利群体的利益以绝对意义上的参照点。

（2）差别原则要求在较高天赋者与较低天赋者之间采取一种互惠性原则。它要求那些在自然天赋分配中占有更幸运位置的人为那些在自然天赋分配中占有更不幸运位置的人谋取利益。差别原则要求其他社会成员（有才能者）负有义务和责任消除另一部分社会成员（残障者或才能较低者）的饥饿、匮乏与痛苦状态。上文已经阐明，有效的国家福利的证成，必须对自然天赋才能及其收益的分配提出正当要求，它必须建立在"我们彼此负有的义务"（斯坎伦）原则之上，而不能借助于仁慈、同情与可怜的关注。差别原则所包含的互惠性或相互性理念，体现了这一点。

（3）差别原则与激励原则或效率原则相容，它通过允许必要程度的不平等的分配来刺激或诱惑具有自利动机的天赋较高者，在自由市场环境中充分发挥自身的天赋才能，创造出足以能够满足所有人基本需要的物质财富。相比之下，自然天赋分配及其后果的平等主义方式，仅仅能够体现互

---

① Derek Parfit. "Equality of Priority?" *Ratio*, 1997（Vol. X）：202 – 221.

② Joseph Raz. *The Morality of Freedom*. Oxford：Oxford University Press, 1986：240. 在这里，拉兹所使用的"我们的关注"一词表达了仁慈与同情的情感。需要强调的是，对于饥饿者的饥饿、匮乏者的匮乏以及痛苦者的痛苦表示仁慈与同情是一回事，而人们对其具有义务与责任消除饥饿、匮乏与痛苦状态则是另外一回事，不能混为一谈。然而，拉兹这段话对于优先主义与平等的区分是清楚而重要的。

惠性原则，它根本上并不关注最不利群体的饥饿、匮乏和痛苦状态的重要性，而把重点放到了人际比较性、相对性的地位上了，因而必然面临着"水平向下的反驳"（允许通过降低高水平的方式向低水平平等看齐，拉低水平、缩小差距是正当的。进而嫉妒情感也可以被合理化。德沃金的资源平等原则需要通过免于嫉妒的检验，恰恰体现了这一点）。它也与激励机制不兼容，在平等与效率之间存在着内在的冲突，对平等的无条件强调使效率必然遭受重大损失，进而不能确保最不利群体利益的最大化。因此，差别原则（其所体现的优先主义原则、互惠性或相互性原则、与激励兼容原则）相比于平等原则，对于自然天赋分配的规范更具有比较优势。

其二，对自然天赋分配的差别原则处理方式，到底能够确保什么水平的国家福利呢？差别原则要求实现最不利群体利益的最大化，在这个前提下，经济和社会的不平等就能够得到辩护。那么，最不利群体利益的最大化是一个什么概念呢？最不利群体利益的最大化就一定能够满足残障者或无能力者（最不利群体的典范）免于饥饿、匮乏吗？能够必然满足其基本生计需求吗？这里存在一个重大的分别：如果不是仅仅基于对自然天赋分配的差别原则处理方式，而是基于独立于此的罗尔斯公平正义理论，那么，我们对此有一个远远超出预期的回答，即罗尔斯的公平正义理论要求的不仅仅是能够满足所有人基本需求的国家福利水平，其所内在要求的远远超过了二战后的资本主义福利国家（这一点在下文中进行专门论证）。然而，如果仅仅基于先天的自然天赋分配所带来的收益分成的理由，那么差别原则的处理方式能够确保所有人的基本生活需求得到满足吗？答案是令人失望的，理由如下。

罗尔斯并没有对天赋及其运用本身进行仔细区分，显然，资质禀赋不仅仅是自然天赋，肯定混入了自身的努力与意志，或基于努力与意志即选择所发展并体现出来。自由至上主义者以及新古典自由主义者们依然可以基于这里的分成而攻击国家福利的有效性：绝大比例的价值是由自由选择的努力与意志所创造出来的，而先天的自然天赋（原生运气）部分所贡献的成果比例非常小（比如，根据人类智商的正态分布，绝大多数人的智商是差不多的），以至于没有多少成果可以有效分配。因此，即便是基于先天的自然天赋分配的理由进行再分配，也不足以确保满足基本生存需要的国家福利的必然性。而如果仅仅基于这一点理由就允许大规模的经济再分配，实施较高水准的国家福利，那么这就必然对个人的自由选择、努力与意志所应得的份额进行不正当的侵犯。这是一个有力的反驳。当然，人们可以坚持认为，先天的资质禀赋或遗传基因对于后天的成就具有根本性的作用，持有一种较强的先天决定论的观念；也可以强调，个体的自由选择与后天努力与先天的资质禀赋条件密不可分，持有一种较弱的先天影响论观念。人们可以举出很多例子来表明，先天的因素对于后天的资质禀赋以及自由选择将会产生多么重要的影响，甚至是决定性作用；当然，人们也可以举出这样的例子，即先天有缺陷的人们，由于后天的自由选择、努力与意志品质而产生了根本性的人生处境分别。这种纷争不是没有实质性意义，然而，要试图为国家福利功能的必然性与有效性提供辩护，就不能仅仅诉诸有利于自己立场的平行式理由，而必须从不利于自己立场的理由内部开始工作，并有效反驳。正是在这个意义上，罗尔斯对于自然天赋分配的探讨，没有做到德沃金所批评的"敏于选择、钝于禀赋"。

总之，单单基于这样一种对于自然天赋分配的规范性立场的正当理由，无论何种分配原则都不能确保国家福利功能的有效性。罗尔斯的差别原则之所以可以确保较高水平的国家福利，是因为这是其整个的公平正义原则（包括其原创性的原初状态设置）所要求的。尽管差别原则体现了把人们的自然天赋分配视为公共资产，对其收益要求进行互惠性的分配，然而，这并不意味着差别原则仅仅体现了这一思想，差别原则根本上是独立于这一思想的。事实上，罗尔斯对此信心满满，认为，如果人们的基本需求不能得到满足，那么差别原则就被明显地违反了，这样的社会就不可能是一个正义的社会。罗尔斯强调，差别原则要求的比最不利者基本需求满足更多，它远远超越了以体面的（较高水平的）基本需求满足为目标的资本主义福利国家，它要求对实质性机会或可能性的再分配以及资产或财富的再分配（生产资料的再分配）。这将把我们导入到罗尔斯的国家福利思想体系中来。进入罗尔斯的论证之后，我们发现，对国家福利功能正当性的论证，显著不同于前面几章的论证方式。前面几章的论证方式主要是从辩护的角度对国家福利功能的必然性与有效性进行探讨。进入罗尔斯的公平正义理论之后，对国家福利功能的必然性与有效性的探讨，显然需要从其公平正义理论来阐释。在接下来的第二节中，本章将基于罗尔斯公平正义理论本身，阐释其国家福利思想要点。在本章的最后部分，探讨罗尔斯公平正义理论下国家福利的正当性问题（关于政治哲学中的这种证成方式的变化与深入探讨，参见第一章中关于正当性与证成性的梳理与剖析）。

由于罗尔斯提出了将自然天赋分配视为公共资产的观点，坚持认为差别原则体现了这一道德应得观念，后来人们通常把罗尔斯视为运气平等主义的开创者之一。以德沃金为代表的运气平等主义者把运气平等这一道德规范立场发展到极其湛深的地步，然而，无论如何，运气平等主义观念难以为国家福利功能的正当性提供一个坚实的规范性基础。这些内容将在后面两章中深入探讨。这里所强调的是，罗尔斯公平正义理论不依赖于这一道德应得观念，这是必然的，否则其公平正义理论的基础就太脆弱了。罗尔斯不是一个运气平等主义者，而是由其公平正义理论所表达的民主平等主义者。本质上，罗尔斯的国家福利思想是由其公平正义理论所表达的。因此，阐明罗尔斯公平正义理论所蕴含的国家福利功能是至关重要的。

第二节　罗尔斯公平正义理论与国家福利功能

严格地讲，罗尔斯国家福利思想主要根植于其著名的公平正义理论，内在地要求超越资本主义福利国家形态。从基本理念来看，资本主义福利国家不能从根本上保障公民的基本自由权利平等以及政治自由的公平价值，其允许的资产或财富的不平等远远超越了公平正义原则所能允许的范围。从供给内容来看，资本主义福利国家通过再分配机制立足于满足公民的基本需求，漠视了资产或财富在公平分配中的重要性。从实现机制来看，资本主义福利国家忽视了更为根本的社会基本结构或背景程序正义在福利分配中的地位。罗尔斯国家福利思想要求从三个基本维度超越资本主义福利国家框架：国家福利制度的根本理念或目的在于促进公平正义，而非其他功利性价值；要求提供一种超越资本主义福利国家基本需求理念的社会最低保障水平；重视从社会基本结构或背景程序正义的角度来审视福利分配及其供给机制。

一 必要的说明：背景与问题

罗尔斯国家福利思想根植于其公平正义理论，内在地要求超越资本主义福利国家。[①] 而福利国家的发展脉络表明，一种超越资本主义福利国家范畴的国家福利政策实践正在以不同方式竞相发展着。尽管还没有充分的证据表明二者之间存在着直接关联，然而，这至少表明，罗尔斯国家福利思想并非理论上的空中楼阁。在阐明具体问题之前，有必要对福利国家实践发展的脉络简要勾勒一下，并为接下来的分析提供必要的背景。

在国家福利政策实践中，国家福利功能从最初的立法济贫，扩展至社会保险，至二战后，在《贝弗里奇报告》所勾勒的蓝图上，英国率先建成"一个新的、统一的、综合的、基本上覆盖全体国民的社会保险制度以及相关福利服务体系"[②]，即福利国家。诸多资本主义工业化国家纷纷效仿，至 20 世纪 70 年代初，主要西方发达国家先后建成福利国家体制。尽管由于具体国情不同，资本主义福利国家体制存在着显著差异，然而，在"国家承担保障其公民享有基本福利责任"上达成了普遍"共识"。不过，这种普遍共识并没有回答"福利政策是否具有解放性，是否有助于体系的合法性（正当性），与市场过程相左还是有助于市场过程，所谓'基本'的实际含义，是否可以要求福利国家提供基本的或最低需求以外的内容等"[③] 诸多关键性议题。事实上，福利国家自其构建始，就一直面临各种危及其有效性以及正当性基础的激烈抨击。适逢 20 世纪 70 年代的石油危机爆发，

---

① "资本主义福利国家"一词的使用，参见约翰·罗尔斯《作为公平的正义：正义新论》，姚大志译，上海：上海三联书店 2002 年版，第 225~233 页。资本主义福利国家既不同于自由放任资本主义，也不同于罗尔斯意义上的以财产所有民主制与公有制为基础的社会主义。在较为宽泛的意义上，它是指这样一组基本制度构成的社会形态：私有制、自由市场、宪政民主与福利国家制度。另外，对资本主义与福利国家之间关系的探讨，参见 Claus Offe. *Contradictions of the Welfare State*. Cambridge：MIT Press，1984；哥斯塔·埃斯平－安德森《福利资本主义的三个世界》，苗正民、滕玉英译，北京：商务印书馆 2010 年版；R. 米什拉《资本主义社会的福利国家》，郑秉文译，北京：法律出版社 2003 年版。

② 关信平主编《社会政策概论》，北京：高等教育出版社 2004 年版，第 28 页。

③ 哥斯塔·埃斯平－安德森：《福利资本主义的三个世界》，苗正民、滕玉英译，北京：商务印书馆 2010 年版，第 27 页。安德森在其 1990 年出版的这本福利国家体制比较的经典著作中，基于社会权利之去商品化程度及历史背景，把资本主义福利国家分为保守的、自由的以及社会民主的三种基本类型。

经济不景气，福利国家普遍面临着福利支付上的巨大压力，反对福利国家甚至国家福利功能的各种思潮风起云涌。新右派政策主导了对福利国家政策的大刀阔斧的改革，削减国家福利支出，缩减国家在福利领域中的功能，对国家主管主办的福利项目进行市场化或准市场化供给，强化个人与家庭的责任。新右派攻击福利国家导致了高税收和政府债台高筑，无节制的刚性福利供给削弱了创造财富的激励机制，影响了经济效率或竞争能力，限制或否定了人们对服务的自由选择，造成了"工作锁定"，影响了职业的自由流动，甚至认为"国民保险的原则是一场骗局"，结果必然事与愿违。① 然而，在实证分析领域，对福利国家（国家福利）的后果的评价永远争论不清，这种争议不仅内在于理性的局限或科学研究方法的固有缺陷，而且内在于塑造福利国家（国家福利）具体形态的现实复杂性。② 真正威胁到福利国家根基的质疑来自规范领域。在福利国家的规范性基础中，政治哲学领域中的自由至上主义者们坚持认为，"不幸不等于不正义"，福利国家严重侵犯了人的基本权利，本质上再分配是不正当的；经济学领域中新古典自由主义者坚称，福利国家的税收再分配机制本质上是交叉补贴，官僚主导的福利政策不仅效率低下，而且破坏工作伦理，必然产生贫困陷阱与福利依赖，导致贫困文化，只有自由市场才能有效配置资

---

① 关于新古典自由主义对福利国家批判的总结性文献，参见 Paul Pierson. *Dismantling the Welfare State? Reagan, Thatcher and the Politics of Retrenchment.* Cambridge：Cambridge University Press，1995；Daniel Shapiro. *Is the Welfare State Justified?* Cambridge：Cambridge University Press，2007；K. Laybourn. *The Evolution of British Social Policy and the Welfare State.* Staffordshire：Keele University Press，1995；Gøsta Esping-Andersen. *Welfare States in Transition National Adaptation in Global Economies.* London：Sage Publications，1996。对资本主义福利国家的批判一直存在于自由主义的平等主义、新马克思主义以及女性主义等思想流派中，他们对福利国家和国家福利的批判与新右派有很大不同，主要集中在资本主义福利国家本身的内在缺陷或矛盾上，强调了对资本主义福利国家的超越，当然，中间与偏左的思潮流派之间的差异程度一点也不小于左右之间的差异程度（参见 Claus Offe. *Contradictions of the Welfare State.* Cambridge：MIT Press，1984；Christopher Pierson. *Beyond the Welfare State? The New Political Economy of Welfare.* Cambridge：Polity Press，2006）。

② 熊跃根：《全球化背景下福利国家危机与变革的再思考》，《学海》2010 年第 4 期，第 47 页。熊跃根在该文中提供了一个实证分析福利政策固有局限的例证（具体参见第二章第五节相应的注释）。我们可以说，在实证分析范式下，福利国家（国家福利）的基础性争议是没有办法得到解决的，这一方面意味着，新右派试图通过实证分析，把经济效率问题最终归因于福利国家（国家福利）本身是存疑的；另一方面也同样意味着，通过实证分析路径，反驳新右派是不可能彻底的，也必然会招致同构的逻辑质疑。

源，并保证公平合理地分配各自应得。如果真像弗里德曼、熊彼特、哈耶克、诺齐克等人所认为的那样，无论何种形式的国家福利，最终都是一条"破坏自由""损害竞争效率"的"通往奴役之路"，不仅结果事与愿违，而且在伦理规范上是"不正义"的，那么，福利国家不仅仅是"危机"的问题，本质上就是一个错误，被"拆散"的命运就内在地注定了。如此一来，也根本不会存在社会"福利权"这回事，无论是普遍性的国家福利，还是选择性的国家福利都只能成为一种工具性的临时手段。无论如何，经此争论与新右派主导的福利国家改革后，国家大包大揽、主管主办的福利供给模式遭到了动摇。自 20 世纪 90 年代以来，在全球化及系统性风险日益凸显的新时代背景下，国家在福利中的功能与角色被置于更广阔、更深刻的框架下得到重新审视。一种超越传统资本主义福利国家纷争的福利政策实践以不同方式竞相发展。试图超越"左"与"右"，有效应对各种新挑战的"第三条道路"国家福利政策实践应运而生。第三条道路福利政策，一方面主张国家在福利领域中具有不可推卸的责任，另一方面强调权利与责任对等原则，主张"无义务即无权利"，强化个人获得福利资源与服务时的相应对等义务，倡导积极的福利政策实践。[①] 另外，发展型社会政策理念与实践让人们审视国家福利政策在社会投资领域中长期被忽视的重要功能，强调社会政策与经济发展之间的密不可分，注重社会政策本身在人力资本、社会资本、个人或家庭资产等方面的建设和积累。资产建设理论指出，以消费和收入维持为基础的国家福利政策，无法有效地使穷人摆脱贫困，强调资产积累在反贫困中的关键性作用，提倡通过建立个人账户等政策来促进穷人资产建设，增强摆脱贫困的基本能力。这种试图超越资本主义福利国家的国家福利思想与实践已成为国家福利实践发展的内在要求。

在上述福利国家实践发展历程中，不无巧合的是，1971 年，罗尔斯发表了影响深远的划时代巨著《正义论》，为当代政治哲学、道德哲学、福

---

① 安东尼·吉登斯：《第三条道路：社会民主主义的复兴》，周戈译，北京：北京大学出版社 2000 年版；安东尼·吉登斯：《超越左与右：激进政治的未来》，李惠斌、杨雪东译，北京：社会科学文献出版社 2003 年版。

利哲学等诸多领域"今天所呈现的面貌奠定了基石"①，其理论已成为了解当代政治哲学等诸多领域中，各种思想及其纷争的"一个自然的出发点"②，"现在，政治哲学家们或者必须在罗尔斯的理论框架内工作，或者必须解释不这样做的理由"③。在国家福利规范领域，人们自然也认为，罗尔斯，作为自由主义的平等主义流派的开创者，其公平正义理论为资本主义福利国家的规范性问题奠定了坚实的基础，为有效应对福利国家的各种批判提供了有力的思想武器。正如金里卡所言，"大多数人这样看待自由主义的平等主义，认为它旨在为战后的自由主义的民主福利国家提供相应的哲学论证……为理解围绕福利国家进行的政治争论，提供了在思想上令人满意的框架"④。然而，罗尔斯的正义论所要求的国家福利理念与规范制度，与资本主义福利国家具有内在的不相容性，客观上要求超越资本主义福利国家。罗尔斯明确指出，资本主义福利国家同作为公平的正义是冲突的。⑤ 在罗尔斯看来，资本主义福利国家，无论作为一种历史形态，还是作为一种规范理念，都无法充分表达公平正义理论所要求体现的基本价值。⑥ 目前，尽管没有充分的理据表明，上文所阐明的资本主义福利国家发展脉络所呈现出来的超越福利国家的实践尝试，与罗尔斯正义论所内在要求的超越福利国家的国家福利基本理念，二者之间具体存在着何种实质性关联，但至少可以说，罗尔斯正义理论及其内在规定的国家福利思想，要求超越资本主义福利国家，这在福利国家的当下实践发展中已初步显现，而不仅仅是"先验制度主义"正义理论——阿玛蒂亚·森对罗尔斯公平正义理论的批判——的逻辑要求。

---

① 阿玛蒂亚·森：《正义的理念》，王磊、李航译，北京：中国人民大学出版社 2012 年版，第 47 页。
② Will Kymlicka. *Contemporary Political Philosophy*. Oxford：Clarendon Press，1990：10.
③ 罗伯特·诺奇克：《无政府、国家和乌托邦》，姚大志译，北京：中国社会科学出版社 2008 年版，第 218 页。
④ Will Kymlicka. *Contemporary Political Philosophy*. Oxford：Clarendon Press，1990：96.
⑤ 约翰·罗尔斯：《作为公平的正义：正义新论》，姚大志译，上海：上海三联书店 2002 年版，第 339 页。
⑥ 约翰·罗尔斯：《作为公平的正义：正义新论》，姚大志译，上海：上海三联书店 2002 年版，第 225 ~ 227 页。

遗憾的是，罗尔斯并没有专门阐明国家福利的基本价值、供给水平与实现机制等具体福利思想，其国家福利思想内容主要根植于公平正义理论及其论证中，散见于《正义论》（1971 年、1999 年修订版）、《政治自由主义》（1993 年）以及《作为公平的正义：正义新论》（2002 年）等多部论著中。国家福利思想是一个宽泛的概念，通常是指人们或某一思想流派，对于国家福利的价值、供给水平、福利资源与主体、实现机制等福利核心内容所持的基本观念。显然，罗尔斯国家福利思想不同于罗尔斯的正义理论，前者是后者在国家福利方面的具体体现以及推论观点，后者是前者的规范性目标，并为前者提供了基础论证。对于罗尔斯国家福利思想，目前国内学术界还缺乏专门的深入研究。本部分试图回答这一问题：罗尔斯国家福利思想的基本内容是什么，或罗尔斯国家福利思想的基本理念与要点有哪些。本书拟从如下两个方面展开论述：首先剖析罗尔斯对资本主义福利国家的批判；在此基础上，正面阐明罗尔斯国家福利思想的基本要点。当然，正反两方面的分析都离不开罗尔斯公平正义理论。

二　罗尔斯对资本主义福利国家的批判

对资本主义福利国家的批判，向来存在两种不同的分析进路：实证分析与规范分析；也存在两种相反的价值取向：一种认为福利国家应该被削弱，甚至要"拆散福利国家"，另一种认为福利国家的再分配机制远远不够，忽视了更为根本的内容。罗尔斯对资本主义福利国家的批判，显然属于规范分析进路，在价值取向上，也属于后者，而资本主义福利国家之所以被批判，归根结底是其不符合公平正义原则的内在要求。

（一）资本主义福利国家不能从根本上保障基本自由权利平等与政治自由的公平价值

众所周知，罗尔斯所阐明并论证的正义两原则中，第一原则常被称为基本自由权利平等原则，即"每一个人对平等的基本自由和基本权利之完全充分的图式都有一种平等的要求。该图式与所有人同样的图式相容；在这一图式中，平等的政治自由能——且只有这些自由才能——使其公平价值得到保证"①。公民的基本自由权利平等原则具有优先性，即在满足其他原则之前，这一原则必须已经得到满足。换言之，任何其他价值都不能与平等的基本自由权利原则——及其体现的政治自由的公平价值——相抵牾。罗尔斯论证，平等的基本自由权利以及政治自由的公平价值，其重要性不仅是工具性的，更深刻的，而且其"加强了自我价值感，提高了智力与道德敏感性，确立了正义制度的稳定性所依赖的义务感和职责感的基础"②。资本主义福利国家往往都能在宪政架构上"明确"公民的基本自由与权利的平等原则，能通过各种民主制度安排"体现"公民的基本政治权利诉求，也能通过税收的再分配机制满足公民较为体面的基本生活需求。然而，资本主义福利国家，允许的财富与收入的不平等程度，远远超越了公平正义原则所能允许的范围。罗尔斯指出，"从历史上看，（资本主义）立宪政府的主要缺点之一是一直不能保证政治自由的公平价值，必要的正确措施一直没有被采取。资产和财富分布上的不平等——这大大超过了与政治平等的相容范围———一般都被法律制度所宽容。公共财富一直没有被用来维持那些政治自由的公平价值所要求的制度"③。财富与收入的巨大差距，对公民的基本自由与权利平等原则的消极渗透与扭曲程度是深刻的。这种批判，早在自由放任的资本主义时代，亚当·斯密、约翰·斯图亚特·密尔、卡尔·马克思等伟大思想家们已进行过深刻的揭示与批判。后来，福利国家的发展，在很大程度上缓解了对自由放任资本主义中贫富分化所导致的各种非正义的指责。然而，福利国家依然允许巨大的收入与财富的不平等分配，金钱或市场交易原则的渗透与越界，并没有因为资本主义福利国家体制的确立而有所收敛。阿瑟·奥肯在《平等与效率——重大抉择》一书中论述了金钱对公民的基本自由权利的侵蚀无处不在，现实状况与抽象原则大相径庭：金钱购买了不平等的法律服务，由此可在法律面前得到偏袒；金钱购买了讲坛，以此使讲坛占有者的言论自由有了格外的

---

① 约翰·罗尔斯：《政治自由主义》，万俊人译，南京：译林出版社 2011 年版，第 5 页。
② 罗尔斯：《正义论》（1999 年修订版），何怀宏、何包钢、廖申白译，北京：中国社会科学出版社 2009 年版，第 183～184 页。
③ 约翰·罗尔斯：《作为公平的正义：正义新论》，姚大志译，上海：上海三联书店 2002 年版，第 177 页。

分量；金钱收买了有权势的组织选举的官员，从而损害了一人一票的原则……①财富与收入的巨大差距，不可避免地使公民的基本自由权利平等原则遭到损害，危及政治自由的公平价值，并进而造成政治、经济、社会地位等复杂的不平等，最终损害公民的两种基本的道德能力的发展。迈克尔·桑德尔在出版的畅销学术著作《金钱不能买什么——市场的道德局限》中，也有力论证了当代社会对于金钱交易或市场原则无节制，使得一切待价而沽，金钱渗透了原本它不应该涉入的领域，市场交易原则的跨界运用，使市场交易本身的价值中立荡然无存，腐蚀、贬损或败坏了不能用金钱来衡量的各种善品（goods）的内在价值。② 不仅如此，原本仅仅限于收入与财富的不平等，由于金钱与市场交易的无节制跨界，造成了更为深刻的全方位不平等，"马太效应"不仅体现在收入与财富的消费与再生产上，而且卷入了政治与社会地位的不平等再生产，并相互交织与渗透，形成了一种被称为"市场社会"的畸形怪胎。由此可见，资本主义福利国家并不能从根本上保障公民的基本自由权利平等以及政治自由的公平价值，其允许的财富与收入的不平等远远超越了公平正义原则所能允许的范围，在基本理念上并不能体现出公平正义的基本原则。

（二）资本主义福利国家局限于收入维持与消费需求，忽视资产或财富公平分配的重要性

基本需求（basic needs）概念在资本主义福利国家中占据着核心位置，福利国家所供给的福利项目与福利水平，围绕着公民的基本需求展开。③基本需求既具有一定的弹性（相对性与发展性），也具有一定的刚性（普遍性与稳定性），对其界定历来不易。④ 这既包含事实标准，也无可避免地

---

① Arthur Okun. *Equality and Efficiency：The Big Tradeoff.* Washington D. C. ：The Bookings Institution Press，1975：22 – 30.

② Michael Sandel. *What Money Can't Buy：The Moral Limits of Markets.* New York：Farrar Straus and Giroux，2012.

③ 彭华民等：《西方社会福利理论前沿》，北京：中国社会出版社 2009 年版，第 47 页。

④ Ian Gough and Theo Thomas. "Needs Satisfaction and Welfare Outcomes：Theory and Explanations," *Social Policy and Administration*，1994，28（1）：33 – 56. M. Ramsay. *Human Needs and the Market.* Aldershot：Avebury，1992.

包含价值规范标准，是一个内涵丰富、争议不断的概念。① 在最广泛的意义上，基本需求通常被理解成，人类"生存""发展"所必需的基本条件。在资本主义福利国家中，国家福利内容或项目多种多样，涵盖基本收入维持与救助、教育、医疗保健、养老、住房以及其他各种各样的保险与福利服务等，福利项目既有普遍性的，也有选择性的。尽管在不同的资本主义福利国家体制中福利供给内容与方式具有显著性差别，然而，不同的福利国家都致力于为公民提供一种较为体面的基本需求满足。正如罗尔斯所指出的，在资本主义福利国家中，"任何人都不应该处于体面的最低生活标准之下，而按照这种最低生活标准，他们的基本需求都能够得到满足，并且所有人都应该受到某种程度的保护，例如失业救济和医疗照顾，以免于事故和不幸之害"②。然而，罗尔斯认为，尽管资本主义福利国家可以为公民提供较为丰富的福利项目与较高的福利水平，其对基本需求内涵的理解仍然是非常狭隘的。资本主义福利国家，狭隘地局限于基本收入维持与消费需求的满足上——这当然也是非常必要的——然而，严重地忽视了资产或财富的公平分配，在促进人类生存、发展所必需的基本条件上的重要性。③ 财富或资产的公平占有，不仅仅可以防止不合理的财富与收入差距对公民基本自由权利和政治自由的公平价值的侵犯，而且其本身具有

---

① Mary Langan. "The Contested Concept of Need," in Mary Langan（eds.）, *Welfare*: *Needs*, *Rights and Risks*, London: Tontledge, 1998: 1 – 36. R. Walton. Need: A Central Concept. *Social Service Quarterly*, 1969: 12 – 17.

② 约翰·罗尔斯：《作为公平的正义：正义新论》，姚大志译，上海：上海三联书店 2002 年版，第 232 页。

③ 当然，可能有人认为基本需求概念的内涵应该可以被拓展到超越消费和收入维持领域，比如包含资产或财产的公平使用、可行能力（capabilities）的实现等。然而，"如果一个给定的描述性术语能够被融贯地在不止一个指称类别的情况下被使用，从而能够被用来挑选不止一种独特的现象或事态，那么就可以说这个术语表达了不止一个概念"（参见昆廷·斯金纳《第三种自由概念》，载应奇、刘训练编《第三种自由》，北京：东方出版社 2006 年版）。也就是说，人们对同一个概念（concept）往往具有不同的观念（conceptions），但具有不同的观念的概念已不是一个统一的概念，每一个不同观念的概念所指的实际上是一个独立的概念。另外，更实质性的是，基本需求满足与资本主义是相容的，然而，资本主义与要求资产或财富的公平占有（注意，不一定是公有制）理念是冲突的，无论是财产民主所有制，还是市场社会主义，都与资本主义所允许的私有财产占有方面所存在的两极分化不相容。

内在的价值，其对人们"两种基本的道德能力"的发展——善观念的能力与正义感的能力（罗尔斯）——至关重要。正如另一位自由主义的平等主义大师德沃金所强调的，"对于一个社会来说，保证人人有最起码的营养、住房和医疗保健，然后对一些公民是否拥有与另一些公民差别很大的巨额财富不再深究，这就足够了吗……平等关切要求政府致力于某种形式的物质平等，我把它称为资源平等（equality of resources），虽然其他称谓也可能同样合适"①。

事实上，现代国家福利政策实践日益重视资产或财富积累在反贫困中的重要作用。近二十年来，国际社会政策学界对基于需求满足或消费维持基础上的传统国家福利政策范式进行了深刻的反思，普遍认为这种政策范式虽然在一定程度上缓解了贫困程度，但由于忽视了贫困产生的复杂性以及贫困者的自身能力建设，没有从根本上减少贫困，也缺乏与经济、社会整体发展上的协调。② 当前，西方社会由传统的国家福利政策范式向发展型社会政策范式转变，强调反贫困的系统复杂性与整体性，注重贫困者资产与能力建设的核心作用，逐渐由基于消费维持的传统福利模式向包容性的多元整合模式转变，由被动性向能促性转变。③ 迈克尔·谢若登在《资产与穷人——一项新的美国福利政策》中强调，"福利政策的失误是一种民族观念的失误"，传统国家福利政策对穷人资产建设的忽视是错误的，"收入只能维持消费，而资产则能改变人们的思维和互动方式"④，其所倡导的资产建设理论与政策深刻揭示了资产或财富积累对穷人的积极效应，

---

① Ronald Dworkin. *Sovereign Virtue*: *the Theory and Practice of Equality*. Cambridge, MA: Harvard University Press, 2000: 3.

② 参见 Amartya Sen. *Development as Freedom*. Oxford: Oxford University Press, 1999; Anthony Hall and James Midgley. *Social Policy for Development*. London: Sage, 2004; 迈克尔·谢若登《资产与穷人——一项新的美国福利政策》，高鉴国译，北京：商务印书馆 2005 年版。

③ 参见徐月宾、张秀兰《中国政府在社会福利中的角色重建》，《中国社会科学》2005 年第 5 期；张秀兰等《中国发展型社会政策论纲》，北京：中国劳动社会保障出版社 2007 年版；杨团《社会政策研究范式的演化及其启示》，《中国社会科学》2002 年第 4 期；杨团《资产社会政策——对社会政策范式的一场革命》，《中国社会保障》2005 年第 3 期；关信平《现阶段中国城市的贫困问题及反贫困政策》，《江苏社会科学》2003 年第 2 期。

④ 迈克尔·谢若登：《资产与穷人——一项新的美国福利政策》，高鉴国译，北京：商务印书馆 2005 年版，第 1～6 页。

并设计、实践了资产建设的个人发展账户模式，这已在美国等多个国家得到实践和发展。当前国家福利政策实践发展表明，罗尔斯对资本主义福利国家仅仅局限于收入维持或消费需求，而忽视资产或财富的公平分配的批判，不仅是其公平正义理论的内在逻辑要求，而且至少耦合了资本主义福利国家政策实践自身发展的内在要求。资本主义福利国家一旦突破基于消费需求满足范畴，强调财产或财富的公平分配，就开启了自身的内在超越旅程。根据罗尔斯的论证，资本主义福利国家将逐渐向财产所有的民主制或市场（自由）社会主义这两种满足了公平正义原则的基本形态演化。

（三）资本主义福利国家漠视了社会基本结构或背景程序正义在公平分配中的决定性地位

资本主义福利国家通过税收的再分配机制，立足于满足公民的基本生活需求，已在很大程度上改变了自由放任资本主义中普遍存在的绝对贫困状态，在一定程度上收窄了自由市场在发挥资源配置效率时所产生的两极分化。不幸的是，满足基本需求的税收再分配机制，并不能保证使自由市场——在发挥资源配置效率时——产生的初始分配结果正当化，换言之，其不能证成（justify）自由市场所产生的自然分配结果。众所周知，市场具有两种不同性质的基本功能：发挥资源配置效率的工具性功能，以及发挥收入初始分配的规范性功能。在逻辑以及事实上，我们都不能从工具性功能合法地推导出规范性功能。也就是说，市场初始分配的正当性不能从市场资源配置效率的事实中自然地获得，市场分配的正当性不是自足的（not self-sufficient），或者说是不充分的，而是依赖于其他机制或基本制度。资本主义福利国家的税收再分配机制似乎提供了一种令人满意的答案。然而，这种基于税收的再分配机制的内涵却非常狭窄，仅聚焦于基本需求满足[1]，不仅忽视了资产或财产公平占有的内在价值，更重要的是，漠视了社会基本结构或背景程序正义在公平分配中的决定性作用。

资本主义福利国家的税收再分配机制显然是属于事后矫正性（补偿

---

[1] 这种内涵狭窄是双重的：除了仅仅聚焦于基本需求，忽视了财产在公平分配中的重要性，还基本无视非物质的价值存在，比如，过程的公平参与等。

性）的，而不是事前规范性的。[①] 前者是指，在满足自由市场的资源配置效率的前提下，基于基本需求满足原则，对初次分配结果进行矫正。事后矫正性或补偿性的水平被限定在基本需求满足的程度上，换言之，一旦所有公民的基本需求得到了满足，自由市场的初次分配不公就被认为得到了充分的矫正。然而，市场分配的正当性不是自足的，且资本主义福利国家通过基本需求的满足也无法使自由市场的不公平得到充分的矫正，即建立在基本需求概念基础上的事后矫正也是不足的（not sufficient），这样，事前规范性的机制就成为必不可少的。事实上，自由市场的初始分配产生的不公平，主要根源于规范自由市场的背景制度的缺位，比如，规范自由市场的法治体制，保障劳资双方谈判的公平地位，克服自由市场的外部性与信息不对称等社会基本制度的缺位或失范。设想一下，如果规范自由市场的社会基本制度是公平正义的，那么，自由市场的初始分配在很大程度上就是正当的，事后补偿性的税收再分配就被限定在较少的福利项目以及较低的福利水平上。这样一来，公平正义的社会基本结构实际上就发挥着一种"纯粹背景程序正义"（pure background procedural justice）的作用。用罗尔斯的话说，"在秩序良好的社会中，平等的基本自由（以及它们的公平价值）和公平的机会平等这两者都得到了保证，而收入和财富的分配则表明了我们可以成为纯粹背景程序正义的东西。也就是说，基本结构被如此安排，以至于当每一个人都遵守公共承认的合作规则，并履行这些规则所规定的各项条款时，由此产生的具体商品分配就可被接受为正义的（或至少不是不正义的），而无论这些分配的结果是什么"[②]。尽管资本主义福利国家的税收再分配机制，也被设计成一系列的基本制度，也具有一种背景程序的功能，然而，存在着"两种不同的背景制度调节的目标观念"，资本主义福利国家的税收再分配机制的调节目标局限于体面的基本需求满

---

① 资本主义福利国家是根据事后结果来决定税收再分配的调整，而不是基于事前规范性的背景程序正义要求来做出调整，也没有把必需的税收再分配机制整合进事前规范性的社会基本制度中，税收再分配机制的重心，不在于满足基本需求，而在于塑造更加符合公平正义的事前规范性制度，以便于逐渐减少对再分配机制的事后矫正功能的依赖。

② 约翰·罗尔斯：《作为公平的正义：正义新论》，姚大志译，上海：上海三联书店2002年版，第232页。

足，而忽视了社会基本结构或背景程序自身的正义性，仅仅"当每一个时期结束时，那些需要帮助的人能够被辨认出来的时候，收入再分配就服务于这种目的。然而，如果缺少背景正义并存在着收入和财富方面的不平等，那么就可能产生出一种沮丧而消沉的下等阶级，而其众多成员长期依赖于福利，这种下等阶级会感到自己被抛弃了，从而放弃参与公共政治文化"①。

罗尔斯从根本上切中了资本主义福利国家的致命缺陷：严重忽视了社会基本结构与背景程序正义在公平分配中的决定性地位，而允许初次分配存在巨大的不公正，至多妄图以事后补偿性的税收再分配机制来加以矫正，这是不充分的，且是舍本逐末、得不偿失的。罗尔斯认为，确保社会基本结构背景程序的正义性，是证成市场初始分配结果的必要条件，是公平分配的根本保证。这样一来，体现了公平正义的社会基本结构发挥着背景程序正义的功效，规导着自由市场的初次分配结果，使之更接近于公平正义原则所要求的，并尽量减少通过福利的再分配机制来矫正初次分配的不公正。当然，确定和确保社会基本结构或背景程序正义，正是罗尔斯倾其一生所建构的公平正义理论的根本目的。基于罗尔斯公平正义理论基础上的国家福利思想的框架要点有哪些，也正是下文所要正面阐明的问题。

三　超越资本主义福利国家：罗尔斯国家福利思想要点

罗尔斯国家福利思想要求从三个基本维度超越资本主义福利国家框架：国家福利制度的根本理念或目的在于实现公平正义两原则，而非任何功利性价值；要求提供一种超越基本需求概念的社会最低保障；要求从社会基本结构或制度背景程序正义的角度来审视福利分配及其供给机制。罗尔斯的国家福利思想不仅相容于财产所有民主制，也相容于以公有制为基础的市场社会主义。

（一）　国家福利的根本价值在于实现公平正义，而非其他功利性价值

功利主义自诞生以来，逐渐成为社会思想领域、政治哲学以及伦理学领域中占支配地位的话语。"最大多数人的最大幸福"原则或某种形式的

---

①　约翰·罗尔斯：《作为公平的正义：正义新论》，姚大志译，上海：上海三联书店2002年版，第232页。

功利最大化原则，一直是国家出台各种公共政策的根本出发点，也成为众多实证科学以及规范性学科的不言自明之预设。罗尔斯评价道，在近代以来的主流思想领域中，占优势的一直是某种形式的功利主义，"出现这种现象的一个原因是：功利主义一直得到一系列创立过某些确实富有影响和魅力的思想流派的杰出作家们的支持"①。这些被罗尔斯称为"伟大的"功利主义者有休谟、亚当·斯密、边沁、密尔与西季维克等。另一重要原因是，功利主义原则因其本身具有世俗化、通俗简洁、结果主义以及符合直觉等特点而深入人心。学界公认，罗尔斯于 1971 年发表的《正义论》扭转了功利主义持续近两百年的思想统治地位，功利主义在人类智识上的吸引力一落千丈，逐渐式微。功利主义的衰落，就其自身而言，根源于其内在的逻辑困境及其专横后果，而其统治地位最终被粉碎，还需要产生一个有能力取而代之的思想体系，罗尔斯的公平正义理论成功地做到了这一点。然而，不幸的是，到目前为止，国家福利思想领域中的主流观念依然延续着某种形式的功利主义。这不难理解，现代国家福利的观念肇始于 18 世纪后期逐渐兴起的功利主义。② 国家福利制度的产生、发展一直浸染在某种形式的功利主义传统中。在我们解释福利供给的价值目标时，通常直接或间接援引的是各种各样的功利主义理由：集体福利的增进、为社会的稳定与融合所必需、利他主义的表达工具、对经济发展的促进与包容（发展型社会政策），甚至是某种形式的间接功利或规则功利理由，等等。当然，实现社会的公平正义，往往也被视为国家福利政策的价值目标之一，但通常都不被视为具有根本性或优先性的价值，最多被认为是与福利的工具性价值相并列的一种独立性价值，而一旦工具性价值与公平正义原则发生冲突，后者就往往被斥为"不切实际"而被悬置架空。

然而，根据罗尔斯的公平正义理论，国家福利制度的根本价值不应被理解为任何形式的工具性价值，而应是公平正义本身。这有两层含义：其一，国家福利制度的确具有保障社会稳定、实现社会融合、促进经济发展

---

① 约翰·罗尔斯：《正义论》（1971 年版），何怀宏、何包钢、廖申白译，北京：中国社会科学出版社 1988 年版，序言部分第 1 页。
② 诺曼·巴里：《福利》，储建国译，长春：吉林人民出版社 2005 年版，第 21~22 页。

等工具性价值，但这些不能成为国家福利制度正当性的自证之源，更不能成为国家福利制度的独立出发点；其二，国家福利制度首先不能与公平正义原则相冲突，只有在优先满足了公平正义原则之后，才能考虑其他工具性价值。罗尔斯在《正义论》开篇那段广为传诵的主旨话语，强烈地表明了这一点，"正义是社会制度的首要德性……某些法律和制度，不管它们如何有效率和安排有序，只要它们不正义，就必须加以改造或废除。每个人都拥有一种基于正义的不可侵犯性，这种不可侵犯性即使以整个社会的福利之名也不能逾越。因此，正义否认为了一些人分享更大利益而剥夺另一些人的自由是正当的，不承认许多人享受的较大利益能绰绰有余地补偿强加于少数人的牺牲"①。从罗尔斯的公平正义理论出发，国家福利制度不能违背平等的基本权利原则以及公平的机会平等原则，在依次满足这两条原则的前提下，还必须满足差别原则，即收入和财富的不平等分配要有利于最不利群体利益的最大化。正是在这一根本点上，罗尔斯国家福利思想与资本主义福利国家的基本理念有着本质的不同，实现了对后者的超越。资本主义福利国家并不内在要求国家福利制度首先满足公平正义价值，而强调的是国家福利制度的功利性价值。② 这样一来，国家福利制度仅仅是从属于市场经济等制度的附属部分，是资本主义保持自身稳定性的基本要求。而在罗尔斯国家福利思想中，公平正义优先于其他功利性价值，国家

① 约翰·罗尔斯：《正义论》（1999 年版），何怀宏、何包钢、廖申白译，北京：中国社会科学出版社 2009 年版，第 1 页。
② 有人可能会提出福利权观念予以反驳。需要说明的是：建立在公民资格基础上的福利权观念，通常被认为为福利国家提供了一种非功利性的有力辩护，遗憾的是，福利权观念本身并没有得到有效的基础性论证。正如诺曼·巴里所言，"不管福利权利主张的说服力如何，我们不能说拒绝它们就会导致拒绝福利国家"（诺曼·巴里，《福利》，储建国译，长春：吉林人民出版社 2005 年版，第 94 页）。T. H. 马歇尔主要从公民资格权利的历史进程中提出了福利权利观念，在后来的《福利的权利及再思考》（1981 年）中，他深入探讨了福利权利的性质及其缺陷（T. H. 马歇尔，安东尼·吉登斯等：《公民身份与社会阶级》，载郭忠华、刘训练编《公民身份与社会阶级》，南京：江苏人民出版社 2008 年版）。后来，罗伯特·普特南等人发展的"积极公民资格理论"抨击了马歇尔开创的"消极公民资格"理论，强调公民责任以及公民参与的义务。最根本的是，"公民资格理论只能被当作对正义理论的补充而不是代替来加以讨论"，且前者需要以后者为基础（Will Kymlicka. Contemporary Political Philosophy. Oxford: Clarendon Press, 1990: 301 – 303）。一言以蔽之，福利权利能否被证成，需要在正义的基础上，找到无人能够合理地加以拒绝的理据。相关探讨参见第一章的相关论述。

福利制度的功利性价值首先要相容于公平正义原则。事实上，国家福利制度只有建筑在公平正义的理念上才有可能获得一个稳固的根基，才有可能取得某种独立性地位，而不至于仅仅成为其他社会基本制度结构的附庸。

（二）超越资本主义福利国家基本需求概念的社会最低保障

罗尔斯国家福利思想的基本内容主要体现在其对社会最低保障①概念的阐释上，理解这一特定概念的含义及其理念对于深入把握罗尔斯国家福利思想至关重要。总体上，罗尔斯的社会最低保障概念，从（内容）基本构成与理念根源上，可以分为两个不同的维度：其一，满足基本需求部分，这一点表面上与资本主义福利国家的基本需求概念看似没什么区别，但其基本理念在本质上是不同的；其二，超出基本需求满足部分——其目的主要不是为了满足基本需求，是由公平正义原则所内在要求的社会最低保障部分，主要是由基于互惠性理念之上的差别原则所决定的。罗尔斯的社会最低保障概念，本质上是与其公平正义理论相称的。

在罗尔斯的社会最低保障概念中，明确包含着满足公民的基本需求部分。罗尔斯强调，该基本需求（以下称为罗尔斯基本需求）与资本主义福利国家的基本需求相比，可能在具体项目以及供给水平上，没有什么不同，但在基本理念上存在着根本的差异。罗尔斯基本需求原则，根源于公平正义理论的前提条件及其内在要求两个方面。罗尔斯首先把基本需求原则置于公平正义原则之前，认为满足公民基本需求是任何一个公平正义社会的先在前提，属于"宪法根本"（constitutional essential）的内容。② "在公平正义的第一原则之前，还应该有一个词典式的在先原则，这个原则要求人的基本需要应被满足，至少对于公民理解基本权利和自由以及能够充

---

① 这是罗尔斯公平正义理论中的专有概念，意指公平正义原则所要求的全部转让部分，原词是 Social minimum，直译为"社会最低（小）值"，也可翻译成"社会最低保障""社会最低受惠值""社会最低限度"等。"社会最低保障"比较切题，但在中文语境下，容易与社会福利中的社会保障，甚至与社会福利政策中一个特殊的社会救助制度，即最低生活保障相混淆。社会最低受惠值以及社会最低限度虽各有一定道理，但也不能准确表达。本书使用"社会最低保障"这一译法，只要记住二者的区别即可。

② 所谓"宪法根本"是指，在制定宪法时所要考虑的根本性的东西，"宪法根本"问题具有根本重要性、可辨识性与容易达成共识性、可行性等内在属性。关于罗尔斯"宪法根本"观念，详见约翰·罗尔斯《政治自由主义》，万俊人译，南京：译林出版社 2011 年版，第六讲"公共理性的理念"之第五节，第 228～230 页。

分行使基本权利和自由，他们的基本需求被满足是一个必要条件。"①

罗尔斯的公平正义理论所要回答的根本问题是，自由而平等的公民之间终身参与的公平合作之良序社会何以可能。该核心问题所预设的两个基本理念，对于我们理解罗尔斯基本需求含义至关重要。人们被视为自由而平等的，这是因为人们被认为具有两种基本的道德人格能力：善观念的能力与正义感的能力。罗尔斯的公平正义原则，是在包含上述两个基本理念的规导下，在"无知之幕"笼罩的原初状态中，被一致选择出来的。这种正义原则与这些基本理念是彼此相称、互为前提的，即公平正义原则需要这样的基本理念，反之亦然。与公平正义原则相称的公民最低程度的基本能力——两种基本道德能力、智力能力以及身心健康自主的能力——必须被发展，而维持和发展公民基本能力所需的各种条件也必须得到满足：维持收入或生存的需求、接受必要的教育，以及基本的医疗健康保障。另外，维持和发展公民基本能力，满足公民基本需求，不仅是公平正义原则的前提条件，也是公平正义原则的内在要求。公平的机会平等原则要求国家必须确保基本的公平教育机会以及基本的医疗保障服务。

罗尔斯社会最低保障概念中，包含超越了基本需求满足的部分，主要由公平正义理论中的差别原则所决定。"尽管给所有公民的基本需要提供最起码的满足也是宪法根本的一项内容，但我所谓的差别原则却有更高的要求，也不是这种宪法根本的内容。"② 差别原则通过调节收入与财富的不平等程度，一方面，确保这种不平等不能危及平等的基本自由权利原则（包括政治自由的公平价值）以及公平的机会平等原则，"（在差别原则的调解下）进行适当的收入和财富分配：必须确保所有公民获得他们理智而有效地实现其基本自由所必需的、适合各种目的的手段。缺少这一条件，那些拥有财富和较高收入的人就容易宰制（主宰）那些财富和收入较少的人，并日益控制政治权力，使之有利于他们自己"③。另一方面，差别原则使收入和财富的不平等被限定或扩展至有利于最不利群体的最大利益。差

---

① 约翰·罗尔斯：《作为公平的正义：正义新论》，姚大志译，上海：上海三联书店 2002 年版，第 344 页。
② 约翰·罗尔斯：《政治自由主义》，万俊人译，南京：译林出版社 2011 年版，第 229 页。
③ 约翰·罗尔斯：《政治自由主义》，万俊人译，南京：译林出版社 2011 年版，第 42 页。

别原则所要求的社会最低保障大体上处于什么状态？如何确定的？罗尔斯认为，一旦差别原则被接受，社会最低保障水平应在考虑到最不利群体工资因素的情况下，在最大限度地提高其期望及其后代的长远生活前景这一点上来确定。[①] 通过调节转让的数量（比如，追加收入补助的数量），最不利群体的期望和他们的基本善指标（这可以通过工资加转让来测量）就有可能提高或降低，以达到值得想往的结果。"现在我们立即可以看到，差别原则要求一种很高的社会最低保障水平。"[②] 毫无疑问，也不是越高越好。当社会最低保障达到这样一种水平，开始与经济激励不相容，以至于进一步提高社会最低保障水平，就会显著抑制经济效率，不再改善而是降低最不利群体的根本利益或生活前景时，差别原则所允许的社会最低保障的最高水平就达到了。

社会最低保障水平是通过具有再分配性质的税收机制来进行调解的。[③] 与公平正义理论相容的税收方式主要有两种：一是通过对遗产或赠予的接收方或受益方——对于个人、公益基金等采取不同的累进税率——征收较高水平的累进税；二是按照固定的边际税率对消费进行征税（取消或代替收入税），根据人们最终消费的商品和服务的多少来征税，而不是根据人们做出的贡献来征税，一方面，这与激励机制相容，另一方面，这种比例税制能够容纳所有通常的税收减免。这样，通过调整边际税率，差别原则就能够得到大体满足。当然，差别原则的满足不仅依赖于规范性的评价标准，还依赖于实证科学的研究与有效的公民参与。因为，"要想确定差别原则是否得到了满足，需要对经济如何运行具有充分的了解，而且，要想精确地解决这个问题是极其困难的"[④]。不过，有一点却是非常清楚的（从规范和实证的任何一种角度），当公民的基本需求——罗尔斯社会最低保

---

① 个人及其后代的生活前景或生活期望，是个体所有利益中的最根本的利益。正是在这个意义上，罗尔斯的公平正义理论选择了这个参照点。

② 约翰·罗尔斯，《正义论》（1999 年版），何怀宏、何包钢、廖申白译，北京：中国社会科学出版社 2009 年版，第 224 页。

③ 约翰·罗尔斯，《作为公平的正义：正义新论》，姚大志译，上海：上海三联书店 2002 年版，第 161 页。

④ 约翰·罗尔斯，《作为公平的正义：正义新论》，姚大志译，上海：上海三联书店 2002 年版，第 266 页。

障中属于宪法根本的那部分内容——不能得到满足时，差别原则肯定没有得到满足。"应该属于宪法实质问题的东西是对于一种社会最低保障的保证，而这种社会最低保障至少涵盖了人类基本需要……因为这种情况从理性上看是十分清楚的，即当这种最低保障没有得到保证的时候，差别原则就相当明显地受到了违犯。"①

综上，本书已深入分析了资本主义福利国家的基本需求概念，其目标在于为公民提供一种"体面的最低生活标准"，围绕着收入维持与消费需求满足，成功地缓解了自由放任资本主义的内在不稳定。然而，由于贫富差距悬殊，忽视背景正义，就会"产生一种沮丧而消沉的下等阶级长期依赖于福利"的观点，他们感到自己被社会抛弃了，放弃参与公共政治文化，日益变得愤世嫉俗、离群索居，疏离社会。②在资本主义福利国家的实践发展过程中，的确产生并自我维持了这样一个福利依赖阶层，这已成为各派批判资本主义福利国家的基本出发点。如何解决这个问题已成为国家福利理论和实践发展的核心前沿课题。在罗尔斯看来，资本主义福利国家之所以必然产生这样的疏离阶层（被他称为第二种承诺压力过大的结果），根源在于资本主义福利国家没有认真对待"作为自由平等公民之间公平合作体系的社会理念"，没有认真对待"差别原则"所体现的"互惠性"理念。

（三）从社会基本结构或背景程序正义的角度来审视国家福利分配及其供给机制

在罗尔斯看来，资本主义福利国家试图以事后补偿性的税收再分配机制，来矫正自由市场的初次分配的不公平，这不仅是不充分的，而且是舍

---

① 约翰·罗尔斯，《作为公平的正义：正义新论》，姚大志译，上海：上海三联书店2002年版，第267页。

② 主要由于基本生存需求得不到满足而产生的愤愤不平、暴力反抗或反社会行为，被罗尔斯称为两种承诺压力（strains of commitment）过大后的第一种反应结果。基本需求虽然得到满足，但主要由于社会不公平所产生的愤世嫉俗、离群索居，冷漠并疏离社会的行为，是承诺压力过大后的第二种反应结果。所谓承诺压力是指对于在原初状态中所一致达成的契约或承诺，在任何情况下都能够确保被履行（参见约翰·罗尔斯《正义论》（1999年版），何怀宏、何包钢、廖申白译，北京：中国社会科学出版社2009年版，第136~142页）。

本逐末的，基本思路发生了偏移。事实上，资本主义福利国家严重忽视了社会基本结构或背景程序正义在公平分配中的决定性地位。福利分配的基本路径不能脱离社会基本结构或制度背景程序的公平正义，确保社会基本结构或背景程序正义是公平分配的根本保证。从这个角度来审视福利分配及其供给机制，事后矫正性的税收再分配机制的重心要由基本需求满足，转向更为根本的体现公平正义原则的事前规范性制度的塑造。

罗尔斯以财产所有民主制为例①，阐明了满足公平正义原则的制度特征：已建立了规范的民主政治制度，从法律上确立了基本自由权利的平等原则、政治自由的公平价值以及公平的机会平等原则；确立了自由市场制度，充分发挥市场的资源配置效率与初次分配功能；除此之外，政府的转让部门确保了，基于互惠性的差别原则的社会最低保障功能，建立了与公平正义原则相容的遗产税、赠予税以及某种比例的消费税（取代收入税）等税收再分配机制；等等。公平正义原则所要求确立的背景制度，力图使资产的所有权尽可能地得到广泛分散，防止少数人控制整个经济，进而危及基本的自由权利平等以及政治自由的公平价值。"财产所有的民主制度能做到这一点，不是依赖于在每一个时期结束的时候将收入再分配给那些拥有更少收入的人，而是依赖于在每一时期开始的时候使生产性资料和人力资本（即教育和经过培养的技巧）的所有权都分布得更为广泛……"②在这种体现了公平正义的背景制度下，自由市场无论是什么后果，都不是不正当的。③公平正义的基本制度结构发挥着纯粹背景程序正义的作用。

---

① 罗尔斯认为，以私有制为基础的财产所有民主制与以公有制为基础的市场社会主义，都能够充分体现公平正义原则，"作为公平的正义不在这两种政体之间进行选择，而是试图为如何进行理性的选择树立起指导方针"。然而，当实际情况要求在二者之间进行选择的时候，应该考虑社会历史状况、政治实践传统以及其他具体国情（参见约翰·罗尔斯《作为公平的正义：正义新论》，姚大志译，上海：上海三联书店2002年版，第230~231页）。

② 约翰·罗尔斯：《作为公平的正义：正义新论》，姚大志译，上海：上海三联书店2002年版，第231页。

③ 罗尔斯承认，"一种完善的竞争经济绝不可能实现。事实上，生产要素决没有得到它们的边际产出……竞争在最好的情况下也是不完善的，个人的所得小于他们所创造的价值，在这个意义上，他们被剥削了"[详见约翰·罗尔斯《正义论》（1999年版），何怀宏、何包钢、廖申白译，北京：中国社会科学出版社2009年版，第242~243页]。罗尔斯从四个方面对此重要挑战进行了回应。

　　不幸的是，完全满足罗尔斯的公平正义原则的基本制度，在现实中是不存在的，正是在这个意义上，阿玛蒂亚·森批判了罗尔斯的公平正义理论的"先验制度主义"（transcendental institutionalism）性质，指责其缺乏现实可行性。① 事实上，阿玛蒂亚·森的这一批判具有某种程度的误导性，尽管绝对意义上的公平正义制度在现实中是不可能存在的（这是基本事实，任何人都不会否认），然而，罗尔斯的公平正义理论为现实背景制度的改进提供了不同的理念，指明了方向，并标识了可行路径。如前所述，罗尔斯的公平正义理论，强调了事前规范性制度在福利公平分配中的重要性。如果现实中事前规范性制度是完全符合公平正义原则的——显然，在此纯粹背景程序正义的规导下，自由市场的任何结果都是公平的——那么确实没有什么不公平需要通过税收再分配机制进行事后矫正了。也恰恰正是因为现实中事前规范性制度缺乏公平正义，才可能会有事后矫正性的税收再分配机制存在的必要性（空间）。而且，事后矫正性的税收再分配程度取决于事前规范性制度的公平正义程度。换言之，事前规范性制度越公平，事后矫正性的税收再分配程度越低，反之则不然。

　　这一思想带来的重要启发是，如果要降低事后矫正性的税收再分配程度，这种事后矫正性的税收再分配机制应该被直接用来增进事前规范性制度的公平正义程度，而不能仅仅停留在满足公民基本需求的目标上。事实上，资本主义福利国家，以满足公民的基本需求为核心，并没有把事后矫正性的税收再分配机制直接用于促进背景程序正义。其结果是，在民主政体的相互作用下，资本主义福利国家越来越依赖税收再分配机制，并使之

---

①　阿玛蒂亚·森认为罗尔斯的公平正义理论存在的核心问题是，它是一种先验制度主义的，致力于理想原则，而非现实比较性议题，关注的是社会基本制度，而非人们的实际行为及其社会互动，这"对于开展关于公正的比较性评价以及在不同政策之间进行选择而言，它没有任何帮助"。森认为，先验制度主义正义理论追求绝对公正原则，但这对于我们在现实中进行比较评价实际公正问题而言，既是不充分的，也是不必要的，为了比较性评价两幅画之间的优劣，我们无须知道什么是最完美的画（详见阿玛蒂亚·森《正义的理念》，王磊、李航译，北京：中国人民大学出版社 2012 年版，第 86～94 页）。这一批判即便成立，也仅局限于具体现实问题的比较性评价领域，并没有否定理想原则在"塑造"或"建构""较为公正"的社会基本制度时的"灯塔"作用。制度与能动之间的"二重性"关系（安东尼·吉登斯）或复杂的互动关系，也使否认罗尔斯公平正义理论的现实重要性变得不可能。毋宁说，二者是一种互补关系。

逐渐"坐大"而阻塞不畅。另外，由于事后矫正性的税收再分配机制必然存在着"漏洞"①，即转移支付本身所产生的"泄漏量"，国家需要仔细设计其政策，在平等与效率之间进行"重大权衡"，"以避免不可接受的不平等或重大的效率损失等极端情况"②。罗尔斯的公平正义理论提供了合理处理公平与效率之间关系自洽的可能路径。首先，税收再分配机制被用来直接增进背景程序正义，通过提升背景程序正义，进而不断降低税收再分配程度，从根本上逐步减少再分配漏洞。也就是说，这一路径本身是自洽的或自我强化的，不是自我反驳的。其次，所选择的用于再分配的税收制度本身应符合公平正义原则，尤其是差别原则。这就要求，用于再分配的税收，要具有累进性质，且主要针对财富转移、资源消费进行征收，尤其是那些供给缺乏弹性的资源和财富。③ 与公平正义相容的税种通常有：对遗产或赠予的财富接受方进行较高水平的累进征税，按照某种固定水平的边际税率对商品消费方（而非生产者）进行征税，对土地等资源的租金或增值进行征税等。通过税制体系改革与创新，一方面，使再分配机制被直接导向社会基本结构的优化；另一方面，使之与差别原则相容，尽量避免"不可接受的不平等或重大的效率损失等极端情况"，使经济效率所产生的不平等被限定在有利于贫困群体利益的范围内。最后，为直接减少阿瑟·奥肯所揭示的"再分配之桶"本身所产生的"泄漏量"，在福利的供给或传递机制上，尽量避免国家主管主办的福利服务供给模式，而在明确国家

---

① 阿瑟·奥肯在其名著《平等与效率——重大抉择》中，用形象化的"漏桶"实验揭示出，平等与效率之间的内在冲突。在我们为平等进行转移支付时，在再分配之桶中存在着一个漏洞，"泄漏量"（效率损失）是由如下部分所共同构成的：行政管理成本，降低储蓄和工作的积极性所带来的损失，以及其他各种社会代价（难以用货币衡量的社会代价，比如福利依赖、贫困陷阱的社会成本）。对再分配之桶的泄漏量的大小，意见不一。争论的核心问题是：如何在平等与效率之间进行权衡取舍，即我们到底为了平等而愿意承受多大的"泄漏量"。具体探讨详见第二章第二节相关内容。参见 Arthur Okun. *Equality and Efficiency: The Big Tradeoff*. Washington D. C.: The Bookings Institution Press，1975.

② 保罗·萨缪尔森、威廉·诺德豪斯：《经济学》（第19版），萧琛等译，北京：商务印书馆2013年版，第304页。

③ 经济学中的效率原理（拉姆塞原理）表明，对高度缺乏供给或需求弹性的商品进行征税，对效率的影响很小。对纯经济租金（供给完全固定，价格完全缺乏弹性）征税不会导致扭曲或无效率。比如土地的租金，由于土地供给缺乏弹性，对租金征更高比例的税收，也不会减少土地的供给，不影响经济效率［参见保罗·萨缪尔森、威廉·诺德豪斯《经济学》（第19版），萧琛等译，北京：商务印书馆2013年版，第248页］。

福利责任的同时，通过建立法制、购买服务，培育非营利机构以及福利服务竞争性市场（包括独立性监管评估服务），采取市场化或准市场化的方式来分配福利资源；在福利供给机制上，采取福利混合制度或福利多元主义模式。① 这样，一方面，尽量减少福利传递过程中的漏洞；另一方面，尽可能地发挥自由市场在福利资源配置中的效率功能，发挥非营利组织在福利传递过程中的优势。在难以培育或不可能形成福利服务供给的项目上，国家必须承担起供给职责。罗尔斯的公平正义理论要求的福利再分配机制，在国家强制性税收与自愿性的捐赠转让上并不持非此即彼的态度，事实上，国家税收机制中对公益性捐赠的免税政策本身就表明，二者是内在兼容、相互支持的。适合于通过国家强制性税收再分配的，以及适合于非营利组织自身解决的，都至少被容许，并不排斥，彼此之间也无法相互取代。②

从社会基本结构或背景程序正义的角度来审视福利分配及其供给机制，如果我们确实无法摆脱事后矫正性的税收再分配，那么，就尽量降低事后再分配程度，而这样做的基本路径，正是把税收再分配机制用于增进事前规范性背景程序正义上，而非仅仅局限于基本需求的满足上。资本主义福利国家没有（也无意）通过税收再分配机制逐步促进背景程序正义。罗尔斯国家福利思想试图通过税收再分配机制来变革社会基本结构，使财产或生产资料逐步分散，致力于塑造背景程序正义。前者逐步使税收再分配机制日益"坐大"，后者使税收再分配程度逐步降低。前者存在张力或自我驳斥，后者能逻辑自洽或自我强化。另外，在福利供给机制或服务传递机制上，罗尔斯国家福利思想具有较强的包容性，并不排斥任何一种服

① 福利多元主义即福利混合，是指福利的规则、筹资与供给是由不同内在逻辑的多部门共同承担责任，优势互补，协作完成。作为一种福利的分析框架，其本身并没有预设特定的福利组合形式（彭华民等：《西方社会福利理论前沿》，北京：中国社会出版社2009年版，第22~23页）。
② 这里，关键是要区分国家福利功能与国家福利功能实现机制。前者是指，国家通过立法以及政策机制所保障的福利供给责任，其相容于各种福利供给机制。国家直接主管主办的福利供给方式，仅是国家福利功能的一种发挥机制或模式，国家也可以通过立法或税收减免的方式，强制或引导企业或非营利组织自主供给福利，这也是国家发挥福利功能的一种形式。

务传递机制，关键是要能根据具体现实条件，找到相容于公平正义原则的服务模式。相比于传统福利国家（国家单一责任机制），罗尔斯国家福利思想高度重视市场及非营利组织在福利传递机制上的重要性，具有较强的开放性、包容性与灵活性。

第三节　小结与讨论

由于罗尔斯强调差别原则体现了自然天赋分配的道德应得观念，因此，全面探讨罗尔斯国家福利思想，也就离不开对这部分内容的分析。尽管罗尔斯据此开启了运气平等主义的研究视域，但其本质上并不是一个运气平等主义者。然而，对其所支持的自然天赋分配的道德应得观念的探讨，初步揭示了运气平等主义，为有效可及的国家福利功能的必然性与有效性的辩护是不充分的。要言之，仅仅基于这样一种对自然天赋分配的规范性立场的正当理由，无论何种分配原则——无论是按平等原则分配，还是按差别原则分配——都不能确保国家福利的有效性。罗尔斯强调，其公平正义原则独立于自然天赋分配的道德应得观念——尽管差别原则体现了这一观念——因此，罗尔斯国家福利思想根植于其公平正义理论。

罗尔斯公平正义理论并非直接表达了国家福利功能的必然性与有效性，公平正义理论与国家福利功能之间的关系也是复杂的，但是，其的确蕴含着较高水平的国家福利功能的内在要求，在原则上也能保障国家福利功能的有效性。这方面学界鲜有系统考察。本章的主要任务就是，系统地阐明其公平正义理论所蕴含的国家福利功能的基本思想。我们发现，罗尔斯公平正义理论的确可以为国家福利功能的必然性与有效性提供一个相对自洽的规范性基础。它本质上要求超越资本主义福利国家形态，主张民主平等主义观念基础上的国家福利功能。然而，不幸的是，其规范性效力依赖于公平正义原则本身的正确性。事实上，对于罗尔斯的公平正义原则及其基础论证，存在各种指责，对公平正义本身的基础性指责有许多并不与本书所关切的议题相关联，因此，本书对这些并不进行深入考察。比如，来自社群主义的批评，显然，这并不能实质性地伤害到本书的核心关切，因为本书主要是基于个体主义的立场来为国家福利功能的正当性寻求一种坚实的规范性理由。另外，对于基础论证的批评，本书也无须担心，因为即便是从高度抽象的契约论论证路径中，也不能有效地推演出罗尔斯的公平正义理论，那么，也不妨碍罗尔斯公平正义理论被视为一种政治自由主义的规范性立场。不过，来自个体主义立场的批评，就直接关联到罗尔斯公平正义理论对于本书所关切议题的规范力。因此，必须严肃对待这些来自个体主义立场的批评。

这方面的批评主要有如下四个。第一，来自自由主义的右翼，以诺奇克等人为代表的自由至上主义者，认为罗尔斯公平正义理论没有严肃对待个体的道德权利（主要是私人财产权与自我所有权）。第二，来自自由主义的左翼，主要以柯亨等为代表的分析马克思主义者，批评罗尔斯公平正义理论允许过大的不平等，并批判其差别原则依赖于激励机制的自利动机。不过，来自自由主义左右两端所持有的基本立场，对国家福利功能正当性的规范力，本书已在前面两章中进行了详细的分析。这里再简要地谈一下柯亨的批判。柯亨的立场是基于个体主义的自由平等主义的理想主义者，主张"可及利益"的平等，认为凡能够平等分配的一律平等分配，对于不能平等分配的需要给予合理理由，强调平等价值的优先性。然而，其对于罗尔斯的批判显然不如其对诺奇克的批判那样合理。理由是，罗尔斯公平正义理论的预设条件之一是在资源相对稀缺下的具有自利动机的公民，柯亨对其进行批判显然是犯了"稻草人"错误。另外，柯亨忽略了激励机制的重要性，罗尔斯公平正义理论的一大突出贡献就是协调了激励机制或效率原则。柯亨基于立场问题否定或削弱了罗尔斯的这一贡献，显然是缺乏理由的。因此，柯亨的批评也构不成显著性威胁。第三，来自罗尔斯的同路人罗纳尔德·德沃金，其与罗尔斯持有同样的立场，然而，其批评罗尔斯的公平正义理论并没有做到像其宣称的那样"钝于禀赋"（罗尔斯没有严肃对待"残障问题"）与"敏于选择"（罗尔斯没有在选择的不平等与非选择的不平等之间进行实质性区分）。德沃金以此为出发点，试图解决其所认为的罗尔斯公平正义理论中的这两点缺陷，开创了著名的资源平等理论，并创造性地发展了运气平等主义。然而，罗尔斯强调，其公平正义理论并不依赖于运气平等本身，并不依赖于对于平等结果的选择性因素与非选择性因素的区分。因此，德沃金的这一区分并不能实质性地伤害罗尔斯的公平正义理论，其理论的困境也并不能构成罗尔斯的困境。第四，这一种实质性的挑战是由阿玛蒂亚·森所发起的。森在出版的著名专著《正义的理念》中挑战了以罗尔斯等人为代表的先验制度主义正义理论，发展了比较主义正义理论。[①] 然而，上文也已阐明，与其说森的比较性正义理论对罗尔斯的公平正义理论提出了挑战，不如说前者对后者是一种补充。在后面相关章节中，本书将进一步阐明，罗尔斯与森的立场，在基本能力概念上是同一互补的，在这方面并没有实质性的差异。退一步而言，即便（作为整体的）罗尔斯公平正义理论的基础论证有问题，那么，这也绝不意味着其所持有的基本正义原则及其相关预设是完全错误的。罗尔斯的基本正义原则及其所依赖的基本预设不仅符合人们的道德直觉，而且在反思均衡下，其与各种基本道德原则相协调，本身难以被轻易替代（尽管在基础论证上可能存在高度争议）。无论如何，笔者坚信，否定式摒弃罗尔斯，就没有好政治哲学；包容式超越罗尔斯，才可能有好政治哲学。尽管如此，我们并不能就由此得出如下结论：（在比较性最优证成意义上）罗尔斯公平正义理论本身为国家福利功能的正当性提供了一个最优的规范性基础。另外，由于其公平正义理论所依赖的基础论证（的有效性）存在着争议，因此，我们也难以把国家福利功能的正当性基础直接奠基在（作为整体的）罗尔斯公平正义理论之上。要深入地阐明这一点，我们需要对运气平等的观念以及民主平等的观念对国家福利功能的规范力有一个充分的理解。

我们接下来需要深入讨论，德沃金——通常被视为资源平等主义理论

[①]　森于 2009 年出版的这本专著，哈佛大学政治哲学教授希拉里·普特南（Hilary Putnam）给予了高度评价，称其为"这是自约翰·罗尔斯的《正义论》问世以来，有关正义的最重要的著作"。森提出，"在我们这个动荡不安的世界，我们迫切需要的不是理想中的公正国家的理论，而是使我们做出相对公正的判断的理论，这个理论告诉我们在当今全球化的世界中，我们什么时候以及为什么正在接近或远离正义的实现"（参见阿玛蒂亚·森《正义的理念》，王磊、李航译，北京：中国人民大学出版社 2012 年版，封底语）。事实上，森配得上这种赞誉，然而，其比较主义正义理论与罗尔斯公平正义理论是一种孪生关系，是相对而产生的，但并不能认为，其实质性地排斥或替代了罗尔斯的公平正义理论，这一点森是承认的。

的创始人——对于运气平等主义所做的开创性努力，并详细考察其对于有效可及的国家福利功能的正当性基础所提供的论证效力。最后，在第七章中，本书将集中探讨运气平等与民主平等的规范性理由对于本书关切所具有的规范力，在罗尔斯、森与安德森等人的基础上，协调各种相关理由，试图阐明一种与有效可及的国家福利功能的正当性相适切的规范性理由。

第六章　原生运气、选项运气与
国家福利功能

　　第五章阐明了罗尔斯的公平正义理论蕴含着国家福利的必然性与有效性,它内在地要求超越以满足基本需要为目标的资本主义福利国家。公平正义理论中的差别原则表达的是一种优先主义的观念,而不是平等的观念。尽管差别原则表达了利用自然天赋分配中的偶然性地位为最不利群体谋利的优先主义观念,然而,其没有能够在选择的不平等与非选择的不平等之间做出实质性区分。这就意味着:一部分成员要为另一部成员的自主选择承担代价。同时,由于没有考虑自然资源的道德地位与残障因素,像残障这类遭受先天不幸的受害者在罗尔斯的框架中没有得到平等的对待。德沃金认为,罗尔斯的公平正义理论,在"敏于选择、钝于禀赋"两个方面都未得到合理阐明,其发展出湛深而精妙的资源平等理论,试图在这两个方面做到平等待人。他努力在罗尔斯与诺齐克之间找到一个平衡。一方面,他反对诺齐克,强调资源平等,通过"拍卖""保险"等概念推导出分配正义;另一方面,他又反对罗尔斯,认为罗尔斯的差别原则对天赋、抱负等个体权利不够尊重,应"严肃对待权利"[①]。德沃金的资源平等理论创造性地发展了运气平等主义,经典地区分了原生运气与选项运气,并通过虚拟保险市场思想实验试图实现"敏于选择、钝于禀赋",以期为社会保险机制——国家福利功能的核心机制——的正当性奠定规范性基础。那么,德沃金的资源平等理论是否能为国家福利功能的正当性提供有力的辩

---

① 　Ronald Dworkin. *Taking Rights Seriously*. Cambridge, MA: Harvard University Press, 1977.

护？本章的主要任务就是回答这一问题。

本章第一节简要概述德沃金的资源平等理论及其与社会保险之间的关系。而要深入理解这一点，并合理评价德沃金的资源平等理论对于国家福利功能正当性所具有的规范力，需要对市场保险与社会保险之间的规范性区别进行深入考察，这构成了本章的第二节。最后，基于上述分析，本章探讨了原生运气补偿理由的局限。

第一节　德沃金的资源平等理论与社会保险

在本节中，简要对德沃金的资源平等理论及其与社会保险之间的关系做一概述，为深入考察德沃金资源平等理论对国家福利功能的正当性所提供的理由及其效力提供必要的背景和说明。

一　免于嫉妒的资源平等分配标准

德沃金认为，在资源稀缺局限下，由于存在着昂贵嗜好等难题，福利平等即便是一个值得追求的平等原则，也不具有可行性，何况福利平等也是不公平的。人们对待外部世界资源，没有理由不平等分配，然而，简单地对资源进行平等分配也是不合理的。德沃金认为，对资源的平等分配必须反映人们的偏好选择。因此，资源平等分配的真正含义，应是在理想市场环境中（信息充分的虚拟理想市场）使人们通过拍卖程序以及自由交换而获得自己根据独特的善生活观念所欲求的资源组合（或资源束），而不是简单粗暴地对资源进行切蛋糕式的均分。如何才能做到"敏于选择"的平等分配呢？德沃金提出，初始资源的平等分配必须通过免于嫉妒的检验标准：在分配资源的过程中，如果有任何人宁愿选择别人分到的那份资源束而不要自己的那份，则资源的分配就是不平等的；而经过在理想市场中反复自由交换后，没有任何人想要其他任何人的那一份资源束，免于嫉妒检验就实现了，此时资源基于自由选择而得到了平等的分配。[①] 资源的分

---

① Ronald Dworkin. *Sovereign Virtue: the Theory and Practice of Equality*. Cambridge, MA: Harvard University Press, 2000: 67 - 69.

配通过嫉妒检验标准，就表明人们之间的差异正好反映了他们各自不同的偏好意愿，所有人在初始起点上具有反映其自由选择意志的平等地位，如果其他客观条件都是平等的，那么此后所产生的所有差别都是人们自由选择的结果，就没有什么可说的。正如金里卡所指出的，"免于嫉妒的检验标准，用经得起辩护的形式，展示了自由主义的平等主义的正义观，如果这种正义观能够得到完全贯彻，罗尔斯理论的三个主要目标也就可以实现：尊重人的道德平等，缓和自然偶发事件和社会偶发事件的任意性，为我们的选择承担责任。即使这种分配方案允许收入上的某种程度的不平等，它仍然是公正的"①。然而，即便是初始资源通过了免于嫉妒检验标准的平等分配，人们也将遭受各种运气因素的影响。能够采取什么样的办法可使未来的运气或风险也能够反映人们的自由意志或偏好选择呢？德沃金创造性地提出了选项运气（option luck）、原生运气（brute luck）以及虚拟保险机制等概念来处理这一难题。

二 选项运气、原生运气与保险机制

德沃金经典地区分了两种不同性质的运气：选项运气与原生运气。"选项运气是一个经过深思熟虑和计算的赌博如何产生的问题——一个人的得失是否通过接受他本该已经预期到且可以拒绝的孤立风险而产生的。原生风险则是风险如何产生的问题，在这个意义上它不同于自觉的赌博。如果我在交易所里买的股票上涨了，我就是交上了选择的好运。如果我被落下来的流星击中，我的运气就是原生运气（尽管如果我有任何理由知道它会落在哪里，我可以在它击中我之前躲开）。"② 区分选项运气与原生运气具有重要的规范意义。因为存在着保险机制，可以通过人们认知的扩展，而不停地把非选择性的原生运气转化为能够反映人们自愿选择的选项运气。保险是面向未来的风险预防与分担机制，它立足于现在，给个人的自由选择提供了可能性。换言之，保险是把非预期性风险与个体的选择有

① Will Kymlicka. *Contemporary Political Philosophy*. Oxford：Clarendon Press，1990：82–83.
② Ronald Dworkin. *Sovereign Virtue：the Theory and Practice of Equality*. Cambridge，MA：Harvard University Press，2000：74–75.

机结合起来的一种机制，它勾连了运气与选择。我们可以利用保险机制把看似不能预防的运气或风险通过保险精算的制度设计，纳入人们的自由选择中来。如此，购买或拒绝保险的决策就是一个经过计算的赌博，反映了人们的自主选择，人们就需要为自身的选择而承担所有的后果和责任。这就意味着，"某人可能受苦于坏的原生运气，并且因为那个理由而比别人过得差，但是由此导致的这种不平等却可能反映了不同的选项运气。粗略地说，如果过得差的那个人本来能够对那类坏的原生运气投保但拒绝这样做，情形就是如此"①。拒绝为坏的原生运气投保的个体——在信息充分的条件下，保持其他条件不变——没有理由因此为原生运气所导致的不幸而抱怨，也没有理由要求获得补偿。

目前为止，我们谈论的保险机制都是市场保险机制，然而，市场保险并不总能够提供转化原生运气所需的保险，也就是说，并不是所有风险都是可保风险（具体见下文详细阐述），以至于人们都能够有机会购买到保险（能够使未来境况基本上反映个体的选择，而不是原生运气的影响）。平等要求国家从具有好的原生运气的人那里分配资源给那些具有坏的原生运气的人，因为没有人对于原生运气所带来的收益与损失具有道德上的应得资格。然而，值得强调的是，平等并不要求国家对于具有好的选项运气者进行强制性征税来补偿那些具有坏的选项运气的人。当然，如果人们本来有机会选择参加或购买某项保险却不愿意参加或购买，但是，平等原则也不会要求国家补偿因此而受苦于坏的原生运气的人，那么，为什么国家不应该对具有好的选项运气者征税来相应地补偿坏的选项运气者呢？"一个很好的理由是，这样做（在选项运气所导致的损益之间进行补偿）实际上剥夺了人们进行赌博的机会。"② 德沃金提供了另外两种理由，反对在选项运气所导致的损益之间进行补偿。德沃金认为，不存在任何平等主义理由对由那些风险厌恶者与风险偏好者之间的选择导致的损益进行再分配。"我们已经确定的是，人们应为自己选择的生活支付成本，而衡量成本的

---

① Kasper Lippert-Rasmussen. "Egalitarianism, Option Luck and Responsibility," *Ethics*, 2001, 111 (3): 548 – 579.

② Kasper Lippert-Rasmussen. "Egalitarianism, Option Luck and Responsibility," *Ethics*, 2001, 111 (3): 548 – 579.

标准是他们为了这样做而放弃的另一些生活（机会成本）。这是作为建立最初资源平等之手段的拍卖要点所在。但是用这种方式来衡量，更安全的生活的代价，就是对任何获益机会的放弃，另一些人进行赌博就是为了这种机会前景。因为我们没有理由根据我们早先的决定（原则）反对这种（不平等）结果：没有赌博的人的所得少于参与赌博的人。"① 人们应该为自己的选择负责，而承担选择的代价是为自己选择负责的基本内涵。如果对选项运气所导致的损益进行强制性再分配，实际上就等同于侵犯了人们的实质性自我决定。另外，德沃金认为，也不存在任何平等主义理由支持在冒险但具有不同选项运气的人之间进行再分配。这种再分配将剥夺那些赢者与输者偏好过的自主生活。如果国家为了补偿赌博中的失败者而打算对赌博中的赢者进行征税，从而确保两者都得到赌博的期望值，那么两者都会（事前）变差。

因此，德沃金的资源平等理论，只要求国家从具有好的原生运气的人那里获得资源再分配给那些具有坏的原生运气的人，因为没有人对于原生运气所带来的收益与损失具有道德上的应得资格。人们立即就面临着一类原生运气：先天残障问题或不同程度的自然禀赋的差异。然而，不幸的是，先天自然劣势者需要比其他功能健全者运用更多的资源才能够获得基本平等的功能发挥。因此，在对资源进行拍卖之前，必须对残障者因其自然天赋的不平等所造成的功能障碍进行必要的补偿。补偿自然劣势是德沃金资源平等理论所内在要求的，否则就不能做到真正的平等待人。当然，德沃金马上就会面临一个尴尬的问题，无论如何补偿，人们也不可能实现完全平等的功能发挥。显然，对于先天严重残障者——比如智障——而言，无论如何给予医疗保健服务以及资金补偿，都不可能使智障等严重残障者得到有效的功能恢复。幸好这种要求尽管是真实的，但它是一个过分的要求，因为人们完全可以有理由把其限制在某种必要程度的基本能力或功能发挥的范畴内。不过，依然面临的难题是：我们不能漠视自然天赋劣势，但又不能进行充分的补偿，那么，除了表达无力的仁慈、廉价的同情

---

① Ronald Dworkin. *Sovereign Virtue：the Theory and Practice of Equality*. Cambridge，MA：Harvard University Press，2000：75.

以及有损尊严的可怜之情外，还有什么办法呢？如何补偿严重残障这种非选择性的原生厄运所带来的不平等？德沃金在解决这个补偿难题时，求助于罗尔斯原初状态的论证思路，提出了虚拟保险市场机制。"作为拍卖的补充手段，人们现在建立起一个虚拟的保险市场，用保费固定的强制性保险为每一个人保险。假如将来的各种残障风险中的每一种对于每一个人都是平等的，他们会购买什么样的保险……而且采取虚拟保险市场的设想，还可以辨别强烈愿望（自由选择）并把它们与正面的人格特征（非选择的个人特征）区分来开。"① 也就是说，设想一下人们处在罗尔斯的"无知之幕"下，任何人都不知道自己在自然天赋分配中的地位，假定每一个人都有同样的概率遭受种种残障问题和不平等的自然天赋分配。在初始资源得到免于嫉妒的平等分配下，处在"无知之幕"下的人们愿意拿出多少比例的资源份额对残障以及自然天赋分配不平等的风险进行投保，以抵御相应风险。根据德沃金的这种虚拟保险市场构想，基于对特定风险发生情况的必要了解以及精算技术，人们可以进一步确定相应的保险费率。假如我们对特定风险发生概况有深入的了解，借助于保险精算技术确定了将会在虚拟保险市场上达到的平均投保水平，并公布了这一水平所要求的保险费率，那么，接下来的问题就是，"我们能够以这种假设（或精算出来）的保险费率作为税率基础，通过向挣钱能力达不到这一投保水平的人支付这一水平和他们能挣到的收入之间的差额，来进行再分配吗"②？德沃金认为，我们可以据此形成一种征税方案，比如可以采取一种基于收入或财产的累进制分级所得税制，对低收入者购买保险的差额进行转移支付。在这一点上，弗里德曼等新古典自由主义者为拆分战后福利国家的综合性社会保险制度所建议的负所得税方案也是一种选择。③ 德沃金断定，"使再分配与实际收入而不是挣钱能力挂钩的方案，与我们可以指定的其他方案相比

① Ronald Dworkin. *Sovereign Virtue*: *the Theory and Practice of Equality*. Cambridge，MA：Harvard University Press，2000：78 – 79.

② Ronald Dworkin. *Sovereign Virtue*: *the Theory and Practice of Equality*. Cambridge，MA：Harvard University Press，2000：100.

③ Milton Friedman and Rose Friedman. *Free to Choose*: *a Personal Statement*. New York and London：Harcourt Brace Jovanovich，1980：115 – 120.

（与挣钱能力或劳动关联），是一张接近于模拟保险市场理想的更好的次优方案"①。这样，我们就有理由利用国家强制性税收机制来实现普遍性社会保险所必需的资源投入额。社会保险体现了人们在虚拟保险构想（保险精算）中愿意支付的保险费所要求获得抵御风险的保险方式。德沃金总结道，从虚拟保险市场得出的论证是这样的论证：它把两个世界加以对比，在第一个世界里，相对于人们自己的生产技能而言，由于别人的偏好或抱负而处于相对劣势的人，事先就为人所知并承担这种劣势的全部后果。②而在第二个世界中，相对劣势的相同模式亦能成立，但每一个人主观上事先都有处于这种劣势的平等机会，并为此购买保险。对人们在起点理论中自由市场所赋予非选择的原生运气的收益征税，通过社会保险的方式进行再分配。德沃金的虚拟保险论证假设平等倾向于第二个世界，其论证目的就是要在现实世界尽可能地复制第二个世界的结果。德沃金认为，第二个世界会用一个简单的主张来回答那些在第一个世界中处境较好的人（也许包括在第二个世界中有更多的钱供自己支配的人）：根据与他们在既定的偏好和抱负的情况下会有什么处境无关的理由，第二个世界更接近于资源平等的世界。③

虚拟保险方案（的论证）试图为各种福利计划（福利制度）划定一个范围或界限："理性的人或立法都会认为福利范围（水平）是由如下两条原则所要求的：人们的生活有着同等的重要性；人人有责任支配自己的生活。这种方法肯定了我相信绝大多数读者都会有的一种想法：一项没有终止条款的、可以或必须提供培训和就业援助的、根据可信的就业努力声明对补助做出限制的福利方案，要比更为严厉的或更为宽松的方案更可取。"④ 也就是说，相比于市场保险、强制性市场保险以及基于个人责任和

---

① Ronald Dworkin. *Sovereign Virtue*：*the Theory and Practice of Equality*. Cambridge，MA：Harvard University Press，2000：106 – 107.

② 起点理论表达了德沃金所描述的第一个世界的特征：实质性自我所有权＋外部世界资源平等分配＝自由放任的市场交换结果。显然，起点理论没有敏感于非选择性的原生运气。

③ Ronald Dworkin. *Sovereign Virtue*：*the Theory and Practice of Equality*. Cambridge，MA：Harvard University Press，2000：102 – 103.

④ Ronald Dworkin. *Sovereign Virtue*：*the Theory and Practice of Equality*. Cambridge，MA：Harvard University Press，2000：339 – 340.

工作条件的选择性福利方案，普遍性的社会保险方案或无实质性条件限制的（形式上的资格审查）福利方案是更优的福利方案，至少是必不可少的福利方案。因此，德沃金虚拟保险方案的论证似乎支持了一种相对慷慨的社会保险方案。然而，事实果然如此吗？这需要对社会保险与市场保险的内在机理及其相互关系做出进一步的探讨，并据此评价德沃金资源平等理论所蕴含的国家福利功能意涵及其存在的相关问题。

第二节　社会保险与市场保险

要理解德沃金的虚拟保险机制与国家福利功能之间的关系，并合理评价德沃金的资源平等理论对国家福利功能正当性的规范力，我们需要对市场保险与社会保险之间的本质区别及其在国家福利传递机制中的功能，进行深入的分析。首先简要剖析一下可保风险的基本条件，重点探讨社会保险与市场保险之间的主要区别，尤其是规范性范畴内的本质区别及其优先性结构关系。

一　可保风险

一个基本事实是，并非所有的风险都是可保风险。能够保险的风险是纯粹风险中的可保风险，根据保险的基本原理，可保风险一般具有如下几个内在关联的本质特征。（1）存在着足够数量的同质性风险标的。所谓风险的同质性是指风险标的具有大致相同的类属、质量、性质、损失（或价值）等，风险标的的发生概率大体一致。风险的同质性是对风险进行概率统计的前提条件。如果风险标的内部之间风险异质性太高，每个风险标的的风险发生概率就会千差万别，也就无法进行精确的概率统计。保险中的风险同质性是基于风险标的发生的风险概率标准来定义的，而不是其他标准。注意到这一点，对于我们理解社会保险与市场保险之间的本质区别至关重要。这是市场保险公司进行精确性风险评级和保险精算的基本原因和内在动力。另外，风险标的要有足够数量，符合概率统计中大数法则的基本要求，否则也无法精确地估计该风险发生的总体数学期望。风险标的数量越多，一方面，根据大数法则，该风险发生的频率及其损失值将非常稳定地在可控的范围内波动；另一方面，将大大增强保险的转移风险、分摊损失或经济补偿功能。保险公司或机构就这项风险而言，就更可能具有风险财务管理的稳定性或更高的获利能力。（2）保证风险及其损失具有可靠的概率分布，除了上述数理统计所要求的条件之外，还需要关于该风险及其损失实际发生的可靠的经验统计数据，比如，寿险通常要根据稳定可靠的人口统计数据来编制生命表。（3）大量的风险标的意味着，对于风险标的而言，该类风险引发的损失要足够高，风险发生的概率要足够小，也就是说，存在着足够数量的对该类风险的实际需求。道理很明显，如果该风险不可能造成个体相应的不愿意承受的损失，那么，就没有必要进行保险；如果该类风险发生的概率足够大，那么保险公司或机构的保费将会定得较高，则该类保险的需求量将会减少。（4）当然，所有可保风险都是纯粹风险，不存在依靠保险获取额外"收益"的可能，因此，都是个体尽量避免发生的事件。（5）风险事件本身意味着不确定性，区别于必然事件或故意引发的因果关联事件。风险发生的独立性或相对独立性，既是对风险进行数理统计所内在要求的随机性的一个必要条件（确保随机性的另外一个内在条件就是上述所讲的风险的同质性或均匀性），也是为了排除人为运用保险机制进行投机收益所引发的道德风险的基本要求。（6）毫无疑问，存在着不可抗力因素，因此，保险公司通常都具有排他性条款。当然，不可抗力因素大多是相对于保险公司的规模和生存能力而言的。对于具体的保险公司而言，其存在着破产的可能性，尽管其都有再保险（reassurance）机制在全国或全球范围内的保险公司或机构之间进一步分散或转移风险，以降低这种可能性，但这是不可能完全排除的，更大规模的系统性风险依然存在，2008年在美国爆发的次贷危机所引发的金融系统性风险再次表明了这一点。下面，对照着市场保险，对社会保险的内在机理与本质特征进行阐明，在此基础上对社会保险与市场保险之间的规范性含义与内在关联进行深入剖析。

二　社会保险与市场保险的规范性区别及优先性结构

在社会福利政策实践中，英国《济贫法》所开创的经济审查型福利机制，长期主导着此后英国的国家福利政策，并被同时期其他西方资本主义国家所效仿，这种国家福利制度与当时自由放任的资本主义经济政策相安无事地共处着（这种国家福利功能的发挥模式在本质上是新古典自由主义的基本思想）。在相当长的一段时间内，国家福利就等同于经济审查型福利本身。直到现代社会保险制度的诞生，才产生了另一个不同类型的机制，其占据着国家福利功能发挥的核心位置。19世纪80年代，德国俾斯麦主政时期，既为了对社会底层群体表达家长式关怀，也主要是为了瓦解逐渐兴起的社会民主党对政权的威胁和维护社会稳定，德国颁布了一系列社会保险法案，采取国家、雇主和雇员三方合作供款建立养老、工伤事故、医疗保险等制度，这种社会保险是以工作为前提条件的，或说是面向职工的。由于社会保险是现代社会福利制度的核心内容，这一制度的确立，也被社会政策学界普遍视为现代社会福利制度的形成。社会保险机制也一直成为国家福利功能发挥的核心机制，是此后福利国家的核心制度。①社会保险制度的目标定位是通过社会统筹分散风险，实现保险者在相应风险发生时获得一定的收入保障。保险机制不仅具有风险分担、经济补偿与资金给付等功能特点，而且是面向未来的，在很大程度上与选择机会相连（可以拓展为一种选项供人们选择）。作为国家福利功能发挥的一种核心机制，社会保险制度毁誉参半、备受诟病，相比于战后福利国家体制的综合性社会保险制度，当前很多国家的所谓的社会保险制度实际上是一种混合原则构建的综合体系，已吸纳了新古典自由主义者对纯粹的社会保险制度原则的批判。欲对国家福利功能的基础、目标和发挥机制进行规范性评价，必须深刻理解真正的社会保险制度的基本原则和特征是什么。对于社会保险特征的理解，需要结合市场保险的特征进行分析。相比于自由选择、精算合理（actuarially sound）和竞争性的保险项目（insurance policies）基础上的商业保险或市场保险，社会保险的突出特征有如下三点。

（1）国家强制参保（compulsory）以及由强制参与所确保的普遍性。

---

① 国家立法保障的三方合作供款建立的这种合作主义的社会保险机制只是社会保险机制的一种。当然，社会保险机制可以采取像德国开启的这种基于职工群体的三方集资式福利制度，也可以采取像英国济贫法机制开启的经济审查基础上的救济性、选择性福利制度，当然，也可以采取像后来的福利国家类型中斯堪的纳维亚式的普遍性福利制度。

社会保险与市场保险之间的区别首先体现在强制性与自愿性选择上。前者是强制性参与给定的保险项目，后者是根据自身的需求以及保险市场供给的保险项目，在自愿性选择基础上达成商品买卖合同。社会保险的强制性参与主要理由是：其一，社会保险本质上属于基本需求满足基础上的税收再分配机制；其二，其自我维持，需要一定数量的（统计上的大数法则所要求的）缴费参与者。上文指出，可保风险的基本条件之一是，风险标的要有足够数量，符合概率统计中大数法则的基本要求，否则无法精确地估计该风险发生的总体数学期望。相反，风险标的数量越多，一方面，根据大数法则，该风险发生的频率及其损失值将具有稳定的分布；另一方面，将大大增强保险的转移风险、分摊损失或经济补偿功能。这两点共同决定了社会保险必须要求有一个公共权威机构采取强制性手段才能够做到。基于自愿性参与基础上的社会保险，不能保证基本的参保人数的要求，要么其大幅削弱自我期许的目标，要么其根本就不可能维系或存在。这一点在其第三个本质特征中，可以看得更清楚。

（2）相比于市场保险提供的保险项目或保单上的丰富选择性，社会保险的项目选择极其有限。市场保险可以根据具体风险的特点与需求情况，针对不同的风险类型，以及同一种风险类型，提供多样化的保险项目，可供消费者选择，甚至可以最大可能地根据消费者的个性化需求进行个性化保单的定制。而社会保险为实现再分配目标，基于其非精算性（non-actuarial）和非风险评级（non risk rating），必然要求对差别化保险定价进行严格限制，没有动力或激励机制提供针对不同需求的个性化保单。另外，其自身完全通过国家强制性立法，实现参保的普遍性，以维持自身的非营利性运作。社会保险通过强制性参保和风险的再分配目标，来实现公民在风险发生时基本收入能够得到维持，基本需求能够得到满足。这样，社会保险也就不可能区分个体的多样化需求，而是强制性地提供相对单一的、统一的保险项目（大致统一的费率与统一的保障水平），限制了公民的自由选择。相比于市场保险，社会保险的这种限制选择性，也是根源于其第三个基本属性。

（3）非精算性与非风险评级。精算合理与风险评级是市场保险存在的根本保证，意指保险费率是由精算变量因素所决定的，即保险受益人或受保人主要是基于在概率基础上的期望风险而被收取相应的保费，不同受保人根据精算变量所划定的风险水平类型缴纳不同的保费。也就是说，基于精算合理的保险费率大体上是这样确定的：针对同质的或相同概率的风险级别收取同样的保费费率，而对于不同质的或不同风险概率的风险级别收取不同的保险费率。保险公司把受保人（the insured）基于风险关联变量或因素进行风险评级，针对不同受保人的风险级别相应收取不同的保险费。一般而言，风险级别高，收取的保险费率就高，反之亦然。然而，社会保险原则上属于非精算性的，保险费率本质上不是由精算变量所决定的，保险受保人不是基于期望风险而被收取保费，往往是具有不同期望风险类型的人们都缴纳同样水平的保险费率。① 这样，在同类风险中，如果不根据保险精算和风险评级设定以及收取不同的保险费率，就会产生如下结果：较低风险概率的人"补贴"了较高风险概率的人，"没有发生风险者""补贴"或"资助"了"发生了风险者"。这两者情况是有本质区别的，下面结合这两种情况深入考察社会保险与市场保险之间的规范性区别。

（一）低风险"补贴"或"资助"高风险：交叉补贴问题

在社会保险中，就较低风险概率的人"补贴"或"资助"了较高风险概率的人来说，这种"补贴"和"资助"的实际含义，是在相对于他们各自在风险评级下本应缴纳的相应不同的保险费率而言的。也就是说，在没有风险评级的情况下，低风险者实际上缴纳了"过多"的保费——如果在风险评级下，因其风险评级低，他们不会缴纳这么高的保费；而高风险者则缴纳了"过低"的保费——如果在风险评级下，因其风险评级高，他们将会缴纳比现在更高的保费。这种保险缴费所具有的再分配是否公平呢？在这个意义上，低风险者是否有理由或资格进行"抱怨"或"指责"呢？显然，如果不考虑更广泛的公平维度，仅仅就保险缴费（或承担的缴费责任）而言，低风险者是有合理理由或充分资格进行"抱怨"或"指责"的，除非他自愿这样选择。而在强制性的社会保险中，这种自愿性是不存在的。在这个意义上的"抱怨"或"指责"是无可挑剔的，如果没有其他

---

① 有的人可能认为，社会保险在某种程度上也是保险精算的，比如按照年龄、职业类型等精算变量区别不同的保险费率，这是对保险精算的错误理解。

充分合理的正当理由，社会保险在这个意义上，就等于"欺骗"或"剥削"。政治哲学中的自由至上主义者以及经济学中的新古典自由主义者们正是在这个意义上大力批判社会保险是不道德的，归根结底是一场"国民骗局"。下面引述弗里德曼对社会保险的批判来说明其反对的激烈程度。

"社会保障（美国的社会保险）并不是一种缴多少钱就能拿到多少津贴的保障计划。连它最坚决的支持者也承认，'个人所捐的钱（工资税）与他所得到的津贴之间几乎没有多少关系'。社会保障毋宁说是一种特殊的税收和一种特殊的转移支付计划的混合体……在所付的税款和所得到的津贴之间虽然也有某种联系，然而它最多不过是一种遮羞布，以使人们能大言不惭地把这种结合叫作'保险'。一个人能够得到多少津贴完全取决于各种偶然因素……"① 其对鼓吹或支持社会保险的专家们，则给予了毫不留情的批判与无尽的嘲讽。弗里德曼对社会保险制度的抨击是彻底的，把鼓吹和支持社会保险的专家们无情地分成两类：要么无知，不知道社会保险是一场骗局；要么无耻，知道是一场骗局，但昧着良心或为了切身利益而欺骗公众。② 事实上，这已经远远超出了批判或嘲讽的一般界限，但谁也没有合理理由去怀疑伟大的经济学家弗里德曼的智商和人品，只要我们稍微了解一下其天才般的睿智与严谨，我们就没有理由不严肃对待这种攻击的理由，无视或轻视这种攻击的理由，会反衬出我们的轻浮或无知，正落入弗里德曼的嘲讽之中。但在这里，诚如上文，如果不考虑其他理由或更广泛的公平维度，仅仅在保险缴费（或承担的缴费责任）的公平性上，社会保险中的低风险者缴纳了"过高"的保费，高风险者缴纳了"过低"的保费，前者"补贴"或"资助"了后者，这是无可争辩的事实，弗里德曼的指责无可挑剔。继续深入讨论社会保险的正当性之前，需要说明三点。其一，许多为社会保险辩护的理由是不成立的，没有抓住要点，没有找到无人能合理拒绝之理由，这类理由对于弗里德曼而言，是无效的，不值一驳的。比如，稳定性理由，为了社会的稳定，我们需要社会保

① Milton Friedman and Rose Friedman. *Free to Choose: a Personal Statement.* New York and London: Harcourt Brace Jovanovich, 1980: 103 – 107.
② Milton Friedman and Rose Friedman. *Free to Choose: a Personal Statement.* New York and London: Harcourt Brace Jovanovich, 1980: 104.

险。的确，这是一个理由，但它没有有效回应弗里德曼的指责。有些事情，我们可能不得不去做，但是我们需要知道它是错误的，而且有机会（更好的替代性选择）我们就需要进行改正或抛弃它。对于社会保险而言，如果它本质上是错误的，但出于稳定性考虑，我们需要它，暂时离不开它，然而，一旦有人提出一个更优的替代性选择，比如"某种形式的强制性商业保险＋某种形式的经济审查型福利"，能够更好地实现稳定性，并且效率更高，也更为公平，那么，社会保险的现实地位就遭到了挑战，仅仅基于稳定性理由，它就必须被取代，因为此时它没有存在下去的理由了。再比如，为了实现社会融合，为了表达公民间责任或作为一种仁爱、利他主义表达的工具，等等，如果所能够提出的各种主要理由，都能够被一种更好的替代性机制所实现，那么，社会保险就岌岌可危、前景未卜了，它最多只具有某种剩余型、边际性功能。其二，即便是其他规范性理据证成了社会保险本身的必要性，也并不意味着所有的社会保险机制或类型都是正当的，而是只有某一种类型的社会保险机制或原则是正当的（在第一章所讨论的最优性证成进路的意义上）。所以，弗里德曼的指责依然有着充分的现实意义，它对我们塑造或优化社会保险制度的意义怎么估量也不为过。其三，社会保险的正当性意味着它不违背无人能合理拒绝的基本原则。弗里德曼不仅指责社会保险违背私人财产权，限制自由选择权，而且有违效率，更重要的是它并不像其所宣称的那样公平，甚至根本就不是累进性再分配的。现在我们返回到市场保险与社会保险在规范性范畴内的比较分析。

虽然市场保险与社会保险都具有风险分担、经济补偿、经济给付等保险的基本功能，但是，其内在原理与基本性质是根本不同的。市场保险是通过精算评级与市场竞争，尽可能地细化风险级别，把风险同质化到供求关系以及保险公司所能允许的获利程度上。市场保险本质上不是（主观意图上）再分配性质的，它是一种风险产品的买卖。当然，也有人会提出这样一种反驳意见：虽然市场保险通过保险精算与风险评级，理论上能够尽量避免低风险"补贴"或"资助"高风险者的不合理结果。然而，它依然存在着如下可能性：即便是在相同风险级别内的保险消费者之间，"实际没有发生风险者""补贴"或"资助"了"实际发生了风险者"。后文将对此进行专门探讨。这里需要强调的是，市场保险基于风险的同质性，每个人发生风险的概率，至少在理论上被要求都是一样的，至于谁发生风险，谁没有发生风险，完全是一种原生运气（brute luck）的结果。虽然在市场保险中，风险的实际发生情况与受保人的主观选择密不可分，然而，市场保险相对于社会保险而言，有充足的动力进行风险管理。市场保险的再分配性质，试图要求独立于人们的主观选择，尤其是与保险制度的主观设计的再分配意图完全无关。也就是说，市场保险原则上并不允许如下做法：主要通过让低风险者去"补贴"或"资助"高风险者来实现盈利。而社会保险以非精算和非风险评级为基础，其发挥风险分散或分担风险的保险功能，从本质上讲，试图通过限制风险精算和风险评级，从制度设计上让低风险者去"补贴"或"资助"高风险者，让"实际没有发生风险者"去"补贴"或"资助""实际发生了风险者"。假如在一个民族国家范围内，至少某种程度的资源再分配被得到了证成，那么，要采取社会保险的方式实现这种资源的再分配，就会产生不可避免的交叉补贴问题。在社会保险机制内，针对不同性质的具体社会保险类型，这种交叉补贴或交叉资助具有完全不同性质的再分配后果。[①] 就意外事故类型的社会保险而言，比如社会医疗保险，就属于低风险者补贴高风险者。在大致统一的费率下，社会医疗保险往往意味着较富裕者实际上"补贴"或"资助"了较贫穷者，理由是前者患病风险相对后者往往较低，具有累进性的再分配功能。一般来说，的确是这样，这也是社会医疗保险机制往往被人们接受的一个主要理由。然而，它也是交叉补贴的。第一，处于不利地位的穷人总体上患病风险高是正确的，但从个体来看，情况千差万别。第二，针对某种类型或性质的疾病（比如大病与日常疾病、职业相关疾病等），穷人与富人患病程度是不一样的。交叉补贴意味着，部分穷人、中产以及富裕者之间存在着相互补贴的问题，而这种部分较不富裕者补贴部分相对富裕者，是累退性质的再分配，与社会保险的累进性质的再分配是不相容的。另外，交叉补贴还意味着穷人内部、中产以及富裕者内部存在着相互补贴的问题，这种补贴虽然既不属于累退性的，但也不属于累进性的，这种内

---

① 具体可分为累退性再分配与累进性再分配两种不同类型。

部补贴也不是风险评级基础上的风险分担，是不必要的。就非意外事故类的社会保险而言，比如基于统一费率的强制性养老保险，在很大程度上，可能存在着更为严重的交叉补贴问题。就社会养老保险中的统筹部分而言，相同费率（对不同收入的劳动者而言收取相同的保险税率）已经意味着累退性质的再分配。享受养老金的期限与个人寿命有着直接关联，实际上社会养老保险的统筹部分，在同代人之间，意味着寿命短的补贴了寿命长的，在这里"高风险者"补贴了"低风险者"。另外，无论采取现收现付制还是采取部分社会统筹与个人账户相结合的方式（个人账户积累制或部分积累制）等，其中社会养老保险的统筹部分，还存在着严重的代际分配正义问题，即代际的交叉补贴所产生的权利与义务的不公平分担问题。总之，社会保险模式，在实现共担风险的内在机制上是属于再分配性质的，其被设计的主要目的是，国家通过累进性的税收再分配机制实现资源（收入和财富）从富人向穷人的转移支付，以满足公民，尤其是穷人的某些基本需求。然而，社会保险无可避免地存在着交叉补贴以及部分累退性质的再分配后果，这些都在一定程度上腐蚀或摧毁着社会保险的再分配目的。

（二）"实际没有发生风险者""补贴"或"资助"了"实际发生了风险者"？

接下来，我们通过继续讨论另一个重要的基础性问题，来进一步比较市场保险与社会保险在规范性范畴内的本质区别。这一问题在上文已反复提及：尽管市场保险与社会保险相比，通过保险精算与风险评级机制，可以（至少在理论上）避免低风险者"补贴"或"资助"高风险者，但是，还没有讨论"实际发生了风险者"与"实际没有发生风险者"之间所具有的规范性关系。接下来回答这个基础性问题。

低风险或高风险意味着具有较小或较大的风险发生概率，实际情况也往往确实如此，然而，低风险者并不意味着实际上不会发生风险，高风险者也并不意味着实际上会发生风险，这是基本的常识。风险的本质属性之一就是其具有不确定性。重要的问题在于，在缴费签订合同时，被评级为低风险者，并不意味着在合同期内风险概率不会发生变化；对于被评级为高风险者，情况也会是如此。那么，由此引出一个更为重要、也更为复杂的问题：在保险精算和风险评级原则下，初始的同等级别的风险具有同等的费率，缴纳同样的保费，承担同样的缴费责任，那么"实际发生了风险者"是否"补贴"或"资助"了"实际没有发生风险者"呢？如果的确如此，前者是否有合理理由或充分根据"抱怨"或"指责"呢？或者说，前者是否可以对后者具有一种合理的道德优越感呢？后者对于前者是否在道德上具有"感恩"的义务或者在某种程度上"亏欠"了前者？一句话，这种情况是否也是不公平的呢？我们的讨论首先从一个理想情况出发。

在同类保险市场竞争下，形成了该类基于保险评级的不同保险费率均衡价格，即双方都能接受的市场价格。但要注意，同类市场竞争只能影响规模或在成本上降低费率，但改变不了在特定风险期望和保险精算的基础上形成的风险评级机制，这是市场保险得以产生的理论基础。假设对于市场中的 A 类保险而言，风险等级与保险费率之间的关系一般如下：

A 类保险的高风险等级　　保险费率高

A 类保险的中风险等级　　保险费率中

A 类保险的低风险等级　　保险费率低

现在的问题是，在 A 类保险的各种风险等级内部（比如在高风险等级中），如果认为在这种情况下，"实际发生了风险者"实际上"补贴"或"资助"了"实际没有发生风险者"，并认为这是不公平的，是不是正确的呢？

首先，排除如下这样一种说法：发生了风险者获得"收益"，没有发生风险者没有获得"收益"。因为可保风险（insurable risk）属于纯粹风险（pure risk），即只有损失机会，而无获利机会。它要么发生了，产生一定损失，保险遵循损失与赔付对等原则，赔付额不可能高于损失额；它要么没有发生，也就是没有发生损失，这也是投保人所期望的。毕竟，人们购买保险的目的不是期望风险发生，而是期望对不可预期的风险发生后所造成的损失能获得经济补偿的机会。换言之，对于消费者而言，如果最终没有发生风险——这是他们不可能事前排除的，也是他们所期望的——付出的保险费实际上就是购买了保险期间对风险担忧的消除或减缓机会。"花钱买心安"这句人们常说的话，准确地表明了保险对于风险厌恶者的内在价值或"收益"。这样一来，对于具有同等风险等级①的个体而言，在市场保险的条件下，如下规范性评价"貌似"就是没有道理的："没有发生风险"的消费者"补贴"或"资助"了"发生了风险"的消费者，这是不公平的。因为，从需求的角度来看，他们各得其所。但需要注意的是，对于市场保险而言，"没有发生风险"的消费者真的没有"补贴"或"资助"了"发生了风险"的消费者吗？换言之，前者对于后者而言，真的不存在抱怨的理由吗？似乎前者依然可以合理地抱怨：尽管"我们"花钱买了平安，但是所有人都花钱买了平安，即便是实际风险发生者也一样，但除此之外，实际风险发生者除了这个共同的收益之外，事实上，还获得了额外的经济补偿，这种额外的经济补偿，实际上是"我们"所缴纳的保险费转移给他们的。在这个意义上，他们依然在道义上应该"亏欠"了"我们"，"我们"实际上不会索要"他们"的谢意，但是"他们"不能否认这一点。按照这种逻辑，接下来的自然推理就是，保险机制是一种"我们"对"他们"表达"同情""仁慈"的一种方式，也可能是利他主义的集体道德责任的表达机制（正如蒂特马斯所言）。情况真的如此吗？我们需要进一步检视市场保险的内在机理。对这个问题的判断，需要区分如下两种情况。

情景一：是一种完全理想或纯粹的情况，这类似于物理学中预设一种"不存在摩擦力的环境"。假设一种理想情况，在 A 类保险的高风险等级中，所有人的风险发生概率在保险期内不会发生任何变化，也就是说，是否实际发生了该风险，完全取决于随机概率（德沃金意义上的原生运气，而非选项运气），与个体的实际选择行为没有任何关系，即风险的实际发生不反映个体的理性选择。在理想状态下，保险合同一旦订立（信息充分和自愿选择的公平条款），"实际没有发生风险者"就有资格或合理理由

---

① 同等风险等级意味着保险标的面临着同质性风险，或对于该层级内的个体而言，风险发生的概率是大体一样的，意味着实际上具有相同的保险费率。在下面的文字中，所谓同质或相同，是在不存在显著性差别的意义上的，而不是完全一致。完全一致是不可能的，世界上不存在完全相同的两片树叶。

"抱怨"其"补贴"或"资助"了"实际发生了风险者"（获得了高出其保费的补助）吗？

在进行深入讨论之前，这里我们需要暂停一下，搞清楚"风险的实际发生不反映个体的理性选择"所具有的规范性含义。换句话说，我们需要真确地搞清楚，"个体的理性选择"对于上述所提出的市场保险中所可能存在的"不公平的抱怨"所具有的真正意涵。但是，无论如何，我们不能假设风险发生丝毫不反映个体的行为，否则该风险就永远不可能发生在任何人身上，风险的实际发生一定要有触发的行为，但不一定反映个体的态度和选择。当然，有人可能认为，假如"躺着也中枪"呢？什么也不做，或者，已经在做到最好的情况下①，也可能由于其他外在复杂的原因致使风险发生，个体是否对这种情况负有责任呢？这可以根据托马斯·斯坎伦基于契约主义道德框架对"责任"做出的分析来澄清其规范力。只要风险事件发生"在理性的控制下"，个体就负有责任，但不一定负有道德责任（该行为本身是不是错误的，或是否有理由进行道德指责或抱怨）。托马斯·斯坎伦，基于行为是否反映个体的理性选择，把责任（responsibility）区分出著名的"归属责任"（responsibility as attributability）和"实质性责任"（substantial responsibility）。② 简言之，如果一个行为的发生完全不依赖于行为者的选择，前者需要承担行为结果，但不承担行为本身的道德责任即斯坎伦的实质性责任。既然是选择，一定要有可行选项，选项的自身价值与选择行为的价值是不同的、各自独立的。选择某一选项的行为的价

---

① 在无人有合理理由拒绝原则的意义上做到了充分（参见托马斯·斯坎伦《我们彼此负有什么义务》，陈代东等译，北京：人民出版社 2008 年版，第 288 页的关键性论述）。

② "归属责任是指把一些行为通过一种方式归诸某一行为者……在此意义上说某人对一个特定行为是有责任的，就只是说，把这个行为作为对此人进行道德评价的基础是适当的。而关于这种评价是什么，没有任何暗示，也就是说，关于这种行为是否值得称赞、应该受到责备或者在道德上是中性的。而一个人的实质性责任是什么或者不是什么，对这个人所做出的选择是特别敏感的……一个人对于他人的义务和他反对这些义务的要求依赖于他有过的选择机会和他做出过的选择决定……这两种责任有着完全不同的道德根源……在使道德评价适当所要求的那种意义上，一个行为可以归属于一个行为者，这种说明完全不同于选择的价值的说明，选择的价值的说明解释了实质性责任对一个人的选择的依赖性。我将论证，重要的是把这两种责任的判断区分清楚"（参见托马斯·斯坎伦《我们彼此负有什么义务》，陈代东等译，北京：人民出版社 2008 年版，第 273～274 页）。

值，不仅仅取决于该项选择的价值，也取决于其他替代性选项的价值（机会成本的概念）。替代性选项既可以加强实际选择的积极价值，也可以削弱实际选择所具有的消极价值所引起的抱怨，替代性选择可以极大地减弱合理拒绝理由之效力。"别无选择"经常成为推卸实质性责任的一个借口，如果确实是"别无选择"，则可以不承担实质性的道德责任，但必须承担行为的"归属责任"，即承担行为的后果。即便是一个完全丧失理性的精神病患者，对其行为不承担实质性责任，但是，其监护人也需要承担相应的行为后果，因为这个行为可以合理地归属于他。需要注意的是，斯坎伦的实质性责任指的是实质性的道德责任，即可以对行为本身进行道德评价的，是关于行为本身的正确与错误，或正当与不正当，是否该受到道德谴责或赞扬等。只有在行为反映了其选择时，才可以对之进行道德评价。斯坎伦的实质性责任不是指要承担行为的实质性后果，的确，实质性责任一定要承担行为的"实质性后果"，但是这个实质性含义不是在这种后果的意义上使用的，而是在行为本身的实质性道德责任意义上使用的。有些行为，反映了个体的选择，但没有产生任何不好的行为后果（也就是说，在归属责任上，他实际上是没有行为后果可承担的），但行为者也需要承担实质性责任，要为这种错误的行为承受谴责。他没有任何理由抱怨基于行为本身错误而承受的谴责，但可以有合理理由抱怨基于行为后果而对其进行的谴责，因为在这种情况下，基于其行为后果对其行为进行谴责，是错误的归因。相反，有些行为，完全没有反映个体的选择或个体根本就没有选择，却产生了严重的后果。此时，个体依然无法逃避对行为后果的承担或部分承担，但个体可以不承担实质性的道德责任。如果据此对行为者进行道德谴责，则是不恰当的，个体有合理的理由抱怨这种行为后果：因为别无选择。这就体现了替代性选择的道德价值。但若个体基于没有选择而拒绝承担行为的后果——尽管其可以基于没有选择抱怨这种后果——则是没有理由的。在这种情况下，选项（可行选择，替代性选择）的内在价值就凸显出来了。如果已经被充分告知如何预防，或被提供了可行的替代性选择，而因其疏忽大意或忘记，造成了严重的后果，那么，其承担该行为的后果（自身的以及相关联的他人的）就无法进行抱怨，其只有自责，这就是可行选择的内在价值。每个人都有自己的独特的、具体的理由，但关键在于这种理由如何能符合"没有人可以有理由拒绝之原则"。

因此，根据斯坎伦对行为责任的重要区分，我们可以说，如果风险的发生完全取决于随机概率而与个体的理性选择无关，那么，"实际没有发生风险者"就没有合理理由或资格"抱怨"或"指责"其"补贴"或"资助"了"实际发生了风险者"，尽管前者可以有合理理由或资格说，其事实上"补贴"或"资助"了后者。换言之，对于双方而言，仅仅在"归属责任"上发生了关联，而在"我们彼此亏欠什么"（what we own to each other）这个核心道德意义上，不存在"实质性责任"上的关联。前者可以说"事实上，相当于我用缴纳的保险费帮助了你，然而，你不必感谢我，因为你没有感谢我的正当理由"。这不是表示大度、仁慈或无私，的确如此，前者没有任何理由索要感谢，也没有任何理由表示自己在道德上的优越感，后者也没有任何理由对前者表示"感谢"或"愧疚"。因此，在这里，所谓的"资助"、"补贴"、"济贫"和"救济"所具有的道德优越感是虚伪的或虚妄的，这是一种词语的误用或语言的腐败。

理想状态下的市场保险，对于任何人而言，的确"彼此之间没有任何亏欠"，再分配不具有遭受任何规范性批评或指责的可能性。然而，这是在理想状态下的保险市场所具有的性质。正如物理学中诸多定律是在无摩擦力的真空环境下得到表述的一样，一旦回到有摩擦力的现实物理世界，情况的确发生了复杂性的变化，然而，这并不意味着这些物理定律是错误的或不适用的。市场保险中的情况也是如此吗？一旦回到现实世界，风险的发生不仅取决于独立性的随机概率，还受到个体行为的理性选择的影响，那么，市场保险的正当性或公平性是否就不成立了呢？

情景二：更进一步而言，一旦进入 A 类保险的高风险等级内部，那么，从此以后，由于一部分人生活方式变得更糟糕、贪图享受而放纵生活，比如存在道德风险问题，因为有了保险，所以鼓励了不道德的冒险，生活方式在边际上比以前更加放纵；而另一部分人，生活方式则没有变化；还有一部分人更加注重健康的生活方式。假如这种由于加入保险后所产生的交互影响不至于使该等级或该层次保险费率发生重大的结构变化（或者，假设保险公司或机构已经充分考虑了这种交互影响），那么，是否可以说，在同层次风险等级下由于不同的生活方式所产生的风险发生的边际贡献意义上，"没有发生风险者'补贴'或'资助'了发生了风险者"
这一判断，实际上还包含这样一种道德含义：负责任的人"补贴"或"资
助"了不负责任的人？自律的人"补贴"或"资助"了放纵的人？勤奋
的人"补贴"或"资助"了懒惰的人？小心谨慎的人"补贴"或"资助"
了粗心大意的人？

的确如此，一旦签订了保险合同，即便风险评级是在信息充分的情况
下做出的，情况也是这样。个体风险的发生不仅取决于独立性的、非人为
因素的风险概率的影响，而且在很大程度上与个体的行为选择密切相关。
这种行为选择是不可预测的、不可监控的，其交互影响所导致的复杂性超
过了人们的想象。尽管可以借助自然科学与社会科学的思想、方法和技术
进行分析、解释与预测，但是，这也仅仅是在大数统计的、粗略的意义上
进行的，而对于个体与个体之间行为影响及其后果的充分解释是不可能
的。简言之，在这种情况下，我们不可能完全清楚每一个行为个体的理性
选择及其所负有的道德责任。从这个意义上讲，市场保险也逃脱不了上述
意义上的规范性指责。换言之，市场保险与社会保险一样，也存在着不可
避免的交叉补贴。实际发生的"补贴"或"资助"具有实质性道德含义，
不可避免地存在如下情况：负责任的人"补贴"或"资助"了不负责任的
人；自律的人"补贴"或"资助"了放纵的人；勤奋的人"补贴"或
"资助"了懒惰的人；小心谨慎的人"补贴"或"资助"了粗心大意的
人。这种性质的"资助"或"补贴"的确是不公平的，是不正当的。

（三）市场保险与社会保险的规范性区别

上述分析表明，市场保险也逃脱不了这种规范性指责："实际没有发
生风险者""补贴"或"资助"了"实际发生了风险者"。就此而言，市
场保险与社会保险还存在本质上的规范性区别吗？由此证明市场保险与社
会保险在性质上是一致的，或者说不过是"五十步笑百步"就大错而特错
了。二者之间的区别依然是不可模糊的，具有重要的道德分量。理由有如
下几点。

首先，原则上，市场保险与这种交叉补贴不相容，其利润最大化的原
则与交叉补贴的后果本质上是冲突的。在其他条件相同的情况下，每多发

生一起这类性质的交叉补贴，在边际上就降低了其利润，并削弱了其保险产品的吸引力与竞争力。基于风险评级核定保费原则是保证竞争效率与市场公平的基本原则。而要做到这一点，在保持其他条件不变的情况下，至少要使风险的性质尽可能地独立于个体的主观选择。上文已提及，风险发生的独立性或相对独立性的基本要求，既是对风险进行数理统计所内在要求的随机性的一个必要条件（确保随机性的另外一个内在条件就是上述所讲的风险的同质性或均匀性），也是为了排除人为运用保险机制进行投机收益所引发的道德风险的基本要求。然而，社会保险是非营利性的，其存在的理由就是要实现某种程度的再分配功能，因此，其不可能根据纯粹的风险评级来定价，本质上它不仅要求使低风险者"补贴"或"资助"高风险者，而且要求"实际没有发生风险者""补贴"或"资助""实际发生了风险者"。这样一来，根据不同的保险性质，社会保险仅仅根据社会人口统计学上的粗略类别变量征收不同的保费，甚至强制征收统一保险费，的确具有财富再分配的功能。只不过，这种再分配的性质，有的是正向的或累进性的，有的是逆向的或累退性的。激励机制可能与道德原则相一致，也可能不一致，具有很强的不确定性。这一切不可避免地产生与其再分配目的相背离的后果，腐蚀或贬损着社会保险自身的根基或价值。

其次，对于市场保险公司而言，在现实中，尽管风险的发生不可能独立于个体的实际选择，而且，由于信息可及性以及"理性所不及"（哈耶克）的限制，市场保险也无法排除影响效率与公平的交叉补贴问题，然而，市场保险机制在生存竞争与利润最大化的驱动下，有着充分的理由和内在动力进行风险管理，且把这种道德风险最小化。比如，市场保险公司往往有着很强的内在激励，可以结合自身的保险项目，对消费者未来的风险性行为，进行风险预防培训或生活方式指导，为自己的消费者免费提供有价值的相关咨询或信息。当然，社会保险也需要尽可能地排除各种不公平的交叉补贴问题以及尽力降低各种道德风险。相比之下，社会保险机制缺乏与这种激励相容的内在动力。进一步来说，如果社会保险尽可能地排除交叉补贴问题，提高政策的瞄准率、针对性以及有效性，那么它就需要对成员的收入与财产进行审查（依赖于另一个国家福利发挥的机制，即财产审查型福利或家计调查型福利），对多元化的需求进行甄别，然后建立一个尽可能准确的目标诊断分类系统（类似于美国医疗保险政策中的疾病诊断分类系统），据此征收累进性的保险费。并且，为了防范各种道德风险，社会保险还需要采取各种监督或预防措施。而这一切都需要较高的制度运行成本。

总之，认为市场保险与社会保险所具有的再分配是同一性质的，是错误的。尽管市场保险的再分配性质是不可避免的，但是它不是主观故意设计的，而是尽可能要避免的；社会保险的再分配性质，是主观故意设计的，是其被设计出来的基本目的或功能。另外，市场保险公司在激烈的竞争中，为了生存和实现利润最大化，其具有充分的动力去不停地改善、避免上述不合理的再分配，而社会保险则缺乏这种动力。

（四）社会保险与市场保险的优先性结构关系

至此，我们详细分析了社会保险与市场保险的本质区别，并考察了保险机制的再分配性质。据此我们可以得出如下基本结论：相比于市场保险而言，社会保险的正当性首先依赖于再分配的正当性，如果再分配本身是错误的，那么社会保险在道德上就不可能被证成。上述讨论让我们认识到，即便再分配是正当的，相比于市场保险而言，社会保险在效率与公平性上都不占上风。在同等条件下，市场保险优于社会保险，我们就应该优先选择市场保险机制作为再分配的手段。然而，即便如此，社会保险机制具有某种不可替代性。因为，第一，市场机制并不能确保任何我们需要的保险都能形成一个有效的市场。第二，并非人们所需要的任何保险都是可保风险，往往存在着不可保的风险。在前文中具体列举了可保风险的基本特点就可以充分说明这一点。第三，保险市场与任何市场一样，也会产生不经济或非效率问题。保险市场中的垄断、外部性、信息不对称问题也会存在，这些都会使市场保险的内在优势不起作用，从而丧失与社会保险的比较优势。因此，即便是仅仅作为一种国家福利功能的传递机制或手段，社会保险也具有独立性存在的价值。只不过，在消极的意义上，在同等情况下，在市场保险与社会保险之间，我们把优先权赋予市场保险，而社会保险机制发挥着剩余型、边际性功能，扮演着社会的安全网角色。而在积极的意义上，国家要尽可能地扮演使能者、促进者角色，尽可能地孵化、培育、促进相关保险市场的发育，一旦成熟，就尽量把其交给市场来运作，国家在此过程中也需要扮演监督者、评估者的角色。这种对于市场保险与社会保险之间关系的论述，正契合了德沃金的基本主张：当存在一个为原生运气可保的市场保险时，原生运气自动地转化为选项运气，人们应该根据自身的需要购买市场保险，当人们缺乏资金时，国家为其提供相应的资助。如果市场中不存在相应的保险市场，则国家需要建立社会保险机制。

第三节　小结与讨论

综上所述，如果我们把市场保险与社会保险仅仅视为一种福利传递机制，上述所阐明的二者之间的优先性关系就没有什么可指责的。这是否意味着与德沃金的虚拟保险市场论证出来的社会保险方案相冲突呢？答案是否定的，德沃金资源平等理论所支持的普遍性社会保险机制是要实现如下平等待人的规范目标：国家将从具有好的原生运气的人那里获得的资源再分配给那些具有坏的原生运气的人，因为没有人对于原生运气所带来的收益与损失具有道德上的应得资格。因此，其次优选择（如果不能做到最优）实际上就是需要"一项没有终止条款的、可以或必须提供培训和就业援助的、根据可信的就业努力声明对补助做出限制的福利方案，要比更为严厉的或更为宽松的方案更可取"①。而要实现这种规范性目标，仅仅在作为手段机制的意义上，社会保险机制与市场保险机制是需要综合运用的，根本不存在非此即彼的排他性选择。因此，在国家福利功能的传递机制上，上述对社会保险与市场保险之间优先性结构的探讨，正是德沃金在虚拟保险机制的思想实验中所应得出的基本结论。也仅仅是在这个意义上，德沃金支持普遍性的社会保险机制。社会保险机制，相对于市场保险而言，德沃金更偏向于后者的优先性地位，只是把社会保险视为一种边际剩余型的补充机制。通过上述对社会保险与市场保险规范性关系的揭示，可

---

① Ronald Dworkin. *Sovereign Virtue: the Theory and Practice of Equality*. Cambridge, MA: Harvard University Press, 2000: 339 – 340.

以充分说明这一点：在德沃金所要求的平等待人、严肃对待权利的局限条件下，市场保险相对于社会保险具有优先性地位。

德沃金对社会保险的立场，与其运气平等的思想相冲突：平等要求国家将从具有好的原生运气的人那里获得的资源再分配给那些具有坏的原生运气的人（这支持着普遍性社会保险机制），因为没有人对于原生运气所带来的收益与损失具有道德上的应得资格。然而，平等并不要求国家对于具有好的选项运气者进行强制性征税来补偿那些具有坏的选项运气的人。这就意味着，那些遭受坏的选项运气的人没有正当理由获得相应的补偿，这与其从虚拟保险市场论证中得出的普遍性社会保险机制相冲突，因为普遍性社会保险机制本质上要求对所有人不加区别地提供相应的风险补偿。①

在国家福利功能的范围或水平上，德沃金的论证对此是模糊不清的，并不能必然保证国家福利功能的有效可及性，其理论在"钝于禀赋"与"敏于选择"两个方面都存在难以克服的困难。自由至上主义者以及新古典自由主义者们依然可以反驳，基于原生运气的理由进行相应的差额补偿，是建立在这种原生运气所产生的实质性影响的判断上的。人们如何可能对于这样一种选择性与非选择性的责任划分进行一种公平的判断呢？事实上，人们可能根本没有这样的能力。由于存在着"判断的负担"（罗尔斯）与"认识所不及"（哈耶克）的认识论问题，对人们责任的判断与划分肯定纷争不已。那么，为什么不能说，对于某种事实状态而言（比如没有足够的钱购买保险），绝大部分是个人的选择问题或个人的责任问题呢？如果承认这种可能性，相应的遭受坏的原生运气的人就只能得到微薄的补偿。国家福利功能的有效可及性就遭到致命的打击。另外，尽管德沃金批评了罗尔斯的差别原则对抱负或选择不够敏感，但正如阿玛蒂亚·森所指

---

① 对于此，人们可能会反驳说，当坏的选项运气发生而带来不幸的结果时，那实际上就意味着一定发生了坏的原生运气了，可以基于此理由而享有普遍性社会保险所给予的补偿，这依然没有违反德沃金的补偿原则。实际上，这是一种狡辩或偷换概念，对于某一种选项运气而言，其必然有两种结果，好的与坏的。的确，当发生好的选项运气时，一定存在着某种程度的好的原生运气；当发生坏的选项运气时，也一定存在着某种程度的坏的原生运气。然而，这种原生运气并不是与这种选项运气相对应的原生运气，而是其他不相关的原生运气。所以，人们不可以基于与这种选项运气不对应的其他原生运气而要求补偿或再分配，否则，德沃金区分选项运气与原生运气就没有任何意义。

出的那样，人的抱负或面临的可行选项（或实质自由）在很大程度上是由环境决定的，从根本上讲也是偶然的和任意的，同残障在本质上没有什么区别。① 对于这样一种（根源上）环境决定论的观点，德沃金情何以堪？

在德沃金同时坚持的"钝于禀赋"与"敏于选择"的两个目标原则之间，也存在着内在的张力与冲突。在我们不能有效区分个人的经济地位中原生运气因素与选择性因素的影响程度时，我们越是倾向于选择"钝于禀赋"的政策，我们越不可避免地在边际上削弱"敏于选择"的程度，反之亦然。这是前文提到的阿瑟·奥肯揭示的平等与效率之间重大权衡的一种翻版。德沃金清醒地意识到，必须同时兼顾这两种目标。那么，在这两种目标选择上，更偏重于哪一个呢？德沃金的理论难以回答这一点。

对于坏的原生运气而言，遭受坏的原生运气的人，虽然有权利和正当理由通过国家要求相应的享有好的原生运气的人承担相应的义务和责任，然而，其正当理由是基于自我污名化的前提的，它承认了自然的差别是一种需要补偿的"低劣"。

最后，对于德沃金而言，保险是拍卖的补充，拍卖是为了建立初始的资源平等，保险是为了维持过程的资源平等。但维持过程中的资源平等也需要资源分配，源源不断的大量需要的资源从何而来？德沃金又求助于罗尔斯对天赋才能的探讨。② 这又离不开对效率的依赖。那么，这又回到了罗尔斯的差别原则对不平等的容忍。在这个意义上，德沃金的资源平等原则没有被视为对罗尔斯差别原则的一种实质性的提升。在其理论框架下，国家福利功能的必然性与有效性的规范性基础难以得到合理的解决。事实上，这是运气平等观念所共同面临的困境。要为国家福利功能的必然性与有效性提供一个自治的规范性基础，就必须超越运气平等主义的框架。这将在第七章得到充分的揭示。

① 姚大志：《何谓正义：当代西方政治哲学研究》，北京：人民出版社 2007 年版，第 131 页。
② Ronald Dworkin. *Sovereign Virtue: the Theory and Practice of Equality*. Cambridge, MA: Harvard University Press, 2000: 172–182.

第七章　民主平等、可行能力与
国家福利的未来

　　第六章阐明，在德沃金资源平等理论中，基于运气平等的道德应得观念，难以对有效可及的国家福利功能提供一个充分的说明。事实上，这是在运气平等观念试图为国家福利功能的必然性与有效性寻求自洽的规范性基础时，所共同面临的理论困境。运气平等的观念，就其理论的效力极限而言，最大程度上支持的是一种具有高度争议性的资本主义福利国家，且不能基于运气平等理由自身的规范力而免于自由至上主义者以及新古典自由主义者们的批判。因此，要为有效可及的国家福利功能寻求或阐明一个坚实的规范性基础，客观上就要求超越运气平等理论自身的诸多难题。这就被导入到与之相对的民主平等的观念中。

　　本书在第六章中深入考察罗尔斯国家福利思想时指出，罗尔斯曾反复强调其公平正义理论独立于自然天赋分配的道德应得观念（差别原则仅仅体现了这一运气平等观念），在某种程度上，这也正是因为运气平等观念自身具有的高度争议性和不确定性。本质上，罗尔斯支持的是民主平等的观念，要求超越资本主义福利国家。正是基于把社会设想为一个由自由而平等的公民终生参与的公平合作体系的规范性理念，也正是基于把自由而平等的要义共同阐释为公民终生参与公平合作体系所必需的基本能力范畴，民主平等的观念为有效可及的国家福利功能的正当性提供了一个自治的规范性基础。正如罗尔斯所言，公民之所以是自由而平等的，仅仅是在两种基本道德能力——善观念的能力与正义感的能力——的意义上或范畴内来讲的。① 尽管阿玛蒂亚·森与罗尔斯在正义理念上有着深刻的分歧②，但森在其比较主义正义理论中所阐发的可行能力视角（实质性自由或可行选择能力），与罗尔斯的两种基本道德能力观念并没有实质性的区别。基于罗尔斯与森，伊丽莎白·安德森在批判运气平等观念的基础上，详细阐发了民主平等的观念。民主平等观念下国家福利功能，要求确保自由而平等的公民终生参与社会公平合作体系所要求的诸多基本能力所必需的经济条件。国家福利功能的正当性被奠基在民主平等观念下，其必然性和有效可及性是由自由而平等的公民终生参与其中的社会合作体系的规范性理念所蕴含的，并且与效率机制相容，有效回应了新古典自由主义者对国家福利功能有效性的指控。社会投资型国家正是这一理念的现实典范，代表着国家福利功能的未来取向。

上述文字勾勒了本章的基本要点，本章的基本结构是，第一节概述运气平等的内在困境及其为国家福利功能的正当性所提供的规范力；第二节主要通过罗尔斯、安德森以及阿玛蒂亚·森的基本观点，阐述民主平等观念的内在要求及其国家福利功能正当性的意涵。最后，探讨一下民主平等观念下的国家福利功能的现实典范，社会投资型国家理论来源与基本主张。

第一节　运气平等观念：资本主义福利国家

运气平等的观念由罗尔斯凸显出来之后，极大地激发了思想家们对运

---

① 约翰·罗尔斯：《作为公平的正义：正义新论》，姚大志译，上海：上海三联书店2002年版，第17节"自由和平等的人的理念"，第31~40页。

② 阿玛蒂亚·森：《正义的理念》，王磊·李航译，北京：中国人民大学出版社2012年版。前文曾解释过，阿玛蒂亚·森批判罗尔斯公平正义理论是先验制度主义的，在实践方面存在难以克服的缺陷，试图发展一种比较主义基础上的正义理论。森出版的这本专著，被希拉里·普特南高度评价为"这是自约翰·罗尔斯的《正义论》问世以来，有关正义的最重要的著作"。笔者认为，普特南的这一高度评价是中肯的。森的正义理论在很大程度上弥补了罗尔斯等先验制度主义正义理论所留下的空白，其重要意义在于，比较主义正义理论直接面向我们的现实世界中存在着的重大不公平，为我们做出相对公正的判断提供可行的指导。然而，笔者认为，阿玛蒂亚·森基于区别罗尔斯而建构自身的正义理论立场，在一定程度上贬低了先验制度主义的应用价值（而非理论价值），夸大了二者之间的区别。上文也曾谈到过，与其说森的比较主义正义理论与罗尔斯公平正义理论是一种相对的竞争性关系，不如说二者是一种孪生关系，是相对而产生的。

气平等理论的探讨。德沃金、柯亨、阿内森、罗默尔、内格尔、拉科斯基以及帕里斯等人都认同这一道德应得观念，并将之作为自身平等理论的前提之一。运气平等主义俨然已成为占统治地位的平等主义理论。按照伊丽莎白·安德森的说法，"该理论依赖两个道德前提：人们应该因为不应得的不幸而得到补偿；这个补偿应该仅仅来自其他人从不应得的好运气中所得的那部分"[1]。换言之，运气平等主义主张，在道德上不应得非选择性的运气因素所带来的损益，因而，人们应该对于单纯由于运气因素所导致的损益进行再分配。然而，运气平等主义存在着诸多难题，这限制了运气平等主义为国家福利功能正当性提供辩护所具有的规范力。事实上，运气平等的观念支持着资本主义福利国家，资本主义福利国家的诸多难题都根源于运气平等的观念。下面逐一阐述。

一 运气平等中的知识可及性

运气平等依赖于辨识选择性因素与非选择性运气因素的影响，这是具有高度争议性的，存在着知识可及性难题，在认识论上无法有效解决。现实世界的复杂性与交互性，使得任何试图清晰地辨识出任何一种结果的各种影响因素的净效应，都非常困难。更重要的是，它只能获得概率基础上的统计性解释，而不可能有效识别个体行为结果的选择性与非选择性因素的影响程度。事实上，任何人都可以根据不同的具体情境进行宣称：个人的经济收入在很大程度上反映了自己的自由选择，是自身努力奋斗与意志品质的结果，而个人的经济困境在很大程度上反映的是自己的无能为力，备受各种非选择性的环境因素所影响。对于自身的处境，在测量与评价自由意志因素与自然、社会因素的影响上，谁能有把握一锤定音？任何宣称能够在所有个体层次上合理区分各种因素影响程度的科学研究，都是建立在大胆的、冒犯性的各种预设基础上的。现实世界是非常复杂的，多因多果，相互交织，因而人们的理性认识能力显得十分有限，正如罗尔斯所言及的"判断的负担"以及哈耶克所强调的"认识所不及"。因此，这使得人们的认识能力，在面对如此复杂的因果链条、尝试着进行分析式的隔离

---

① Elizabeth Anderson. "What is the Point of Equality?" *Ethics*, 1999, (2): 287-337.

与控制时，都不可避免地极具冒险性与高度争议性。

尽管我们能够清晰地辨识出，社会生活中明显的不公正或不平等，轻易识别某个人或某类人长期遭受并正在遭受重大的不公正对待及其显著而深远的影响——这正是森的可行能力观念的认识论基础——但是，我们无论如何都不可能对每一个个体各自行为结果的选择性与非选择性因素的因果模型搞清楚。这不仅根源于自然与人的交互性影响的复杂性，更重要的是人与人之间存在着复杂而深远的交互性影响。稍微想象一下，人是有自由意志且相互影响的，一部分人的选择与另一部分人的选择之间的交互作用，将会如何演化，就可以明白其中的复杂性。即便是人们能够在统计学意义上辨识出群体性的趋势来，但也绝无可能在个体层面上断言个体所处的事态或现状的因果模型。不夸张地说，即便是在统计学意义上，所建立起来的因果模型的解释力能够达到真实状态的三成就是极其了不起的成就。[①] 运气平等把自身所追求的平等待人理想，建立在如此不堪的认识论基础上，如何可能不产生高度的争议性？

运气平等为支持或拆分资本主义福利国家的双方都提供了充足的争论弹药，一方强调非选择性因素的重要性，另一方强调个人选择的责任，在理性的天平上，谁能公平地判断孰是孰非？事实上，正是由于人们根本对此无能为力，双方都不可能有充分的理由去攻克对方所赖以生存的根基，而只能把规范判断的权力付诸现实的力量——经济效率的压力与民主政治的斗争。如果人们对国家福利的争论建立在运气平等或责任分成的基础上，那么，国家福利的前途与命运依然系于现实权力的制衡与功利因素的权衡上。因此，任何试图把国家福利的前途与命运建立在理性基础上的尝试，都必须摆脱对于个人选择性与非选择性责任的划分难题，必须独立于运气平等的观念基础，而需要把其规范基础建立在知识可及性的认识论基础上。

二 运气平等中的交叉补贴

由于认识论上的困境，在不能有效识别个体行为后果的选择性因素与

[①] 对于这一点，笔者在长期讲授量化研究方法课程以及从事相关的数理统计分析过程中深有体会。

非选择性因素的净影响时，任何国家福利再分配方案都不可避免地导致交叉补贴。新古典自由主义者攻击社会保险存在着普遍性的、严重的交叉补贴难题：不仅存在穷人补贴中产，而且在穷人、中产与富人的内部也存在着不必要的相互补贴。这不仅仅是一个经验性的问题，本质上，所有基于运气平等的补偿理由而建立起来的社会保险制度，都必然存在着基于此理由对其进行指责的交叉补贴问题。这一点，本书在社会保险与市场保险的对比分析中，已做出清晰的揭示，此不赘述。这里，只需要指出，社会保险中的交叉补贴问题，仅仅是在基于运气平等补偿要求的规范性理由的框架下，才会产生新古典自由主义者对社会保险的这一指控。如果我们不把社会保险机制建立在运气平等补偿的理由上，而是建立在另一个独立性规范基础上，新古典自由主义者就难以基于此理由而对社会保险中的交叉补贴进行指责。这一点从新古典自由主义者对于市场保险的态度上就可以得到证明：市场保险也存在着客观的风险再分配问题，其之所以不受新古典自由主义者的道德指控，不是因为市场保险不存在客观的交叉补贴问题，而是市场保险存在的理由独立于运气平等的规范理由。我们需要给社会保险找到一个独立于运气平等的理由。

三　运气平等中的社会排斥

运气平等必然导致社会排斥，挽救的代价是家长制。伊丽莎白·安德森在其著名的论文《什么是平等的要义》中论证道：运气平等排除了一些公民享有自由的社会条件，并且是基于这个可疑的根据，即他们失去这种条件是因为他们自己的选择过错（坏的选项运气的结果）。[1] 运气平等主义认为有行为能力的成年合法公民需要对其自愿选择所产生的不平等结果负责——斯坎伦后来补充了信息充分的条件下且有可行性的替代性选项。运气平等主义者都非常重视德沃金所做出的选项运气与原生运气的经典区分，一种是个人对自己负有责任的结果，因为其是（在信息充分和可行选择）自愿选择的结果，另一种则独立于人们的选择或独立于他或她本来能够合理地预见的各种好的或坏的结果。对于那些自愿选择冒险的个体而

---

[1]　Elizabeth Anderson. "What is the Point of Equality?" *Ethics*, 1999, (2): 287 - 337.

言，在成为坏的选项运气的受害者时，运气平等主义并没有赋予其基于运气平等的理由而获得任何补偿的权利。对于这种不审慎者或风险偏好者的悲惨遭遇，运气平等主义束手无策，导致对其进行社会排斥。只有采取强制性的家长主义才能避免这种悲惨的结果。阿内森对此进行了论证：纯粹的运气平等应该考虑用家长主义干涉来进行大的修正，以挽救不审慎者，使他们免于其选择的最坏结果。① 显然，这样一种为家长制辩护的方式，是建立在对个体选择能力及其效力的不完善的预设之上的。把普遍性社会保险的理由建立在运气平等的基础上，实际上就等于承认有许多社会成员本身不具有自我决定的能力，是鲁莽而不值得信任的，为了避免他们由于自己的愚蠢与不审慎行为，国家需要对其采取强制性的保险要求，以避免其个人遭遇原生运气而破产。

四　运气平等中的污名化

运气平等蕴含污名化或耻辱化，并与人们的隐私权相冲突。坏的原生运气的受害者有资格要求获得补偿，这依赖于对其个人内在资质的缺陷识别。对于任何由于自然天赋的缺陷或劣势而需要获得相应补偿的个体而言，都需要依赖个人的内在特征识别，并判断影响的程度，这是造成耻辱化或污名化的内在根据。也就是说，运气平等补偿原则暗含着对一些人的生活价值、才能和人格品质进行比较性、贬损性的评价，把平等建立在免于嫉妒的情感基础上。无论是采取普遍性的社会保险机制，还是采取财产审查型福利机制，如果把理由建立在运气平等的基础上，那么即便是在技术上可以避免出现这种不尊重，也不能消除其内在的贬损性评价。资本主义福利国家中的经济审查型福利以及根据各种内在禀赋缺陷而提供的国家福利，都不可避免地存在着污名化或耻辱化烙印。另外，阿内森论证，任何试图区分个体应该为自己的收入负有多大责任的设想或行为都将为偏见或歧视创造空间，并且侵犯人们的隐私权。事实上，人们根本不可能决定性地确定个体责任的大小，一旦这样做，就必然会侵犯人们

---

① Richard Arneson, "Equality and Equal Opportunity for Welfare," *Philosophical Studies*, 1989, (56): 77 – 93.

的隐私权。[①]

总之，运气平等主义在认识或知识可及性上无法有效地识别个人的选择性因素与非选择性因素的影响；蕴含着错误的交叉补贴；必然导致社会排斥，使一部分社会成员（比如遭受坏的选项运气的个体）不能有效可及其实质性自由的条件；为坏的原生运气的受害者打上污名化或耻辱化的烙印，并不可避免地侵犯人们的隐私权。这些内在缺陷都与其平等待人的价值承诺相冲突。运气平等的观念所蕴含的内在缺陷大都被新古典自由主义者用来批判资本主义福利国家，企图削弱福利国家的必要性，降低福利水平。这并不奇怪，因为运气平等的观念一直为资本主义福利国家提供着权利角度上的规范理据。运气平等主义契合或支持着资本主义福利国家：它让财产私有制下的自由市场统辖着归于个人具有责任的选择性因素，让福利国家主导着超出个人控制因素的部分，使资本主义与福利国家相互支持，共同构成一个有着内在冲突而又相互依赖的社会形态。

第二节 民主平等的观念、可行能力与国家福利目标

要能够彰显平等待人的基本价值，并避免运气平等及其所支持的资本主义福利国家的内在缺陷，就需要把国家福利功能的目标定位成：确保所有公民终生都能有效可及（有效的且可及）他们实质性自由所必需的经济条件。这样一种直觉的观念直接来自避免运气平等的内在缺陷的要求。（1）为了避免知识可及性难题，它无须依赖对个体选择行为与非选择因素的影响做出判断，福利的供给不依赖于个人的内在特征。（2）为了避免运气平等以及资本主义国家所产生的对部分公民的社会排斥、污名化或耻辱化，它必须强调"所有公民终生"或"所有公民在所有时间"概念的重要性，强调包容性。（3）同时，为了避免福利供给水平难题（或什么的平等难题），它应该直接强调把国家福利功能的目标定位成，作为自由而平等

---

① Richard Arneson, "Equality and Equal Opportunity for Welfare," *Philosophical Studies*, 1989, (56): 77 – 93.

的公民基本功能发挥（或可行能力、实质性自由）所必需的经济条件，并确保有效可及性。（4）为了可持续性地生产出能够确保自由而平等的公民实质性自由所需要的物质条件，它必须与激励机制或与效率相容，这就要求国家聚焦于平等与效率相容的为数不多的宝贵领域：消除社会排斥，促进机会平等，强调人力资本投资或就业能力提升。而能够为这样一种国家福利目标提供规范性基础的理念，可以被称为民主平等的理念（借用伊丽莎白·安德森的术语）。这样一种观念始于罗尔斯，被伊丽莎白·安德森所阐发，契合于阿玛蒂亚·森的可行能力视角，而在社会福利思想中，则对应着"第三条道路"所倡导的"社会投资型国家"或"积极的福利"。

一　罗尔斯与安德森：民主平等的观念

安德森通过将民主平等的观念和运气平等的原则进行对比，具体阐释了民主平等的观念。其基本要点是：民主平等聚焦于社会结构中产生的各种不平等，从人与人之间的社会关系中审视平等问题；运气平等则纠缠于自然天赋等运气因素导致的不平等，以资源分配的角度审视平等问题。"它（民主平等的观念）诉求于一个民主国家中公民的义务来为确保这种保证所要求的分配作辩护。在这种国家中，公民根据他们相对他人的平等而不是低劣，对彼此提出要求。因为构建国家的公民的根本目标是确保每一个人的自由，所以分配的民主平等原则既不敢教人们如何使用他们的机遇，也不试图判断人们对导致不幸结果的选择如何负责。相反，它通过限制以集体方式所提供的善的范围，并且期待个人对他们占有的其他善承担个人责任，由此而避免鲁莽者的破产。"① 安德森所设想的这种民主平等的观念，其基本出发点是在自由而平等的公民公平合作体系下，试图直接表达出平等尊重所要求的分配原则，要求对所有自由而平等的公民在一生中都能够有效可及地获得实质性自由的各种条件。

显然，安德森所阐发的民主平等的观念，实际上表达的正是罗尔斯公平正义理论的基本理念：自由而平等的公民把社会视为一个终生参与的合作体系，而规导该社会合作体系的公平条款即罗尔斯的公平正义原则。其

---

① Elizabeth Anderson. "What is the Point of Equality?" *Ethics*, 1999, (2): 289 – 290.

预设了两个基本理念，人们被视为自由而平等的，这是因为人们被认为具有两种基本的道德人格能力：善观念的能力，即公民具有追求、发展以及修正自身善生活观念的基本能力；正义感的能力，即公民具有能够理解并践行公平正义原则的基本能力。除此之外，"人们还被终身视为正式的、完全的社会合作成员，然而他们有可能一次又一次地患有严重疾病或者遭受严重事故"① 等，并由此暂时或终身丧失成为社会合作成员的基本能力。为此，作为自由而平等的公民合作体系的社会（或国家）必须提供发展与维持公民两种基本道德能力的社会条件（包括经济条件），而这种要求正是基于自由而平等的公民之间的权利义务关系，或"我们彼此间负有的义务"。因此，安德森所预设的民主平等理念与罗尔斯关于个体与社会的基本理念是基本一致的。从这种自由而平等的公民合作理念出发，民主平等的观念，要求对所有自由而平等的公民在一生中都能够有效可及地获得实质性自由的社会条件，这需要确定公民终生参与公平合作体系所有效可及的基本善。② 罗尔斯在回应肯尼斯·阿罗和阿玛蒂亚·森对其正义论中首要善（或基本善）指标的灵活性或适用性的质疑时，也指出，"我已经自始至终假定并将继续假定：就算公民并不具有平等的能力，他们也具有——至少是在根本性的最低程度上——使他们能够终身成为充分参与合作的社会成员所需要的道德能力、智力能力和体力能力"③。因此，与公平正义原则相称的公民最低程度的基本能力——两种基本道德能力、智力能力以及身心健康自主的能力——必须被发展，而维持和发展公民基本能力所需的各种条件也必须得到满足：维持收入或生存的需求、接受必要的教育以及获得基本的医疗健康保障。另外，维持和发展公民基本能力，满足公民基本需求，不仅是公平正义原则的前提条件，也是公平正义原则的内在要求。公平的机会平等原则要求国家必须确保基本的公平教育机会。诺曼·丹尼尔斯从公平的机会平等原则中，还推论出公民应享有基本的医疗

---

① 约翰·罗尔斯：《作为公平的正义：正义新论》，姚大志译，上海：上海三联书店 2002 年版，第 281 页。
② Elizabeth Anderson. "What is the Point of Equality?" *Ethics*, 1999, (2): 307 – 308.
③ 约翰·罗尔斯：《政治自由主义》，万俊人译，南京：译林出版社 2011 年版，第 168 ~ 173 页。

保障服务——要求建立普遍性、综合性的国民医疗保险制度——以使公民能够恢复或发挥正常的功能。[①] 罗尔斯认可丹尼尔斯的推论，认为，"全体公民的医疗保健"是公平正义的"基本结构的前提条件"，为"五种稳定性的制度指标"之一。[②] 显然，我们可以看出，安德森提出的民主平等观念并没有超出罗尔斯的公平正义理论范畴，其对罗尔斯公平正义理论中的民主平等理念不过是进行了专门的阐发，尤其是相对于运气平等的观念而言。

综上，无论是罗尔斯，还是安德森，在对民主平等的观念进行阐述时，都强调了自由而平等的公民在其终生参与的社会合作体系（自由联合体或共同体）中，必须满足能够终生参与社会合作的基本能力或确保其实质性自由的社会条件（经济条件）。他们也都要求，确保这种基本能力或自由的社会经济条件的理由是基于公民之间的权利义务，而非运气平等理由，更非其他仁慈、同情或功利性的理由。他们对于基本的社会经济条件的要求，都具有一定的必要限度，对于罗尔斯而言，它是由差别原则所规导的，并且能够保证基本能力的培养、发展与维持。而安德森用了自由的社会条件，并且强调要限制在保证基本功能得到发挥的范围内，这基本上也在罗尔斯差别原则所调解的范畴内。对于包容性而言，安德森认为，"社会作为合作体系的观念提供了一个安全网，通过它，即使是不审慎者也永远不会被迫落入安全网之下"[③]，罗尔斯同样强调，一旦任何人的基本需要没有得到满足，那么差别原则就被显著地违反了。在对待自由市场的不平等性质时，安德森强调，民主平等的观念质疑这种观念：才能较低者在由自由市场判断时，其劳动相对于天赋高者具有较低的价值，因而是一种劣势，即低劣的天赋与在资本主义经济中观察到的收入不平等有很大的

① Norman Daniels. *Just Health Care.* New York：Cambridge University Press，1985，ch. 1 – 3. Norman Daniels，Donald W. Light，and Ronald L. Caplan. *Benchmarks of Fairness for Health Care Reform.* New York：Oxford University Press，1997：19 – 22. Norman Daniels，and James E. Sabin. *Setting Limits Fairly：Can We Learn to Share Medical Resources?* New York：Oxford University Press，2002：30 – 34.

② 约翰·罗尔斯：《政治自由主义》，万俊人译，南京：译林出版社 2011 年版，"导论"部分，第 41 ~ 43 页。

③ Elizabeth Anderson. "What is the Point of Equality?" *Ethics*，1999，(2)：312.

关系。其主张，财富或资产等生产资料的不平等占有是导致贫富分化的重要因素。这与罗尔斯公平正义理论的内在要求完全一致。罗尔斯的公平正义理论要求对财富或资产进行广泛的再分配，使之尽可能地分散。二者所不同的是，罗尔斯对民主平等的观念所要求的社会条件平等，受到差别原则的规导或限制，这是一种优先主义观念，而安德森试图确保所有人在所有时间中有效可及的自由的社会条件，这个范畴比较模糊，安德森试图通过阿玛蒂亚·森的可行能力视角来加以具体阐明。安德森的民主平等与差别原则有所区别，其并不给予最不利者以绝对优先性，避免出现为了最低水平者得到微不足道的利益而导致巨大损失的可能性。安德森的民主平等只要求一种较低要求的互惠形式。"一旦所有公民都享有一种过得去的自由集，具有足够的作为社会平等者发挥的功能，那么超过这点的收入不平等自身看起来并不是如此的困扰人。可接受的收入不平等的程度将部分取决于它将收入不平等转化为地位不平等（自尊的社会基础，对于选举的影响等）的难易。"① 实际上，在对待市场的规范上，安德森与罗尔斯并没有太多区别，其对自由市场的转化能力与其道德地位的关系的描述与罗尔斯的差别原则对自由市场带来的不平等的规导异曲同工。另外，民主平等所要确保的所有人在所有时间都能有效可及他们的自由的社会条件，这一目标，完全契合了阿玛蒂亚·森的可行能力视角。阿玛蒂亚·森建立在功能发挥基础上的可行能力视角也为民主平等观念提供了重要的理论基础。

二 森的可行能力视角

安德森追随森，认为，可以把民主平等的目标"理解成为每一个人获得根据可行能力看待自由的社会条件"②。森的可行能力视角或方法（ca-pabilities）建立在个体的功能发挥（functioning）基础上，一个人的可行能力由他能够获得的功能集合所组成。可行能力也往往被称为实质性自由、可行选项集等，其要点有如下几个。

第一，可行能力视角被称为实质自由，是相对于基于效用、资源等方

---

① Elizabeth Anderson. "What is the Point of Equality?" *Ethics*, 1999, (2): 313 – 314.
② Elizabeth Anderson. "What is the Point of Equality?" *Ethics*, 1999, (2): 309.

式评价个人优势而言的。可行能力着眼于人们的实际生活，正式提出了超越对于生活手段的关注，而转向实际的生活机会的视角。[①]

第二，可行能力视角聚焦的是一个人有效可及的选项或功能集合，而不是一个人事实上最后做了什么，它强调的是自由的机会。可行能力的概念是从功能中衍生出来的，它包括关于一个人能够选择的功能组合的所有信息（所有可能的能够被选择的功能组合）。实际选择的功能组合虽然只是所有可行功能组合中的一个。森在这里尤其强调实质性自由的机会、过程以及人们所珍视的选择的评价理由。[②]

第三，可行能力视角专注于消除世界上不可容忍的严重不平等、明显的剥夺与可辨识的非正义，而不追求先验抽象的完备性正义理念，避免了知识所不及的认识论难题。它关注实际的生活与现实，而不是仅仅停留在抽象的制度与规则上，强调如何减少重大的不公正，而不是局限于寻找绝对的公正，其方法论基础是现实比较主义的，而非先验制度主义的。在这方面，森避免了上文所论述的运气平等理论、罗尔斯公平正义理论等在认识论上的困境。很显然，现实生活存在着的残障问题、剥夺问题以及严重的贫富分化问题，是如此明显，以至于我们根本不需要借助于完备性的正义理论——在森看来，先验制度主义不仅是不可能完备的，对于辨识重大的不公正也是不必要的——在现实中存在着如此明显的不公正议题，人们非常容易在理性的基础上达成共识。正如森一再强调的那样，由可行能力被剥夺而引起的贫困、残障问题常常被忽视，防止和缓解残障必然应在推进公正的事业中占据中心地位。

第四，与第三点密切联系的是，可行能力视角并不刻意追求可行能力的平等，任何平等的追求，都面临着森所揭示的平等物的测量难题。可行能力视角注重不可比较的多样性价值的重要性，因此，不追求虚妄的完备排序，其与部分排序和必要的有限一致的思想完全契合。

可行能力视角突出了人们的实质自由，专注于现实中明显的重大剥夺

---

① 阿玛蒂亚·森：《正义的理念》，王磊、李航译，北京：中国人民大学出版社 2012 年版，第 218 页。
② 阿玛蒂亚·森：《正义的理念》，王磊、李航译，北京：中国人民大学出版社 2012 年版，第 212 页。

与不平等，强调人们在实际生活中获得有效可及的可行选项。不过，正如森自己所指出的那样，可行能力并不是完备的，其只是强调了自由的实质性机会，而忽视了选择的过程；另外，可行能力或可行选项存在着不平衡和模糊性。更大的问题可能在于，可行能力视角所能识别的重大不平等，其他视角也都能轻易地识别，比如对于罗尔斯的公平正义理论而言，只要人们的基本需求不能得到满足，差别原则就必然被侵犯了。森一再强调可行能力视角与罗尔斯基本品平等分配的差别，但笔者需要强调的是，其与上文所陈述的罗尔斯的两种基本能力的差别并不具有显著性。罗尔斯所强调的确保人们的基本能力的最低限度与最低保障概念，森的可行能力视角也没有超越，至少是殊途同归。尽管如此，森的可行能力视角的确具有较强的现实性，其对功能发挥的实质性自由的强调，为民主平等的观念提供了方法上的借鉴。正如安德森所指出的，"民主平等的目标在于广泛范围的可行能力的平等，但它并不支持在可行空间中的完备性平等……在确保公民具有的那些可行能力上，可让我们把焦点放在对作为一个自由而平等的公民行使功能而言必要的那些可行能力上"[1]。这样，为了能够作为一个平等的公民发挥正常功能，这不仅涉及有效地运用特定的政治权利的能力，也涉及参与更宽泛的市民社会的各种活动的能力，当然也包括参与经济活动的能力。民主平等要求保证对人们终其一生都可作为平等者而言是充分的可行能力集合的有效可及性。正是在作为一个自由而平等的公民终生参与其中的社会合作体系中，在所必需的可行能力（森、安德森）、必要的社会条件（安德森）或罗尔斯意义上的基本能力的最低限度（两种基本能力及其理性推理能力）上，森、安德森、罗尔斯并没有什么实质性的差别，他们共同强调了基本能力的核心地位。因此，国家福利合理目标就应被合理地确定在确保所有公民在所有时间都能有效可及他们实质性自由（可行能力）所必需的经济条件上。这样做，除了上述的诸多理由外，还由于它顺便解决了一个任何正义理论以及任何国家福利思想都不可避免的难题：可行能力或基本能力的培养、发展和维持与效率相容。国家福利目标定位于此，把自由至上主义者以及新古典自由主义者们对福利国家的效

---

① Elizabeth Anderson. "What is the Point of Equality?" *Ethics*, 1999, (2): 309.

率指责化解于无形。在全球化以及知识经济时代，各种风险激增，聚焦于可行能力或基本能力，培养具有风险承担能力的负责任的公民，不仅仅是平等待人的内在要求，更是经济效率的核心要求。因此，国家福利的未来就体现在整合民主平等理念与效率，聚焦于人力资本投资上。把国家福利的目标定位于此，我们有效回避了各种平等理论所遇到的诸多难题，并从根本上与各种平等理论相容。它在非常准确的有限空间内（专注于实质性机会、可行能力），统一了阿瑟·奥肯所揭示的平等与效率之间的权衡关系，有效地回应了新古典自由主义者对于国家福利效率的指责，也有效地回应了自由至上主义者对于自我所有权的指责（毕竟，国家福利目标正是促进个人的实质性自我决定能力）。第三条道路所倡导的社会投资型国家（social investment state），正体现了这一要义。下面，对这一典范进行剖析，以结束本书。

第三节　国家福利的未来：社会投资型国家

要成为正当的国家福利功能发挥的典范，社会投资型国家不仅要确保所有人终生有效可及其实质性自由所需要的经济条件，且必须相容于效率机制，以确保其福利目标的有效性或可持续性。社会投资型国家，强调国家福利的税收再分配项目，要投入到既具有社会公共目标（平等）又能促进长期经济竞争力的福利项目上，并优先使用市场机制配置国家福利资源。实际上，它强调要把资源投入那些平等与效率不会产生显著冲突的领域，并优先采取自由市场的机制来运作，这是对新古典自由主义者提出的效率异议的回应。

一　社会投资型国家的兴起

社会投资型国家并不是一个完整的、统一的思想体系，还没有一个清晰的界定，其主要是由 20 世纪 90 年代以来逐渐兴起的多种社会福利思想和实践派别所逐渐形成的一种共识取向：为有效应对激烈的全球化知识经济竞争以及社会结构变迁所带来的新挑战，并有效回应新古典自由主义者对于国家福利再分配机制所导致的效率漏洞与福利依赖的批评，人们需要对国家在社会福利领域中的功能和角色进行重新审视。李斯特（Lister）指出，1994 年，英国社会正义委员会（Commission on Social Justice）在所发布的《社会正义：国民复兴战略》中首次提出了这一概念。社会投资型国家理念被认为是对新古典自由主义福利理念的一种挑战。该报告强调，"通过投资于机会以及机会的再分配而不是收入的再分配，重点在于社会正义名下的经济机会，而不仅仅是经济繁荣和获得安全保障"①。李斯特把社会投资模式与杰索普（Jessop）著名的后福特主义的"熊彼特主义工作福利国家"相联系，后者也强调，"再分配福利权利"让位于"社会政策的生产主义重组"。②吉登斯（1998）认为，"为了取代'福利国家'这个概念，我们应当提出'社会投资国家'（social investment state）这个概念，这一概念适用于一个推行积极福利政策的社会"③。

社会投资型模式首先是为了积极应对快速变化的经济和社会新挑战、新风险所提出来的。全球化知识经济改变了传统福特主义的经济组织方式，经济生产要素组织特点由传统的劳动密集型、资本密集型、稳定性、大规模标准化组织方式，向知识技能为本、学习创新型、流动性、多元化、灵活性、网络化、人性化等组织方式转变。在边际重要性上，经济效率的核心竞争力越来越取决于具有高度适应性能力、学习创新精神、受过良好教育的知识技能型的劳动力。另外，社会结构发生了重大变化，老龄化趋势日益加剧，家庭结构日益小型化与多样化，工作模式的流动性加大，文化多元性社会日趋明显。在这种新时代经济和社会背景下，战后福利国家模式以及新右派对国家福利的攻击，都显得抓不住时代变化的要点，无视经济和社会结构发生了巨大变化的基本事实，无法有效应对上述

---

① Ruth Lister．"Investing in the Citizen-workers of the Future：Transformations in Citizenship and the State under New Labour，" *Social Policy and Administration*，2003，37（5）：429.

② Ruth Lister．"Investing in the Citizen-workers of the Future：Transformations in Citizenship and the State under New Labour，" *Social Policy and Administration*，2003，37（5）：430.

③ 安东尼·吉登斯：《第三条道路：社会民主主义的复兴》，郑戈译，北京：北京大学出版社 2000 年版，第 122 页。

新情况和新风险。因此，国家福利功能必须回应时代提出的新要求。为有效回应时代提出的新要求，国家福利功能的目标被定位成，致力于塑造具有高度适应性的、技能性的以及受过良好教育的劳动力队伍，鼓励福利的享受者积极参与劳动力市场，并使人们具备面对新风险的条件和能力。

除了上述时代变迁提出的内在要求，社会投资型国家理念有着不同的理论和政策实践来源。安东尼·吉登斯的第三条道路理念、詹姆斯·梅志里（James Midgley）倡导的发展型社会政策理念、迈克尔·谢若登所注重的资产建设理论以及艾斯平·安德森对福利国家体制中生产主义因素的揭示，都为社会投资型国家理论提供了理论和实践支持。其中，最重要的是安东尼·吉登斯的第三条道路理念，它为社会投资型国家提供了较为完整的理论和实践框架。

对吉登斯来说，社会投资型国家是与"第三条道路"联系在一起的。"第三条道路是指超越左与右，在新古典自由主义（neo-liberalism）和战后福利国家（post-war welfare state）之间。对他而言，社会投资是一种形成企业型国家（make entrepreneur of the state）这种未来取向的标准典范式的途径"①。政府应当在人力资本和基础设施上重点投资，创造出一个良好的企业生存和发展环境。第三条道路的经济理论基础是新型的混合型经济，这区别于老式的混合经济所体现的市场受制于政府的特点。战后福利国家的危机不仅仅是财务危机和运行机制的危机，根本的是风险管理危机，传统的社会民主主义主要强调收入安全与资源再分配，而忽视了生产效率与经济竞争力。下面从第三条道路的实质性超越视角加以分析，并剖析这种创造性思想是否有效地超越了新古典自由主义的核心主张。

二 第三条道路与社会投资型国家

社会投资型国家的基本理论基础之一是第三条道路思想，它试图超越左与右，发展出一种积极的福利观。尽管第三条道路所倡导的积极福利思

---

① Daniel Perkins, Lucy Nelms, and Paul Smyth. 2004. "Beyond Neo-Liberalism: the Social Investment State?" *Social Policy Working Paper*, 2004, （3）, Http://www. bsl. org. au/pdfs/beyond-neoliberalism_social_investment_state. pdf.

想，为社会投资型国家提供了重要的思想来源，然而，二者还是有显著区别的。第三条道路内涵与外延都大于社会投资型国家理念，它不仅关注经济再分配的效率议题，不局限于社会福利范畴，其重点还在于政治上、社会上的更大抱负。另外，社会投资型国家还有其他的理论来源。这里简要介绍一下其主要的思想来源，即第三条道路思想。

第三条道路思想不是简单地继承传统社会民主主义对于平等价值的强调，而是在全球化、知识经济激烈竞争以及急剧变迁的社会结构背景下，重新对平等的含义进行诠释，赋予平等以新的内涵。其把平等的内涵定义为"包容性"，相应的不平等则被界定为"社会排斥"。包容性首先意味着人们具有平等的公民资格（权利），其次意味着机会平等与公平的公共空间参与。在现代社会，参与劳动力市场不仅对于维持人们的基本生活水平至关重要，而且对维护人们的自尊、满足人们的社会交往、实现自我、为社会创造价值在内的整体性生活都具有重要的内在价值，因此，有能力参与劳动力市场，获得工作的可能性就是机会平等的重要内涵。然而，参与劳动力市场（或进行劳动）不能仅仅理解为狭义的工作，吉登斯强调的包容性概念，超越了单一的劳动伦理或工作伦理，一个受到单一劳动伦理或工作伦理支配的社会是毫无吸引力的。这不仅仅是因为，许多残障人士终生都不可能参加劳动，太多的人在人生的某个阶段可能会暂时脱离劳动或暂时找不到合适的工作，更重要的是，"一个包容的社会必须为那些不能工作的人提供基本的生活所需，同时还必须为人们提供多样性的生活目标"[1]。另一个关于机会平等的内容是教育，教育是实现公平的机会平等的核心机制。第三条道路把优先权赋予教育，教育投资是国家和社会投资的核心内容，它是机会再分配的一个基本要求。当然，教育投资必须保证公平，否则它很有可能成为经济不平等的倍增器。在这两个机会平等的内容上，第三条道路通过拓展对平等的理解而超越地继承了传统社会民主主义的平等价值。

同时，从对不平等的诠释或重新理解中，第三条道路也完成了对传统

---

[1] 安东尼·吉登斯：《第三条道路：社会民主主义的复兴》，郑戈译，北京：北京大学出版社2000年版，第114页。

社会民主主义的不平等理念的超越。第三条道路把传统社会民主主义所强调的收入与财富基础上的阶级不平等，拓展为排斥性，这不是一个社会等级的区隔的概念，而是指使某些人排除在社会主流之外。经济不平等与社会排斥机制密切相关，构成了后者的重要基础和主要后果之一，当然，社会排斥问题不仅仅是一个经济问题。社会排斥不仅表现在贫困群体的非自愿性排斥，还存在着富裕群体的自愿性排斥，尽管这两种排斥存在诸多相反的特征，然而，其本质是完全一样的：负责任的公民精神的缺失或逃避公民责任。① 尽管资本主义福利国家能够满足人们体面的基本需求，但由于公平正义的缺乏，社会很多成员从公共生活退缩到自己的私人生活领域，不再进行公共参与，日益形成一个冷漠疏离群体。

当然，正如上文阿瑟·奥肯所指出的那样，在基本的权利（资格）平等与机会平等方面，促进平等或消除这两个方面的不平等就是促进效率本身，因为基本的权利不平等以及机会不平等构成了经济效率（生产力）最根本的障碍因素，这也就是马克思笔下的资产阶级革命的历史进步意义之所在。在这两个方面，效率与平等是完全一致的。然而，我们一旦把平等拓展到收入与财富（资源）平等的维度上，结果平等就与经济效率发生了冲突，阿瑟·奥肯的税收再分配漏桶实验已经详细地探讨了二者之间的内在冲突，尽管不同的人对这种漏出量或效率损失的估计、重要性评价以及所能容忍的程度大异其趣。建立在传统社会民主主义基础上的战后福利国家体制，被新古典自由主义者认为存在着不可忍受的效率损失。而且，正如弗里德曼所言，只注重再分配而忽视财富创造的战后福利国家体制是不可持续的。② 更重要的是，制度性的国家福利必然产生福利依赖，尽管我们对福利依赖的严重程度及其价值重要性的判断依然是仁者见仁、智者见智，历来纷争不休。这与奥肯的再分配漏洞的泄漏量的评价是一样的。吉登斯认为，与其说慷慨的国家福利导致了福利依赖，不如换一种思维来看，国家福利中的福利依赖问题类似于市场保险中的道德风险（moral haz-

---

① 安东尼·吉登斯：《第三条道路：社会民主主义的复兴》，郑戈译，北京：北京大学出版社 2000 年版，第 110 页。

② Milton Friedman and Rose Friedman. *Free to Choose*: *a Personal Statement*. New York and London: Harcourt Brace Jovanovich, 1980: 104.

ard）。① 换言之，借助市场保险领域中所用到的"道德风险"一词来描述社会保险中存在的福利依赖问题比较客观而公正。这样一来，正如在市场保险中存在道德风险一样，在国家所强制执行的社会保险领域，也存在道德风险问题，而不是充满贬损与歧视意义上的福利依赖问题，即人们理性地利用了国家福利为其提供的机会。吉登斯在这里的意思很明白，仅仅就所谓的"福利依赖"而言，市场保险在道义上并不比社会保险更优越，因为市场保险中依然存在无法避免的道德风险问题，而在很大程度上，道德风险是理性人的理性行为。如果说市场保险中的道德风险是不正当的，是应该受到谴责的，那么，国家福利中的福利依赖问题也是道德风险问题，也是不正当的，也应该受到道德谴责。新古典自由主义者不能只看到社会保险头上的"疮疤"，而无视自身所尊崇的市场保险的头上晃动着同样的"疮疤"。因此，我们就不能（仅仅）在此意义上，简单地来衡量或比较二者孰优孰劣。这就极大地削弱了新古典自由主义者对于社会保险中的"福利依赖"问题的指责，因为其所能提供的市场保险这个所谓的完美的替代性方案依然存在着同样的"疮疤"。然而，新古典自由主义者依然还有其他充分的理由来攻击社会保险所存在的问题，比如，其中一个重要的问题就是效率问题，市场保险的确存在着道德风险问题，然而市场保险有充足的动力或激励机制来降低这种道德风险的程度，而社会保险则缺乏克服道德风险（如果不用"福利依赖"一词的话）的内在动力。因此，即便是用"道德风险"取代"福利依赖"，新古典自由主义者所批评的效率问题依然存在，并不会因为这种术语的转换而发生变化——尽管这种术语的转换的确有其重要价值。新古典自由主义者对于建立在传统社会民主主义基础上的福利国家的效率批判是不容回避的。第三条道路福利思想严肃而认真地对待了新古典自由主义者对福利国家的批判，并诚恳地接受了新古典自由

---

① 吉登斯认为，"道德风险这个概念在对私人保险中的风险问题的讨论中得到广泛的运用。当人们凭借保险的保障来改变自己的行为，从而重新界定其为之投保的风险时，道德风险就产生了。与其说是某种形式的福利供给创造了依赖性的文化氛围，倒不如说是人们理性地利用了福利制度为他们提供的机会。比如，本来是用来解决失业问题的福利救济，如果它们被人们利用、使之成为逃避劳动力市场的避风港的话，就会在事实上制造出失业"（参见安东尼·吉登斯《第三条道路：社会民主主义的复兴》，郑戈译，北京：北京大学出版社2000年版，第119页）。

主义者对于福利国家批判中其所认为的"合理"因素。在第三条道路思想所承认的新古典自由主义者对于福利国家合理批判的要素中，其中强调最多的是福利国家的效率问题，它不仅包括福利国家对于经济效率的损害，而且包括国家在传递福利机制时的无效率问题。前者属于第一层次的效率损害或冲突，也就是从阿瑟·奥肯关于"平等与效率重大权衡"的意义或层次来讲的。这一层次属于我们根据何种目标来抉择平等与效率孰轻孰重的问题。后者属于第二个层次，在第一个层次确定后的内部意义上，即从福利传递机制意义来衡量直接通过国家来输送福利资源时的无效率问题。第三条道路从这两个嵌套的结构层次上，致力于处理国家福利与效率的兼容问题。对于第一个层次而言，效率与平等在基本的自由权利（权利的再分配）与机会（可能性）再分配领域是基本一致的，至少二者在这两个领域并不必然存在着冲突。从理论和实践上，促进基本自由权利的平等与提升公平的机会平等，是经济效率的内在要求。而在经济（收入与财富）的再分配领域，也正如奥肯所揭示的，二者存在着内在冲突，面临着重大权衡。但也正如奥肯所强调的，在基本的自由权利平等与机会平等方面，效率与平等是完全一致的。这种一致性关系给协调效率与平等提供了重要的启发和可能性。我们只需要把经济再分配用来促进这种一致性关系，就可以为结果意义上的经济再分配提供证成性理由。换言之，经济再分配的正当性或必要性就根植于基本自由权利平等和机会平等的内在要求。本章我们仅仅是从效率这个维度来看，经济再分配如果被用来保障和促进基本自由权利平等和机会平等，新古典自由主义者所强调的效率指责难题也就迎刃而解了。当然，现在已很清楚，经济再分配的目的，以及经济再分配方式，具有不同的效率影响。也就是说，在经济再分配领域，我们应该基于何种规范性原则或目标来指导我们进行权衡抉择？这是一个关键性的问题。第三条道路思想显然试图区分经济再分配本身与经济再分配的使用方式两者之间的本质区别。对于再分配本身而言，尽管经济的再分配是必不可少的，是重要的、基础性的，然而，它对于效率的影响取决于其自身的具体目标和方式。第三条道路真正热衷于经济再分配的使用领域或使用方式，强调在与效率相一致的领域或福利项目中开展行动，采取有效率的方式提供或传递福利资源。第三条道路思想，强调把战后福利国家的税收再分配目标尽可能地调整到促进人力资本领域，其基本原则是：在可能的情况下尽量在人力资本上投资，最好不要直接提供经济资助。第三条道路改变了传统福利国家仅仅把风险视为消极因素，因而需要加以减少或尽力避免的看法，主张应该在此基础上更进一步，要用积极的眼光看待风险。如果风险不可避免，预防风险最好的办法就是使个体直接面对风险，在与风险打交道中获得免疫力与风险应对的能力。也就是说，第三条道路要求我们不能只从消极的方面来看待风险的性质，还要用优势视角来发现风险中蕴藏着的积极活力，通过利用风险机制为风险承担者提供必要的资源支持，致力于培养积极的风险责任担当者，使每一个劳动者像企业家一样具有积极的风险担当责任和基本能力。这也是第三条道路倡导"积极福利"的基本原因。另外，第三条道路所倡导的积极的福利开支将不再完全由国家承担单一责任，而是强调通过国家、市场企业以及非营利机构等平等合作伙伴关系一起来提供，以尽量避免官僚化等效率损失。从全球化及知识经济竞争的内核上，这些主张都与新古典自由主义所强调的效率原则相一致。

所不同的是，新古典自由主义者并不重视国家在塑造有能力的风险责任者上应该发挥重要的作用或功能，只强调个体应该在市场竞争中得到锻炼，只有在市场中遭受到失败之后，国家福利才给予必要的救济，发挥一种安全网的边际性剩余功能。然而，没有任何支持的个体在急剧变迁的全球化、知识经济竞争以及社会结构的急剧变化面前，将无所适从，往往在还没有习得基本能力之前，很可能就会溺水而亡。国家不能仅仅从终极结果的角度来发挥一种边际性、剩余型的安全网功能，而需要从包括可行选项与整个过程的全面结果（阿玛蒂亚·森）角度为个体直面风险提供重要支持和必要保障。因此，第三条道路强调了国家在风险预防以及塑造有担当能力的风险责任者方面所具有的基本功能：国家需要把大部分税收再分配资源从直接提供经济保障和满足基本需求，转移到劳动市场参与（就业）、教育与培训等提升人力资本领域中来，以增强个体的风险应对能力。

第三条道路区别于（超越于）新古典自由主义的另一个要点是，对于机会平等的理解存在实质性差异。新古典自由主义所强调的机会平等是形式意义上的机会平等，并不是罗尔斯意义上的公平的机会平等。用罗尔斯的话说，形式上的机会平等是指"前途向有才能的人开放"，而不是指"前途向所有人开放"。前者塑造一个精英统治的社会，后者孕育一个自由而平等的公民（民主）社会。前者之所以被称为是形式上的，是因为它没有反映出每个人在面对机会时由于各种重要的任意偶然性因素的不公平影响——社会偶然性因素（出身、阶层）、自然偶然性因素（天赋才能）以及各种人生运气的偶然性因素（幸运与不幸运）。而公平的机会平等则让机会平等反映出这些任意偶然性因素所产生的实质性影响（在道德上是没有分量的），因此，需要国家采取措施使教育资源尽可能地得到平等分配，使所有孩童都能接受大体水平一致的教育；需要国家采取措施对有儿童的贫困家庭提供营养和教育津贴资助，以使出生在贫困家庭的儿童的天赋才能得到正常的发育与使用；等等。罗尔斯式的公平的机会平等是非常严格的，要求实现"具有类似天赋或动机的人大体上有着类似的人生期望前景"，这一要求远远超越了机会平等理念，涉及实现较大程度的经济再分配与变革不合理的社会结构。公平的机会平等的理想状态是不可能实现的（比如，只要存在着家庭，公平的机会平等完全实现就是不可能的），然而，它要求我们在对人们的两种基本道德能力的充分发育与全面使用上，为所有个体提供平等的机会，努力实现"具有类似天赋和动机的人大体上有着类似的人生前景"。第三条道路对于机会平等的理解完全契合了罗尔斯的公平的机会平等原则，它要求对于收入和财富进行大规模的再分配，它反对由形式的机会平等所必然导致的一个分化的、不稳定的精英统治社会。在上述两个基本方面，第三条道路思想远远超越了新古典自由主义的基本主张。

基于上述分析，我们发现，第三条道路思想所倡导的基本理念的确超越了传统社会民主主义以及新古典自由主义，它不是二者各自优点的简单组合，而是真确地要应对全球化、知识经济竞争以及急剧变迁的社会结构所带来的新风险、新挑战与新要求。它要求把公民塑造成有能力的风险责任者，并要求严肃对待经济竞争力或效率问题。为有效回应这种时代要求，福利国家体制必须进行变革，国家在福利领域中的角色或功能必须加以重新塑造或建构。在应对新时代所提出的要求过程中，第三条道路批判地继承了传统社会民主主义的平等理念，把战后福利国家体制所聚焦的经济结果平等，拓展为基本自由权利平等与机会平等，尤其是突出强调了机会平等的重要性，把传统社会民主主义所强调的收入与财富的再分配的重心转移到可能性的再分配即机会的再分配上。把传统上仅仅从经济收入的角度界定的不平等，拓展为社会排斥。正是这种对平等重心的转移或重新诠释（从经济结果平等向机会平等），从内部化解了新古典自由主义者对国家福利的税收再分配非效率的指责，问题的要点不在于国家福利的税收再分配本身，而在于我们把这种再分配用于何种目的，采取何种方式来实现。某种国家福利的税收再分配机制对于效率产生了重大影响，并不意味着国家福利的税收再分配本身一定与效率是相冲突的。阿瑟·奥肯的再分配漏桶实验，仅仅表明了要求实现在收入和财富上的平等，是与效率相冲突的（即便是这种冲突也并不意味着再分配是不必要的），而把收入和财富的再分配用于促进机会的再分配，聚焦于人力资本提升、劳动力市场参与，不仅不会与效率相冲突，而且为效率的实现扫清了障碍、提供了基本保障。退一步讲，当经济再分配的目标用于促进实现可能性（机会）的再分配，促进人力资本提升、劳动力市场参与和公民参与时，尽管导致了一定程度的短期效率损失，但这种效率损失从长远来看也是非常值得的。新古典自由主义者的效率指责就这样被第三条道路思想化解了。

三　社会投资型国家的其他思想来源

上述内容详细地分析了第三条道路的基本主张及其实质性超越的内涵。第三条道路是社会投资型国家的最重要的理论和实践来源，在很大程度上，第三条道路的基本思想就是社会投资型国家的基本主张。社会投资型国家应该确立何种目标呢？对于第三条道路而言，社会投资型国家要把重点放在人力资本的投资、创造工作机会与促进劳动力市场的发展以及强调终身教育上。为做到这一点，国家在社会福利领域中的功能需要重新被建构，要扮演使能者、协调者角色，充分利用市场和公民社会组织，构建一个平等有效的公共项目上的伙伴关系，以使企业和非营利组织能够发挥更大的作用。

另外，对于社会投资型国家理念而言，还存在着其他各种不同的思想和实践来源，它们侧重点各有不同，都对社会投资型国家理念做出了探索。对早期社会投资理念和实践具有重要贡献的人物还有詹姆斯·梅志里、迈克尔·谢若登以及艾斯平·安德森等。

梅志里总结并强调了社会政策的发展性或生产性因素，提出并完善了发展型社会政策理念。他认为，社会投资的理念形成于"罗尔斯新政和凯恩斯－贝弗里奇"时代下的生产主义因素，然而，不幸的是，这种生产性或发展性元素被战后福利国家单一强调经济再分配给忽略了，蒂特马斯在这种转变中起到了关键性作用。① 梅志里强调，社会福利政策无论是采取最小化模式、补缺型模式还是更为系统的制度化模式来提供，都必须在发展的大背景下得到拓展和重组。为解决长期的贫困和社会排斥，社会政策的目标不能仅仅局限于经济福利本身，而应采取更为全面的、综合的、跨部门的可持续生计分析框架。可持续生计分析框架包容了公共援助、社会保险、社会包容以及促进人的自由权利等更广泛的维度。为达到这个目标，需要一个能促性的国家功能，更需要公民社会、私营企业以及国家发展组织等各方面的积极协调行动。② 发展型社会政策主张政府通过社会投资促进发展并保障人们的基本需求和自由权利，利用市场手段提高福利提供的效率，采取社区发展与动员机制使公民积极表达需求并参与发展过程。③ 显然，它融合了战后福利国家理念中的国家主义（制度型福利）、新古典自由主义的市场化（企业化）思路以及强调公民参与的平民主义范式的各自合理观点。

谢若登主张要把基于收入安全与消费需求满足的福利观念转变成资产为本的积极福利观念。对于穷人而言，资产积累或资产建设至关重要，不仅具有收入维持与未来投资等工具性价值，而且具有塑造人们行为与态度的内在价值，即资产具有各种重要的实质性效应。他强调传统的社会福利政策仅仅注重消极的收入安全保障和消费维持，忽视了社会福利政策的投

---

① James Midgley. "Growth, Redistribution, and Welfare: toward Social Investment," *Social Service Review*, 1999, 73 (1): 5 - 6.

② 安东尼·哈尔、詹姆斯·梅志里：《发展型社会政策》，罗敏等译，北京：社会科学文献出版社 2006 年版，第 1 页。

③ 安东尼·哈尔、詹姆斯·梅志里：《发展型社会政策》，罗敏等译，北京：社会科学文献出版社 2006 年版，第 51 页。

资性功能，"考虑福利政策时不应当仅考虑资助手段也要考虑投资手段。我们不仅应当看到匮乏也要看到能力。福利政策应当承认美国人民中还没有得到利用的巨大潜能。将福利政策看作一种孤立的附加型功能是错误的。相反，福利政策应当与国家的社会、经济和政治目标相联系。重要的是福利政策应当讲究投资"①。因此，一种以资产建设为基础的福利政策能够推动人们（尤其是要注重穷人）更广泛的经济参与。他设计并在美国实践了针对穷人资产积累的政策实践，倡导一种配额的个人发展账户福利政策模式，激励个体积极参与，看到希望，投资未来，在此过程中产生积极的改变。

对于梅志里和谢若登而言，他们都强调社区中的社会资本的动员使用，认为人力资本的形成的主要场域之一是社区，社会资本对于经济发展至关重要。因而主张把发展个体资产和社会资产作为社会投资的主导型因素。他们都注重社会政策的生产主义因素，力图把常常运用于第三世界国家或欠发达地区的可持续性发展理念，引入到发达国家贫困问题的解决中，并拓展到整个社会福利政策范畴。社会政策中的发展视角强调要投资于人力资本、社会资本，注重政策项目的成本－效益分析，积极发展个人资产和社区公共资产，消除经济参与的障碍。② 这些主张和政策实践与社会投资型国家理念完全一致，并为社会投资理念深入发展提供了资源。

另外，安德森也被认为是对社会投资型国家理念具有重要贡献的学者之一。③ 其在 20 世纪 90 年代用生产主义视角分析了瑞典福利国家的独特性，在保持平等与广泛的经济再分配的同时，经济在全球化背景下保持了高度的竞争力。安德森把此归因为瑞典福利国家所具有的生产性以及预防性的社会政策，他注重投资于教育、培训、就业与工作流动性领域，也注

---

① 迈克尔·谢若登：《资产与穷人——一项新的美国福利政策》，高鉴国译，北京：商务印书馆 2005 年版，第 15 页。
② James Midgley, Martin Tracy, Michelle Livermore（eds.）, *The Handbook of Social Policy*, London: Sage Publications, 2000: 438.
③ Daniel Perkins, Lucy Nelms, and Paul Smyth. 2004. "Beyond Neo-Liberalism: the Social Investment State?" *Social Policy Working Paper*, 2004, （3）, Http://www.bsl.org.au/pdfs/beyond-neoliberalism_social_investment_state.pdf.

重投资于家庭服务领域，促进女性群体的经济参与。① 所有这些不仅有效地提高了经济效率，而且也有效地减少了"社会需求"，实际上大幅度降低了社会成本，否则，国家将投入大量的人力、物力和财力来解决严重的社会问题。

四　社会投资型国家的要点

尽管上述不同的理论和政策实践的具体主张和侧重点大异其趣，然而其在如下基本理念上是一致的，共同构成了社会投资型国家的基本理念或主张。社会投资型国家理念主张挖掘和整合社会政策的经济和社会维度，强调把国家福利的再分配机制聚焦于具有社会性效益又同时能够促进经济长期发展的项目上来，具体要点概述如下。

（1）投资于机会平等或机会（可能性）的再分配，消除各种经济和社会性歧视，提高公民应对风险的基本能力。社会投资型国家强调要把战后福利国家体制中围绕着公民权利资格、消费为本的经济收入再分配，变革为以提高公民的基本参与能力为根本目的的社会福利模式；要把重心从经济上的结果平等转向包含着可能性和可行能力再分配的机会平等。谢若登认为，这种转变的基本精神与阿玛蒂亚·森对可行能力的分析思路是基本一致的。社会投资型国家不是通过再分配机制提供直接的保障，而是通过投资于促进机会平等与增加公民基本能力的福利项目上。社会投资型国家的目标不同于新古典自由主义的形式上的机会平等，这一点在上述分析吉登斯的第三条道路思想与新古典自由主义之间的关键区别时已经重点剖析了。新古典自由主义的机会平等观导致一种分化的、不稳定的、自相矛盾的精英制，强调把国家福利供给的功能或范围仅仅界定在提供一张基本的安全网，缺乏社会包容，容许社会排斥，对社会分工与融合产生威胁。詹森（Jenson）和圣马丁（Saint-Martin）强调，"社会投资型国家将依赖于市场生产福利，但是国家或政府的角色或功能将致力于修正市场结果，以

---

① Daniel Perkins, Lucy Nelms, and Paul Smyth. 2004. "Beyond Neo-Liberalism: the Social Investment State?" *Social Policy Working Paper*, 2004, (3), Http://www. bsl. org. au/pdfs/beyond-neoliberalism_social_investment_state. pdf. 36 – 37.

保障一个基本水平的保障。为了确保所有的公民都有能力适应新变化，要把遭受着最大社会排斥（不平等）风险中的人们整合进来"①。社会投资型国家致力于机会的再分配，提升人们应对风险的基本能力，其中核心内容是投资于人力资本建设与促进公民劳动力与公共参与。

（2）社会投资型国家强调投资于人力资本建设，核心是强调教育与培训的投入，致力于终身学习（教育）的理念。对于社会投资型国家而言，最重要的投资是致力于提高教育质量与确保教育机会的公平性，通过变革不适应新时代要求的教育理念或模式，使教育成为人们获得基本能力的最重要途径。另外，强调各种有针对性的培训，树立终身学习的理念。特殊技能的培训是非常重要的，然而，要让全社会认识到更重要的是认知和情感能力的培养。政府要倡导终身教育，设计并提供一些教育项目，使每一个公民（从孩童到老年）都能够接受教育。这样，可以增强人们的适应力和灵活性，以保障公民能够具有持续性地经济参与能力，进而获得社会包容，不被快速变化的时代所抛弃。

（3）注重促进劳动力市场参与和公共参与，培养公民的社会责任担当能力，致力于培养有竞争力且负责任的公民，使公民成为"责任风险承担者"（responsible risk takers）。

除了强调投资于人力资本建设，社会投资型国家还特别强调有劳动能力的公民积极参与到劳动市场中来。为了保障社会融合和经济竞争力，充分就业目标被就业能力目标所取代，提高劳动者的就业能力主要是通过激活劳动力市场和终身学习来实现的。正如梅志里所表达的，"社会投资视角，不是使用稀缺的资源通过使人们获得收入转支而维持贫困，而是主张偏好于帮助贫困群体受到雇佣或参与自雇的项目。贫困群体不仅获得金钱，而且成为工作、纳税，对经济发展具有贡献的有自尊的公民"②。另外，不仅注重有劳动能力的公民参与劳动市场，而且强调公民积极参与公共事务，主张福利供给的重组应当与积极发展公民社会结合起来。通过劳

---

① Jane Jenson and Denis Saint-Martin. "New Routes to Social Cohesion？Citizenship and the Social Investment State," *Canadian Journal of Sociology*, 2003, 28（1）：86 – 88.

② James Midgley. "Growth, Redistribution, and Welfare：toward Social Investment," *Social Service Review*, 1999, 73（1）：13.

动力参与和公共参与，培养公民的社会责任担当能力，致力于培养有竞争力且负责任的公民，使公民成为"责任风险承担者"。

（4）在福利传递机制上，主张（优先）利用市场配置资源的力量，并强调国家、公民社会组织的积极参与，构建一种平等的合作伙伴关系。人们认识到，为了实现经济和社会的双重目标，需要对市场力量进行政府干预和指导。正如吉登斯所描述的，现在，政府的目标是"利用市场动力，胸怀公共利益（Utilizing the dynamics of markets but with the public interest in mind）"[①]。

五　社会投资型国家与国家福利功能的正当性

从上述所概述的社会投资型国家的要点来看，其在应对新时代提出的新挑战、新风险的同时，实际上（或顺便）也有效回应了新古典自由主义者对于国家福利的税收再分配的效率漏洞和福利依赖的批判。国家在福利领域中的功能转变到可能性或机会的再分配、消除各种机会不平等与歧视；投资于人力资本，加大教育与培训的投入；推动劳动力市场参与和公共参与，以及优先利用市场配置福利资源，所有这些主张事实上都是经济竞争力与长期经济效率的内在要求。发展型社会政策理论的创立者詹姆斯·梅志里明确地把社会投资型国家视为"正当的社会福利模式"（a model to legitimate social welfare），认为，社会投资试图整合社会需求与经济需求，社会投资寻求经济发展的社会项目，这使得新古典自由主义者教条般坚持的国家福利的税收再分配对经济发展或生产效率产生了严重抑制的论点成为多余。[②] 社会投资型国家尽管通过强调社会性目标与经济目标的一致性而有效回应了新古典自由主义者对国家福利政策效率的指责。然而，其本身在如何在平等与效率之间进行平衡、如何在短期利益与长期利益之间进行权衡、如何全面评估或衡量福利政策的成本－效益方面，也都存在着高度的争议性和不确定性。为有效回应新古典自由主义者的效率指

[①] 安东尼·吉登斯：《第三条道路：社会民主主义的复兴》，郑戈译，北京：北京大学出版社 2000 年版，第 104 页。

[②] James Midgley. "Growth, Redistribution, and Welfare: toward Social Investment," *Social Service Review*, 1999, 73（1）: 3 - 4.

责，社会投资型国家理念过于强调经济目标的重要性，使其更倾向于忽略那些难以被成本－效益评估框架所反映出来的政策项目或实际需求。因此，有学者强调，一个真正有效的社会投资型国家必须与新古典自由主义对最小国家的依赖斩断关系。[①] 任何一种对公民资格体制的再结构化或重组，只要在理念以及实践中实质性地减少国家在福利责任混合中的功能，都将不能准确传递社会投资型国家的核心精神。

社会投资型国家必须确保所有公民在所有时间都能有效可及他们实质性自由所必需的经济条件。只有这样，我们才可以说，国家福利有一个坚实的基础，它不仅是必要的，而且是有效的。我们也可以充满信心地说，政治哲学领域中的自由至上主义者们及其经济学领域中的同路人——新古典自由主义者们，对于国家福利从道德权利以及有效性两个方面的指控都是没有合理理由的。如此，国家福利功能的正当性得到合理的阐明，国家福利的未来就寄托在社会投资型国家的实践发展上。

---

① Jane Jenson and Denis Saint-Martin. "New Routes to Social Cohesion? Citizenship and the Social Investment State," *Canadian Journal of Sociology*, 2003, 28 (1): 96.

第八章　结论与讨论

本书致力于为国家福利功能寻求或阐明一个坚实的规范性基础，并有效回应自由至上主义者以及新古典自由主义者们对国家福利功能的核心指控。经过批判性审查各种否证与支持国家福利功能的规范性理论及其效力，本书完成了最初所确立的基本任务。在本章中，简要总结本书的论证脉络与具体研究发现，并探讨可能的知识贡献与局限。

第一节　脉络与结论

围绕着最初所确立的学术目标，本书首先阐明了国家福利功能正当性议题所蕴含的三个基本要素，确立了本书的知识义务与分析框架。其一，需要有效回应自由至上主义者对国家福利功能的道德权利指控，阐明国家福利功能在道德上不是错误的，并从其内部立论出发，证明国家福利功能的必然性（或必要性）是道德权利的基本前提或内在要求。其二，需要阐明国家福利功能的有效性。任何为国家福利功能正当性提供辩护的理由，必须严肃对待有效性问题：它不仅对所有人都是有效可及的，并且要与激励机制相容，以确保有效可及的国家福利功能的可持续性或可行性。其三，需要从正面为有效可及的国家福利功能寻求或阐明自足的规范性理由。毫无疑问，任何能为国家福利功能提供有效辩护的规范性理论，必须通过上述关于国家福利功能的必然性与有效性检验。只有满足上述基本条件，我们才有理由充满信心地说：国家福利功能的正当性具有了一个坚实的规范性基础，其是无人能有合理理由加以拒绝的。

在上述三个基本条件的严格局限下，国家福利功能的正当性目标只能被定位成：国家确保所有公民终生有效可及他们实质性自由所必需的基本物质条件。在仔细审查各种相互竞争的理论对国家福利功能所具有的规范力的基础上，本书认为，只有民主平等的观念能够同时通过国家福利功能的必然性与有效性检验，为有效可及的国家福利功能提供一个坚实的规范性基础。这一观念把社会设想为一个由自由而平等的公民终生参与的公平合作体系，并把自由而平等的要义阐释为（限定在）公民终生参与公平合作体系所必需的基本能力（范畴内）。下面通过简要概述本书的论证脉络，澄清本书的具体研究发现。

长期以来，人们在功利主义传统中，基于效用最大化原则对国家福利功能的必要性和有效性进行激烈的争论。全面审查形形色色的功利主义对国家福利功能进行辩护或否证的规范力，就成为本书一个必要而自然的出发点。通过对功利主义与国家福利功能之间关系的详细考察，本书得出如下几点具体结论。（1）功利主义对国家福利功能正当性的规范力具有不确定性与高度争议性。无论是在古典功利主义传统中，还是在现代功利主义传统中；无论是在政治哲学领域中，还是在福利经济学领域中，功利主义都难以摆脱某种深刻的不确定性——由于功利计算的时空维度与情境维度——及其狭隘的信息基础。这种不确定性与狭隘性使其难以为国家福利功能的正当性提供坚实的规范性基础。当然，任何试图从效用最大化原则否证国家福利的理由也面临着同构的逻辑困境。尽管如此，（2）效用最大化原则为国家福利传递机制提供了明确的指导：它原则上赋予了国家在福利传递机制中扮演边际剩余型功能与使能者角色。（3）功利主义往往把初始资源禀赋的自然分配状态视为一种规范性前提接受下来，致使其作为一种规范性理论缺失了公允（impartiality）位置。因此，欲为国家福利功能正当性进行辩护，就必须回到外部世界资源的初始占有的逻辑起点上，探讨国家福利功能与财产权之间的内在关联。

从道德权利角度，否证国家福利功能的一个主要立论是，指控其侵犯了私人财产权。以诺奇克为代表的自由至上主义者，把私人财产权作为道德权利边界，指控国家福利功能必然侵犯私人财产权，因而在道德上是错误的。这需要我们从该立论的内部出发，有效化解这一指控。本书通过对诺奇克式财产权观念的批判，探讨了财产权与国家福利再分配性质之间的关系，阐明了如下要点。（1）某种水平的国家福利功能是私人财产权得以证成的基本前提。绝对的、不受限制的、永续的私人财产权观念是武断专横的，能够证成的私人财产权是有限的、有条件的，该条件恰恰是以利益相关者的基本需要满足为前提的。另外，（2）诺奇克式私人财产权观念并不是自由市场及其发挥资源配置效率的必要条件。现代产权理论表明，产权清晰界定是自由市场及其发挥资源配置效率的基本前提。然而，产权清晰界定并非只有诺奇克式私人财产一种类型。事实上，它仅仅是众多清晰界定产权中一种狭隘僵化的、较为极端的私人财产权观念。产权界定本身就蕴含着清晰地界定资源使用及其收益分成（产权制度安排），而诺奇克式私人财产权利要求独占外部资源的全部收益，显然是过分的，缺乏理由的。这为国家福利功能的有效性问题留出了空间。由于诺奇克式财产权观念根植于更为根本的自我所有权观念，因此，对国家福利功能与私人财产权相冲突的彻底批判也需要有效回应来自自我所有权的道德权利指控。

从道德权利角度，否证国家福利功能的另一个基础性立论是，指控它必然侵犯了人们的自我所有权。本书围绕着自我所有权与国家福利功能的必然性与有效性之间的关系，阐明了如下命题。（1）自我所有权蕴含着对外部世界资源的必要占有与使用，但无论是"实质性自我所有权＋外部世界资源平等分配"立场，还是"实质性自我所有权＋外部世界资源联合占有"立场，都能保障国家福利功能的必然性（必要性）。国家福利功能并不必然侵犯个体的自我所有权，相反，基于自我所有权及其对外部世界资源的内在要求，某种水平的国家福利功能必须得到优先保障。然而，（2）仅仅基于自我所有权以及对外部世界资源的平等主义立场，并不能保障国家福利功能的有效性——无法据此理由保证才能较低者或残障者的最低限度的基本生存需要满足。因此，（3）要从自我所有权中推论出国家福利功能的有效性，仅仅基于自我所有权所要求的对外部世界资源的平等占有立场是不足的，还必须满足如下基本要求：（a）对自然天赋才能分配及其收益的道德应得地位提出再分配要求，且（b）保障有足够种类和数量的自然天赋才能及其必要的自由发挥机制，以创造出能够满足人们基本需要所必需的物质条件。这就必然要求国家福利功能与激励机制相容，而且内在地规定了国家福利功能的正当性目标，要聚焦于人们的自然天赋才能的培育、发展与使用，即基本能力的提升上。只有这样，有效可及的国家福利功能才可能是自我支持的或自我强化的。对于（a）点，这把我们导入到对自然天赋分配的道德地位以及运气平等观念的探讨中。事实上，我们将发现，（a）点遇到了根本性的障碍。关于（b）点，这也是我们在第七章中所探讨的民主平等观念的内在要求。本书基于自我所有权与国家福利功能有效性之间关系的揭示，为定位国家福利功能正当性目标提供了基本方向。它只能被定位在基本能力的范畴内，否则，国家福利功能的有效性就不可能得到自治的辩护。由于运气平等观念的诸多困难，一个自由而平等的公民合作体系的规范性观念就成为必需。

就罗尔斯提出或凸显自然天赋分配的道德应得观念而言，罗尔斯开启了运气平等主义的研究视域，但其并不是一个运气平等主义者；就其公平正义理论的基本立场而言，显然，罗尔斯是一个民主平等主义者。对这两种不同的平等观念的比较性研究，构成了本书接下来的基本任务。本书系统考察了罗尔斯公平正义理论与自然天赋分配的道德应得观念各自所具有的规范力。（1）对罗尔斯所支持的自然天赋分配的道德应得观念的探讨，初步揭示了运气平等主义，为有效可及的国家福利功能所提供的辩护是不充分的。要言之，仅仅基于这样一种对自然天赋分配的规范性理由，不能确保国家福利功能的有效性。接下来，我们重点考察了其公平正义理论所蕴含的国家福利思想。（2）罗尔斯公平正义理论的确可以为国家福利功能的必然性与有效性提供一个相对自治的规范性基础，它本质上要求超越以满足体面的基本需要为特征的资本主义福利国家形态。罗尔斯国家福利思想，内在要求以保障自由而平等的公民终生参与公平合作体系所必需的两种基本道德能力为目标，要求私人财产在公平正义原则的规导下尽可能地分散，强调与效率机制相容，并在福利传递机制上积极利用市场和社会机制等。（3）不幸的是，罗尔斯公平正义理论对国家福利功能的必然性与有效性的规范力，依赖于其基础论证的正确性以及各种复杂性预设条件，并对国家福利功能的目标提出了过高的要求。因此，必须避开把国家福利功能的正当性奠基在罗尔斯公平正义理论基础上所可能具有的高度争议性。

保持基本目标不变，国家福利功能的必然性与有效性所依赖的基本预设或前提条件越少越好、越少越有效力。这就被导入到民主平等的观念中来。

德沃金批评罗尔斯公平正义理论忽略了"残障"问题，没有有效区分天赋才能中的选择与非选择因素，在"钝于禀赋"与"敏于选择"两个维度上都存在缺陷。① 据此，德沃金提出了自己的资源平等理论，创造性地发展了运气平等主义，典范性地区分了原生运气与选项运气，并通过虚拟保险市场思想实验，试图实现"钝于禀赋"与"敏于选择"，以期为社会保险机制——国家福利功能发挥的核心机制——的正当性奠定规范性基础。然而，他并没有为有效可及的国家福利功能提供有力的辩护。这主要表现在如下要点上。（1）在市场保险与社会保险之间的优先性关系结构中，德沃金的理论实际上支持市场保险优先于社会保险，把社会保险作为一种边际剩余型国家福利功能的发挥机制。并且，其所支持的社会保险机制具有交叉补贴难题，这与其"敏于选择"的预设原则相冲突。（2）原生运气的补偿理由并不能为所有人提供有效可及的福利供给，这与其"钝于禀赋"的预设原则相冲突。（3）还存在着知识可及性以及污名化难题。事实上，这是运气平等主义为国家福利功能进行辩护所存在的一般性困境。基于运气平等的道德应得观念，无法为有效可及的国家福利功能提供一个充分的说明。（4）运气平等的观念，就其理论的效力极限而言，支持的是一种具有高度争议性的资本主义福利国家，且不能基于运气平等理由自身的规范力而免于自由至上主义者以及新古典自由主义者们的批判。因此，要为有效可及的国家福利功能寻求或阐明一个坚实的规范性基础，客观上要求超越运气平等理论自身的诸多难题，这就再一次被导入到与之相对的民主平等的观念中来。

---

① 实际上，这是对罗尔斯公平正义理论的"稻草人"式指控。德沃金批判罗尔斯公平正义理论没能充分做到"钝于禀赋"与"敏于选择"，是建立在德沃金把罗尔斯公平正义理论视为运气平等基础上的，混淆了罗尔斯公平正义理论与自然天赋分配的道德应得立场之间的本质区别，这一点本书反复做了强调。事实上，罗尔斯是民主平等主义者，而非运气平等主义者，前者并不依赖于后者。在这个意义上，德沃金对罗尔斯的指责在理由上是错位的：只有把罗尔斯视为一个运气平等主义者时，其指责才是合法的，事实上，罗尔斯并不是运气平等主义者。其公平正义理论并不依赖于任何运气再分配观念，然而，它的确体现了运气再分配观念的要求，与之相协调。

正是基于把社会设想为一个由自由而平等的公民终生参与的公平合作体系的规范性理念，也正是基于把自由而平等的要义集中阐释为（限定在）公民终生参与公平合作体系所必需的基本能力（范畴内），民主平等的观念为国家福利功能的正当性提供了一个自洽而简洁的规范性基础。国家福利功能的必然性与有效性，仅仅与上述两条基本预设条件所表达的民主平等观念相匹配。这两个基本预设是无人能有合理理由加以拒绝的。国家福利功能的正当性目标只能被限定为，确保自由而平等的公民终生参与公平合作体系所要求的诸多基本能力而必需的经济条件。这样，国家福利功能不仅是有效可及的，且与激励机制相容，符合效率原则，因而，也是自足的或自我强化的。社会投资型国家正是这一理念的现实典范，体现着国家福利功能的未来取向。

第二节　发现与局限

本书是系统研究国家福利功能正当性的专论，在一定程度上弥补了学界对这一议题缺乏专门系统研究的碎片化缺憾。具体发现，简要概述如下。

（1）本书澄清了国家福利功能正当性议题的内在要求或基本条件，系统地审查了支持国家福利功能的主要规范性理由及其各自所具有的规范力，为国家福利功能在政治哲学领域中阐明了一个坚实的规范性基础。任何试图为国家福利功能提供辩护的规范性理由，必须同时通过道德权利范畴内的必然性（必要性）和审慎理性视域下的有效性的双重检验。基于此，本书阐明国家福利功能的正当性只需依赖于如下两个基本理念：把社会视为自由而平等的公民终生参与的公平合作体系；另外，公民之所以被视为自由而平等的，仅仅是在其终生参与公平合作体系所必需的基本能力的限度内。

（2）本书从否证国家福利功能的道德权利立论前提出发，澄清了私人财产权、自我所有权与国家福利功能之间的关系，论证了国家福利功能并没有违反私人财产权和自我所有权，恰恰相反，某种程度的国家福利功能是私人财产权得以证成的基本前提，是自我所有权的内在要求，有效驳斥了自由至上主义者及新古典自由主义者们对国家福利功能的道德权利指控。本书还论证了，从财产权与自我所有权角度为国家福利功能所提供的规范力是不足的，它们能够确保国家福利功能的必然性，却无法确保国家福利功能的有效性（有效可及性与可持续性）。这部分论证基本上属于容许性证成进路（permissibility justification）。

（3）本书还系统地研究了罗尔斯国家福利思想，从其公平正义理论与自然天赋分配的道德应得观念两个不同的角度，分别考察了各自为国家福利功能的必然性与有效性所提供的规范力及其不足；并据此，进一步探讨了以德沃金为代表的运气平等观念及其相对立的民主平等观念各自所提供的规范性理由及其效力。相比于（存在诸多无解难题的）运气平等主义以及（存在基础争议性与预设条件复杂性的）罗尔斯公平正义理论，民主平等的观念为国家福利功能的正当性提供了一个自洽而简洁的规范性基础。这部分论证主要采取的是比较性的最优证成进路（optimality justification）。

最后，笔者简要地介绍一下本书的写作初衷与思路的形成过程，并对本书的研究局限做一检讨，保持学术自觉。

笔者在高校讲授社会福利理论与社会政策等相关课程时，对为国家福利功能所提供的各种理据深感不满。这些理据大多集中在形形色色的功利主义，某种社群主义（或集体主义），相互依赖性或系统风险论基础上的社会学理由，同情、仁慈基础上的人道或利他主义以及被粗糙援引的各种正义理论等。令人感到忧心的是，这些理由均不能有效回应自由至上主义者以及新古典自由主义者们对国家福利功能的道德权利指控与有效性指控。笔者尽力遍寻相关研究，试图发现一本能够系统驳斥自由至上主义者以及新古典自由主义者们对国家福利功能核心指控的论著，然未能如愿。笔者萌生了对此下一番苦功夫的强烈冲动。在此过程中，笔者逐渐认识到，如果不从自由至上主义者以及新古典自由主义者们否证国家福利功能的核心理由内部出发，证明其立论是误导性的，国家福利功能的必然性与有效性就会一直处在高度争议之中。这种担忧和不满为笔者从事这项研究提供了持久的动力。

经过不懈努力，笔者对国家福利功能的正当性问题有了一个比较清晰的认识。自由至上主义者以及新古典自由主义者们对国家福利功能的否证，主要基于私人财产权与自我所有权这两种基础性道德权利。任何以非道德权利视角为国家福利功能提供正当性的理由，都不可能对其指控构成有效的反驳。只有从私人财产权以及自我所有权内部出发，追溯出国家福利功能的必然性来，才可能彻底瓦解这些指控。然而，如果仅仅从道德权利角度阐明国家福利功能的必然性，还远远不够。国家福利功能的必然性并不意味着它的有效性，因为新古典自由主义者们往往基于效率原则而指控国家福利功能必将适得其反、自我驳斥。国家福利功能的有效性还意味着它必须能够为所有人提供普遍有效可及的福利水平，否则，它必将丧失吸引力和重要性。据此，笔者有足够的理由坚信，国家福利功能的正当性议题蕴含着必然性与有效性两个基本元素。规范性论证决不能排斥有效性议题，严肃对待有效性问题是规范性论证的知识义务。换言之，任何规范性的论证如果不能在内部逻辑中解决（或包容）有效性问题，都注定先天具有重大缺陷，因为有效性问题可以实质性地削弱或取消规范性议题。2011年，德里克·帕菲特在牛津大学出版社出版了其恢宏巨著《论重要之事》，揭示出道义论与后果论具有"惊人的趋同性"：人人都能合理意愿其普遍接受的原则①，即无人能有合理理由拒绝的原则，也必定是后果最优的原则，因此，人类真正重要之事就是严格按照无人能有合理理由拒绝的原则实践，只有基于理由而非欲望的生活才可能是美好人生。帕菲特的这一研究成果进一步使笔者确信，任何为国家福利功能提供辩护的理由必须通过其必然性与有效性的双重检验。在此基础上，笔者系统地审查了支持国家福利功能的主要理由所具有的规范效力，逐渐析出如下基本结论：只有从一个自由而平等的公民终生参与公平合作体系的规范性理念出发，同时把自由而平等的要义限定在公民终生参与公平合作体系所必需的基本能力的范畴内，国家福利功能的必然性与有效性才能够得到充分辩护。换言之，国家福利功能的正当性（必然性与有效性）需要如下两个基本理念或

---

① Derek Parfit. *On What Matters*. Oxford University Press, 2011：412. 帕菲特把康德的普遍法则修正为"每个人都应遵从这样的原则，人人都能够合理地意愿其普遍接受"（Everyone ought to follow the principles whose universal acceptance everyone could rationally will）。

预设条件：（1）把社会视为自由而平等的公民终生参与的公平合作体系；与此同时，（2）公民之所以被视为自由而平等的，仅仅是在其终生参与公平合作体系所必需的基本能力的限度内。这种基本能力是罗尔斯意义上的两种基本道德能力——善观念的能力与正义感的能力，也是阿玛蒂亚·森意义上的可行能力或实质性自由。需要再次强调的是，上述两个条件正是罗尔斯的公平正义理论所预设的众多理念中的两个：作为公平合作体系的社会理念与自由而平等的人的理念。① 尽管罗尔斯的公平正义理论蕴含了上述要件，然而，本书立论并不依赖于罗尔斯的公平正义理论。正如本书在探讨罗尔斯国家福利思想的章节中所论证的，罗尔斯的公平正义理论所内在要求的国家福利功能是较高水平的：它不仅要满足基本能力所必需的经济条件，还对生产资料或财产的再分配提出了更高的要求。更重要的是，罗尔斯公平正义理论及其基础论证存在着内在的争议（可能的系统论证风险）。幸运的是，国家福利功能的正当性并不需要罗尔斯公平正义理论所具有的全部复杂性预设条件及其基础论证的有效性。这就避开了把国家福利功能的正当性奠基在罗尔斯公平正义理论上所可能具有的高度争议性。在保证目标不变的情况下，国家福利功能的必然性与有效性所依赖的基本预设或前提条件越少越好，越少越有效力。在为国家福利功能的必然性与有效性提供自洽的规范性理由中，由上述两个基本预设所表达的民主平等观念是最有效力的。尽管笔者能够充满信心地说，经过深入探讨，本书顺利完成了最初设定的目标任务，然而，还可能存在着如下问题需要进一步讨论。

自由而平等的公民终生参与公平合作体系所必需的基本能力的内容及其限度是什么？这是一个非常重要的问题。毫无疑问，它也是具有高度争议性的，尤其是涉及具体的时空情境时。对此问题的深入探讨，决然不能仅仅局限于个体主义的框架，必然离不开社群主义者所强调的社会情境（social contexts）。② 然而，笔者需要争辩的是，这并不意味着社群主义立

---

① 约翰·罗尔斯：《作为公平的正义：正义新论》，姚大志译，上海：上海三联书店 2002 年版，第 2 节，第 10 ~ 13 页；第 7 节，第 31 ~ 40 页。
② 戴维·米勒：《社会正义原则》，应奇译，南京：江苏人民出版社 2008 年版，第 31 ~ 38 页。

场——本书一再强调，要避免从社群主义进路论证国家福利功能的正当性——是论证国家福利功能正当性的必要前提。本书曾详细阐述，国家保障人人得到一定程度的经济条件以满足基本需要的现代分配正义观念，根本区别于亚里士多德传统的分配正义观念，前者要求国家福利功能的优先性或独立性，不依赖于个人的美德或团结性社群价值，而后者则把国家福利功能的正当性奠基在个体德行或社群价值基础上。本书阐明，欲为国家福利功能的必然性与有效性提供规范性理由，并能够有效回应自由至上主义者以及新古典自由主义者们基于个体道德权利立场所提出的核心指控，就必须基于个体主义的道德权利立场内部来处理。至于所提供的理由相容于社群主义立场，并非问题的关键。换一个角度看，各种社群主义理论立场都可以像罗尔斯的公平正义理论一样，为国家福利功能的必然性与有效性提供一个自洽的规范性基础，然而，它们也像罗尔斯的公平正义理论一样，依赖于过多的假设条件或（社群主义所独有的）过强的社群价值优先性预设。因此，从个体主义立场推论国家福利功能正当性所依赖的基本条件，如果契合了社群主义等其他理论立场，当然是一件好事。但是，这并不意味着社群主义等其他理论立场，在基础论证上具有个体主义立场同等的规范效力。在这个意义上，笔者坚持如下立场：正当优先于善，尽管正当不可能独立于善。这也符合斯坎伦式契约主义理论在解决"正当与不正当"这一道德核心问题与其他善观念之间关系时所持有的复杂的优先性结构关系。[1] 的确，任何简化论都是错误的，但对于任何规范性论证而言，同等目标下，所依赖的预设条件越简洁越有规范力。因此，从个体主义立场出发，为国家福利功能的正当性提供与社群主义立场相容的基本条件，并非自相矛盾。然而，围绕着国家福利功能正当性的争议，必将蔓延到与社会情境相关的基本能力内涵及其限度的范畴内。然而，这一衍生出来的问题已经超出了该书的目标范围，这的确是一个缺憾，幸运的是，它并没有实质性影响本书最初确立的研究目标。退一步讲，正如本书在导论中所阐明的那样，我们并不能保证，通过系统的批判性审查，最终一定会得出

---

[1] 托马斯·斯坎伦：《我们彼此负有什么义务》，陈代东等译，北京：人民出版社2008年版，第179页。

一个决定性的结论。这种企图的确诱人，它强烈地吸引着我们展开探讨。然而，恰如斯坎伦所言："一个人总是希望这种类似的考察会导致意见的一致，可能其结果反而暴露出了意见更大的不同。"[①] 即便如此，我们的考察至少澄清了诸多误导性的或内在不一致的观念，并在此基础上，为国家福利功能阐明了一个坚实的规范性基础。事实上，从科学认识论或知识可及性的视角来看，我们似乎能够有把握确定的是"什么不是什么"，而难以决定性地断言"什么是什么"，科学研究正是在排除误导中进步的。这是批判性审查的真正价值。

---

① 托马斯·斯坎伦：《我们彼此负有什么义务》，陈代东等译，北京：人民出版社 2008 年版，第 390 页。

参考文献

阿拉斯戴尔·麦金太尔：《谁之正义？何种合理性?》，万俊人译，北京：当代中国出版社 1996 年版。

阿玛蒂亚·森：《集体选择与社会福利》，胡的的、胡毓达译，上海：上海科学技术出版社 2004 年版。

阿玛蒂亚·森：《理性与自由》，李风华译，北京：中国人民大学出版社 2006 年版。

阿玛蒂亚·森：《贫困与饥荒》，王宇、王文玉译，北京：商务印书馆 2004 年版。

阿玛蒂亚·森：《以自由看待发展》，任赜、于真译，北京：中国人民大学出版社 2002 年版。

阿玛蒂亚·森：《正义的理念》，王磊、李航译，北京：中国人民大学出版社 2012 年版。

阿玛蒂亚·森、伯纳德·威廉姆斯主编《超越功利主义》，梁捷译，上海：复旦大学出版社 2011 年版。

阿瑟·奥肯：《平等与效率——重大抉择》，王奔洲等译，北京：华夏出版社 2010 年版。

阿瑟·庇古：《福利经济学》，朱泱、张胜纪、吴良健译，北京：商务印书馆 2010 年版。

爱因里希·罗门：《自然权利的观念史和哲学》，姚中秋译，上海：三联书店 2007 年版。

安东尼·哈尔、詹姆斯·梅志里：《发展型社会政策》，罗敏等译，北京：

社会科学文献出版社 2006 年版。

安东尼·吉登斯:《超越左与右:激进政治的未来》,李惠斌、杨雪东译,北京:社会科学文献出版社 2003 年版。

安东尼·吉登斯:《第三条道路:社会民主主义的复兴》,郑戈译,北京:北京大学出版社 2000 年版。

安东尼·雅赛:《重申自由主义》,陈矛等译,北京:中国社会科学出版社 1997 年版。

保罗·萨缪尔森、威廉·诺德豪斯:《经济学》(第 19 版),萧琛等译,北京:商务印书馆 2013 年版。

彼得·埃文斯、迪特里希·鲁施迈耶、西达·斯考克波主编《找回国家》,方力维等译,上海:上海三联书店 2009 年版。

大卫·休谟:《道德原则研究》,曾晓平译,北京:商务印书馆 2007 年版。

大卫·休谟:《人类理智研究》,北京:商务印书馆 1999 年版。

大卫·休谟:《人性论》,关文云、郑之骧译,北京:商务印书馆 2006 年版。

戴维·米勒:《社会正义原则》,应奇译,南京:江苏人民出版社 2008 年版。

德里克·帕菲特:《平等与优先主义》,载应奇、刘训练主编《运气均等主义》,南京:江苏人民出版社 2006 年版。

冯·哈耶克:《经济,科学与政治——哈耶克论文演讲集》,冯克利译,南京:江苏人民出版社 2003 年版。

冯·哈耶克:《科学的反革命——理性滥用之研究》,冯克利译,南京:译林出版社 2003 年版。

冯·哈耶克:《通往奴役之路》,王明毅、冯兴元译,北京:中国社会科学出版社 1997 年版。

冯·哈耶克:《致命的自负》,冯克利、胡晋华等译,北京:中国社会科学出版社 2000 年版。

冯·哈耶克:《自由秩序原理》(上下册),邓正来译,北京:三联书店 1997 年版。

高鸿业:《西方经济学》(微观),北京:中国人民大学出版社 2011 年版。

哥斯塔·埃斯平-安德森：《福利资本主义的三个世界》，苗正民、滕玉英译，北京：商务印书馆 2010 年版。

葛四友主编《运气均等主义》，南京：江苏人民出版社 2007 年版。

关信平：《现阶段中国城市的贫困问题及反贫困政策》：《江苏社会科学》2003 年第 2 期。

关信平主编《社会政策概论》，北京：高等教育出版社 2004 年版。

郭忠华、刘训练编《公民身份与社会阶级》，南京：江苏人民出版社 2008 年版。

哈尔·范里安：《微观经济学：现代观点》，费方域等译，上海：上海人民出版社 2006 年版。

哈罗德·德姆塞茨：《关于产权的理论》：《财产权利与制度变迁——产权学派与新制度学派译文集》，刘守英等译，上海：上海三联书店 1994 年版。

哈特利·迪安：《社会政策学十讲》，岳经纶等译，上海：格致出版社 2009 年版。

何建华：《分配正义论》，北京：人民出版社 2007 年版。

亨利·西季威克：《伦理学方法》，廖申白译，北京：中国社会科学出版社 1993 年版。

黄有光：《福祉经济学》，张清津译，大连：东北财经大学出版社 2005 年版。

贾可卿：《分配正义论纲》，北京：人民出版社 2010 年版。

贾中海：《社会价值的分配正义》，北京：中国社会科学出版社 2011 年版。

杰拉德·柯亨：《激励、不平等与共同体》，载吕增奎编《马克思与诺奇克之间：G. A. 柯亨文选》，南京：江苏人民出版社 2007 年版，第 191 ~ 239 页。

杰拉德·柯亨：《如果你是平等主义者，为何如此富有?》，霍政欣译，北京：北京大学出版社 2009 年版。

杰拉德·柯亨：《自我所有权、世界所有权与平等》（上篇），载吕增奎编《马克思与诺奇克之间：G. A. 柯亨文选》，南京：江苏人民出版社 2007 年版，第 77 ~ 99 页。

杰拉德·柯亨:《自我所有权、世界所有权与平等》(下篇),载吕增奎编《马克思与诺奇克之间:G. A. 柯亨文选》,南京:江苏人民出版社2007年版,第100~118页。

杰里米·边沁:《道德与立法原理导论》,时殷弘译,北京:商务印书馆2012年版。

肯尼斯·阿罗:《社会选择与个人价值》(第二版),丁建峰译,上海:上海人民出版社2010年版。

昆廷·斯金纳:《第三种自由概念》,载应奇、刘训练编《第三种自由》,北京:东方出版社2006年版。

拉梅什·米什拉:《资本主义社会的福利国家》,郑秉文译,北京:法律出版社2003年版。

李宏图:《从"权力"走向"权利"——西欧近代自由主义思潮研究》,上海:上海人民出版社2007年版。

李小科:《澄清被混用的"新自由主义"——兼谈对 New Liberalism 和 Neo-Liberalism 的翻译》:《复旦学报》(社会科学版)2006年第1期。

里拉、德沃金、西尔维斯主编《以赛亚·柏林的遗产》,刘擎译,北京:新星出版社2009年版。

理查德·蒂特马斯:《社会政策十讲》,江绍康译,长春:吉林出版集团2011年版。

列奥·施特劳斯:《自然权利与历史》,彭刚译,上海:上海三联书店2006年版。

林万忆:《福利国家——历史比较分析》,台北:巨流图书公司1994年版。

刘得宽:《民法诸问题与新展望》,北京:中国政法大学出版社2002年版。

吕增奎主编《马克思与诺奇克之间:G. A. 柯亨文选》,南京:江苏人民出版社2007年版。

罗伯特·诺奇克:《无政府、国家和乌托邦》,姚大志译,北京:中国社会科学出版社2008年版。

罗纳德·德沃金:《至上的美德:平等的理论与实践》,冯克利译,南京:江苏人民出版社2007年版。

罗纳德·科斯:《企业、市场与法律》,盛洪、陈郁译,上海:格致出版社

2009 年版。

迈克尔·赖斯诺夫：《社会契约论》，刘训练译，南京：江苏人民出版社
　　2005 年版。

迈克尔·桑德尔：《公正》，朱慧玲译，北京：中信出版社 2011 年版。

迈克尔·桑德尔：《金钱不能买什么——市场的道德局限》，邓正来译，北
　　京：中信出版社 2012 年版。

迈克尔·桑德尔：《自由主义与正义的局限》，万俊人等译，南京：译林出
　　版社 2001 年版。

迈克尔·沃尔泽：《正义诸领域——为多元主义与平等一辩》，褚松燕译，
　　南京：译林出版社 2002 年版。

迈克尔·谢若登：《资产与穷人——一项新的美国福利政策》，高鉴国译，
　　北京：商务印书馆 2005 年版。

弥尔顿·弗里德曼、罗丝·弗里德曼：《自由选择》，张琦译，北京：机械
　　工业出版社 2013 年版。

诺曼·巴里：《福利》，储建国译，长春：吉林人民出版社 2005 年版。

彭华民等：《西方社会福利理论前沿》，北京：中国社会出版社 2009 年版。

齐格蒙特·鲍曼：《免于国家干预的自由、在国家中的自由和通过国家获
　　得的自由：重探 T. H. 马歇尔的权利三维体》，载郭忠华、刘训练编
　　《公民身份与社会阶级》，南京：江苏人民出版社 2008 年版。

钱宁：《社会正义、公民权利和集体主义——论社会福利的政治与道德基
　　础》，北京：社会科学文献出版社 2007 年版。

乔治·摩尔：《伦理学原理》，长河译，北京：商务印书馆 1983 年版。

萨缪尔·弗莱施哈克尔：《分配正义简史》，吴万伟译，南京：译林出版社
　　2010 年版。

尚晓援：《“社会福利”与“社会保障”再认识》：《中国社会科学》2001
　　年第 3 期。

托马斯·马歇尔、安东尼·吉登斯等：《公民身份与社会阶级》，载郭忠
　　华、刘训练编《公民身份与社会阶级》，南京：江苏人民出版社 2008
　　年版。

托马斯·斯坎伦：《平等何时变得重要?》，陈真译：《学术月刊》2006 年

第 1 期。

托马斯·斯坎伦:《我们彼此负有什么义务》,陈代东等译,北京:人民出版社 2008 年版。

汪行福:《分配正义与社会保障》,上海:上海财经大学出版社 2003 年版。

威尔·金里卡:《当代政治哲学》,刘莘译,上海:上海译文出版社 2010 版。

吴忠民:《社会公正论》,济南:山东人民出版社 2004 年版。

熊跃根:《全球化背景下福利国家危机与变革的再思考》:《学海》2010 年第 4 期。

徐月宾、张秀兰:《中国政府在社会福利中的角色重建》:《中国社会科学》2005 年第 5 期。

亚当·斯密:《道德情感论》,蒋自强等译,北京:商务印书馆 2007 年版。

亚当·斯密:《民财富的性质和原因的研究》,郭大力,王亚男译,北京:商务印书馆 1972 年版。

亚里士多德:《尼各马可伦理学》,苗力田译,北京:中国人民大学出版社第 2003 年版。

杨团:《社会政策研究范式的演化及其启示》:《中国社会科学》2002 年第 4 期。

杨团:《资产社会政策——对社会政策范式的一场革命》:《中国社会保障》2005 年第 3 期。

姚大志:《何谓正义:当代西方政治哲学研究》,北京:人民出版社 2007 年版。

伊曼纽尔·康德:《道德形而上学原理》,苗力田译,上海:上海人民出版社 2012 年版。

以赛亚·柏林:《自由及其背叛》,赵国新译,南京:译林出版社 2005 年版。

约翰·罗尔斯:《正义论》(1971 年版),何怀宏、何包钢、廖甲白译,北京:中国社会科学出版社 1988 年版。

约翰·罗尔斯:《正义论》(1999 年修订版),何怀宏、何包钢、廖申白译,北京:中国社会科学出版社 2009 年版。

约翰·罗尔斯:《政治自由主义》,万俊人译,南京:译林出版社 2011
年版。

约翰·罗尔斯:《作为公平的正义:正义新论》,姚大志译,上海:上海三
联书店 2002 年版。

约翰·洛克:《人类理解论》,关文运译,北京:商务印书馆 1997 年版。

约翰·洛克:《政府论》(下篇),叶启芳、瞿菊农译,北京:商务印书馆
1964 年版。

约翰·穆勒(密尔):《功利主义》,徐大建译,上海:上海人民出版社
2008 年版。

张五常:《经济解释》(卷一之科学说需求),北京:中信出版社 2010
年版。

张五常:《经济解释》(卷二之收入与成本),北京:中信出版社 2010
年版。

张五常:《经济解释》(卷三之受价与觅价),北京:中信出版社 2010
年版。

张秀兰等:《中国发展型社会政策论纲》,北京:中国劳动社会保障出版社
2007 年版。

周濂:《现代政治的正当性基础》,北京:三联书店 2008 年版。

Ackerman, Bruce and Anne Alstott. *The Stakeholder Society*. New Haven: Yale
University Press, 1999.

Anderson, Elizabeth. "What is the Point of Equality?" *Ethics*, 1999, (2):
287 – 337.

Arneson, Richard. "Equality and Equal Opportunity for Welfare," *Philosophi-
cal Studies*, 1989, (56): 77 – 93.

Arneson, Richard. "Equality of Opportunity for Welfare: Defended and Recan-
ted," *The Journal of Political Philosophy*, 1999, (7): 488 – 497.

Arneson, Richard. "Liberalism, Distributive Subjectivism, and Equal Opportu-
nity for Welfare," *Philosophy and Public Affairs*, 1990, (19): 158 – 194.

Arrow, Kenneth J. *Social Choice and Individual Values*. New York: Wiley,
1951.

Arrow, Kenneth J. "A Difficulty in the Concept of Social Welfare," *Journal of Political Economy*, 1950, (58): 328 – 346.

Barry, Norman. *Welfare.* New York: McGraw-Hill Companies Inc. , 1999.

Beveridge, William. *Social Insurance and Allied Services.* London: Hmso, 1995 (Reprinted).

Bogart, J. H. "Lockean Provisos and State of Nature Theories," *Ethics*, 1985, (95): 824 – 836.

Buchanan, James M. *Liberty, Market and State: Political Economiy in the 1980s.* Sussex: The Harvester Press, 1986.

Buchanan, James M. *The Limits of Liberty: Between Anarchy and Leviathan.* Indianapolis: Liberty Fund, 1975.

Cheung, Steven. "A Theory of Price Control," *Journal of Law and Economics*, 1974, 17 (1): 53 – 71.

Christman, John. "Self-Ownership, Equality, and the Structure of Property Rights," *Political Theory*, 1991, (19): 28 – 46.

Clarke, J. , A. Cochrane, and C. Smart. *Ideologies of Welfare.* London: Routledge and Kegan Paul, 1987.

Coase, Ronald. "The Federal Communications Commission," *The Journal of Law and Economics*, 1959, 2: 1 – 40.

Coase, Ronald. "The Problem of Social Cost," *The Journal of Law and Economics*, 1960, 3: 1 – 44.

Cohen, G. A. *Self-Ownership, Freedom, and Equality.* New York: Cambridge University Press, 1995.

Cohen, G. A. "Equality of What? On Welfare, Goods, and Capabilities," in Nussbaum and Amartya Sen (eds.), *The Quality of Life.* Oxford: Clarendon Press, 1993: 54 – 61.

Cohen, G. A. "On the Currency of Egalitarian Justice," *Ethics*, 1989, 99 (4): 906 – 944.

Cohen, G. A. "Self-ownership, World-ownership, and Equality," in Frank Lucash (eds.). *Justice and Equaltiy Here and Now.* New York: Cornell University Press, 1986: 108 – 135.

Daniels, Norman, and James E. Sabin. *Setting Limits Fairly: Can We Learn to Share Medical Resources?* New York: Oxford University Press, 2002.

Daniels, Norman, Donald W. Light and Ronald L. Caplan. *Benchmarks of Fairness for Health Care Reform.* New York: Oxford University Press, 1997.

Daniels, Norman. *Just Health Care.* New York: Cambridge University Press, 1985.

Daniels, Norman. *Justice and Justification: Reflective Equilibrium in Theory and Practice.* New York: Cambridge University Press, 1996.

Daniels, Norman. "Democratic Equality: Rawls' Complex Egalitarianism," in S. Freeman (eds.), *The Campridge Companion to Rawls.* Cambridge: Cambridge University Press, 2003: 241 – 276.

Daniels, Norman. "Equality of What: Welfare, Resources, or Capabilities?" *Philosophy and Phenomenological Research*, 1990, (50): 273 – 296.

Dean, Hartley. *Social Policy.* Cambridge: Polity Press, 2006.

Dick, James. "How to Justify a Distribution of Earnings," *Philosophy and Public Affairs*, 1975, (4): 248 – 272.

Dworkin, Ronald. *Sovereign Virtue: the Theory and Practice of Equality.* Cambridge, MA: Harvard University Press, 2000.

Dworkin, Ronald. *Taking Rights Seriously.* Cambridge, MA: Harvard University Press, 1977.

Dworkin, Ronald. "What is Equality? Part I : Equality of Welfare," *Philosophy and Public Affairs*, 1981, 10 (3): 185 – 246.

Dworkin, Ronald. "What is Equality? Part II : Equality of Resources," *Philosophy and Public Affairs*, 1981, 10 (4): 283 – 345.

Esping-Andersen, Gøsta. *The Three Worlds of Welfare Capitalism.* Cambridge: Polity Press, 1990.

Esping-Andersen, Gøsta. *Welfare States in Transition National Adaptation in Global Economies.* London: Sage Publications, 1996.

Feinberg, Joel. *Justice and Personal Desert. Doing and Deserving.* Princeton:

Princeton University Press, 1970: 55 – 94.

Freeman, Sam (eds.). *John Rawls' Collected Papers*. Cambridge: Harvard University Press, 1999.

Freeman, Samuel. *The Cambridge Companion to Rawls*. Cambridge: Cambridge University Press, 2003.

Friedman, *Milton and Rose Friedman. Free to Choose: a Personal Statement.* New York and London: Harcourt Brace Jovanovich, 1980.

Friedman, Milton. *Capitalism and Freedom*. Chicago and London: The University of Chicago Press, 1982.

George, V. and R. Page. *Modern Thinkers on Welfare*. London: Prentice Hall, 1995.

Giddens, Anthony. "T. H. Marshall, the State and Democracy," in Martin Bulmer and Anthony M. Rees (eds.), *Citizenship Today: The Contemporary Relevance of T. H. Marshall*. London: UCL Press, 1996: 65 – 80.

Glover, Jonathan. *Utilitarianism and Its Critics*. New York: Macmillan, 1990.

Goodin, Robert E.. *Reasons for Welfare: The Political Theory of Welfare State*. Princeton: Princeton University Press, 1988.

Goodin, R. and J. Le Grand. *Not only the Poor: The Middle Classes and the Welfare State*. London: Allen & Unwin, 1987.

Goodin, R.. *Utilitarianism as a Public Philosophy*. New York: Cambridge University Press, 1995.

Gordon, Scott. "The Economic Theory of a Common-Property Recources: The Fishery," *Journal of Political Economy*, 1954, 62 (2): 124 – 142.

Gough, Ian and Theo Thomas. "Needs Satisfaction and Welfare Outcomes: Theory and Explanations," *Social Policy and Administration*, 1994, 28 (1): 33 – 56.

Grand, Julian Le. *The Strategy of Equality*. London: Allen & Unwin, 1982.

Griffin, James. *Wellbeing*. Oxford: Clarendon Press, 1986.

Habermas, Jürge. *Legitimation Problems in the Modern State, Communication and Evolution of Society*. Boston: Beacon Press, 1979.

Hall, Anthony and James Midgley. *Social Policy for Development*. London: Sage, 2004.

Hardin, Garrett. "The Tragedy of the Commons," *Science*, 1968, (162): 1243 – 1248.

Hardin, Russell. *Morality within the Limits of Reason*. Chicago: University of Chicago Press, 1988.

Hayek, Friedrich A.. *The Constitution of Liberty*. London: Routledge and Kegan Paul, 1960.

Jacobs, Lesley. *Rights and Deprivation*. Oxford: Oxford University Press, 1993.

Jenson, Jane and Denis Saint-Martin. "New Routes to Social Cohesion? Citizenship and the Social Investment State," *Canadian Journal of Sociology*, 2003, 28 (1): 77 – 99.

Knight, Frank. "Some Fallacies in the Interpretation of Social Cost," *The Quarterly Journal of Economics*, 1924, 38 (4): 582 – 606.

Kymlicka, Will. *Contemporary Political Philosophy*. Oxford: Clarendon Press, 1990.

Lamont, Julian. "Incentive Income, Deserved Income, and Economic Rents," *Journal of Political Philosophy*, 1997, (5): 26 – 46.

Lamont, Julian. "Problems For Effort-Based Distribution Principles," *Journal of Applied Philosophy*, 1995, (12): 215 – 229.

Lamont, Julian. "The Concept of Desert in Distributive Justice," *The Philosophical Quarterly*, 1994, (44): 45 – 64.

Langan, Mary. "The Contested Concept of Need," in Mary Langan (eds.), *Welfare: Needs, Rights and Risks*, London: Tontledge, 1998: 1 – 36.

Laybourn, K. *The Evolution of British Social Policy and the Welfare State*. Staffordshire: Keele University Press, 1995.

Lippert-Rasmussen, Kasper. "Egalitarianism, Option Luck and Responsibility," *Ethics*, 2001, 111 (3): 548 – 579.

Lister, Ruth. "Investing in the Citizen-workers of the Future: Transformations in Citizenship and the State under New Labour," *Social Policy and Administration*, 2003, 37 (5): 427 – 443.

Loren E. Lomasky. *Persons, Rights, and the Moral Community.* New York: Oxford University Press, 1987.

Marshall, T. H. *Citizenship and Social Class, Citizenship and Social Class and Other Essays.* Cambridge: the University Press, 1950.

Marshall, T. H. *Class, Citizenship and Social Development.* London: Allen Heinemann, 1981.

Mead, Lawrence M. *Beyond Entitlement: The Social Obligations of Citizenship.* New York: Free Press, 1986.

Midgley, James, Martin Tracy, Michelle Livermore (eds.), *The handbook of social policy*, London: Sage Publications, 2000.

Midgley, James. "Growth, Redistribution, and Welfare: toward Social Investment," *Social Service Review*, 1999, 73 (1): 3 – 21.

Miller, David. *Market, State, and Community.* Oxford: Clarendon Press, 1989.

Miller, David. *Principles of social justice.* Cambridge: Harvard University Press, 1999.

Miller, David. *Social Justice.* Oxford: Clarendon Press, 1976.

Miller, David. "Equality and Justice," in Andrew Mason (eds.). *Ideals of Equality.* Oxford: Blackwell Publishing, 1998: 21 – 36.

Milne, Heather. "Desert, Effort and Equality," *Journal of Applied Philosophy*, 1986, (3): 235 – 243.

Murray, C. *Small Government and the Pursuit of Happiness.* New York: Basic Books, 1988.

Nozick, Robert. *Anarchy, State and Utopia.* Oxford: Blackwell, 1974.

Offe, Claus. *Contradictions of the Welfare State.* Cambridge: MIT Press, 1984.

Okun, Arthur. *Equality and Efficiency: The Big Tradeoff.* Washington D. C. : The Bookings Institution Press, 1975.

Parfit, Derek. "Equality of Priority?" *Ratio*, 1997, (Vol. X): 202 – 221.

Parfit, Derek. *On What Matters.* Oxford University Press, 2011.

Parijs, Philippe Van. "A Basic Income for All," *Boston Review*, 2000, 25 (5): 4 – 8.

Parijs, Philippe Van. *Real Freedom for All*: *What（If Anything） Can Justify Capitalism*? Oxford: Clarendon Press, 1995.

Parijs, Philippe Van. "Why Surfers Should Be Fed: The Liberal Case for an Unconditional Basic Income," *Philosophy and Public Affairs*, 1991, 20 (2): 101 – 131.

Perkins, Daniel, Lucy Nelms and Paul Smyth. 2004. "Beyond Neo-Liberalism: the Social Investment State?" Social Policy Working Paper, 2004, (3), Http://www. bsl. org. au/pdfs/beyond-neoliberalism _ social _ investment _ state. pdf.

Pierson, Christopher. *Beyond the Welfare State? The New Political Economy of Welfare.* Cambridge: Polity Press, 2006.

Pierson, Paul. *Dismantling the Welfare State? Reagan, Thatcher and the Politics of Retrenchment.* Cambridge: Cambridge University Press, 1995.

Pinker, Robert A. . *The Idea of Welfare.* London: Heinemann, 1979.

Plant, Raymond. *Modern Plolitical Thought.* Cambridge: Basil Blackwell, 1991.

Plant, Raymond. "Needs, Agency, and Moral Rights," in J. Donald Moon (eds.), *Responsibility, Rights and Welfare: The Theory of the Welfare State.* Boulder, CO: Westview Press, 1988: 55 – 76.

Ramsay, M. . *Human Needs and the Market.* Aldershot: Avebury, 1992.

Rawls, John. *A Theory of Justice.* Cambridge: Harvard University Press, 1971.

Rawls, John. *Justice as Fairness: A Restatement.* Cambridge: Harvard University Press, 2001.

Rawls, John. *Political Liberalism.* New York: Columbia University Press, 1993.

Raz, Joseph. *The Morality of Freedom.* Oxford: Oxford University Press, 1986.

Riley, J. "Welfare: Philosophical Aspects," *International Encyclopedia of the Social and Behavioral Sciences*, 2001: 16420 – 16426.

Roemer, John. *A Future for Socialism.* London: Verso, 1994.

Roemer, John. *Theories of Distributive Justice.* Cambirdge, MA: Harvard University Press, 1996.

Sandel, Michael. *What Money Can't Buy: The Moral Limits of Markets.* New

York: Farrar, Straus and Giroux, 2012.

Scheffler, Samuel. "What is Egalitarianism?" *Philosophy and Pubilc Affairs*, 2003, 31 (3): 5 –39.

Schmidtz, David. "Justifying the state," *Ethics*, 1990, 101 (1): 89 –102.

Schmidtz, David. "The Institution of Property," *Social Philosophy and Policy*, 1994, 11 (1): 42 –62.

Schmidtz, David. "When is Original Appropriation Required?" *Monist*, 1990, 73 (4): 504 –518.

Schumpeter, Joseph. *Capitalism, Socialism and Democracy.* London: Unwin U-niversity Books, 1966.

Sen, Amartya and Williams Bernard (eds.), *Utilitarianism and Beyond.* Cambridge: Cambridge University Press, 1982.

Sen, Amartya. *Choice, Welfare and Measurement.* Oxford: Blackwel, 1982.

Sen, Amartya. *Collective Choice and Social Welfare.* San Fransisco: Holden-Day, 1970.

Sen, Amartya. *Development as Freedom.* Oxford: Oxford University Press, 1999.

Sen, Amartya. *Inequality Reexamined.* Oxford: Clarendon Press, 1992.

Sen, Amartya. *Poverty and Famines: An Essay on Entitlement and Depriva-tion.* Oxford and New York: Oxford University Press, 1981.

Sen, Amartya. "Equality of What?" in S. McMurrin (eds.), *The Tanner Lec-tures on Human Values.* Cambridge: Cambridge University Press, 1980: 197 –220.

Shapiro, Daniel. *Is the Welfare State Justified?* Cambridge: Cambridge Universi-ty Press, 2007.

Sher, George. "Justifying Reverse Discrimination in Employment," *Philosophy and Public Affairs*, 1975, 4 (2): 159 –170.

Simons, John. "Justification and Legitimacy," *Ethics*, 1999, 109 (4): 739 –771.

Skidelsky, Robert. *Beyond the Welfare State.* London: Social Market Foundation, 1997.

Steiner, H. "Liberty and Equality," *Political Studies*, 1981, (29): 555 – 569.

Sterba, James. *Justice for Here and Now.* Cambridge: Cambridge University Press, 1998.

Stigler, George. *The Theory of Price (3rd ed.)* . New York: Macmillan, 1966.

Tanner, Michael. *The End of Welfare.* Washington: Cato Institute, 1996.

Taylor, Charles. *Multiculturalism and The Politics of Recognition.* Princeton: Princeton University Press, 1992.

Titmus, Richard. *Essays on the Welfare State.* London: Allen & Unwin, 1958.

Titmuss, Richard. *The Gift Relationship: From Human Blood to Social Policy.* London: Allen and Unwin, 1970.

Varian, Hal. "Distributive Justice, Welfare Economics, and the Theory of Fairness," *Philosophy and Public Affairs*, 1975, (4): 235 – 238.

Walton, R. . Need: A Central Concept. *Social Service Quarterly*, 1969: 12 – 17.

Walzer, Michael. *Spheres of Justice. A Defence of Pluralism and Equality.* London: Basic Books, 1983.

图书在版编目（CIP）数据

国家福利功能的正当性／高功敬著. -- 北京：社
会科学文献出版社，2018.8（2022.6重印）
ISBN 978 - 7 - 5201 - 3136 - 0

Ⅰ.①国… Ⅱ.①高… Ⅲ.①社会福利制度 - 研究
Ⅳ.①C913.7

中国版本图书馆 CIP 数据核字（2018）第 168995 号

国家福利功能的正当性

著　　者／高功敬

出 版 人／王利民
项目统筹／胡庆英
责任编辑／胡庆英
责任印制／王京美

出　　版／社会科学文献出版社·群学出版分社 （010）59366453
　　　　　地址：北京市北三环中路甲29号院华龙大厦　邮编：100029
　　　　　网址：www.ssap.com.cn
发　　行／社会科学文献出版社 （010）59367028
印　　装／北京虎彩文化传播有限公司

规　　格／开　本：787mm × 1092mm　1/16
　　　　　印　张：19.25　字　数：305 千字
版　　次／2018 年 8 月第 1 版　2022 年 6 月第 2 次印刷
书　　号／ISBN 978 - 7 - 5201 - 3136 - 0
定　　价／89.00 元

读者服务电话：4008918866